中小学心理健康教育探索与实践

吴增强 著

上海科技教育出版社

图书在版编目(CIP)数据

中小学心理健康教育探索与实践/吴增强著. —上海：上海科技教育出版社，2024.3
ISBN 978-7-5428-8017-8

Ⅰ.中… Ⅱ.①吴… Ⅲ.①中小学生－心理健康－健康教育－研究 Ⅳ.①G444

中国国家版本馆CIP数据核字(2023)第184842号

责任编辑 张 蕊
封面设计 符 劼

中小学心理健康教育探索与实践
吴增强 著

出版发行	上海科技教育出版社有限公司
	(上海市闵行区号景路159弄A座8楼 邮政编码201101)
网 址	www.sste.com www.ewen.co
经 销	各地新华书店
印 刷	上海商务联西印刷有限公司
开 本	787×1092 1/16
印 张	20.5
版 次	2024年3月第1版
印 次	2024年3月第1次印刷
书 号	ISBN 978-7-5428-8017-8/G·4764
定 价	78.00元

序

我国的学校心理健康教育起始于20世纪80年代中期,发展至今已有30余年的历史。尽管相比境外起步晚了,但是发展得很快。回顾一下,1988年《中共中央关于改革和加强中小学德育工作的通知》提出要进行良好心理品质的培养,1999年教育部印发《关于加强中小学心理健康教育若干意见》,2002年教育部印发《中小学心理健康教育指导纲要》,2012年又对其进行了修订和完善,2016年国家卫生计生委、中宣部等22个部门联合印发《关于加强心理健康服务的指导意见》,此后国家又颁布了多份文件支持儿童青少年心理健康教育与服务工作,包括2023年4月教育部等17个部门联合印发《全面加强和改进新时代学生心理健康工作专项行动计划(2023—2025年)》,这些充分体现了党和国家对儿童青少年心理健康工作的重视,同时也反映了我国学校心理健康教育工作的快速发展。

在这30余年的时间中,全国一大批心理学专业工作者全身心投入中小学心理健康教育事业的开创与发展中,上海市教育科学研究院(简称"教科院")吴增强教授就是这支队伍中的一员。几十年来,他虚心向老一辈专家学习,扎根学校,深入心理健康教育第一线,与校长、心理教师、班主任及学生做朋友,进行学校心理健康教育的理论与实践探索。在此基础上,他通过教科院联合各方面的力量,推动中小学心理健康教育事业的发展,取得了丰硕的成果。这个过程中,他担任了上海市中小学心理辅导协会理事长、首任上海学生心理健康教育发展中心主任,成为国内中小学心理健康教育领域的知名专家。

吴增强教授的不少研究成果深受广大教育工作者的欢迎。《班主任心理辅导实务》《青少年心理辅导:助人成长的艺术》等著作,将心理辅导的理论与实践案例紧密结合,既可学,又可用,成为广大教师在对学生进行心理辅导时的"掌中宝"。这些著作出版已多年,至今还在不断再版、重印。他主编或撰写的《现代学校心理辅导》《学校心理辅导通论:原理·方法·实务》《学习心理辅导》《心理健康教育课程设计》等已成为不少高校心理学专业的教科书。这是他为学校心理学的学科建设作出的重要贡献。

本书辑选自吴增强教授多年来的论文和研究报告,反映了30多年来他在学校心理健康教育领域的探索历程。本书出版的意义在于:一是,可以从一个侧面反映我国中小学心理健康教育的探索与发展历程;二是,作者对学校心理健康教育的一些重要议题提出了自己独到的见解,可以为广大学校心理健康教育工作者拓宽思路、提供借鉴。

本书不是简单的论文汇编,它根据中小学心理健康教育的重要主题系统构架而成,具体包括:学校心理健康教育实践模式、学生心智成长与辅导、学习困难学生研究与辅导、课堂心理辅导、班主任心理辅导、生命教育等主题。

学生的心理发展和环境变化是密不可分的。作者在探讨学校心理健康教育实践模式和学生心智成长与辅导时,特别关注社会环境的变化。在新媒体时代,学生面对的外部环境变得更加多元、丰富和复杂,各种信息扑面而来,他们的视野和知识疆界早已越过了校园的围墙。教育工作者需要更多地倾听学生的声音,只有走进学生的内心,才能真正帮助学生走向成熟。

尽管学校心理辅导的理论、方法和技术源自欧美,但是如何更好地"为我所用",需要本土的实践与创新。作者提出的发展性心理辅导实践模式,就是这方面优秀的案例。

吴增强教授是我的学生,他在上海师范大学物理系求学期间,勤奋好学、刻苦钻研,是一位好学生。1982年毕业分配到上海市第二幼儿师范学校工作。1987—1989年,他因工作需要(当时的他已任副校长),同时也为了满足自己深入学习的愿望,进入上海师范大学教育管理系进修(第二学位)。在进修期间,他以极大的学习热情,钻研教育学、心理学等教育类课程,当时他与我多次交流学习体会。他告诉我,上海师范大学燕国材教授、李伯黍教授的课富有启发性,给他留下深刻的印象。这也是他随后转型至心理健康教育研究的重要因素。我们的这种交流一直持续至今。我非常赞赏他从物理教师转为心理健康教育研究者,虽然这需要付出更多的努力和勤奋。30多年来,他用自己的行动和成果表明没有辜负自己对教育理想的执着与追求。

我很高兴为本书写序:一是因为本书有内涵、有价值,值得推荐;二是吴增强教授的成功经历启迪我们——事业发展可成就人的成长,人的成长又进一步推动事业的发展。

(国家教育咨询专家委员会委员,上海市教育委员会原副主任)

2023年7月

前　言

我从事儿童青少年心理发展与辅导已有30多年,回顾这30多年的历程,我亲身经历了学校心理健康教育从兴起到蓬勃发展的过程。1989年,我调入上海市教育科学研究所(简称"教科所",即现在的教科院),此前我在上海市第二幼儿师范学校教了几年物理,当了几年副校长。这30多年,我完成了从一个普通教师和教育行政干部向教育科研工作者、学校心理工作者的转型,这是我生命历程中最有意义的一段旅程。

早在1987年至1989年,我在上海师范大学教育管理系进修时,就对心理学产生了强烈的兴趣。当时燕国材教授、李伯黍教授的课令我印象深刻,并且富有启发性。燕先生鼓励我们要有自己的学术观点,不能人云亦云。他主张"标新立异,自圆其说"。我常常将这八个字作为激励自己勤于思考、学术创新的座右铭。李先生教导我们学术研究要严谨科学,不能拍脑袋,说话要有实证依据。其间,另一位带领我走进教育研究领域的是柴崇茵教授,她时任教育管理系副主任,分管教学工作,也是我学位论文的指导老师,柴老师的"教育科研方法"和"教学论"课程讲得很精彩,她退休后就推荐并指导我承担这两门课的教学任务。她对我来说是严师又是慈母,几十年来一直关心我的学术成长,令我终生难忘。

进了教科所,我在普及指导室主任陈泽庚老师的帮助下,在半年时间里对全市的中小学教育科学情况有了一定的了解。此后我主动要求到教育心理室,并有幸参加了钱在森所长主持的"初中学习困难学生教育的研究"课题。我们在虹口区的一所薄弱初中——飞虹中学开展了为期四年的实践研究。在这个课题里我主要承担了学习困难学生心理辅导的探索,我们跟踪了12名学生,取得了一些成效和科研成果[*]。

1995年,我接替张声远老师担任上海市教科所教育心理室主任、上海市中小学心理辅导协会理事长,第一个独立承担的课题就是"现代学校心理辅导模式",其研究宗旨是如何将心理辅导这个"舶来品"本土化、体系化,指导广大中小学科学、持久、健康地开展学校心理健康教育实践,促进广大中小学生健康成长。"现代学校心理辅导模式"课题先后被列为上海教育科研重点课题和全国教育科研规划"九五"重点课题。能确定中小学心理健康教育这个研究

---

[*] "初中学习困难学生教育的研究"获得第二届全国教育科学研究优秀成果二等奖,上海市教育科学研究优秀成果一等奖。

方向,我要感谢钱在森所长、李洪曾所长、张声远老师、段惠芬老师和胡兴宏老师。在飞虹中学实验期间,老钱不止一次和我说,学校心理辅导将是中小学教育科研的一个重要方向,当时他还给我看了香港中文大学林孟平教授撰写的《辅导与心理治疗》。李洪曾所长在我接任教育心理室主任时,就建议我做学校心理辅导的课题研究。如果说钱、李两位所长帮助我选定了学校心理辅导的研究方向,那么张声远老师则是引领我走进学校心理辅导领域的导师。张声远老师曾经担任静安区教育学院院长,也是上海师范大学教育管理系的兼职教授。我在上师大教管系进修期间,他给我们上学校卫生学,但主要是讲学校心理辅导。1986年他辞去静安区教育学院院长,来到上海市教科所任教育心理室主任。从那时候起,他就开始进行中学生心理辅导的研究。因此,他是国内从事中小学心理辅导研究的先行者。我对学校心理辅导的理解和理念很多是来自张老师。段惠芬老师原是中国科学院心理所的研究人员、曹日昌副所长的助手。段老师对我的专业发展关怀有加。1994年,段老师承担联合国教科文项目"中国教育心理学发展概况"。因项目研究需要,段老师带我到北京走访了中国科学院心理所荆其诚教授、刘静和教授,北京师范大学林崇德教授、冯忠良教授等心理学界大家。聆听各位前辈对我国教育心理学发展的叙说,使我受益匪浅。胡兴宏老师当时是"学习困难学生教育"课题组的副组长,也是教科所的元老,有丰富的教育科研经验。课题组第一年的"学习困难学生特点成因"调查研究,就是在他的主持下进行的。这也是我在教科所承担的第一个调查研究项目,缺少经验。兴宏老师像老大哥一样耐心、细致地帮助我们每一位项目组成员,使得这项调查研究顺利完成,并且出版了我参加撰写的第一本书《学习困难学生特点成因的研究》。上述各位前辈和同事的指引和帮助,为我此后的研究打下扎实的基础。现在回想起来,历历在目。

本书汇集了我30多年来在儿童青少年心理发展与教育、学校心理辅导领域公开发表的近50篇论文和研究报告,从学校心理健康教育实践模式、学生心智成长与辅导、学习困难学生研究与辅导、课堂心理辅导、班主任心理辅导、生命教育、医教协同心理服务、教师心理健康和专业成长等方面,反映了我和我的团队30多年实践探索的历程,也从一个侧面展现国内,特别是上海中小学心理健康教育发展的历史轨迹。

本书共分八章,各章主要内容如下:

第一章"学校心理健康教育实践模式",主要探讨了学校心理健康教育的目标、主要内容、实施途径和支持保障等,并且结合笔者多年的实践探索,提出了发展性心理辅导实践模式。这是笔者30多年来思考和实践得最多的领域。

第二章"学生心智成长与辅导",主要从儿童青少年的自我意识、学习心理、青春期性心理发展、人际交往和危机预防等方面,探讨其发展特点和辅导策略。

第三章"学习困难学生研究与辅导",展现了笔者前期重点探究的领域,内容包含两大部分:一是对学习困难学生特点的研究;二是对学习困难学生的心理辅导实践。

第四章"课堂心理辅导",主要探讨了课堂心理辅导的价值和主要任务。培养学生积极的学习心态、激发学生学习动机、创设良好的课堂心理环境,不仅能提高课堂教学质量,而且能减少学生的心理困惑,促进其心理健康发展。

第五章"班主任心理辅导",主要探讨了班主任心理辅导的定位和主要任务。班主任是学生成长的导师:一是帮助学生解决其成长的困惑;二是通过开展班级心理辅导活动(又称班级心理主题班会),增加班集体的凝聚力,形成积极的班级风气和文化。

第六章"生命教育",结合笔者参与《上海市中小学生生命教育指导纲要》制定和实施推进的实践,主要探讨了生命教育的历史发展轨迹、生命教育的目标、主要内容和实施途径。

第七章"医教协同心理服务",结合笔者近10年来在推进"医教协同"学生心理健康服务体系建设方面的实践,主要探讨学生心理健康服务"医教协同"的机制、形式和内容等。

第八章"教师心理健康和专业成长",论述了教师心理健康问题,重点结合笔者带教名师工作室的经验,探讨了心理教师的专业成长。

30多年的探索历程,弹指一挥间,有成功也有挫折,有快乐也有苦恼,但这段时光是充实的、幸福的,没有虚度年华。30多年来,我的成长离不开前辈、师长和同事们的关怀和帮助。感谢上海市教育委员会(简称"市教委")原副主任张民生、夏秀蓉老领导对我研究工作的长期的支持。张民生教授不仅是市教委老领导,也是我的大学老师,40多年的师生交往中,经常得到他的谆谆教导。他还欣然为本书作序,以鼓励我的学术探索。感谢北京师范大学林崇德教授对我们上海学校心理健康教育工作的支持,以及对我工作的肯定和鼓励。当然更要感谢30多年来,我们团队的沈之菲、冯永熙、姚鑫山、程华山、蒋薇美、袁胜芳、杨佐廷、李正云、马珍珍、王枫、王婷婷、杨彦平、王洪明、张建国、朱仲敏等老师,以及我工作室的伙伴们。感谢上海科技教育出版社副总编辑凌玲对本书出版的支持。感谢编辑张蕊,她的专业、细心和耐心,让本书增色许多。

因为本书辑选的文章跨度30年,有不少观点可能不合时宜,欢迎广大读者批评指正。

吴增强
2023年3月于上海

目 录

第一章 学校心理健康教育实践模式 / 1

论现代学校心理辅导模式 / 5

中小学心理辅导的现状与问题 / 14

世纪之交的上海学校心理辅导 / 18

人文关怀：学校心理健康教育的基本精神 / 25

以普及化促进专业化：论推进学校心理健康教育的基本思路 / 29

发展性心理辅导：培育学生现代人格的教育 / 33

发展性心理辅导模式浅论 / 41

第二章 学生心智成长与辅导 / 46

为了每一个学生心智健康成长：《中小学心理健康教育指导纲要》内容解读 / 49

21世纪人的发展与学习辅导 / 54

论青少年自我意识问题辅导 / 60

学生人际交往心理问题的辅导 / 70

论儿童青少年性别教育 / 73

解读青少年性心理 / 79

青少年自杀预防与干预 / 83

青少年偶像崇拜解读 / 90

解析青少年网络情结 / 96

青少年网络游戏成瘾的应对策略 / 100

第三章　学习困难学生研究与辅导　/ 105

学业不良学生类型与特点的聚类分析　/ 110

学习困难学生类型研究的新进展　/ 119

学习困难学生认知加工的特点　/ 124

初中学业不良学生习得性无能研究　/ 128

不同学习等第学生家庭环境变量比较研究　/ 133

美国学习困难儿童研究及其启示　/ 141

学习困难学生发展的特点及学校教育的反思　/ 147

试论学习困难学生的心理辅导　/ 152

论学习困难学生的动机激发　/ 158

论学习困难学生行为干预策略　/ 164

飞虹中学实验回忆：我的学术起步　/ 170

第四章　课堂心理辅导　/ 174

课堂心理辅导：提升学生心理品质　/ 177

论有效教学的心理学支持：信息加工学习论的启示　/ 182

论课堂环境模式　/ 187

论课堂心理环境的优化　/ 195

第五章　班主任心理辅导　/ 203

班主任心理辅导：学生心理健康的第一道防线　/ 205

班级心理辅导中的若干问题初探　/ 211

班级心理辅导：着眼于同辈群体资源的开发　/ 215

怎样做个案辅导　/ 219

第六章　生命教育　/ 225

生命教育解读　/ 228

生命教育的历史追寻及启示　/ 233

上海中小学生命教育的回望与前瞻　/ 240

敬畏生命：生命教育实践的再思考　/ 244

第七章　医教协同心理服务　/ 248

注意缺陷多动障碍儿童综合干预的研究　/ 251

基于学校的儿童注意缺陷多动障碍综合干预　/ 258

医教结合：美国波士顿地区学校心理服务系统考察　/ 268

上海学生心理健康服务医教协同之路：经验、挑战与展望　/ 275

第八章　教师心理健康和专业成长　/ 281

理性关注教师心理健康　/ 284

论教师生涯中的心理发展　/ 286

班主任压力分析与心理调适　/ 291

优秀心理辅导教师专业成长的若干问题　/ 303

道术兼修：促进心理教师走向成熟　/ 307

附　录

心理健康教育发展方向点滴谈——访上海市教育科学研究院研究员吴增强　/ 312

第一章　学校心理健康教育实践模式

从学科性质来说,学校心理健康教育属于心理学应用领域,学校心理学范畴。早期笔者用的术语是"学校心理辅导",主要是为了对应源自境外的专业术语。美国的学校心理学中的"心理健康教育"是一种辅导方法和技术,对学生的心理服务一般称为学校心理咨询(school counseling)或者学校心理辅导(school guidance)。2002年教育部颁布《中小学心理健康教育指导纲要》,正式将我国的学校心理健康服务界定为"学校心理健康教育"。其实,在笔者众多论文、著作中提到的"学校心理辅导"和"学校心理健康教育"是同一个概念。

学校心理辅导的基本理论和方法大多来自欧美国家。对其进行本土化,就是要结合我国中小学教育的实际情况开展心理健康教育。在这一领域实践、创新的天地是非常宽广的。1995年,笔者第一次独立承担课题"现代学校心理辅导模式"*。也就是从那时候起,笔者开始了对学校心理健康教育实践模式的探究。本章收集了近30年笔者在该领域发表的文章,反映了笔者对相关问题不断深入思考的历程。

一、探索本土化学校心理健康教育实践模式

心理健康教育在学校如何进行？20世纪80年代末、90年代初,对于这一问题,我国中小学一直处于探索时期。《论现代学校心理辅导模式》(1998)一文根据我国中小学的实际情况提出:"现代学校心理辅导模式可以用一个基本精神、两条基本途径、多种形式、多方面支持保障来概括,即以提高全体学生心理素质,促进其健全发展的自我教育为基本精神;心理教育与心理咨询两条基本途径相结合;心理辅导课程、教育教学中渗透心理辅导、个别咨询、团体咨询等多种形式相结合;以学校、家庭、社会等多方面支持为保障。"多年的实践经验表明,这个模式是有效的,而且与《中小学心理健康教育指导纲要》的精神相吻合。

二、开展学校心理健康教育须防止两种倾向

由于处在初步实践探索阶段,在推进学校心理健康教育进程中难免会遇到问题。《世纪

---

* 该课题系1996年上海市教育科研重点课题,1997年立项为全国教育科学规划重点课题"中小学心理健康教育运行系统的研究"。

之交的上海学校心理辅导》(2000)一文,在对上海中小学 10 年心理健康教育开展情况的回顾与反思的基础上,指出有两种倾向值得注意:一是心理辅导"课程化"倾向;二是心理辅导"咨询化"倾向。文中笔者初步提出了心理健康教育要与学校教育融合的理念,以及心理健康教育已经从学术机构、民间专业团体推动,转向政府部门正式介入的发展态势。此外,文章还在心理辅导人员专业化、心理辅导工作规范化、社会心理服务网络建设等方面提出建议。

三、学校心理健康教育呼唤人文关怀

《人文关怀:学校心理健康教育的基本精神》(2008)一文侧重实践问题的探讨,从辅导目标定位、辅导主题、辅导途径等方面,论述了在学校心理健康教育中如何体现人文精神。文中指出:"人文关怀主要是指对人自身的存在和发展中所遇到各种问题的关注、探索和解答,它所体现的是一种人文精神。教育的人文关怀是对学生生存状态的关注、对学生成长需要的理解和人格的尊重,以及对完整生命的关爱和人生意义的关怀。学校心理健康教育通过关注和促进人的心理健康体现人文关怀的精神。然而学校心理健康教育发展的种种不良倾向,却在使人文关怀逐渐丧失,偏离了心理辅导的初衷。"文章具体指出了以下几种倾向值得注意,即技术主义倾向、理想主义倾向、形式主义倾向、自由主义倾向和功利主义倾向。

四、普及化促进专业化

《以普及化促进专业化:论推进学校心理健康教育的基本思路》一文发表于 2002 年,是针对当年教育部颁布的《中小学心理健康教育指导纲要》,与读者分享的学习体会。当时在如何推进中小学心理健康教育方面,专家们有不同的见解:有的强调先要专业化,有的强调先要普及化。根据我国中小学多年实践探索的情况,笔者提出了以普及化促进专业化的发展思路。正如文中所说:"关于学校心理健康教育今后发展的道路,普及化与专业化是一对重要命题,也是目前尚有争议的问题。普及化要求向学校、家庭、社会普及心理辅导的理念、心理健康常识,关注每个学生的心理健康和人格发展。专业化是指心理辅导人员的专业化、心理服务工作的规范化、科学化和人性化。在学校心理健康教育发展的初级阶段,在普及化和专业化水平都比较低的今天,我们的发展思路应该是用普及化促进专业化。如果过分强调专业化,忽视普及和宣传发动,我们将寸步难行,心理辅导就难以在学校生存发展;如果过分强调普及,忽视专业化进程,我们将永远停留在低水平的重复上,最终也没有生命力。"

上文就如何以普及化促进专业化提出了三点建议:一是明确学校心理健康教育的基本定位——发展性心理辅导取向。二是通过案例实践与研习加速心理辅导教师的专业成长。

也就是说,在当时专业培训与历练比较薄弱的条件下,推荐"专家指导—实践操作—小组讨论—成果总结"的案例研习模式。三是落实全员参与的基本策略。"学校心理健康教育只有全员参与,才是真正形成了气候。而以班级为本位的心理辅导,可以让更多的班主任介入,促进落实全员参与。"

五、发展性心理辅导实践模式基本构架

《发展性心理辅导模式浅论》(2019)一文标题虽用的是"浅论",却承载着笔者对近30年来中小学心理健康教育实践模式的梳理和总结。正如文中所述:1997年"笔者根据国内中小学心理辅导的实践提出了现代学校心理辅导模式……这个模式在20多年的学校实践中不断调整、更新和发展,贴合学校实际,受到广泛应用。"

发展性心理辅导的目标:完整生命体的和谐发展。"人是一个完整的生命体。完整的生命体是指身体、心理、精神整体和谐,生命体在社会、自然、自我之中获得养料和力量,继而成长和发展。生命向内探索构成了生命与自我的关系,生命向外探索构成了生命与社会的关系及生命与自然的关系。心智健康成长主要体现在个体与自我、与他人、与环境的三种和谐关系上。"

发展性心理辅导的实施途径:多样化实施策略。除原有的心理辅导活动课程、教育教学中的心理辅导、个别辅导和团体辅导以外,近年来校园心理辅导活动成为受广大学生喜爱的心理健康教育途径。

发展性心理辅导的支持系统:为学生健康成长营造良好的环境。包括亲职辅导、评估服务、转介服务和教师心理健康促进。其中,对少数心理障碍学生的转介服务,是近年来学校心理辅导中日益突出的问题。

30多年来,中小学心理健康教育最大的变化是:学校心理健康教育从"教育活动模式"到"心理服务模式"的转型。教育活动弱化了学校心理健康教育的专业边界,而心理服务强调服务人员的专业性,这对于学校心理健康教育深入、持久、健康的发展是极为重要的。学校心理健康教育的最终目标是促进学生心智健康成长,满足不同学生的心理服务需求。对于心理健康高危学生和已经有心理障碍的学生仅通过教育活动很难解决他们的问题,他们需要医教结合的心理服务。关于这个议题将在第八章论述。

随着全社会对中小学生心理健康的关注,学校心理健康教育迎来空前机遇期,展望今后的学校心理健康教育发展,笔者认为有以下几个大趋势:

① 学生心理健康服务体系建设将逐步深化。从我国社会发展的视角来看,构建社会心理服务体系的进程中,学生心理健康服务体系是不可或缺的重要组成部分,它不仅关乎理性

平和、积极向上的社会心态的培育,而且关乎每个学生的生活幸福和健康成长,以及未来社会公民的素养培育。因此,建设满足学生发展需求的心理健康服务体系,是今后学校心理健康教育发展的基本目标。

②学生的心理建设更加受到重视。心理建设就是培养学生积极向上的心理品质,它与21世纪未来公民核心素养紧密相连。当前国内外基础教育改革都围绕着学生发展核心素养的培育展开。其中创造性与问题解决、个性与社会性发展都是积极的心理品质。长期致力于学校心理健康教育研究的俞国良教授认为,创造性培养是心理健康教育发展的"制高点"。

③学校心理健康教育与其他各类教育趋于融合发展。心理健康教育要在学校中深入、持久、健康地开展,要在学校里"生根",就要和学校德育、智育、体育、美育、劳动教育融合。例如:情感教育、价值观教育、亲社会行为培养等是与德育的融合点;创造力与问题解决、学习兴趣、动机激发是与智育的融合点;团队合作精神、拼搏精神、意志力培养等是与体育的融合点;审美心理、审美情趣等是与美育的融合点;勤俭、身体力行等是与劳动教育的融合点。此外,心理健康教育与"各育"的融合还体现在课程的融合、教育教学中的融合。

④学生心理健康服务体系趋于开放和协同。按生态系统理论的观点,应该将学校与医疗、家庭和社区等各方面的心理服务资源整合在一起,为学生健康成长营造良好的教育生态环境。

论现代学校心理辅导模式*

学校心理健康教育如何实施？有没有一种具有普遍意义的操作样式？这便是学校心理辅导模式所要探究的问题。该模式不是一种纯理性的构架，而是对在实践基础上提炼出来的经验的理性认识。当前，越来越多的学校积极开展心理健康教育，寻求一种普遍适应的模式，对指导广大学校教育工作者的实践无疑是有重要意义的。现代学校心理辅导模式可以用一个基本精神、两条基本途径、多种形式、多方面支持保障来概括，即以提高全体学生心理的素质，促进其健全发展的自我教育为基本精神；心理教育与心理咨询两条基本途径相结合；心理辅导课程、教育教学中渗透心理辅导、个别咨询、团体咨询等多种形式相结合；以学校、家庭、社会等多方面支持为保障。

一、学校心理辅导的基本精神

学校心理辅导的直接目标是提高全体学生的心理素质，最终目标是促进学生人格的健全发展。从这个意义上讲，心理辅导在素质教育中具有举足轻重的地位。素质教育的宗旨是全面提高学生的素质，包括生理素质、心理素质和社会文化素质（或称为道德素养和文化素养）。这三方面的素质是相互联系、相互依存的，构成完善人格的整体。由于以往的学校教育忽视心理素质的培养，因此教育严重脱离学生心理发展的实际。比如：德育工作不大重视对学生道德认识、道德情感与道德行为的培养，这常使得道德教育成为"空洞"的说教，收效甚微；智育工作不大重视对学生学习动机的激发、学习兴趣的培养、学习情绪的调适、学习行为习惯的养成等，而热衷于灌输知识、训练"考试机器"，这极大地压抑了学生的主动性和创造性。学校教育要将心育同德育、智育、美育、劳育有机地结合，全面提高学生素质，促进其健全发展。

学校心理辅导是帮助学生成长、发展的自我教育活动，这是它有别于学校其他教育活动的特质。大多数人都认同这样一个观点：心理辅导是一个助人自助的过程，通过与被辅导者建立良好的人际关系，帮助被辅导者认识自己、接纳自己、肯定自己，进而使其潜能得到充分的发展[1]。这种自我教育活动有如下特点：

① 以促进人的发展为目标。人的本性是积极向上、富有理性的，可以通过自我教育不断地完善自我达到自我实现。罗杰斯在他的代表作《患者中心疗法：它的实践、含义和理论》中

---

* 本文发表于《教育研究》1998 年第 1 期，收录时略有改动。

指出:人类有机体有一种天生的"自我实现"的动机,所有其他动机都是这种自我实现的不同表现形式,自我实现指的是一个人发展、扩充和成熟的趋向[2]。儿童、青少年处于未成熟的生长发育阶段,更具有这种发展的潜能。

② 以学生成长、发展的需要为中心。心理辅导以学生成长、发展的需要为出发点,帮助他们解决儿童期、少年期、青少年期一系列成长中的问题,如学校生活适应问题、学业问题、交往问题、情绪问题、青春期困扰、社会适应问题,以及职业前途问题。这些问题的解决,主要不是依靠教育者的说教和社会规范的灌输,而是需要辅导者帮助学生自觉、主动地参与活动,通过自我体验、自我领悟、自我实践,不断地开发自身潜能,达到自我完善与发展的目的。

③ 以他助、互助、自助为机制。心理辅导既然是学生的自我教育活动,就必须积极调动学生自身的教育潜能。心理辅导活动是一种积极的人际互动过程,同龄伙伴有共同的爱好、价值观和文化背景,彼此之间容易理解、沟通。他们可以不加掩饰,坦诚直言,以心对心地进行交流。在一定的集体目标(集体规范、集体价值)下,更能形成为他们所接受的共识。学生作为集体的一员,在辅导活动中既是受助者,又是助人者。作为受助者,他们可以得到他人的帮助和教益;作为助人者,他们可以用自己的思想与行动帮助别人。这种互助可以增进学生对自信、自尊的体验,从而达到自助。教师作为辅导者应该以创设良好的集体舆论、和谐的人际关系、民主自由的气氛,来充分开发集体的教育资源,确保这种良性机制的形成。

二、学校心理辅导的基本途径

实现学校心理辅导的目标有两条基本途径:一是面向全体学生,通过一定的教育活动提高学生学习、人际交往与社会适应等方面的心理素质,充分开发学生潜能,促进其健全发展;二是针对有心理困扰或障碍的学生,以及其他需要帮助的学生,通过鉴别、转介、诊断、干预等心理咨询的程序和技术,消除其心理不适,防治心理疾病,使其保持心理健康。前者是心理教育途径,后者是心理咨询途径。这两条途径的功能是互补的,构成完整的心理健康教育运行系统,片面地强调一条途径,而忽视另一条途径,是不健全的学校心理辅导。

这两种基本途径的内涵不同,相应的内容、要求也有所不同。心理教育侧重全体学生的心理素质提高,它的内容具有整合性、阶段性特点。所谓整合性,是指它注重对人的整体心理素质的培养。个体的认知、情感、行为是一个有机的整体。过去的教育比较强调学生智力因素的培养,不大强调非智力因素;而现今开展的心理健康教育,又有人认为只是解决学生的情绪、意志、人际适应的问题,而将认知因素排除在外。这些看法都是片面的,缺少对人的心理结构的整体性认识。学习辅导、人格辅导(包括人际交往辅导、自我意识辅导、情绪辅导、青春期辅导等)、生活辅导和生涯辅导都是心理教育的内容。所谓阶段性,是指对不同年龄阶段学生应有与之年龄相适应的心理教育内容。从小学一年级到高中三年级,年龄跨度从6周岁到18周岁,这一阶段个体经历了儿童期、少年期、青年初期,心理上的变化很大,思维能力不断提高、自我意识不断增长、情感不断丰富、意志力日益增强。尤其是随着青春期的到来,性意识的觉醒还会带来种种急剧的变化和心理困扰。小学、初中、高中心理教育的内容如何体现阶段性,尚需作进一步研究。

心理咨询侧重解决学生一般的心理困扰,鉴别学生常见的心理障碍,并对特殊学生(包括学习困难学生、情绪困扰学生、行为问题学生、家庭环境不利学生等)进行辅导。学校心理咨询具有保健治疗功能,但它不同于医院和心理卫生专门机构,其中一个很重要的区别是解决的学生心理问题不同。人的心理问题大致分为三类,第一类是一般的心理状态失调或行为问题,例如,考试焦虑、受挫后情绪低落、自卑、孤独、多动、攻击。第二类是神经症,如焦虑症、恐惧症、强迫症、孤独症。第三类是严重的心理疾病,如精神分裂症。这三类心理问题按轻重程度由不同的机构承担。学校心理咨询主要解决第一类问题,但应能鉴别出第二类心理问题,以便及时转介。专门的心理咨询机构主要解决第二类问题。第三类问题则由精神病院等机构解决。就中小学生的心理问题而言,大多数是第一类问题,少数是第二类问题,极个别属第三类问题。

心理教育强调与德、智、体、美、劳五育的结合,需要班主任、任课教师的全员参与。心理咨询则强调专业性,咨询工作需要由经过专业培训的辅导教师担任,一般教师是不能胜任的。如果不注意两者的区别,也会影响学校实施心理健康教育的科学性、有效性。每位教师都去承担专职心理辅导员的任务,或者单靠一二名专职心理辅导员对全体学生进行心理教育,均属角色错位。

三、学校心理辅导的形式

学校心理辅导的形式又可称为实践操作模式。近 10 年来,不少学校开展心理健康教育,在实践中创造了不少实践操作模式:第一种是各种形式的集体辅导活动,包括心理训练、专题辨析、情境设计、角色扮演、游戏辅导、心理知识讲座等,现在已经将这些辅导活动逐步发展为新兴的心理辅导活动课程;第二种是在教育教学中渗透心理辅导,包括学科渗透、班主任工作渗透、团队活动渗透等;第三种是个别咨询、团体咨询。这些操作模式不外乎是帮助学生解决成长、发展的两大类问题:一类是共同性问题;另一类是个别性问题。第一、第二种形式主要解决学生共同性的心理问题,属于心理教育范畴。第三种形式主要解决学生个别性心理问题,属于心理咨询范畴。以下就几种主要的学校心理辅导形式进行论述。

1. 心理辅导活动课程

上海的中小学心理辅导历经 10 年的发展之后,进入学校课程领域,有以下几点原因:其一,学校心理辅导的目标是提高全体学生的心理素质,这单靠心理咨询是难以完成的,必须探索集体辅导的教育模式。其二,从我国中小学教师队伍现状看,受过心理辅导专业训练的教师奇缺,大学教育系、心理系也很少有类似的专业,即使是心理系毕业生也很少分配到中小学工作。目前,中小学心理辅导工作的主要力量是德育工作者、班主任,要在短时间内对众多的教师进行专业培训,显然是非常困难的。心理辅导活动课程,是促进学生心理健康发展的系列专题活动;是以一定的心理学理论为指导,易为一般教师掌握的开发性成果。通过培训、实践、研讨、总结提高等一系列的环节,可以使更多的教师在不长的时间内逐步掌握心理辅导活动课程的基本思想与实施方法。其三,从课程改革的视角看,心理辅导活动课程恰恰是对学科课程的改革与补充。学科课程的主要功能是将文化知识传递给学生,使学生获得智慧和技能。它的局限在于难以顾及个体发展的差异性和需要,难以发挥个体的主动性和创造性。心理辅导活动课的主要功能是促进个体身心健康,以个体经验为载体,以活动为中介,使学生获得学习、生活、社会适应与发展的技能。

2. 学科渗透

学科渗透是指教师在教学过程中自觉地、有意识地运用心理学的理论与技术,帮助学生提高课堂学习活动中的认知、情感和行为水平。例如,教师在课堂教学中有意识地运用强化理论激发学生的学习动机,结合教材进行记忆策略训练以提高学生记忆力。其实,有经验的教师有意无意、或多或少都在教学中做过这些工作,不过学科渗透要求教师更加自觉地、有意识地、系统地运用心理学理论于教学实际。学科渗透的意义体现在以下几方面:

① 为心理学理论在课堂教学中的应用,开辟了一个广阔的领域。学科渗透涉及心理学的许多分支学科,诸如教育心理学、社会心理学、发展心理学、差异心理学,它可以使这些理论在教学实践中充分发挥指导功能,并在心理学理论应用研究领域中找到生长点。

② 学科渗透可以让更多的教师参与心理辅导,有利于在学校中营造促进学生心理健康的环境氛围。学校心理辅导单靠心理辅导教师开展工作,势单力薄。学科渗透是一种全员性策略,教师的职责是教书育人,育人的一项重要内容是育心。从这个意义上讲,每位教师都应该是心理辅导者。

③ 学科渗透可以促进更多的教师学习心理学理论,运用心理学理论提高其理论素养和教学能力。传统的课堂教学只注重知识的讲授,忽视对学生学习准备状态的了解,更不重视调动学生积极的心理因素。学科渗透要求教师研究学生的学习心理,既要培养学生的智力因素,又要培养学生的非智力因素。传统的课堂教学只是把教学内容本身作为一种教育资源,学科渗透则要求多渠道开发教育资源,尤其要把学生自身作为一种教育资源,开发学生的学习潜能。学科渗透对教师提出了更高的要求,要求教师必须从传授型的教书匠转变为研究型的教育家。

学科渗透的内容是广泛的,涉及课堂教学的各方面。从优化学生学习的外部因素看,包括课堂气氛的营造、课程渗透心理辅导等;从优化学生学习的内部因素来看,包括学习动机激发、学习策略训练、学习习惯培养等。以下介绍几种常见的学科渗透方式:

① 创设积极的课堂心理气氛。课堂心理气氛对学生学习具有直接影响。和谐、合作的气氛有助于学生积极参与课堂教学活动,使得课堂教学生动活泼地开展;而紧张对抗的气氛则会大大抑制学生学习的热情,从而使得课堂教学刻板生硬、死气沉沉。课堂心理气氛的营造涉及众多的因素,如:教师的领导方式是权力方式、民主方式,还是放任自流方式;师生关

系是亲近的还是冷漠的,是宽松的还是紧张的。上海市南洋中学经过实践探索,提出优化课堂心理环境的三条途径:创造和谐气氛、激发兴趣和鼓励成功。

② 课程渗透心理辅导,即在德育课程(思想品德课、公民课、社会课等),智育课程(语文、数学、外语等),体育课程,美育课程中渗透心理辅导的目标、内容和技术。

③ 学习动机激发。又可分为外部动机激发和内部动机激发。外部动机激发即通过奖赏、惩罚等方法,激发学生的学习动力,它是教师在教学中常用的激励手段。内部动机激发包括归因训练、角色转换、成功体验、兴趣培养等等。

④ 学习策略训练。在终身学习的社会中,一个公民要想立足于社会并为社会做贡献,就得活到老学到老。因此,帮助学生学会学习成为当前的教育潮流。学会学习就是要学生掌握有效的学习策略和自我调控学习过程的能力。

⑤ 学习习惯培养。培养学生良好的听课习惯、作业习惯、预习复习习惯,以及合理安排作息时间的习惯。

学科渗透对于教师而言是一项富有挑战性的工作,需要教师努力学习理论、钻研理论、勇于实践;同时它又是一项富有创造性的工作,为教师才华的施展提供了广泛的舞台。

3. 个别咨询

人的心理问题有共性的一面,但更多的则表现为个别化的一面。前者通过心理教育,而后者就必须通过个别咨询或团体咨询来解决。个别咨询是学校心理辅导区别于其他教育活动最具有专业特色的部分,也是不可缺少的重要部分。

个别咨询的程序包括发现鉴别、诊断分析、教育干预 3 个环节。

① 发现鉴别。发现鉴别学生心理问题是个别咨询的首要环节,学生的心理问题是可以在学校里解决,还是需要转介到专门的心理卫生机构去解决,就在这一环节确定。缺少这一环就会造成两种不良倾向:一种是将无心理异常、心理疾病的学生推向心理卫生机构,使当事人蒙上不必要的阴影;另一种是将学生的心理异常、心理疾病当作一般心理困扰处理,由于未及时转介造成误诊、错诊。

② 诊断分析。经鉴别,有些学生的心理困扰可以由学校心理辅导人员解决,但需要做出进一步的诊断,即通过对学生的具体表现和有关背景资料的分析,综合判断其心理问题的特征、性质和原因。尽管诊断是一项专业性较强的技术,但心理辅导教师经过培训和临床实践,可以逐步掌握它。

③ 教育干预。确定学生心理问题的病症和原因,下一步就是通过教育干预矫治学生的心理与行为。从现状看,不少学校在这方面做了很多工作,也取得了一定的效果。但由于缺少系统理论的指导,这些工作还基本停留在经验水平。目前应大力倡导专业人员与学校实践工作者合作进行教育干预的研究,也可以在专业人员指导下,学校自行尝试实践。

4. 团体咨询

团体咨询是指对有同类心理困扰或行为问题的学生进行辅导的一种形式。具体地说,就是在心理辅导教师的主持或参与下,小组成员对所存在的问题进行自由讨论,利用团体的相互影响、启发、诱导和帮助,形成团体的共识和目标,产生良好的心理暗示效果,使学生对自己的问题有所领悟和理解,进而改善自己的态度与行为。团体咨询的人数规模一般为6至12人。团体咨询与心理教育中的集体辅导活动的共同点是它们的理论依据都是团体动力学,不同点是成员的构成不同:集体辅导以班级为单位,成员都是平时熟悉的;而团体咨询以小组为单位,成员可以是来自各个班级的,成员之间熟悉程度不及前者。

团体咨询的过程一般分为发动阶段、实施阶段与巩固阶段。

① 发动阶段。又称为组建立阶段,其任务是选择适应的小组成员,引发成员的入组动机,建立小组目标与规范。尤其要注意小组成员应有改变自己态度与行为的愿望。

② 实施阶段。这一阶段要求小组成员相互熟悉、自我表露、观念撞击,从中加深对自己和对别人的理解,找到解决问题的策略,并得到一种全新的情感体验。活动结束时,要求每人作小结,谈收获体会。

③ 巩固阶段。这是团体咨询活动的延续。团体咨询针对小组成员的同类问题,但个体在以后的环境中可能产生不同的新问题,有必要进行追踪随访,并提供必要的支持。也可以召集小组成员进行新一轮的团体咨询。

团体咨询的价值,不只是节省时间、提高效益、降低成本,更重要的是向学生提供一个具有治疗功能的心理环境,有助于他们了解自己,了解他人,宣泄苦闷,获得支持、慰藉与帮助,减少孤独感与无助感,恢复自信;有助于他们掌握学习、生活、社会适应技能。上海市延吉中学在实践中,发现团体咨询有如下作用:①感受氛围,获得接纳。小组的良好氛围使组员产生一种安全、信赖、温暖、接纳的感觉。②宣泄自我,调适情绪。有的组员内心长期积压着痛苦、不安,想讲而没有讲,现在发泄出来了,减少了心中的压力和矛盾,平复了紧张的情绪。③互相了解,获得支持。小组交流中,组员发现类似问题不只属于自己一个人,自己并不孤单,便会产生一种释然感,有助于减少紧张与压力。④以人为镜,模仿学习。团体咨询提供了一个重新学习、塑造行为的机会,小组成员可以效仿其他组员的行为方式,也可以发现自己不被他人欢迎的方面,以提醒自己,避免出现类似情况。⑤学会助人,获得自信。在小组中向其他组员提供意见、帮助时,可以感到自己存在的价值,感到自己有能力帮助别人,从而增强自己的自信心和自我实现感。

团体咨询是一项技术性较强的工作,如小组的发动、目标的制定、凝聚力的形成、规范的建立、小组成员之间冲突的协调,以及团体辅导员的角色定位等,都有一定的技术要求。这需要今后学校心理辅导人员边学习边实践,总结出符合我国学校实际的团体咨询模式。

四、学校心理辅导的支持保障

实践表明,学校开展心理健康教育,最终还要运用一定的科学工具、手段,落实到具体的机构和人员,没有这些条件的支持与保障,学校心理辅导系统就难以正常运转。

1. 建立科学的学生心理测评系统

对学生的心理发展与心理健康状况进行科学测评,是基于三类需要:①发现与鉴别学生的心理问题。在具体实施时需要标准与工具,而这两项正是国内比较薄弱的。心理健康的标准是什么?学术界目前尚无权威结论。测评工具短缺,特别是鉴别、筛查学生常见心理问题(如注意缺陷多动障碍、行为失调、情绪困扰、学习障碍)的量表更为匮乏。适合教师使用的标准化测评工具(如日常观察、课堂行为评定)也没有得到系统开发。这些都是迫切需要组织力量协同攻关的课题。②客观评价学校开展心理健康教育工作的成效。学生的心理健康水平是否提高,心理素质是否提高,应该是衡量学校这方面工作的重要标准。③有助于学校进行心理辅导的实验课题研究。不论是实验的前测、后测,还是实验过程,都需要准确地收集定性的、定量的学生心理、行为方面的资料,以便分析、制订干预方案,评估实验效果。

心理测评在学校的具体运用便是建立学生心理档案。心理档案有两大类:一类是为个案辅导所用;另一类是为心理教育所用。前一类可以建立详案,后一类可以建立简案。心理档案的运用,要注意结果解释的科学性和内容的保密性。

2. 发挥学校心理辅导室的职能

心理辅导室是学校实施心理健康教育的专门机构。它应执行以下几方面的职能:

① 受学校行政委托,制订学校心理健康教育计划。可按学期、学年制订计划,内容包括目标、任务、步骤、进度、评估等。

② 负责对本校教师的培训与辅导工作的指导。在目前学校心理辅导专职和兼职人员奇缺的情况下,建立三级培训网络不仅是必要的,而且也是可行的,即高校及市级机构培训专职人员,区、县培训兼职人员,学校培训一般教师。

③ 开展个别咨询、团体咨询等心理服务。

④ 建立学生心理档案。

3. 加强教师心理健康

教师的人格因素对学生的心理发展具有重要影响。美国的鲍德温研究了73位教师与100名学生的相互关系后得出结论:一个情绪不稳定的教师容易扰动学生的情绪,而一个情绪稳定的教师也会使学生的情绪趋于稳定。教师的心理品质对学生成长的影响如此重要,这就要求教师在辅导学生的同时,要加强对自身心理状态的调适与人格的提升,用美好的心灵去塑造学生健康的心灵,具体地说,要做到以下几点。

① 对自己要自尊、自信、自控。教师在工作中也会遇到害怕情绪:害怕个人准备不足,害怕遇到意外的对抗而不知所措,害怕在学生面前丢面子,等等。然而教师总是被想象成是有信心、有知识的,于是教师常会把恐惧隐藏起来。但这样做并没有解除恐惧,也没有为减轻恐惧提供任何解决方法,反而造成更多的冲突,转而折磨自己[3]470。解除恐惧可以运用正向暗示,也可以向学生公开自己的顾虑,讲出自己的弱点,能得到同学更多的信任、理解与合作。通过经常性自我反省进行心理调适,了解自己个性上有利于教学的一面,如热情、宽容、

合群,克制自己不利于教学的一面,如冲动、急躁、挑剔。

② 要善于理解别人,与人和谐相处。理解别人,就要做到心胸豁达、体察别人、富有同感。其中同感尤为重要,又称为移情性理解,即设身处地为别人着想,但要意识到自己并非就是别人。移情作用是一座暂时的桥梁,它将两个人的目的、看法和情感联结起来,在某一情境中建成一个统一体,但并不是持久地归并为一[3]466。与人和谐相处就是要真诚待人,开诚布公,不虚伪行事,不因个人的权威或职业地位对学生居高临下、盛气凌人,也不能为所欲为地表达情绪。

③ 学会消除精神压力。压力是个体对外在事件的一种心理反应。人人都会遇到压力,但只有在他们无法对抗外在压力时,内心才会感受到压力。消除压力可采用如下办法:

- 修正自己的认知观念,换个角度看问题。
- 换个情境,放松身心,如娱乐、旅游。
- 找亲人或朋友倾吐自己的苦恼,得到他人的劝慰。
- 正确对待引起压力的事件,专注地解决问题。
- 转移视线。不妨找一两件最紧要的事,全身心地投入,将忧心的事暂时搁在一边。
- 用行动化解怒气。有时怒气冲天,不妨用一些体力活动宣泄积聚的不快情绪。
- 调整过高的期望值,使之能够达到。

4. 开展家庭心理辅导

家庭对儿童青少年人格发展的影响,从某种意义上说,比学校更为持久,更为深远。子女与父母以血缘为纽带的亲子关系,不论从情感上还是利益上,都是师生关系、同伴关系所无法替代的。父母是孩子的第一任老师,家庭是孩子的第一所学校。父母的观念、态度与行为不知不觉地影响孩子的成长。因此,应该把家庭心理辅导看作整个学校心理辅导的一个组成部分,一个重要的支持系统。家庭心理辅导既包括学校对家长进行心理辅导,也包括教会家长对学生进行心理辅导,而重点是后一项。家庭心理辅导的内容有:

① 辅导家长改进与子女的沟通方式。沟通对家庭成员的情感维系、气氛融洽有着重要作用。通过亲子沟通分享快乐、倾诉烦恼、表达关爱,能使孩子经常保持心情愉悦,解决一些心理困扰。

② 辅导家长树立正确的教养观念。目前家庭教育的不良倾向:一是过分重视学习成绩,轻视学生良好个性心理培养;二是对孩子过度保护、溺爱。家长树立正确的教养观念,首先就是要纠正这些不良倾向。

③ 辅导家长营造良好的家庭文化氛围。它包括创设安静的学习环境,满足孩子求知的兴趣,提高休闲活动的格调与品位,尤其不要阅读低级庸俗读物,不要观看不健康的视频,以免侵蚀孩子的思想。另外,父母的言行举止也要健康、文明,以促进孩子健康文明的生活方式与价值观念的形成。

④ 对特殊家庭的心理辅导。有不少学生来自离异家庭、单亲家庭、寄养家庭等,这些家

庭环境不利的学生容易产生情绪困扰或行为问题,学校要重视对这些特殊家庭的心理辅导。

此外,学校领导的重视、教育行政部门相应政策的配套、政府法规的支持等都是必不可少的保障。

参考文献

[1] 林孟平.辅导与心理治疗[M].北京:商务印书馆,1983.
[2] 高觉敷.西方心理学的新发展[M].北京:人民教育出版社,1987:424.
[3] 邵瑞珍.教育心理学[M].上海:上海教育出版社,1988:466,470.

中小学心理辅导的现状与问题*

在基础教育从"应试教育"向"素质教育"转轨的变革过程中,学校正面临现实与未来的双重挑战。从现实存在的问题看,由于市场经济大潮的冲击、价值观念的多元化、升学主义的压力、离婚家庭的增多,以及独生子女的问题等,当今的中小学生出现的心理困扰比以往更为突出。据上海市中小学心理辅导协会1995年对本市1 684名中小学生的调查,约有15.43%的学生存在不同程度的心理问题。从未来社会的发展趋势看,21世纪又对中小学教育提出了更高的目标要求,未来社会的公民不仅要聪明智慧、道德高尚,而且还要身心健康,具有良好的社会适应能力、自主发展能力和创造精神。现实与未来对学校教育的期待归结为一点,就是把学生培养成为具有良好适应与健全发展的人。因此,对学生心理素质的培养是素质教育的基础工程。

心理辅导是学校促进学生心理健康和人格健全发展的新兴的教育活动。它不仅是一种行之有效的现代教育方法,更重要的是体现了以人为本的现代民主教育思想与观念,反映了当代进步的教育潮流。越来越多的中小学将它纳入学校教育改革的重要内容。上海市的中小学心理辅导历经近十年的探索,已经取得了一定的成效。上海市中小学心理辅导协会成立六年来,为中小学培训了相当数量的心理辅导教师,基本形成了一支中小学心理辅导骨干队伍。全市也出现了一批心理辅导工作初见成效的学校,有些区正积极规划今后数年在全区较大范围内推行心理辅导工作。蓬蓬勃勃的大好形势是令人鼓舞的。同时更有必要冷静地反思其中的问题与不足,以便确定今后的目标和行动纲领,使这项富有生命力的教育活动在中小学深入、持久地开展下去。笔者认为,当前有如下几个问题应该引起关注:

一、理论研究薄弱

理论是指导中小学实施心理辅导的主要支柱与武器,没有系统理论指导的实践是盲目的实践。目前的状况是,对于学校心理辅导理论的研究大大滞后于学校心理辅导实践,主要表现在:对于心理辅导的一些基本概念认识不一致;对于心理辅导的基本理论问题尚未做深入的研究。包括:

1. 心理辅导的名称问题

目前对中小学心理辅导的提法甚多,有的称之为学校心理咨询或学校心理卫生,有的称

---

* 本文发表于《上海教育科研》1996年第5期,收录时略有改动。

之为心理健康教育,有的称之为心理辅导,等等。心理辅导名称的提法不一,本身就表明国内还没有形成一种主导性的心理辅导理论,我们这方面的理论研究尚处于初级阶段。在北美、西欧一般是以"学校心理学"来统摄这一领域的研究与工作;在我国香港、台湾地区一般是提"辅导"或"心理辅导"。

2. 心理辅导的目标问题

学校心理辅导的最终目标是培养学生健全的人格,这个目标也是学校教育的目标。此外,学校心理辅导还应该有区别于其他教育活动的具体目标,只是学者的意见尚未统一。有的学者强调防治,认为心理辅导主要是帮助在学习、生活与成长问题上有心理偏差的学生取得良好的社会适应。有的学者则强调发展,认为心理辅导的目标应侧重学生心理潜能的开发,培养学生良好的心理素质,促进他们健康成长。目标是学校心理辅导的导向与准则,不同的目标反映了不同的辅导模式的价值取向:防治性目标体现了心理卫生、心理咨询模式的价值取向,如北美的学校心理学基本上属于这种类型;发展性目标体现了心理健康教育模式的价值取向,如我国台湾地区的学校辅导基本上属于这种类型。我国大陆的中小学心理辅导究竟应以何种目标为主?应以何种模式为主?这是目前需要探讨和达成共识的理论问题。

3. 心理辅导的作用问题

对于心理辅导在学校教育工作中的作用的认识,存在过窄或过宽的倾向。例如:有人将心理辅导纳入健康教育范畴,认为心理辅导即心理卫生。当然心理健康是健康的一个重要方面,但从心理辅导的"适应"与"发展"的目标来看,这种看法过于狭窄。心理卫生主要目标是防治心理疾病,而心理辅导不仅要帮助学生防治心理疾病,更重要的是培养学生良好的心理素质。还有一种类似的倾向是将心理辅导等同于心理咨询。应该说,心理辅导与心理咨询是有密切联系的,心理辅导的主要理论与技术来源于心理咨询,但两者在服务对象上有所不同。学校心理咨询的对象是一部分需要特殊帮助的学生,如学习困难学生、情绪困扰学生、行为问题学生。心理辅导的对象则是包括上述学生在内的全体学生。另一种倾向是将心理辅导的作用过于扩大,认为它可以解决学校德育和智育的所有问题,甚至替代德育、智育工作。人们对于心理辅导作用上的认识偏向,也反映了心理辅导理论研究的薄弱。

4. 心理辅导理论的本土化问题

心理辅导理论主要来源于西方的各种心理咨询与治疗的理论流派,如精神分析疗法、当事人中心疗法、行为主义疗法、理性情绪疗法和完形疗法。这些流派都是以一定的人格理论为基础的,并且这些人格理论深深地植根于西方文化的土壤。如果将西方的理论照搬照套到中国文化的背景里,显然是不适合的。著名学者杨国枢先生打了一个形象的比喻,他说:"欧美引进来的理论与方法让我们觉得似是而非,像有用又像无用,像妥帖又像不妥帖。这就有如外国制的西装输入国内,尽管外形没什么异样,但是国人穿起来就是和体型不相称,比例不对劲。"比如,将罗杰斯的非指导性咨询理论运用于中国文化背景,就要注意到文化差异的影响,不能盲目套用。非指导性咨询理论源于西方的人本主义哲学,它强调个人的自我表现与发展,强调个人存在的意义高于一切,它主张采取的不判断、不指示、不主动的"三不主义"的辅导模式,突出个人的自尊、自爱与自我实现的意义,这是与西方的文化传统一脉相承的。相比之下,中国文化在人的价值取向上则强调集体主义,强调人际关系的和谐。中国人对权威看法比较倚重,善于在上下关系分明的社会组织中各就其位。因此,"三不主义"在辅导过程中显然就行不通了,中国人更期望辅导者主动询问自己,为自己指点迷津。

二、学校心理辅导工作的运作尚未规范

我们考察了一些学校开展心理辅导的实践情况,发现大多数学校是根据本校的教育教学改革实际来寻找心理辅导的结合点的:有的学校为了提高德育工作的实效性、开创德育工作的新路子,进行了心理健康教育;有的学校为了促进教学改革,提高教学质量,进行了学科渗透心理辅导;有的学校为了培养学生良好的心理素质,开展了心理训练与教育;等等。这些学校从实际出发,探索学校心理辅导的途径无疑是有积极意义的。但是,如果将心理辅导作为整个学校教育的一个有机组成部分,上述学校的实践都还只是局部的,尚未形成一个有效运行的系统。这个系统至少应包含两个部分:一个是学校心理辅导工作运行系统,包括了解学生心理问题,诊断分析、干预需要帮助的学生,以及评估学生的心理发展等等;另一个是保证学校心理辅导工作进行的支持系统,包括组织机构、人员、设施和制度等。现在学校心理辅导工作存在的问题是:

1. 了解和评估学生心理现状的测试工具比较单一

例如,目前常用的症状自评量表(SCL-90)、Achenbach 儿童行为量表(CBCL),对于筛查心理偏常的学生是有用的,但无法通过它们进一步了解大多数学生的能力倾向、个性特征。按照心理辅导面向全体学生的原则,只有在充分了解每个学生的能力、禀赋、个性、特长和兴趣的基础上,才能进行有针对性的辅导,帮助学生在学习中发展才能、修炼品性。可见,引进科学的心理测试工具是学校心理辅导的当务之急。

2. 个别辅导缺少专业技术的指导

个别辅导是针对一些需要帮助的学生(如学习困难学生、行为问题学生、情绪困扰学生,以及其他有心理问题的学生)的辅导活动,它是学校开展心理辅导不可缺少的一部分。从现状看,教师以咨询谈话方式进行个别辅导的较多,而针对学生的某种心理问题或行为进行专门的个别干预的较少,辅导工作流于表面,直接影响个别辅导的质量。虽然个别辅导技术的专业性较强,但实践表明,教师经过培训或钻研完全可以掌握运用,并可达到较好的干预效果。

3. 集体辅导有待总结与提高

集体辅导是针对学生共同性问题开展的辅导活动,它是由团体心理咨询与治疗移植而来的学校心理辅导的一种重要形式。由于它是面向全体学生的一种辅导活动,近年来备受

学校的重视。从形式上看,集体辅导大致有专题讨论、活动设计、心理常识讲座、心理训练和游戏辅导等,其中又以讲座为多。集体辅导的实践还处于自发阶段,尚未形成系统的课程。台湾地区在20世纪80年代中期已经在中小学建立了比较完整的心理辅导课程标准。大陆专家对于中小学开设心理辅导课程也有不同看法:一种主张心理辅导不能课程化,认为心理辅导是自下而上的,而课程是自上而下的,开设心理辅导课程,就会失去心理辅导本来的面目;另一种主张把心理辅导纳入课程体系,认为目前的学科课程仍然是以传授知识为主,素质教育的许多目标难以落实,引进心理辅导课程,对这些目标的达成能起到桥梁作用。

4. 学校心理辅导制度不完善

不少学校缺少心理辅导机构和专职人员,这使得许多辅导活动无法落实。有些学校设有心理辅导室和专职教师,但由于缺少制度的保证,心理辅导工作常常因人而异,因时而异。例如,某校长十分重视心理辅导工作,开展得很有生气,后来校长调任,心理辅导工作也就停顿下来,偃旗息鼓了。如果学校形成了一系列心理辅导工作制度和较为完善的组织系统,就可避免出现上述局面。

三、专业人员匮乏

专业人员匮乏是目前中小学心理辅导中最突出的问题。美国学校心理辅导教师(称为学校心理学家)与学生的配比,小学为1:500,初中为1:400,高中为1:350。学校心理学家均系心理咨询专业或临床心理专业的硕士和博士。我国台湾地区的高等师范院校设有专门的辅导系,培养从事中小学心理辅导工作的专业人员。大陆的大学心理系几乎没有学校心理辅导专业,上海中小学心理辅导人员主要来源于区、县德育室、科研室的研究人员和基层学校的领导、教师。这些人员具有丰富的教育教学实践经验,但缺少系统的心理辅导专业理论。尽管这几年,上海市中小学心理辅导协会会同有关高校举办了多期培训班,参加培训的已有数百人,其中有些教师经过钻研与实践,掌握了一定的理论与技术,能胜任辅导工作;但大多数教师仅仅接受了心理辅导入门的初级培训,缺乏专业的、系统的训练,只能边实践边学习,教师常常在了解、诊断、矫治学生心理问题时遇到许多难以解决的困难,直接影响了心理辅导的质量。

目前,我国大陆的中小学心理辅导正处于初级阶段,还存在着不少问题有待解决。正如任何新生事物出现时一样,是不完善的。只有在理论研究和实践探索中不断地发现问题、解决问题,才能使得这项新兴的教育活动不断地发展与完善,从而有力地推动我们的中小学教育改革。

世纪之交的上海学校心理辅导*

关心孩子的心灵成长,为孩子一生的幸福打下基础,是跨入21世纪的学校教育的主导目标之一,也是近10年来,上海的学校心理辅导活动自下而上蓬勃发展的强大动因。

一、10 年的探索与回顾

过去的 10 年,上海中小学的心理辅导基本上是在市教育行政部门支持下,以民间学术团体推动、学校自发实践为主。在这段历史中,上海市中小学心理辅导协会发挥了主导性作用。该协会是全国最早的学校心理辅导学术团体。20 世纪 90 年代初至今,协会以推广、研究、普及、提高学校心理辅导工作为宗旨,在市教委的领导下,在市教科院、高校专家和基层学校的大力支持下,积极开展学校心理辅导的研究与普及指导,积极培训学校心理辅导人员,并取得了富有成效的进展。具体反映在以下几方面:

1. 初步形成了学校实施心理辅导的思路

心理辅导在国内是一件新生事物,如何将国外的心理辅导理论和技术为我所用,这就需要结合我国中小学的实际情况加以吸纳。经过 10 年的实践和理论探索,我们基本理清了思路,那就是学校实施心理辅导必须:

(1) 心理教育与心理咨询相结合

心理教育是面向全体学生,提高心理素质,促进心理健康的教育活动。它与学校的教育密切联系,需要全体教师的参与。其主要形式有:开设心理辅导课程、教育教学中渗透心理辅导,以及其他心理辅导活动等等。

心理咨询侧重解决学生一般的心理困扰,鉴别学生常见的心理障碍,并对特殊学生(包括学习困难学生、情绪困扰学生、行为问题学生、家庭环境不利学生等)进行辅导。同时,对鉴别为有一定程度心理障碍的学生进行转介。

学校心理辅导的这两条基本途径相互补充,构成完整的辅导系统。当前,我们要克服对学校心理辅导片面理解的倾向,其中有两种倾向特别值得注意。

一种是心理辅导"课程化"的倾向。心理辅导课程是面向全体学生,开展心理健康教育的一种形式。它以学生成长中的问题为主题,以学生自我探索为主线,是真正意义上的学生自我教育活动。心理辅导课程不同于传统的学科课程,它主要不是通过讲授心理学知识,而

---

* 本文发表于《上海教育科研》2000 年第 4 期,收录时略有改动。

是通过辅导活动,使学生获得解决自己成长中的问题的体验与经验。这几年的实践表明,它深受学生的欢迎。对刚起步的学校,可以以心理辅导课程为切入口,开展心理辅导。但必须注意这不是唯一的途径,也不是学校心理辅导的全部工作。心理教育有班级辅导活动、团队辅导活动等多种形式,"课程化"的提法容易引起以偏概全的倾向,忽视对学生个别心理问题的咨询服务工作。

另一种是心理辅导"咨询化"的倾向。学校心理辅导除了提高全体学生的心理素质,还要解决学生的个别心理问题,这主要由专职人员运用心理咨询的专业技术来进行。这是国内学校最为薄弱的地方,也是今后急需加强的地方。但若仅仅把心理辅导看作是心理医生坐堂问诊,或者仅仅是专职辅导教师的事,则会走向另一极端。台湾中小学积40年之经验,其中一条是学校心理辅导全员性原则,即每个教师都要了解、关心学生的心灵成长。学校心理辅导不同于专门的心理咨询与治疗,不能脱离学校的实际,它需要将心理咨询的理论与教育理论相结合。"咨询化"容易使心理辅导陷入孤立,最终难以在学校展开。

(2) 辅导工作与学校教育相结合

心理辅导是学校教育的一个有机组成部分,是素质教育的基础工程。人的素质包括三个层面:身体素质、心理素质和社会文化素质(或称为道德素养和文化素养)。这三个层面的素质是相互联系、相互依存的,构成完善人格的整体。其中,心理素质居于人的素质结构的中介层面。可见,不重视心理素质的培养,是一种有缺陷的素质教育。

要认识到心理辅导与学校其他教育的联系与区别,可用"殊途同归"来表述。所谓"殊途"是指出发点不同,学校其他教育主要以社会需要为出发点,将社会的道德规范、伦理标准和文化知识传授给年轻学生,从而使他们从自然人成为社会人。心理辅导主要是以儿童成长的需要为出发点,解决他们在成长中的问题,促进其社会化。所谓"同归"是指最终目标是一致的,即使儿童健全地成长。心理辅导的特殊性决定了其在观念、方法、技术上不同于学校其他教育。两者必须相互补充,相互结合。

(3) 学校心理辅导与家庭心理辅导相结合

孩子的不少心理、行为问题是由不良的家庭环境引起的,要让孩子健康成长,家庭与学校的协同一致是重要保障。因此,应该把家庭心理辅导看作是整个学校心理辅导的一个组成部分。心理辅导走进家庭,帮助家长树立先进的教育观念、改进与子女沟通的方法、确立合理的教养方式、营造良好的家庭文化氛围等,可以进一步整合学校与家庭的教育力量,提高家庭教育的质量。

2. 构建了网络与队伍

在全市普教系统,从市、区县到学校形成一个富有活力的、有效率的民间网络。上海市中小学心理辅导协会现有50所实验校,这些学校开展心理健康教育各有特色,对本地区乃至全市都有一定影响。1998年3月,协会下属的心理健康教育校长联谊会成立,有80多位校长参加。同年12月下旬,又成立幼儿心理健康教育研究会,将这项工作扩展到幼儿阶段。

目前,协会拥有会员400多名,他们分布于本市各区县,承担心理辅导的服务和研究任务,是学校开展心理健康教育的主要力量。

3. 学校取得了一定的经验与成效

近10年来,不少学校在长期探索与实践中取得了经验。如:南洋中学的优化课堂心理环境研究,七宝中学的学生学习心理调控能力培养的研究,曲阳第四小学的小学心理辅导活动模式探索等。

学校辅导活动主要是通过小组辅导、活动辅导、教学辅导、个别辅导和家庭心理辅导五条途径进行。

4. 政府部门正式介入

1998年12月,上海市教育党委、上海市教委召开了全市学校心理健康教育工作会议,表明政府部门正式介入并领导这项教育活动,标志着全市的学校心理健康教育步入新阶段。会上颁布了由市教育党委、市教委制定的《上海学校心理健康教育三年规划》《上海市中小学心理健康教育大纲》《上海全日制高等院校心理健康教育大纲》《上海学校心理咨询与辅导工作守则》等文件,以规范与指导学校心理健康教育工作。

《上海学校心理健康教育三年规划》指出学校心理健康教育"是学校素质教育的重要内容,是学校德育的重要方面",并就学校心理健康教育的任务与重点、方式与途径、师资队伍建设、组织管理与经费等方面做出规定。例如:要求各高校和中小学、中专、职校逐步建立心理辅导和心理咨询中心,配备专职心理辅导教师,各区县建立心理辅导中心。各高校至2000年,中小学、中专、职校至2003年,所有的专职心理辅导教师均须获得上海市教育委员会颁发的资格证书。市教委师资处组织实施专职心理辅导教师的培训与资格确认工作。

纵观10年历程,上海的中小学心理辅导自下而上,由自发的学校行为到规范的政府行为。心理服务被正式纳入教育系统,不能不说是一种历史性的进步;同时也使我们面临种种挑战,如:专业人员缺乏、心理咨询工作不规范、课题研究不深入、学校之间和地区之间的不平衡、组织管理不规范、经费短缺。

二、今后的挑战与机遇

1. 学校辅导人员专业化

学校辅导人员专业化水平不高是现今一个突出的矛盾。主要有以下原因:其一,由于历史原因,心理学在我国几经曲折,于20世纪80年代方得以兴起,在国内高校各学科中还很年轻,心理学工作者队伍比较薄弱。其二,心理辅导是心理学中的应用学科与专业,国内高校还很少有相应的专业。少数大学心理学设立心理咨询、临床心理学的硕士、博士学位也是近几年的事,而且招生人数很少,无法满足社会需求。其三,鉴于上述两条,目前中小学从事心理辅导的人员主要是德育工作者和班主任。近几年,虽然上海高校各专门机构为基层学校教师举办了各类短期培训和专题培训,但总体来说,大多数学校辅导人员专业背景欠缺,没有掌握系统的心理辅导理念与技术。其四,培训专家很多也不是心理辅导专业出身,不少系心理学教授,而非临床心理学家,缺少临床经验。因此,学校心理辅导人员专业化问题,是今后5年乃至10年,有待努力和发展的一项工作。就目前现状,笔者建议如下。

(1) 学校心理辅导人员培训课程专业化

心理辅导是一项为人提供心理服务的临床专业,它是一门科学,也是一门艺术。有关专家(卡尔霍夫,1987;瓦尔金斯,1997;德赖登和托马斯,1994)认为,培训课程应包括四方面:一、掌握心理咨询的各种流派与哲学理念;二、心理辅导人员自身伦理、职业道德修养,以及自身反思与探索;三、心理辅导的方法与技巧;四、临床实习(实习过程中学员要接受导师的督导)。笔者认为第二、第四点是不可或缺的,现在诸多的培训班对第一、第三点讲得较多,而二、四点很少涉及。职业道德与修养是辅导人员最重要的素质之一,直接关系到当事人的利益和辅导的质量与声誉。临床实习也是必不可少的一环,有专家说,辅导人员不是教出来的,而是带出来的,这话有一定的道理,在今后培训中应加强这两方面的内容。

(2) 学校心理辅导人员持证上岗制

加强对学校心理辅导人员的管理,要求持证上岗,定期(每隔一二年)换证,以规范学校心理服务工作。这项工作可在教育部门领导下,组织专家小组实施。

(3) 学校心理辅导人员要从事一定的课题研究

心理辅导专家林孟平曾指出:"心理辅导的从业人员往往不重视研究成果带来的知识,实在是一个严重的问题。虽然许多人声称心理辅导既是一门科学,同时也是一门艺术,不过,不少研究却显露了一个问题,那就是其科学性并未获得应有的重视,经常被忽略,其中包含了一个事实——心理辅导从业人员不但不做研究,并且也不会研读有关研究报告……除非我们着意改善,努力将研究成果带来的知识整合于临床工作和培训中。否则,此专业的信誉将会出现危机。"

2. 心理服务工作规范化

辅导工作规范化与人员专业化有关,但两者要同时进行,不能等到人员专业化了,再进行工作规范化,否则,便会使辅导的质量与信誉大打折扣。辅导工作规范化须从现在就扎实地做起。

(1) 科学地评估学生心理健康状况与心理发展状况

要使用标准化的有我国或本地区常模的心理测验,不滥用心理测验,也不以营利为目的。现在有一种心理测验"商业化"的倾向,有些人随手拿来别人的测验,不问版权,也不问是否有常模,制成电脑软盘高价兜售,既侵犯知识产权,又破坏心理测验的严肃性。

建立有针对性的、简便易行的学生心理档案,是一项有效而可行的工作。一般学生根据需要可建立简案,而个别辅导的学生可建立详案。简案主要是状况描述,如心理健康状况、一般能力倾向、个性心理特征;详案则应是动态的过程描述,包括干预前后的变化。同时,要做好心理档案的保密和管理工作。

（2）针对学生实际问题开展辅导工作

心理辅导主要是解决人在成长中的问题,从小学、初中到高中,儿童面临的成长问题是不同的,即使是同一年龄阶段也各有差异,这需要教师关注和洞察这些问题,如：小学低年级学生的入学适应、伙伴交往,初中生的青春期烦恼、学习困难,高中生的价值观冲突、升学择业。心理辅导教师要严格按照心理咨询方法、技术操作程序,进行干预与辅导,并对辅导效果及时做出评估与改进。

（3）学校心理辅导室规范化建设

一是制定学校心理辅导室工作规程,保证心理辅导室能执行各项功能；二是仪器、设施配置标准化。而目前的状况是,辅导室仪器设备配置随意性大、盲目性大、缺少专家指导。有些学校购置一大堆仪器,但不知如何使用。

（4）加强对学校心理辅导工作定期评估与督导

建议市教委相关部门组织专家,定期对学校心理辅导工作进行检查评估,提出改进意见,使辅导工作不断地良性循环。

3. 深化心理辅导课题研究

课题研究与辅导工作应同步开展。学校心理辅导是一门应用学科,辅导工作的质量往往与理论的应用水平密切相关。课题研究一方面解决理论应用和辅导工作的有效性；另一方面,也可以深化辅导的各个领域,为丰富、更新、充实心理辅导理论打下基础。当然,学校层面的课题研究与专家层面的课题研究不尽相同,学校心理辅导的课题研究带有更多的实践性、应用性,从科研方法看,属于现场研究、行动研究。这些年,我们已经在学校如何实施心理辅导的模式上进行了探索,对当前中小学心理问题的现状与特点进行了调查。但就取得的成果而言还是相当粗浅、相当初步的。笔者认为下列问题的研究有待拓展与深化：

（1）中小学生学习辅导

人类步入信息化社会,学会学习和思考本身就是当今学校最重要的任务之一。有人认为这是智育的任务,不属于心理辅导的范畴。这是一种狭隘的观点,学校心理辅导不是孤立的,它应该与学校各育相互联系、相互渗透。从发展性辅导的角度,培养学生良好的学习心理品质,正是学习辅导的主要任务之一。其中下列几项研究较为迫切：

①学习动机的研究。动机理论从驱力理论、强化理论、需要层次理论、成就动机理论,到近些年的社会认知理论,有了长足的发展。特别是社会认知理论,它把人的动机看作个体内部知、情、行密切联系的统合过程,强调主观意识和内在动机的作用,备受人们关注,然而教师对此知之甚少。

②学习策略的研究。学习策略包括基本加工策略、学习管理策略和自我调控策略。过去的学习方法指导主要是在学习管理策略的层面,很少涉及基本加工策略和自我调控策略,因而难以深入。

③学习困难学生的研究。20世纪90年代以来,国内在这一领域取得可喜的进展,涌现了一些有质量的成果和经验,但在研究的深度上尚有待提高。我们研究的还不是严格意义上的学习困难学生,准确地说是学业不良学生。在国外,学业不良(又称为低成就,low achievement)与学习障碍(learning disability)是两个不同的概念。一般来说,学业不良的概念可以包含学习障碍的概念,但学业不良并不等于学习障碍。因为引起学业不良的原因是多种多样的,有可能是学习障碍的原因,也可能是学习动机的原因或其他原因。这就需要对不同类型的学习困难学生进行鉴别、分类与诊断,并采取相应的措施。这方面的工作,我们做得还远远不够。

此外,在大脑开发、问题解决(高层次的思维训练)、课堂管理等方面,有许多课题需要研究。上述问题的解决,将对素质教育进课堂产生直接的影响。

(2) 中小学生人格辅导

人格辅导应该着眼于培养个体对己、对人、对事积极的思维方式和行为倾向。目前比较突出的问题是,儿童注意缺陷多动障碍、自我为中心、不关心别人、自私等;青少年性困扰、人际沟通障碍、社会适应不良,以及价值观与文化冲突等。学校如何有效地解决这些问题,需要通过研究来寻找答案,例如:小学生社会性行为的研究、中学生性心理辅导的研究、中学生价值观的研究。

(3) 教师心理健康

学校心理辅导不仅仅针对学生,还需要关注教师心理健康。教师心理不健康,就难以促进学生心理健康。在这方面要研究教师心理状态对学生的影响,教师的心理调适与保健等。

(4) 家庭心理辅导

孩子的成长离不开父母的影响,学校进行家庭教育指导,心理辅导也是其中一项重要内容。不少学校向家长普及心理辅导常识,介绍心理辅导方法,探讨子女教育的问题,很有成效。这方面的经验需要好好总结。

(5) 幼儿心理健康

这个领域过去不太重视,幼儿阶段不仅是语言、认知发展的最佳时期,也是个性心理品质发展的重要时期,开展幼儿心理健康的研究,有助于幼儿早期心理、行为问题的预防,有助于幼儿各方面的成长,为以后中小学阶段儿童的发展打下良好的基础。

4. 社区心理服务及网络社会化问题

中小学生心理辅导除了在学校实施,建立校外心理服务网络,也越来越迫切。由于有些心理问题对当事人而言是高度私密性的,故不少学生出于这样或那样的原因,不愿向本校的心理辅导老师求助,而宁可向校外心理服务机构求助。社区心理服务机构可以有不同的层次,上海主要有区和社区两个层次。目前设立了区级心理辅导中心的有静安、徐汇、普陀、虹口、闸北、杨浦等区,设立了心理辅导中心的街道有虹口区川北小区、江湾小区、静安区江宁街道等。这些校外心理服务机构做了不少工作,受到家长和孩子的欢迎。现在一方面要使已有的社区辅导中心走上常规化,有专家指导,有街道的物质、财力支持,有一支稳定的、高质量的辅导人员队伍,这三点都是有待加强的。另一方面要稳步、有序地发展这些机构。

上述校外心理服务机构主要功能应定位在:预防为主、矫治为辅。具体体现如下。

① 向社区人群宣传、普及心理健康常识与观念。

② 中小学生成长危机的预警系统。孩子如有心理困扰,乃至有自伤、自残行为或者自绝意念,可通过社区辅导中心热线求助。

③ 综合社区的学校教育资源,为社区的中小学生提供心理咨询、心理训练、心理健康教育讲座等心理服务。

④ 开办教师和家长心理辅导讲习班,为教师与家长提供辅导建议。

最后,整合各方专家力量,是学校心理辅导开展的重要保证。上海在心理辅导方面有诸多的专家资源:医学界、高校、科研院所等专业机构。希望专家之间打破围墙,加强学术联系与沟通,加强科研协作与攻关,更多地投入学校心理辅导的指导,共创学校心理辅导的光明未来。

人文关怀:学校心理健康教育的基本精神*

　　我国学校心理健康教育经过 20 年的探索与实践,从星星之火燃成燎原之势,的确给人以鼓舞和信心。笔者最近参加在浙江桐乡举行的省心理辅导活动优质课展示观摩活动,有来自全省的近千名教师参加,足见广大基层学校对心理健康教育的需求之大。然而,从当下学校心理健康教育发展现状来看,理论研究与实践探索上都存在着需要突破的瓶颈。从目前学校实践的情况看,笔者认为心理健康教育呼唤人文关怀精神迫在眉睫。

一、学校心理健康教育发展的不良倾向

　　人文关怀主要是指对人自身的存在和发展中所遇到各种问题的关注、探索和解答,它所体现的是一种人文精神。教育的人文关怀是对学生生存状态的关注、对学生成长需要的理解和人格的尊重,以及对完整生命的关爱和人生意义的关怀。学校心理健康教育通过关注和促进人的心理健康体现人文关怀的精神。然而学校心理健康教育发展的种种不良倾向,却在使人文关怀逐渐丧失,偏离了心理辅导的初衷。

1. 技术主义倾向

　　由于学校心理辅导专业化水平比较低,广大学校心理辅导工作者对于各类心理专业培训有着强烈的学习愿望,一时间,沙盘游戏治疗、短期焦点治疗、催眠技术、艺术治疗等成了各类心理培训班的主题。有些学校购置了沙盘等设备和心理测量工具,但由于培训和指导不到位,许多设备空置,成了摆设。心理辅导需要技术,更重要的是心理辅导人员应具备相应的理论素养,在正确思想的指导下运用技术,否则会导致滥用和误用。试问:不具备基本的精神分析理论知识,怎么能够通过当事人摆弄的沙盘去准确分析其内心世界呢?因此,当前学校心理健康教育最为迫切的首先是指导思想问题、理论引导问题,其次才是技术与操作问题。

2. 理想主义倾向

　　目前学校心理辅导在目标设计上,理想主义倾向比较普遍,表现为:从教育者角度设计的辅导目标和内容,有些过于理想,有些过于空泛,不太符合学生的实际状况。不少教师平时没有深入地与学生沟通,难以了解学生的内心世界和需求,这样的心理健康教育怎么会受

---

* 本文发表于《中小学心理健康教育》2008 年第 3 期,收录时略有改动。

到学生的欢迎,怎么能帮助学生解决困惑,促进其心智健康发展呢?

3. 形式主义倾向

形式主义倾向的表现之一是把心理健康教育当作"摆设",只是为了应付各种检查,实际上形同虚设。正如有人所说:"上级检查时重要,平常教学中次要,抓统考升学时不要。"形式主义的表现之二是把心理健康教育课当作"表演"课。心理健康教育课需要设计活动以增加学生的体验,但不要"为了活动而活动",有些课形式上很热闹,似乎效果不错,但是并未解决学生的实际问题。有的公开课为了展示成果,经过了精心的排练,使心理健康教育课成了学生的表演课,这样的课有违心理健康教育的基本精神。

4. 自由主义倾向

心理健康教育是否需要主流价值引导?有些教师将心理咨询中的"价值中立"原则运用在心理辅导活动与个案辅导上,认为具体辅导过程不需要价值引导。实际上心理咨询中的"价值中立",是指咨询师不要凭主观臆测把自己的判断强加给来访者。咨询中的"价值中立"与主流价值引导不是相互对立的,而应该是统一的。而且,成年人的心理咨询与青少年心理健康教育还是有一定区别的,其中最显著的区别就是教育干预性。面对多元文化的社会影响,帮助学生建立积极的主流价值观,以适应变化的社会是心理健康教育重要的教育目标。价值引导不是一味地说教和灌输,价值引导也不影响学生进行自我探索。价值引导这一任务给学校心理健康教育提出了更多的挑战。

5. 功利主义倾向

心理健康教育课程需要教材,但是,由于功利主义、物质利益驱动,有些地方未经认真研究和精心准备,纷纷自主编写教材。据不完全统计,各地已经推出的心理健康教育教材多达150种,但是质量高的教材并不多。有学者认为,目前的心理健康教育课程教材存在以下问题:教材编写的价值取向没有凸显"以学生为中心";教材编写目标定位不够清晰,有些教材仅仅关注防治性目标,而忽视发展性目标;教材评价失真,有"自卖自夸"的现象,相当一部分教材编写的状况是"匆匆上马,急急推出,草草收场,皆大欢喜"。我们要以科学的态度,在理论指导下精心设计课程与教材框架,尤其要认真听取一线心理辅导教师和学生的意见,不断完善和丰富心理健康教育课程教材的体系和内容。

二、学校心理健康教育如何体现人文关怀精神

学校心理辅导的宗旨是通过帮助学生解决成长中的心理困惑,培养学生健康心理,促进学生人格健全、潜能开发。学校心理健康教育中的人文关怀精神,应该体现在辅导目标、内容、形式与方法等方方面面。

1. 学校心理辅导的目标定位:关注生命全程

心理辅导的人文关怀应该探讨人类对幸福生活的追求,培养学生健康的心理品质,为其

一生的幸福奠定基础。因此,学校心理辅导要关怀学生生命全程。

其一,心理辅导要融入生命教育的元素。教育的价值在于促进人的健康成长,而健康的价值在于提升人的生命意义与境界。从这个意义上讲,关怀生命是现代教育的核心价值。人的身体、心理与精神境界紧密相连,构成一个完整的生命体。心理辅导不仅要解决学生的情绪和行为层面的问题,而且也应该能够促进学生健全人格和精神境界的提升。近年来上海及其他地方开展的生命教育,从某种意义上说,是心理健康教育的新阶段。虽然生命教育与心理辅导在内涵上各有侧重,但最终目标是一致的,即让每个学生身心健康、社会适应良好、充满生命活力、生活幸福。

其二,心理辅导要吸收积极心理学的研究成果。心理辅导不仅要解决学生在成长中的困惑,还要培养和开发学生在今后人生道路中应该具备的积极心理潜质。积极心理学重视人性的积极方面,强调心理学应该更多地研究人的积极心理品质与潜能,这正是人文关怀精神的体现。有关研究表明,个人与环境的互动对于个体的心理发展影响重大。神经细胞中的突触是大脑接收、传递信息的节点,是大脑进行学习的关键部位。有关早期学习的神经生理学研究表明:新生儿出生时,大脑仅拥有万亿个突触中的很少一部分,婴儿发展早期阶段,神经突触增长很快,随后会突然减少,这称之为"产出过剩和选择性消失"现象。而在随后的成长历程中,大脑突触又会逐步增加。这就证明了经验的驱动和选择作用对于突触的增添起着非常重要的作用,"用进废退"。也就是说,个体的学习能够改变大脑的物质结构。由此给我们的启发是,学生的许多积极心理潜质可以通过学习、生活实践而得以开发和培养。

2. 学校心理辅导的主题深化:走进学生心灵世界

心理辅导的人文关怀应该探讨当代人的精神生活,提升人的生命质量。学校心理辅导只有走进学生的心灵世界,方能显示其助人成长的影响力。过去我们批评传统德育"见物不见人",反观当前的学校心理健康教育,常常在重复同样的错误。以心理健康教育课为例,教师比较重视辅导活动的形式设计、技术运用,在活动进行的过程中,教师只想把预设的内容顺利地完成,忽视学生的反应和提问,忽视动态生成的教学内容。有的教师最怕学生提问,一怕打乱自己原先的设计,二怕回答不了学生的问题。再以个别辅导为例,有的教师在进行辅导时,角色没有转过来,不是耐心倾听学生吐露心声和烦恼,而是经常打断,一味教导,听得少讲得多,背离了辅导人文关怀的基本精神。因此,要走进学生的心灵世界,心理辅导教师应该加强倾听、同感和回应等心理辅导基本功。

走进学生的心灵世界,还要知道学生想些什么、说些什么和做些什么。而要做到这些,教师就应该了解青少年亚文化。学生喜欢上网聊天,教师知道网络常用语言吗?笔者曾经多次用常用网络语言"考评"前来听讲座的教师,年轻教师大都没问题,而中年及以上的教师不了解的居多。以 QQ 文化为例,QQ 已经成为青少年生活、学习的重要工具,也有人把它称为网络时代青少年寻求心灵突围的集体默契。QQ 文化体现了青少年在衣着打扮、话语系统、思维方式、生活方式、价值观念等方面的追求。QQ 深受青少年欢迎的原因有:一是缓解内心紧张与压力;二是追求角色认同;三是展现自我;四是情感寄托、寻回童趣。如果教师对于 QQ 文化有所了解,就增加了与学生对话沟通、走进学生心灵世界的渠道。

只有走进学生的心灵世界,心理辅导才能寻找到符合学生成长需求的辅导主题。前文提到,学校心理辅导理想主义倾向表现为常常从教育者的角度,而非学生的需要去设计心理辅导内容,致使心理辅导缺乏针对性。事实上,学习技能、学习心态、学业成就、自我认同、生命观、人生态度、性观念、生涯规划、人际交往、亲子沟通、危机与挫折应对,乃至偶像崇拜,都是学生成长中迫切需要探讨的主题。

3. 学校心理辅导的途径拓展:多渠道的生活实践

心理辅导的人文关怀应该探讨如何培养学生的积极心理品质,即如何帮助学生建构积极的经验。杜威认为,儿童的成长就是个体的经验由坏变好的过程。这种经验既然是个人的,就需要自我进行探索,辅导只是协助学生进行自我探索。而在探索的过程中,体验、感悟与实践三者缺一不可。从目前学校心理辅导实践的情况看,在这一探索过程中,比较重视体验,而忽视感悟和实践。即便是体验的环节,浅层体验多,深层体验少。例如:心理辅导活动课中,往往追求热闹的场面,学生激动过后留下的东西很少;重视课内轻视课外,其实课外实践是学生积极经验获得的重要一环。

如何加强学生的感悟和实践?以儿童心理弹性培养为例,亨德森和米尔斯坦在 1996 年提出过"六策略训练计划",这 6 个策略分别为:①为学生提供参与有意义活动的机会(如勇于提问、共同制订课程表);②建立并保持对学生的高期望(如出色地完成作业);③创造一个相互关爱和支持的学校氛围(如建立信任,以学生为中心);④增强每个人的亲社会倾向(如视教师为朋友,在同学之间建立伙伴关系);⑤为学生制定清楚而一致的行为规范(如理解行为后果,遵守规则);⑥为他们传授生活技能和社会技能(如形成良好的沟通能力和问题解决能力)。

因此,我们必须从教室、辅导室的小课堂,拓展到社会生活实践的大课堂,包括学生社团活动、班级活动、节假日活动、社会实践活动等,为心理辅导提供多样化途径,为学生提供更多实践的机会,使其学会应对生活挑战与危机,获得积极的人生经验。

参考文献

[1] 贾高建. 马克思主义与人文关怀[J]. 理论前沿,2000(4):11-13.

[2] 马建青,王东莉. 人文关怀:学校心理咨询的核心理念[J]. 当代青年研究,2005(5):1-5.

[3] 崔景贵. 关于我国中小学心理教育课程教材建设的思考[J]. 课程教材教法,2002(1):55-58.

[4] 吕林海. 学习与教学:一种基于脑的解读[J]. 教育理论与实践,2004(6):38-42.

[5] 杜金艳. Q 版:集体默契的亚文化[J]. 青年研究,2006(9):10-15.

以普及化促进专业化：
论推进学校心理健康教育的基本思路*

关于学校心理健康教育今后发展的道路，普及化与专业化是一对重要命题，也是目前尚有争议的问题。普及化要求向学校、家庭、社会普及心理辅导的理念、心理健康常识，关注每个学生的心理健康和人格发展。专业化是指心理辅导人员的专业化、心理服务工作的规范化、科学化和人性化。在学校心理健康教育发展的初级阶段，在普及化和专业化水平都比较低的今天，我们的发展思路应该是用普及化促进专业化。如果过分强调专业化，忽视普及和宣传发动，我们将寸步难行，心理辅导就难以在学校生存发展；如果过分强调普及，忽视专业化进程，我们将永远停留在低水平的重复上，最终失去生命力。据此，笔者提出如下构想：

一、学校心理健康教育的基本定位：发展性心理辅导取向

21世纪的教育更加注重人的一生发展，21世纪的学校更加关注学生人格的健全发展，更加旗帜鲜明地为学生的终身发展打基础，培养"四有"新人。如果心理辅导真正成为现代学校教育体系中不可分割的一部分，那么就应该将它定位于帮助每个学生成长的发展性心理辅导。

目前国内学术界虽然对于心理辅导的概念、术语尚有不少争议，但基本形成了将学校心理辅导定位在"心理健康教育"的共识，这在相关的一系列文件中也有明确的表述。1999年6月13日，中共中央、国务院《关于深化教育改革全面推进素质教育的决定》指出："加强学生心理健康教育，培养学生坚韧不拔的意志、艰苦奋斗的精神，增强青少年适应社会生活的能力。"2000年12月14日，《中共中央办公厅、国务院办公厅关于适应新形势进一步加强和改进中小学德育工作的意见》指出："中小学校都要加强心理健康教育，培养学生良好的心理品质。"2001年5月29日，《国务院关于基础教育改革与发展的决定》明确提出"加强中小学生的心理健康教育"。教育部颁布的《中小学心理健康教育指导纲要》(2002)明确规定，中小学"心理健康教育的总目标是：提高全体学生的心理素质，充分开发他们的潜能，培养学生乐观、向上的心理品质，促进学生人格的健全发展"。可见，发展性心理辅导与心理健康教育的目标是完全一致的。

---

* 本文发表于《中小学心理健康教育》2002年第12期，收录时略有改动。

从国际发展趋势看,学校心理学的任务有两大类:一种是积极提升学生的心理素质,包括应用心理学理论、方法和技术来提高学生的学业成就、社会交往技能和个性心理品质,促进其自我成长和生涯发展;另一种是解决学生心理发展中的危机问题,包括学生课堂学习和行为问题、同伴关系不良、情绪失调、校园暴力、少女怀孕,以及环境不利儿童的辅导。学校心理学的研究对象有三类:全体学生、目标学生群体和高危学生群体。可见,近几十年来,发展性心理辅导是国际上共同关注的课题。

二、加速辅导教师专业成长的重要途径:案例实践和研习

目前,大多数从事学校心理辅导的人员缺少系统的专业培训。尽管现在教育系统有各种各样的培训,但这些培训大多既缺乏系统性,又缺乏实践性。在这种情况下,如何加速从事学校心理辅导人员专业成长是一个非常紧迫的问题。光有热情,没有一支学校心理辅导人员队伍,任何美好的设想只能停留在纸上。

笔者曾经撰文提出加速学校心理辅导人员专业成长的几条建议:①培训课程专业化,尤其要加强心理辅导人员自身伦理、职业道德修养和临床实践培训;②持证上岗;③从事心理辅导研究。其中,"加强临床实践培训"尤为重要。在培训实践中,我们发现进行案例实践和研习是加速学校心理辅导人员专业成长的重要途径。心理辅导人员不光要有理论知识,还要有技术,技术则需要通过个体的经验转化而来。这就如同医生,医科大学毕业只是说明受过医学专业背景的教育,而要真正成为一名医生,还需要多年的临床实践经验。案例实践和研习不仅要求心理辅导人员按照严格的心理评估、诊断和干预方法解决当事人的问题,更重要的是要求他们对自己做的案例进行反思、实践、再反思、再实践,从而提高辅导技术。

三、落实全员参与的基本策略:班级本位的心理辅导活动

全员参与是普及心理辅导的重要策略。学校心理健康教育只有全员参与,才是真正形成了气候。而以班级为本位的心理辅导,可以让更多的班主任介入,促进落实全员参与。

1. 班级心理辅导为同辈群体资源的开发提供平台

班级心理辅导指以团体辅导及其相关理论与技术为指导,以解决学生成长中的问题为目标,以班级为单位的集体心理辅导活动形式,旨在充分利用群体的辅导资源。团体动力学的理论指出,团体具有吸引各个成员的内聚力,这种凝聚来自成员们对团体内部建立起来的一定的规范和价值的遵从,它强有力地把个体的动机需求与团体目标联结在一起,使得团体行为深深地影响个体行为,团体内有个体所没有的动力特征。这为调动同伴群体的教育资源、开展班级心理辅导活动提供了理论依据。

2. 班级心理辅导有利于教师转变教育观念和提高教育能力

由于班级心理辅导不仅帮助学生解决成长的问题,而且也为教师与学生在心理层面进

行平等的交流和对话提供了情境,这将有力地促进教师教育观念的转变。班级心理辅导的活动形式是多种多样的,有游戏辅导、角色扮演、行为训练、价值澄清、理性情绪法和音乐调适等。在活动实施中,要求教师转换角色、激活学生的心理历程、小组发动、环境设计和活动评估。这就使教师在实践中能够学习和掌握一定的辅导技能,从而提高教师的教育能力。

四、为学生成长提供积极的社会支持:优化教育生态环境

学生不是生活在真空里,他们的思想、观念、情感和行为方式都会受到周围人群和环境的影响。我们可以把学校和家庭看作是与学生发生密切联系的生态系统,教师、家长和学生是这个系统的要素,要素之间是密切联系的。有时问题表现在学生身上,但根源却在学校、教师或者家长身上。学校环境良好与否,教师和家长的心理、行为健康与否,将直接影响学生心理、行为的健康。教育生态环境包括学校环境、家庭环境和社会环境,优化教育生态环境,实际上为学生心理健康建立了积极的社会支持系统。

1. 优化学校心理环境

学校环境主要是指文化心理环境。许多事实表明,学生的人格特征的形成与学校环境的熏陶是分不开的,例如:在一个升学竞争气氛浓厚的学校环境中,学生中厌学、过度焦虑、情绪困扰的比例必然增多;在一个民主、开放、宽松的学校环境中,学生的自主独立意识、创造意识必然增强。

如何营造有利于学生健康成长的学校环境?学校环境由学校的办学理念、课程和各项教育活动共同营造,受教师与学生的互动的影响。积极的环境应该使学生能够体验到学习的乐趣、成功的自豪和创造的喜悦;应该没有压抑的气氛,没有学生对学校生活的厌倦和恐惧,没有刻板的教条。在这样的环境里,可以为每个学生充分而自主地发展提供社会支持。

2. 优化家庭教育环境

在儿童青少年的成长过程中,尤其是在最初的成长历程中,父母往往代表了整个世界,所以"为人父母"是世界上最伟大、奥妙的学问之一。绝大多数的父母都深爱着自己的子女,但如何担当起教养的角色,却是一个富有挑战性的议题。我们可以通过开展亲职辅导*,优化家庭教育生态环境。亲职辅导是指学校指导家长运用心理辅导的理念和方法提高家庭教育质量的辅导活动。亲职辅导的基本任务有:

① 向家长普及心理健康常识。具体包括了解儿童青少年心理发展的特点与问题,了解心理保健常识,学会自我心理调适。

② 指导家长改善家庭教育生态环境。具体包括建立积极、健康的家庭文化氛围,提高亲子沟通的质量,建立和谐的家庭人际关系(亲子关系、夫妻关系等),提倡正确的教养观念和教养方式,重视父母的榜样示范。

---

* 即前文所述"家庭心理辅导",台湾学者多用"亲职辅导"这一术语。

③ 指导家长如何关心子女的学业。具体包括建立适当的教育期望,培养孩子积极的学习心态,培养孩子良好的生活习惯和学习习惯,调节孩子的身体状态。

3. 优化社区环境

要建设一个有利于学生健康成长的环境,社区是不可或缺的一环。我们可以建立社区心理服务网络,优化社区教育环境。从上海的实践情况看,社区心理服务主要功能应定位在:预防为主、矫治为辅。具体体现在:

① 向社区人群宣传、普及心理健康常识与观念。

② 中小学生成长危机的预警系统。

③ 综合社区的学校教育资源,为社区的中小学生提供心理咨询、心理训练、心理健康教育讲座等心理服务。

④ 开办教师和家长心理辅导讲习班,为教师和家长提供辅导建议。

发展性心理辅导:培育学生现代人格的教育*

心理辅导作为一种新兴的现代教育活动,人们在理解和实践的过程中,可能出现各种各样的偏离,如:心理健康教育学科化的倾向——将心理辅导看作是向学生传授心理学知识的过程,而不是解决自身问题的过程;医学化倾向——将学生看作是病人,将学生的心理困惑一概视为心理障碍和心理疾病。此外,还有形式化、片面化等倾向。如果说过去多年,我们是以模仿、借鉴国外理论和尝试实践为主,那么现在应该是通过反思理性审视未来之路的时候了。因此,有必要对学校心理健康教育的基本定位做深入的探讨。

一、发展性心理辅导立足于现代人格的培育

发展性心理辅导,是指着眼于每个学生的健全人格培养与潜能开发,根据儿童青少年心理发展各个阶段的特点进行辅导,为他们终身发展奠定心理基础。从心理辅导功能来看,有矫治功能、预防功能和发展功能。矫治功能是解决个别学生已经形成的心理和行为问题。预防功能是对一部分有可能产生心理和行为问题的学生进行辅导,防患于未然。发展功能是面向每个学生,培养他们积极的心理品质,促进其心理健康。矫治和预防是消极意义上的心理辅导,而发展是积极意义上的心理辅导。发展性心理辅导不是不要矫治和预防,只是更加强调发展功能。矫治、预防和发展是相互联系的,矫治、预防的目的也是发展。

1. 社会现代化呼唤人的现代化

在社会现代化的进程中,人的现代化是一个十分关键的因素。因为人的价值观、行为规范和信仰在决定社会类型方面起着重要作用。那些完善的现代制度,以及各种伴随而来的管理条例,本身不过是空壳,重要的是由什么样的人来执行、运作。美国社会学家英格尔斯在《人的现代化》一书中指出:"如果一个国家的人民缺乏一种能赋予这些现代制度之真实生命力的广泛的心理基础,如果执行和运用着这些现代制度的人自身还没有从心理、思想、态度和行为方式上都经历一个向现代化的转变,失败和畸形发展的悲剧是不可避免的。"他又说:"当今任何一个国家,如果它的国民不经历这样一种心理和人格上向现代化的转变,仅仅依赖外国的援助、先进技术和民主制度的引进,都不能成功地使其从一个落后的国家跨入自身拥有持续发展能力的现代国家。"

---

* 本文发表于《当代教育论坛》2003年第3期,收录时略有改动。

2. 现代人格的特征

现代人格的特征之一是具有鲜明的时代性。20 世纪 60 年代,英格尔斯在对智利、阿根廷、以色列、印度、尼日利亚和孟加拉国 6000 人的调查中发现,尽管生活在不同的国家中,现代性强的人在生活态度、价值观念和社会行为模式等方面有十分相似的特征:乐于接受新的生活经验、新的思想观念和行为方式;准备迎接社会的变革;思路广阔、头脑开放,尊重并愿意考虑不同的意见和看法;注重现在与未来,守时惜时;有强烈的个人效能感;有计划性;尊重知识;可依赖性和信任感;对教育的内容和传统的智慧敢于挑战;相互了解、尊重他人和自尊;等等。

弗罗姆提出了 21 条现代人的人格特征,其中包括注重现实的能力,对生活的热爱,沉着、稳重、自信,不崇拜偶像,克服自卑,遵守纪律,发展自我想象力,正派而不幼稚,对生命过程持乐观主义态度;等等。

综上所述,时代性主要体现在两个方面:一是要以积极的心态对待自己、他人和周围事物;二是要以积极进取的精神,勇于迎接生活的挑战。

现代人格的特征之二是独立自主。现代社会强调每个人都是独特的生命体。正是基于这种独立性,每个人才能体验到各自的自尊感和生命的价值。当然,人格的独立性不是以自我为中心,不是独立于群体之外、自我封闭,而是以积极的社会适应能力为前提,具有理智的判断与选择能力。

现代人格的特征之三是创造性。现代社会需要人们激发更大的创造力。创造力从何而来?激发学生创造力的动力是什么? 这在很大程度上取决于个体的人格因素。"低能儿"爱迪生只上了 3 个月小学就被劝退,是探究事物的浓厚兴趣,使他成为了伟大的发明家。

发展性心理辅导以培育学生现代人格为宗旨,据此,它的基本任务主要有:培养学生积极的自我信念、健康的情绪和高尚的情感,提高学生积极的社会适应与生存能力,让学生获得终身学习的能力和开发潜能。这几项基本任务将为学生的终身发展奠定基础。

二、积极自我意识是学生人格发展的核心

人格从本质上说,是指个体稳定而有倾向性的对己、对人、对事的认识、情感态度和行为方式的总和。研究人格的心理学家,从来都是非常关注人的自我意识问题的。

1. 拥有健全自我才会拥有健全人格

在人格结构中,自我意识始终是一个核心成分,许多人格理论都强调这一点。例如弗洛伊德的精神分析理论认为,人格结构由本我、自我和超我组成,其中本我代表人格中的生物成分,自我代表部分意识层面的心理要素,而超我则代表社会文化因素。他认为,人格是一个复杂而精密的能量系统,人格的动力状态就是将心理能量不同地分配给本我、自我和超我。由于能量有限,所以当其中一个系统获取过多的能量时,其余两者的能量就会不足。人的行为受此心理能量所支配。由于他过分强调本我的作用,认为本能是人行为的原动力,他

的后继者荣格、霍妮、阿德纳等人先后与他在学术上分道扬镳。

奥尔伯特的人格理论认为,自我在人格结构中起着统帅作用,"被认识的自我,使人体验到温暖的、中心的和重要的,它是主观经验的我的那部分。"他提出的几条健康人格标准,大都与自我有关,如自我拓展的能力、理解现实我与理想我的差别、积极的自我意向(即自我形象或对自己的看法)。

罗杰斯从现象学角度强调自我意识是人格的一个重要部分。他认为,每个人都以一种独特的方式来看待世界。这些知觉构成个人的现象场,现象场的关键部分是自我,由那些代表着"主体自我"或"自我"的感知和意义组成。而当自我结构被解体时,则意味着人格的瓦解,从而导致心理障碍。

简言之,自我是一个复杂的人格系统,是人类生命体不断发展的重要部分,它不是与生俱来的东西,而是在社会经验过程和社会活动过程中出现的。自我的确立离不开社会和人际环境,个体往往是在对他人、对自己的态度和评价中,产生自信、自尊或者自卑。同时,自我不是本能、欲望的奴隶,而恰恰是它们的主人,一个积极的自我具有良好的适应性和自主性。一个人只有拥有健全的自我,才会拥有健全的人格。

2. 青少年时期是自我意识发展的重要时期

从儿童成长为青少年,除了身体的变化,心理上最大的变化莫过于自我意识的觉醒。斯普兰卡称青少年是"第二次诞生",是指他们发现了一个内心的自我世界。正是这个自我的出现,使得他们的独立性、成人感日趋增强,而这与他们不够成熟、缺乏社会经验同时并存,从而形成内心的冲突。在埃里克森的理论中,这就是自我同一性和角色混乱的矛盾。这是青少年时期人格发展的基本矛盾。青少年时期的基本任务是发展自我同一感,即产生一种对自我的认可和接受,从而形成客观、稳定的自我评价,能认识自我与现在和未来的关联。

具有自我同一感的青少年至少有三方面的体验。首先,他感到自己是独立、有个性的个体,虽然与别人一起活动,共同承担任务,但在精神上是可以与别人分离的。其次,自我本身是统一的,需要、动机和反应模式可以整合一致。从时间来看,自我有一种发展的连续感和相同感。"我"是从童年的"我"发展而来,将来的"我"还会不断地发展,但"我"还是"我",而不是别人。再次,自我所设想的"我"与自己觉察到的其他人对"我"的看法是一致的,并深信自我所努力追求的目标,及为达到这个目标所采用的手段是为社会所承认的。

青少年在探求、实现自我同一性的过程中,往往会出现两种失败的情况。一是同一性拒斥,这是由于个体过早地将自我意象固定化,或者说是过早地停止了对同一性的探求。同一性拒斥的青少年往往缺乏主见,尊重权威。他们缺少反思,也很少焦虑,对传统的价值观很感兴趣,与同伴的联系不如与父母的联系那样紧密。二是同一性混乱。这类青少年无法发现自己,也不知道自己究竟是什么样的一个人,以及想要成为什么样的人,没有形成清晰的、牢固的自我同一性。他们在这段时期内,为了寻找自我、发现自我,可能出现暂时的同一性分散和角色混乱,这是正常现象。特别是在当代科学技术高度发展的社会,青少年往往感到要做的抉择未免太多、太快,充满了焦虑和不安。因此,自我意识对于学生人格发展的意义就显得更为重要。

3. 自我效能是现代人不可或缺的积极自我意识

积极的自我意识应该包括自知、自尊、自信、自控和自律。近些年来,人们越来越重视对人的自我效能的研究。自我效能是班杜拉在社会学习理论中提出的一个核心概念,它是指个体对自己能否在一定水平上完成某一活动所具有的能力判断、信念或主体自我把握与感受。也有人把它界定为个体在面临某一活动任务时的胜任感,及自信、自珍、自尊等方面的感受。由这两个定义可以看到,自我效能其实兼有自知、自尊和自信等积极自我意识的含义。1997年,班杜拉将多年来的研究,撰写成专著《自我效能控制的运用》,系统地总结了自我效能理论与应用,进一步阐述了自我效能在个体和团体潜能开发中的地位和作用,尤其是在调节人们心理健康和成就行为等方面,自我效能发挥了重要作用。

近20年来,自我效能理论广泛地用于人类行为的研究和临床实践,如用于解决恐惧、压力过大、情绪低落、社会技能障碍、吸烟、毒瘾,甚至疾病控制。一项关于儿童的自我效能和沮丧的研究发现,儿童的情绪困扰与自我效能感密切相关。研究者对意大利罗马的282名6年级小学生进行了两年的纵向研究,得到的结论是:高学业成功者的沮丧水平较低,问题行为越多的孩子其沮丧水平越高。更重要的是,学业和社会的自我效能感低的孩子,表现出的沮丧水平较高。

现代社会中,人们的许多心理困扰往往与所承受的压力有关。压力是由个人对自己生活的控制能力来调节的。如果个体不能控制面临的压力,自我效能感低,将影响个体的神经生理系统的功能,如出现内分泌系统的功能失调、儿茶酚胺分泌增多、免疫功能降低。可见,保持较高的自我效能可以促进身心健康。

而目前许多资料表明,升学压力和沉重的课业负担,使得相当一部分中小学生的自我效能感偏低,他们对于学校课程缺乏热情,厌学情绪滋长,并且感到自己没有价值,缺乏自信。学生中存在的许多情绪和行为问题,其根源就是来自消极的自我意识。

三、健康情绪和情感是学生人格和谐发展的纽带

人格的健全发展,是指在生理、心理与社会文化(即道德素养和文化素养)三个层面的和谐发展。身心和谐发展的纽带是健康情绪,而心理与道德和谐发展的纽带是健康情感。

1. 健康情绪是调节学生身心和谐发展的纽带

健康情绪在调节学生身心状态方面起着重要作用。因为在人的心理活动中,情绪是最为敏感、最为活跃的心理因素。紧张、抑郁、浮躁不安、沮丧等不良情绪,影响个人的生活与学习,乃至身心健康。神经生理学的研究结果表明,激烈的情绪变化会引起人体内一系列复杂的生理变化。积极的情绪状态,对个体的身心健康有促进作用,能为人的神经系统的机能增添新的力量,充分发挥机体的潜能;而消极的情绪活动,则会对机体产生有害的影响。例

如在威胁性的情境下,会产生焦虑和愤怒的情绪,造成肾上腺素和肾上腺皮质激素的分泌增加,从而使心率加快、血管收缩、血压升高、呼吸加深、胃肠蠕动减慢等。如果这种情绪反应是短暂的,情绪状态能很快恢复正常,这种体内的生理变化也会随之复原,身体不会受到影响。反之,如果这种情绪受到压抑,得不到必要的疏解,或持续时间过长,就会使整个心理状态失去平衡,受影响的体内生理变化将不能恢复正常,结果会造成神经系统功能失调,尤其是自主神经功能的失调。

积极的情绪状态可以用3个词来表述:平和、稳定、愉悦。平和,是指心境宁静、安逸,不浮躁;稳定,是指情绪平稳,不大起大落,情绪化的人往往使他人难以适应,也很难与人共处,当然也影响自我判断力和学习、工作的效率;愉悦,是指心情快乐,它是一个人必不可少的精神养料。

如果一个人的情绪经常能够体现出这3个词,那么,他就是一个心理健康的人。中小学生处于心理迅速发展时期,由于情绪波动性大、容易外露,他们在面对压力情境时更容易受到困扰。而且,随着年龄的增长,情绪发展的特点也有所不同。发展性心理辅导着重帮助学生学会情绪调节,减少不必要的压力源,获得健康情绪。

2. 健康情感是促进心理与道德和谐发展的纽带

健康情感对于学生心理与道德和谐发展的促进作用不大受重视,这一问题具体表现在目前学校心理辅导比较重视情绪辅导,忽视情感辅导。其实从现代心理咨询理论的发展看,人们是越来越重视情感的地位和作用的。弗罗姆认为,现代人许多健康、积极的情感正在逐渐丧失,如淡泊、温柔、同感、爱、责任感和正义感。

① 淡泊。淡泊就是不贪婪。贪婪是一种高度自我中心的情感,贪婪的人不顾一切地索取,永不知足,而淡泊的人很少有自我中心倾向。

② 温柔。在温柔的体验中,一个人不要求从对方有任何所得。这种情感往往表现在慈爱的眼神和温和的语调中,这是一种心灵的接近、审美的愉悦、态度的肯定、无私的期望在表情上的流露。

③ 同感。它是把自己置于与他人相同的地位,去体验和理解他人,通俗地说,就是设身处地为他人考虑。人在这种情感中,不是把他人当作对象,与他人的联系方式不是"由我到你",而是"我即你",在自己的内心体验另一个人所体验的事物。

④ 爱。爱主要是一种对世界和对自己的情感,这种情感是人生态度的基础,它决定了一个人与世界的联系方式。爱是双向的,既要被他人爱,也要爱他人。弗罗姆批评很多人把爱的问题看作主要是被爱的问题,而不是看作主动去爱的问题,他认为这是现代人对爱的一种误解。当一个人既能接受爱,又能够主动给予他人爱的时候,就会变得富有人格魅力,受人欢迎。

⑤ 责任感和正义感。有责任感的人会主动关心他人、集体、家庭和社会。正义感是与责任感密切联系的情感,它鼓舞人们见义勇为、扬善惩恶和主持公道。

当个体具备这些积极的情感时,就不会产生双重人格,不会表里不一,不会戴着面具,其人格才会和谐发展。因此,我们应该把积极情感的培养作为发展性心理辅导的基本目标之一。

四、积极人格因素是开发学生潜能的内在动力

每个人都有潜能,只是大小不同。每个人的智慧和才能水平都有两个状态:一个是潜在的状态,这就是我们所说的潜能;另一个是实际表现状态。潜在状态不等于实际表现状态,在这两个状态之间存在一个空间。开发潜能,就是要让学生实际表现得接近或者达到他潜在的能力水平。

发展性心理辅导的目标是健全人格、开发潜能。这两者之间不是相互割裂,而是密切联系的。积极的人格因素是开发学生潜能的内在动力。

1. 积极的自我信念与学生的潜能

如前所述,自我效能对于人的潜能开发意义重大。许多研究支持这样一个结论,即在同等智力条件下,自我效能能够决定个体成就的高低。科林斯曾对儿童的自我效能与成就行为进行了研究,他按数学能力的高低将儿童分为三个水平,再将同一水平的孩子分为高自我效能和低自我效能两组,然后给他们解数学难题,结果发现,数学能力相近的儿童,高自我效能者比低自我效能者能够解答更多的难题,表明学习成绩与自我效能密切相关。类似的还有班杜拉和塞冯所做的研究,他们的研究结果也发现,高自我效能对维持作业的持久性有明显的作用。这是因为在一定的任务情境中,我们做多大的努力,能够坚持多少时间,以及当预期某一情境或者卷入某一情境时,我们的情感反应是各不相同的。显然,个体对自己的能力感到有信心时,与他感到不确定或者无能的情况相比,个体的思维、情感和行为是完全不同的。

2. 积极的情绪状态与学生的潜能

随着对脑科学的深入研究,人们发现情绪对智力潜能的开发作用越来越大,其中有两项成果引人瞩目。

一是杏仁核在情绪反应乃至大脑整体结构中的关键作用。美国纽约大学神经科学中心的脑科学专家勒杜发现,情绪的神经通路在新皮质之外,专司情绪事务的杏仁核在大脑整体结构中作为情感中枢起着关键作用。作为情绪前哨,杏仁核占据着优势,有能力造成大脑神经中枢"短路"。它对脑的功能,包括思维有着重要影响。哈佛大学戈尔曼教授,对经典的智力概念提出了挑战。他认为我们具有两个大脑、两个中枢、两种不同的智力形式——理性的与情绪的。人的表现取决于这两者。

二是情绪的分子生物学基础。作为知识积累基础的长时记忆的分子生物学结构相当复杂,不仅包括不同神经细胞间传递信息的神经递质、受体、离子通道等数以百计的分子,还包括细胞质内的大量信号转导通路中的许多分子转换事件,更包括细胞核内的基因调节、蛋白调节、基因表达的过程。

情绪的脑科学研究成果,为我们在课堂教学中如何开发学生的潜在学习能力,提高学习效率提供了科学依据。

3. 好奇心、求知欲与学生的潜能

潜能的开发需要创造的激情和冲动。没有这种激情和冲动,就不可能使人达到潜能的激发状态。而创造的激情和冲动首先来源于对事物的好奇。达尔文从幼年起就喜欢捕捉昆虫。对昆虫的兴趣,使他孜孜不倦地研究,创立了生物进化论。如果教育是以儿童的成长为出发点,就应该处处启发、保护孩子对事物、对知识的好奇。不幸的是,我们的教育常常倾向于把儿童的大脑看成一个可以填充东西的容器,无视他们的需求和天性,一味灌输,致使孩子头脑里的知识装得越多,求知欲、探究欲越弱,对学习的兴趣越少。

好奇心、探究欲的一个表现就是好问。创造的激情和冲动还体现在发现问题、解决问题的过程中。没有问题,也就没有创造可言。数学家大卫·希尔伯特在 1900 年的第二届国际数学家大会上,曾做了题为《数学问题》的著名报告,从中引出了最富有生命力的 23 个问题,即著名的"希尔伯特问题"。这些问题从提出之日起,便引起了全世界许多数学家的浓厚兴趣,吸引他们去做开创性的研究工作,极大地推动了世界数学的发展。李政道博士曾对中国的大学生说过:"我们中国的传统是做'学问',为什么你们老是做'学答'?屈原的《九问》就是做学问。现在的学校,成天要学生回答试卷上的题目,做'学答',学生的考试成绩不错,但问题意识很差,提不出问题,更谈不上创造。"

五、危机是学生人格发展的契机

发展性辅导要求关注每个学生的成长。从人格发展的角度来看,每个学生都可能会遇到成长的危机。如何认识这种危机是一个至关重要的问题。

1. 直面社会转型期学生的成长危机

急剧的社会变迁使中小学生面临的外部世界变得日益复杂,例如:多元文化的冲击给学生价值观的形成带来负面影响;互联网使学生的视野远远超出校园,拓宽至世界的各个角落;市场经济的发展带来社会阶层的分化、家庭的不断瓦解、下岗人员的增多,使得处境不利的学生增加;升学的压力和沉重的课业负担等。这使得中小学生面临的心理压力越来越大,由此产生的心理问题和危机事件也越来越多。目前,我国中小学生的危机主要表现为自我迷茫、人际关系紧张、情绪失调、离家出走、暴力倾向,甚至自残、自杀,等等。尽管引起这些危机的原因是多种多样的,但实质上都是成长中的危机。

2. 危机的两面性

所谓危机其实是一种认识,即当事人认为某一事件或境遇是个人的资源和应对机制所无法解决的困难,从而导致个体情感、认知和行为方面的功能失调。任何事物都有两面性,危机也有两面性:第一,危与机并存;第二,危机提供了成长的动力。

(1)"危"与"机"并存

一方面,危机是危险的,因为它可能导致个体严重的病态,包括杀人和自杀;另一方面,危机也是一种机会,因为它带来的痛苦会驱动当事人寻求帮助,解决问题,从而得到成长。个体可能以下列三种形式中的任何一种对危机做出反应:第一种,在理想的情况下,当事人能够自己有效地应对危机,并从中获得经验。危机过后,他们产生了积极的变化,使自己变得坚强和富有同情心。第二种,当事人虽然能够度过危机,但只是将有害的后果排除在自己的认知范围之外,并没有真正地解决问题,在以后的生活中,危机的不良后果还会不时地表现出来。第三种,当事人在危机开始时,心理就崩溃了,如果不提供立即的、强有力的帮助,他们就不可能再向前走一步。

(2)成长的动力

焦虑情绪总是伴随危机存在,这种情绪导致的紧张为危机的变化提供了动力。有人把危机看作成长的种子或催化剂,可以打破个体原有的定式或习惯,唤起新的反应,寻求新的解决问题的方法,增强抵抗挫折的能力,提高适应环境的能力。

从发达国家的学校心理学发展趋势看,许多学校越来越重视学生的危机干预和危机预防。学校心理服务最重要的是让未成熟的生命体得到充分的发展,而危机不仅影响学生的发展,同时还危及学生的生命安全。因此,对中小学生进行危机辅导,也应该是发展性心理辅导的重要内容,同时,也是学校教育中一项刻不容缓的任务。

参考文献

[1] 俞国良,王永丽. 中小学心理健康教育:现状、问题与发展趋势[J]. 教育研究,2002(7):70-73.

[2] 周晓虹. 现代社会心理学[M]. 上海:上海人民出版社,1997.

[3] 英格尔斯. 人的现代化[M]. 成都:四川人民出版社,1985.

[4] 刘金花. 儿童发展心理学[M]. 上海:华东师范大学出版社,1997.

[5] 刘力. 脑科学与教育:值得关注和拓展的研究领域[J]. 教育研究,1999(8):28-31.

发展性心理辅导模式浅论*

什么是发展性心理辅导？发展性心理辅导如何实施？当前，随着学校心理健康教育不断深入推进，总结与提炼学校的实践经验，寻求一种可复制、可推广的普适性的模式，对指导广大学校教育工作者的实践无疑有重要意义。

一、发展性心理辅导的概念内涵

中小学心理健康教育是面向每个学生的发展性心理辅导，这已经成为共识。何谓发展性心理辅导？从文献资料上看，发展性心理辅导是由美国学者提出的，如利特尔和查普曼的代表性著作《中等学校的发展性辅导》，彼得斯和法韦尔的《辅导：一个发展性的途径》，马修森的《辅导政策与实践》。马修森认为，这种发展性的辅导模式强调教育、职业和个人领域中"做决定"的重要性，对于一个要迈向更成熟发展的学生具有正向作用[1]。布洛克尔表示："发展性心理辅导关心的是正常个体在不同发展阶段的任务和应对策略，尤其重视智力、潜能的开发和各种经验的运用，以及各种心理冲突和危机的早期预防和干预，以便帮助个体顺利完成不同发展阶段的任务。"1984年国际心理学联合会指出，"心理辅导强调发展的模式。所谓发展的模式，是指心理辅导的目的在于努力帮助辅导对象扫除正常成长过程中的障碍，而得到充分的发展"[2]。

我国的学校心理健康教育已经开展近30年，不断践行着上述学者的观点。刘宣文[3]认为，发展性心理辅导"以全体学生为辅导对象，注重学生心理潜能的开发和人格的完善。学校发展性心理辅导的实施可以采取班级心理辅导活动课、个别或团体咨询、家庭和社区辅导网络相结合的金三角模式"。

笔者认为，发展性心理辅导是指着眼于每个学生的健全人格培养与潜能开发，根据儿童青少年心理发展各个阶段的特点进行辅导，为他们终身发展奠定心理基础。具体是指：一是注重每个学生的健康成长和心理素质的提高，强调学生是潜能有待开发的生命体，帮助他们在智能、积极的自我信念与价值观、积极的情感与意志品质、人际交往、社会适应等方面获得发展；二是侧重幼儿园、小学、初中、高中不同年龄阶段发展的特点，进行有针对性的心理辅导，并对他们的成长予以全程关注；三是关注学生在成长中的危机问题，充分认识到社会转型期的变化对儿童青少年的影响，帮助学生解决成长中的"一过性"的心理危机，增强自助能

---

* 本文发表于《江苏教育》2019年第8期，收录时略有改动。

力和应对能力,以减少自身心理问题的发生率,达到预防的目的[4]。

笔者根据国内中小学心理辅导的实践提出了现代学校心理辅导模式,它可以用一个基本精神、两条基本途径、多种形式、多方面支持保障来概括:以提高全体学生心理素质,促进其健全发展的自我教育为基本精神;心理教育与心理咨询两条基本途径相结合;心理辅导课程、教育教学中渗透心理辅导、个别咨询、团体咨询等多种形式相结合;以学校、家庭、社会等多方面支持为保障[5]。这个模式在20多年的学校实践中不断调整、更新和发展,贴合学校实际,受到广泛应用。

二、发展性心理辅导的目标

人是一个完整的生命体。完整的生命体是指身体、心理、精神整体和谐,生命体在社会、自然、自我之中获得养料和力量,继而成长和发展。生命向内探索构成了生命与自我的关系,生命向外探索构成了生命与社会的关系及生命与自然的关系。心智健康成长主要体现在个体与自我、与他人、与环境的三种和谐关系上。为实现人这一完整生命体的和谐发展,发展性心理辅导的目标可细分为:

1. 帮助学生认识自己、接纳自己,促进其积极自我发展

自我是个体内心和谐的基础、人格发展的核心,它是个体生命历程的生理和心理基础。大量研究和事实表明,自我认同感较好的学生,在学习和生活中能够体验到较强的自尊和自信,热爱生活,充满生命的活力;而自我认同感较差的学生,常常体验到自卑和沮丧,他们常常觉得自己一无是处,觉得自己被人排斥,对于自己的社会角色认识模糊,感到生活没有意义、生命没有价值。

2. 帮助学生建立良好的人际关系,学会关怀、尊重与合群

与人和谐相处是一种人生智慧。哈佛大学医学院附属麻省总医院精神科医生罗伯特·瓦尔丁格教授公布了一项"人生全程心理健康研究"的成果,这项研究开始于1940年,对哈佛精英的个案和波士顿男孩个案追踪了75年,发现美好生活最重要的因素并非富有和成就,而是良好的身心健康状况,温暖、和谐、亲密的人际关系。

3. 帮助学生积极适应学校生活,激发学生学习潜能

学会学习是青少年的历史使命,青少年学习的目的不仅是升学,更重要的是培养对知识的好奇心、探究欲和创造力,这是青少年获得终身学习能力的基础。然而功利主义教育使得青少年学习的真正意义和价值发生了偏离,在"孩子不能输在起跑线"口号的鼓动下,学生的课业负担、学业压力日趋加重,青少年学习焦虑、厌学、退避等心理困惑越来越多,青少年的学习热情与潜能受到抑制。从宏观的角度思考,青少年的学习潜能、创新能力事关国家和民族的未来。

4. 帮助学生学会情绪调节，积极应对，提高抗挫折能力

身体健康与心理健康相互依存、相互作用，其中情绪是连接两者的纽带，帮助学生学会情绪调节对其健康成长至关重要。困难与挫折的经历是学生成长中的财富，需要帮助学生积极应对，提高抗挫折能力。抗挫折能力不仅是一种技能，更是一种心理品质与生活态度，能帮助学生走向成熟。

5. 引导学生关心社会、热爱大自然，培养责任心

人的发展是个性化与社会化的统一。个性发展不是以自我为中心的、无政府主义的，个性发展是与社会发展联系在一起的。一个真正生命意义上自由的人，是一个富有社会责任感、使命感、正义感的人。人在承诺对社会的责任和义务的同时，其生命的价值和意义也得到了升华。

同时，我们也要培养学生热爱大自然的情怀，与自然环境和谐共处。自然界养育着人类的生命，人的生命与自然息息相关。生命与自然的和谐关系，是指理解、尊重生命的多样性，热爱自然，保护自然环境，进而理解个体与人类的和谐关系，懂得关心人类的危机，创造人类美好未来。

要落实上述目标，发展性心理辅导应该密切联系学生的生活与经验，帮助学生解决学习、生活、人际交往和社会适应等各种成长中的烦恼。因此，发展性心理辅导的内容包括学习辅导、人格辅导、生活辅导和生涯辅导。

三、发展性心理辅导的实施途径

1. 心理辅导活动课程

为了实现学校心理辅导发展性目标，开设心理辅导活动课程已经被实践证明是非常有效的途径。心理辅导活动课程是一种预防性心理健康教育课程，也是一种体验式课程，它与现有的学校学科取向课程的关系可以用"殊途同归"来表述：心理辅导活动课程以学生成长需求为出发点，以学生的经验为主要载体，以活动为中介，强调学生的参与、体验和感悟，使之转变为自身的一种积极经验，最终目标是培养学生健全人格、激发学生潜能。

2. 校园心理辅导活动

校园心理辅导活动设计形式多样，没有固定要求，如心理健康教育活动周、学生心理社团、校园心理剧、校园心理网站等。校园心理辅导活动是向学生宣传、普及心理健康知识，进行心理自助的平台。近年来，校园心理辅导活动已成为学校心理辅导教师的主要工作之一，而且颇受师生欢迎。

3. 教育教学中的心理辅导

教育教学中的心理辅导包括课堂心理辅导和班主任心理辅导。这两项内容对学校教育的意义是广泛而深远的。其一，为心理学理论在学校教育领域的应用开辟了广阔的天地。

其二，可以促进教师全员参与心理辅导，有利于在学校中营造促进学生心理健康的环境氛围。

4. 个别辅导

个别辅导是学校心理辅导中一项非常重要的工作，指通过鉴别、诊断分析和教育干预，解决学生个别心理困惑的一种辅导形式。目前心理辅导教师最缺乏的不是技术，而是对学生的深入理解。辅导技术本身是中性的，或者是两面性的。没有对来访者的深入、细致的沟通与分析，盲目、教条地使用技术是没有治疗意义的。如使用挑战技术应该注意来访者的个性特征，有的学生容易受暗示，有的学生个性强而不易受暗示。对于同样的挑战，前者容易接受，而后者未必接受，甚至会对咨询师产生阻抗。

可见，个别辅导是一项科学性、艺术性都很强的工作，它需要辅导人员具有相当的专业理论、方法和技术，高度的爱心、耐心和信心，对人的心灵的洞察力与亲和力，以及不断反思和调整的能力。它不是高不可攀的，而是需要付出艰辛和努力才能做好的一项工作。个别辅导在帮助学生成长的同时，也在丰富辅导人员自身的情感世界和人生经验，使其生命得到升华。

5. 团体辅导

由于一对一的个别辅导耗费心理辅导教师大量的时间和精力，对于有上千名学生的学校，一两位心理辅导教师显然力不从心、势单力薄，难以满足学生的需求。突破这个瓶颈有两条策略：一是扩大兼职队伍阵容；二是开展团体辅导。团体辅导是指对有相同辅导需求的学生，在心理辅导教师的带领下，围绕某一辅导主题，通过一定的活动形式与人际互动，相互启发、诱导，形成团体共识和目标，进而改变学生的错误观念、态度、情绪和行为。

团体辅导也是一项技术性较强的工作，如小组的发动、目标的制订、凝聚力的形成、规范的建立、小组成员之间冲突的协调，以及团体辅导员的角色定位等，都有一定的技术要求。因此，我们需要加强专业培训和实践探索，总结出符合我国学校实际的团体辅导模式，让团体辅导得到更广泛的应用，发挥出更大的价值。

四、发展性心理辅导的支持系统

1. 亲职辅导

亲职辅导兴起于 20 世纪 30 年代的西方发达国家，他们将父母对孩子的教育作为一项专业要求极高的职业来看待。所谓的亲职辅导，又称父母教育，在《教育大辞典》中，这两个词共用一个词条：对父母实施的教育，其目的是改变或加强父母的教育观念，使父母获得抚养、教育子女的知识和技能。主要包括三方面的内容：其一，改变父母各种不正确的观念，包括对学校的评价标准、对教师的期望，以及对子女的成就期望等；其二，获得并掌握抚养和教育子女的知识与技能；其三，建立良好的亲子关系、更新对子女的教育方法，以及教育理念等。简而言之,亲职辅导就是"怎样为人父母"的教育,使为人父母者明了如何尽父母职责的教育,最终达到亲子和睦、家庭幸福、社会和谐稳定的总目标。

亲职教育为学生健康成长营造良好的环境,是发展性心理辅导的支持系统之一。

2. 评估服务

学生心理测评是学校心理辅导重要的一环,了解学生的心理特点和心理健康状态是进行有效辅导的基础。当然,要客观、深入、细致地了解学生的内心世界不是一件容易的事。尽管目前正在使用的心理测量量表不少,但量表只是心理评估的众多方法之一,学生心理评估还需通过临床观察、心理投射、情景模拟、会谈等多种形式开展。人是一个复杂的、有思想的、有情感意志的生命体,我们在任何时候都不能简单化、主观化地下评估结论。

3. 转介服务

对于超出学校心理专业人员能力和职责范围的个案,则需要转介至医院或者专业心理咨询机构。对于目前国内中小学来说,学校心理服务的转介普遍面临困难:一方面我们还缺少转介的概念和意识;另一方面,能够转介的专业资源非常有限。笔者在美国波士顿考察期间发现,哈佛大学医学院附属波士顿儿童医院与当地学校在儿童心理健康服务方面的联系非常密切,不论是当事人转介到医院,还是从医院回到学校,精神科医生、学校心理学家、社会工作者、家长和教师都需要围绕当事人召开专门会议,商讨后续辅导计划,定期评估交流,体现了儿童青少年心理服务专业力量的整合。波士顿构建了比较完善的转介机制,其经验值得我们学习。如何形成一个有效的、能够提供专业服务的转介系统,有待我们进行更深入、细致的实践探索。

4. 教师心理健康促进

近年来,教师心理健康越来越受到关注。一方面,教师压力日趋加重,容易引发职业倦怠,影响教师的职业发展和家庭生活;另一方面,教师的心理健康问题又会引发对学生的心理伤害,即所谓师源性心理伤害。促进和维护教师的心理健康可以从两方面来考虑:一是教育行政部门和学校要为教师心理健康提供良好的社会支持和心理服务,包括对教师的人文关怀和心理援助等;二是开展教师心理健康普及宣传教育,引导教师学会自我心理调适。

参考文献

[1] 吴武典. 辅导原理[M]. 台北:台湾心理出版社,1990:91.

[2] 赵冰洁,王秀勇,黄建烽. 发展性心理辅导模式的理论研究[J]. 西北大学学报(哲学社会科学版),2003(2):145-148.

[3] 刘宣文. 论学校发展性心理辅导[J]. 教育研究,2004(7):55-59.

[4] 吴增强. 学校心理辅导通论[M]. 上海:上海科技教育出版社,2004:21.

[5] 吴增强. 论现代学校心理辅导模式[J]. 教育研究,1998(1):42-47.

第二章 学生心智成长与辅导

了解儿童青少年的心理发展特点,解读他们的心智成长历程,是学校心理工作者的基本功。学校心理辅导既然定位于发展性心理辅导,就应该从人的发展视角探讨其理论基础。尤其是中小学心理辅导,它面对的是正在走向成熟的儿童青少年,他们的人格处于持续的发展之中,尚未定型,这就为通过教育和辅导让学生做出积极的改变提供了极大的可能性。本章辑选的几篇文章反映了笔者对儿童青少年心理发展的一些认识。

一、促进每个学生的心智健康成长

2012 年教育部颁布了修订后的《中小学心理健康教育指导纲要》(简称《纲要》),进一步明确了中小学各学段的心理健康教育目标。笔者受教育部中小学心理健康教育专家指导委员会主任林崇德教授的委托,承担了《纲要》主要内容的解读工作,撰写了《为了每一个学生心智健康成长》(2013)一文。《纲要》明确指出,中小学生心理健康教育重点内容是帮助学生认识自我、学会学习、人际交往、情绪调适、升学择业,以及生活和社会适应等,并且根据儿童青少年身心发展的特点,设置分阶段的具体教育内容。例如:小学低年级侧重对学校生活的适应;小学中年级侧重合群交往;小学高年级侧重悦纳自我、学会学习;初中阶段强调自我认同感建立、情绪调节、人际交往和青春期辅导;高中阶段侧重积极自我信念、青春期异性交往和生涯辅导。这为广大中小学开展心理健康教育提供了较为科学的内容框架。

二、学习型社会为学生终身发展打好基础

《21 世纪人的发展与学习辅导》一文作于世纪之交的 2000 年,文章在社会飞速发展的背景下思考人的发展,进而探讨学生学习辅导的目标和任务是什么,分析学生学习心理问题的深层原因,并且从更为积极的视角,探讨如何培养学生积极的学习心理品质。

终身教育的兴起,预示着学习型社会的到来。学习既是为了掌握知识,提升认知水平,又是为了不断丰富自己的人生经验,提升人的境界。在学习型社会里,不善于学习的人要落伍。但是现实中不少学生出现了学习问题,学校心理工作者要正视学生的厌学情绪、学习焦虑、注意力不足等问题,并从激发学习动力、形成积极态度和信念、掌握有效学习策略和培养创造力等方面提出有针对性的辅导对策。

三、学生自我的心灵探索

学生表现出来的情绪困惑、行为问题、人际关系问题等,其背后的原因是自我的迷离。《论青少年自我意识问题与辅导》(2009)一文分析了青少年的自卑心理、自负心理、过度依赖心理和完美主义心理的成因,并给出辅导建议,帮助青少年理性认识自我,获得更好的自我认同感。人际交往是中小学生最重要的社会技能之一,良好的人际关系是心理健康的基础。《学生人际交往心理问题的辅导》(2001)一文对影响学生人际交往的三种心理问题——孤独心理、嫉妒心理和反抗、易怒心理的成因和辅导策略进行了讨论。

四、青春期心理辅导是一种人格教育

青春期少男少女的性意识、性心理发展是青少年成长的一个重要议题,它不仅是父母和教师关心的问题,更是青少年人生发展的大课题。

《论儿童青少年性别教育》(2017)一文着重从发展心理学视角阐述了性别教育是一种人格教育。儿童青少年正处于身心迅速发展时期,性别角色教育旨在加强儿童青少年对自身性别角色的认同,促进其自我同一性和社会性发展。性别角色是一种社会角色,决定了个体的社会化定向,性别角色认同是青少年自我认同的重要部分。儿童青少年性别角色教育可以从以下几方面进行:学校开设性别教育课程,指导家长对孩子进行性别教育,在性别角色认同的基础上进行双性化教育。

《解读青少年性心理》(2002)一文就早熟与晚熟、性好奇与性朦胧、性别角色认同、异性同伴交往等青少年性心理发展的重要问题进行了讨论。

五、青少年自杀预防与干预

青少年自杀是全球性公共卫生问题,该问题的发生率有逐年上升趋势。青少年自杀预防和干预也是学校心理健康教育的重要内容。《青少年自杀预防和干预》(2013)一文首先介绍了自杀危险性评估方法,便于及时发现问题,防患于未然。其次,着重从个体因素和环境因素分析了青少年自杀的原因:个体因素包括意志力薄弱、情绪抑郁、消极的自我意识、肤浅的生命观;环境因素包括家长过高的期望、简单粗暴的家庭教养方式、缺少家庭温暖。文章还提出了预防青少年自杀的策略:①提高青少年的意志力和应对挫折能力。②加强热爱生命的教育。③优化社会心理环境,减少社会应激事件。④对青少年自杀的预警。⑤对自杀高危群体进行重点预防。⑥媒体低调报道自杀事件。

六、理解青少年的偶像崇拜心理

青少年偶像崇拜是师生沟通的一个重要话题。《青少年偶像崇拜解读》(2012)一文对青少年偶像崇拜的状况、追星的动机,以及如何化偶像崇拜为榜样学习进行了讨论。青少年追星的动机大概有以下几点:一是追求理想自我的心理投射;二是情感寄托;三是释放压力;四是从众心理。基于此,文章提出了四条辅导建议:尊重学生偶像多元化;加大对人类社会作出贡献的著名人士和历史人物的宣传力度,提高学生的知晓度;发掘偶像身上的榜样精神;增强偶像崇拜的理性力量。

七、青少年网络沉迷辅导

学生过度迷恋网络游戏,而不思学习上进,已经成为不少教师和家长的心病。于是"网络成瘾"成了学生心理辅导的一个重要议题。许多调查表明,真正网络成瘾的学生是极少数,但是网络成瘾倾向的学生有相当比例。网络成瘾学生需要专业心理治疗,而网络成瘾倾向学生则可以通过心理辅导来解决。

《解析青少年网络情结》(2002)一文对青少年的网络动机和情结进行分析,认为青少年上网主要受以下两个方面心理因素的影响:一方面,青少年正处在人生中最充满热情和理想的时期,他们富有想象力和创造力,同时,他们又非常天真、纯洁,为人处世没有伪装、没有面具。网络的虚拟特征,恰恰符合青少年富于想象和天真烂漫的年龄特征。另一方面,青少年自我意识的觉醒和发展,使他们的独立性、成人感与日俱增,他们时时希望与成人世界平等对话。网络恰为这种平等对话提供了广阔的舞台。因此,对于青少年的网络情结,教师和家长首先不应该是反对,而是要认同和理解,而后才是引导。

《青少年网络游戏成瘾的应对策略》(2007)是笔者和上海市第二中学心理老师周宇合作的一篇文章,该文分析了青少年网络游戏沉迷的动力因素:①想完成游戏的动力。②竞争的动力。③提高操作技巧的动力。④渴望探险的动力。⑤获得高得分的动力。并且提出了构建积极的网络活动平台,组织丰富多彩的课外活动,注意对网络成瘾学生的专业治疗与干预,为家长提供网络成瘾预防的资源等应对策略。

其实,这个领域还有许多课题有待深入研究。例如,神经科学研究对儿童青少年学习辅导、情绪调节与辅导,以及心理与行为问题辅导的理论支持与应用;积极心理学在学校心理辅导中的推广;新媒体时代如何理解儿童青少年的心路历程,为其发展提供更多的可能性;多元文化对于儿童青少年的思想方式、行为方式,以及价值观的影响。

为了每一个学生心智健康成长：
《中小学心理健康教育指导纲要》内容解读

《中小学心理健康教育指导纲要》(2012年修订)明确指出心理健康教育重点内容是帮助学生认识自我、学会学习、人际交往、情绪调适、升学择业，以及生活和社会适应等。以下从小学、初中、高中三个学段进行简要讨论。

一、小学阶段重点内容

1. 小学低年级

(1) 认识学习生活环境和基本规则

认识自我是心理健康教育的重要内容，它体现了自我意识的发展水平。小学低年级认识自我的主要内容是帮助学生认识班级、学校、日常学习生活环境和基本规则，这主要是由于小学低年级学生的自我意识明显地受到环境和社会文化的影响，处于客观化时期。如果小学低年级学生在认识自我方面发展良好，将有助于他们进一步形成社会自我和角色意识。

(2) 树立纪律意识、时间意识和规则意识

小学低年级的重点是生活适应，主要任务是帮助学生适应新环境、新集体和新的学习生活，树立纪律意识、时间意识和规则意识。从幼儿园进入小学的变化主要是从以游戏为主的学习生活，变为由严格的课堂纪律、各种学科教学、各科作业，以及众多考试等组成的学习生活。从直观上看，学校的规模大了，同学和老师多了，教室座位的排列也不同了，小学校园生活与幼儿园有很大差别，因此生活适应就很重要。为了让学生尽快适应学校生活，通过心理健康教育培养学生的纪律意识、时间意识和规则意识是非常必要的。

(3) 培养礼貌友好的交往品质

礼貌友好交往的前提是学会倾听，倾听本身也是心理辅导的重要内容。礼貌是人际交往的桥梁，对人友好是尊重人的表现。然而，由于小学低年级学生仍处于以自我为中心的过渡时期，他们很容易在语言上表现出自私、霸道、不文明、不礼貌的现象，从而影响人际交往。建议在心理辅导活动课中增加相关内容，使学生从小学会简单的日常交际文明用语，感受到礼貌友好在交往中的重要性。

---

* 本文发表于《基础教育参考》2013年第7期，收录时略有改动。

(4) 初步学会自我控制

小学低年级学生的情绪具有外显性、易变性和外控性的特点,遇到不顺心的事就会哭得很伤心,遇到开心的事、听到赞美的话,就会喜上眉梢、破涕为笑。他们是典型的"喜怒形于色",并且情绪反应如同六月的天气说变就变。另外,小学低年级学生心理发展尚不够成熟,他们对外界表现出较低的适应能力和应变能力,缺乏对情绪的自我控制与调节经验。他们的情绪较多地受外部因素的影响:当他们处于友好环境中,容易产生积极情绪;若经常受到别人批评,则容易产生消极情绪。小学低年级学生由于刚离开熟悉的幼儿园环境,他们的主观需求比较多,而学校又不能完全满足他们的愿望,他们就会产生心理上的不平衡,因此,在心理辅导中应注意培养学生情绪反应适时、适度的能力,使他们初步学会自我控制。

2. 小学中年级

(1) 了解自我,认识自我

小学中年级教师主要可以通过帮助学生从"我"与他人的关系中认识自我,即从与他人交往中获得自我经验;帮助学生从"我"与事的关系中认识自我,即从做事的经验中了解自己;帮助学生从"我"与己的关系中认识自我,即"吾日三省吾身"。心理辅导课上可以通过让学生认识自己眼中的"我",即个人实际观察到的客观的"我",包括身体、容貌、性别、年龄等;别人眼中的"我",即与别人交往时,由别人对你的态度、情感反应而觉知的"我";自己心中的"我",即对自己的期许(理想的"我")等活动,达到更多地了解自我、认识自我的目的。

(2) 初步培养学习能力,乐于学习

中年级学生的学习任务、作业负担、学习时间与低年级学生相比有大幅上升,他们也更乐于发表自己的观点。很多教师注意到,三年级的学生开始有主意了,"顶嘴"的人越来越多,成绩也开始分化。

第一,初步培养学习能力。低年级学生重点是学习习惯的培养与训练,而中年级学生开始有了能力的要求。一般认为,学习能力是一种综合能力,主要包括注意力、观察力、记忆力、思维力、想象力、创造力、理解力、语言表达能力、操作能力、运算能力等。对于低年级学生,在听课方面应培养其倾听教师的讲话和同学发表的意见的习惯;在提问方面,应培养其有疑问就要去提问弄清楚的习惯;在发言方面,应引导其积极发表自己的意见,大胆说出问题的答案。到了中年级,在听课上应重点培养学生倾听和听懂意义的能力;在提问上,应培养学生积极提问和准确描述问题的能力;在发言上,应培养学生抓住重点,把自己的主要观点表达清楚的能力。建议教师在心理辅导课中进行专题心理训练。

第二,激发学习兴趣和探究精神。低年级学生主要是初步感受学习知识的乐趣,而中年级学生需要培养他们的学习兴趣,使他们乐于学习。要提高学习效率,取得好成绩,必须使学生自己主动进行学习。这就要从学生自己喜欢的东西、简单的东西开始学习,并且让学生及时得到反馈和适当的鼓励。在心理辅导课中,可以使用故事、游戏等方式开展学习兴趣、自信、快乐学习等主题活动。

(3) 树立集体意识,善于交往

班集体不是自然形成的,它的形成需要经历组建、形成、发展的一系列过程。一般而言,大多数小学中年级的班级都开始进入形成或发展阶段,同学之间已经相互了解,也开始涌现出了一批班级积极分子和核心人物。中年级学生有了一定的集体意识,也希望通过交往获得同学与老师的友谊,在活动中获得他人的接纳或赞许。因此,小学中年级的心理辅导应该注重培养学生的集体意识,让他们体验到集体生活的快乐,可以设计诸如"集体的力量""我的班集体"等主题活动。

(4) 体验快乐,表达情绪

小学中年级学生的情感开始由浅显、外露向深刻、内控方向发展,这是情感变化的转折期,也是情感能力培养的关键时期。由于他们的情绪表现为直接、强烈且不稳定,他们又不善于用言语表达情绪,常常会产生一些过激的行为,容易产生情绪困扰,因此,小学中年级是学生情绪控制能力培养的重要时期。此外,小学中年级是学生学习开始分化的一个关键时期,随着学生学习任务的增加,作业负担的逐渐加重,有的学生开始出现学习困难现象。学习已经代替游戏成为小学阶段主要的活动方式,他们的学习质量会直接影响学生的日常情绪与生活质量。因此,需要帮助小学中年级学生在学习生活中感受到解决困难的快乐,学会体验情绪并表达自己的情绪。

3. 小学高年级

(1) 悦纳自己

小学高年级学生对自我有了初步了解和认识,这一阶段的主要任务是帮助学生正确认识自己的优缺点和兴趣爱好,在各种活动中悦纳自己。悦纳自己就是对自己保持一种接纳的态度,把自己视为有价值的、值得尊重的人,喜欢自己,心甘情愿成为自己,不愿成为别的什么人。要悦纳自己,首先就要正确认识自己,特别是认识自己的优缺点和兴趣爱好。

(2) 学会学习

小学高年级学生具有了一定的学习能力,他们基本掌握读、写、算等学习技术,会预习、听课、写作业、复习,也会运用一些基本的学习策略,关心学习结果。他们喜欢观察周围事物,能提出一些有趣的问题,也有较强的学习欲望。然而,他们的学习兴趣特别是间接兴趣还有待培养,要不断激发他们对于学习的责任感与义务感,使他们逐渐懂得学习的社会意义和重要性。小学高年级的主要任务是着力培养学生的学习兴趣和学习能力,端正学习动机,调整学习心态,正确对待成绩,体验学习成功的乐趣。

(3) 开展初步的青春前期教育

小学高年级学生正处于青春前期,第二性征开始出现。有的学生会对自身性发育及性成熟的生理变化常感到苦恼,并形成紧张的心理压力;有的学生会对性发育产生好奇而引起情绪波动,开始朦胧地意识到两性关系。这些本属于正常的心理转变,如果缺少正确的引导,学生的疑惑得不到及时解答,他们就可能会通过浏览黄色淫秽书刊、网页等非正常渠道了解性知识,产生自责等不良情绪。这阶段开展初步的青春前期教育,帮助解决学生青春前期烦恼,对于他们身心健康成长意义重大。

(4) 学习和生活适应

小学高年级的学习和生活适应主要内容包括积极促进学生的亲社会行为,逐步认识自己与社会、国家、世界的关系,培养学生分析问题和解决问题的能力,为初中阶段学习生活做好准备。

二、初中阶段重点内容

1. 培养自我认同感

初中生心理发展的重要任务之一是自我认同感的培养。自我认同(又称自我同一性)是指个人对自己的本质、信仰和一生前后一致的比较完善的意识。具体地说,自我认同感高的个体有以下人格特征:感到自己是一个独立的、独特的、有个性的个体;对自己常常有正向的情感体验,喜欢自己、欣赏自己;对自己的现在和未来有信心;表里如一,很少有双重人格。

2. 人际交往

在初中生社会化的过程中,学会与人相处是一个核心发展任务。初中生只有通过人际交往,才能体验到归属感、自尊感、自我效能感与存在感,才能学会爱、关心、宽容和理解。另外,从初中生心理健康的角度看,初中生的抑郁和焦虑往往缘于人际关系紧张。有调查表明,人际关系是仅次于学习的第二大压力源。建立良好的人际关系包括:①建立和谐的同伴关系。一方面需要学生学会如何进行良好的人际沟通;另一方面也需要在班级集体中培养学生的团队精神。②建立和谐的师生关系。在师生交往中应体现"尊重、真诚、理解"的六字方针。③建立和谐的亲子关系。初中生的独立性与日俱增,难免会与父母发生冲突,可通过主动沟通、扩大交流、加强理解、相互尊重、求同存异、互相信赖等方式化解,实现亲子良性互动。

3. 情绪调适

脑科学研究最新进展表明,青少年时期的认知能力发展达到高峰,而情绪的神经生理机制远未达到成熟,即所谓"高马力(认知)、低控制(情绪)"。青少年的情绪容易冲动、两极化,培养他们的情绪管理能力格外重要。情绪管理能力包括对情绪的察觉、表达、调整的能力。培养其情绪管理能力的目的在于帮助学生更好地驾驭情绪,建立和维护良好的情绪状态,并促进在社会生活中实现良好的人与人、人与团体之间的人际交往。

4. 学会应对压力

尽管初中生面临的压力与成年人有所不同,但许多事实表明,不少初中生的心理困惑和反抗情绪往往与他们面临过重的心理压力有关。帮助初中生学会应对压力:一是尽量减轻初中生的升学心理压力;二是帮助初中生认识和理解生活中的压力源;三是为初中生提供广泛及时的资源。

三、高中阶段主要内容

1. 确立正确的自我意识

高中生渴望认识自己，十分关注自己，关注自己与他人、与社会的关系，并从这些关系中进一步认识自我。他们对事物有自己的想法和见解，对外部的信息能够批判性地接受。但在自我意识形成、确立的过程中，往往不能正确认识自己，有的过高地估计自己、自以为是，有的患得患失、过度敏感与依赖他人的评价。这都不利于高中生自我意识的健康发展。自我认知与自我体验决定着自我控制，可以引导学生通过选择认知角度、转变认知观念，来感受积极的自我，从而悦纳自我、控制自我、完善自我，形成客观、完整、积极的自我概念。

2. 积极应对考试压力

高中生的考试压力来自内心世界的自我期望、父母和老师的要求，以及社会的竞争。巨大的压力容易引发学习焦虑、厌学等问题，失去学习的信心和动力，尤其是在面对考试时，由于过度紧张、担忧，出现考试焦虑。考试焦虑会使学生临考前情绪烦躁、注意力难以集中、思维变慢、作业经常出错、想要逃避考试，甚至失眠。在考试过程中由于高度紧张而引起思维卡壳，脑子一片空白，无法思考，记忆发生差错，甚至同时伴有冒汗、呼吸急促、手脚冰冷等生理症状，影响考试的正常发挥。

3. 正确对待异性交往

与初中生相比，高中生异性交往的需求与渴望更加强烈，并把与异性交往作为展示自己性别魅力的方式。正常的异性交往不仅有利于学习进步，而且也有利于个性的全面发展。既有同性朋友又有异性朋友的高中生，往往性格比较开朗，为人热情，自制力也比较强；而那些只与同性同学交往的高中生，往往缺少健全的情感体验，欠缺与异性沟通的能力，社交范围和生活圈子也比较狭小，人格发展往往不完善。实际上，异性交往的经验对个人的爱情观、婚姻的价值取向有着很大的影响作用。

4. 生涯辅导

生涯辅导是为学生未来的生活做准备，旨在帮助学生充分了解自己的兴趣、能力、个性特点、职业价值观，了解大学、专业、职业、家庭期望、社会需要，分析评估自我学习位置、自我学习优势与问题、自我发展能力，帮助学生在综合分析自我和外部环境的基础上，确定学业目标，选择大学、专业，尝试性选择未来职业，明确某种职业倾向，培养职业道德意识。家长和教师要引导学生自主探索和自主规划生涯发展的目标，培养学生的生涯抉择能力，做自己生活的设计师。

21 世纪人的发展与学习辅导*

21世纪即将到来,对于未来的学校教育,人们越来越关注这样一个问题:什么是孩子终身受用的财富?如何为孩子的终身发展打好基础?当代世界的飞速发展,正如《学习的革命》一书中所述,"我们正经历一场改变我们生活、交流、思维和发展方式的革命",这场革命使得"我们今天知道的东西,到明天就会过时,如果我们停止学习,就会停滞不前"[1]。因此,让孩子学习怎样学习和思考,养成终身学习的习惯,应该是当今学校最重要的任务之一。

一、终身学习与人生发展

人的一生都在学习,从婴幼儿时期学习说话、行走,儿童时期学习写字、算术和社会交往,直至老年时期学习休闲的生活方式,安度晚年。正如俗话所说:"活到老,学到老。"

终身教育思想也许是21世纪教育理论发展的一个最重要的里程碑。法国学者保罗·朗格让[2]提出终身教育的思想,是基于现代社会的人面临着种种挑战:

1. 社会变革的加速,迫使人们寻求新的教育途径

现代社会不断加快的变化速度,使得从前需要几代人不懈努力的革新,现在只需一代人就能完成。"每隔十年,人们就面临着一场在物质、精神和道德领域内如此广泛的转变,以至于昨天的解释已经不再符合今天的需要。"人们的思想观念总是落后于社会结构的变更。社会的变革加速,使得那些世代形成的传授知识的方式,在很大程度上失去了效率,传统的教育模式受到人们的怀疑和不满。

同时,人口数量的增长和人均寿命的延长,对教育的职能和性质提出了更高的要求。为了使教育满足人口增长的需要,教育就要打破正规学校教育的局限性,大规模地求助于现代媒介和拓展其他途径。

2. 科学技术的飞速进步,驱使人们不断学习

科学的进步和技术的改进,造成不少科研成果和工艺技术淘汰周期缩短,知识更新的速度加快。无论从事哪种行业的工作,人们都必须不断学习。无论对于儿童的教育,或是各种专业人才的培养,都应将重点放在"如何学习"上。不善于学习的人将会落伍。

---

* 本文发表于《教育发展研究》2000年第3期,收录时略有改动。

3. 信息化社会的到来,使得人的批判精神与选择能力日趋重要

大众传媒的飞速发展,使得人人都可以及时了解到当今世界发生的重要事件。人们普遍感受到地球变小了,人与人之间的关系变得密切了。然而,想真正使现代社会中大量的信息起到建设性作用,则需要通过教育来增强人们理解、解释、使用所获得的信息和数据的能力。当然,还要培养批判意识和选择能力,以便人们从当今纷繁复杂的信息中,摄取有益于自身成长的养料。

4. 生活模式的变化,要求每个人在学习中获得成长

如今,传统的观念和生活模式受到了严峻的挑战。"一位试图用曾影响过自己成长的模式去教育子女的父亲,会有犯严重错误的危险。"而在新的生活模式没有牢固地确立前,感到困惑也是必然的。在学习中获得成长,不仅是对年青一代的要求,而且是成年人的一种使命。在生活模式的适应方面,成年人甚至要向年青一代学习,青少年似乎对现行的生活模式有一种天然的适应力。

针对上述挑战,朗格让指出,终身教育的任务有两个:"第一,帮助人在其一生中不断学习和获得学习的方法。第二,通过多种自我教育的形式,向每个人提供在最高程度上完成自我发展的目标和工具。"

终身教育落实到个人身上,便是终身学习。它对于人生发展至少有两点意义:

① 终身学习可以满足人生各个阶段的需要。在从婴幼儿到人生最后时期的漫长过程中,每个阶段都可能会出现问题,甚至是猝不及防的危机。努力学习可使每个时期都能获得充分的发展。

② 终身学习促进个性的发展。终身学习的意义不能根据掌握知识的多少来衡量,而要按照每个人的个性发展来判断。而目前的学校教育很少考虑人的个性因素。人的智力发展速度是不同的,学校教育整齐划一的评价尺度和考试制度,常常过早地扼杀了个体的发展潜力与动力。朗格让指出:"因考试失败而被淘汰,会导致社会资源、现金、人力投资不合理的浪费。失败所引起的对人的伤害和感情上的震动,还没有得到足够的重视。"而对于终身学习来说,考试的失败和成功的概念都将失去意义。在持续的受教育过程中,人们不断地学习新的东西,即使失败也可以有许多其他的机会。终身学习大大扩展了教育的范围,因而可以使每个人的创造力、才能获得充分发展。

简言之,终身教育的兴起,预示着学习型社会的到来。在这个社会里,学习贯穿人的一生。它既是手段,也是目的;它既是为了儿童未来的生活做准备,又是为了不断丰富人生的经验,提升人的精神境界,从而使人日臻完善。

二、儿童青少年学习问题面面观

儿童青少年是人生成长的第一阶段,他们从牙牙学语的幼童开始不断成长的过程中,学习是排在第一位的重要任务。学习使其智慧、使其成熟、使其高尚。然而,中小学生的种种

心理困扰,也大多由学习而来。我们在展望学习的革命带来种种新观念的同时,还必须关注这些负面问题。据程华山等人[3](1998)对上海市4 649名中小学生的调查发现,中小学生心理问题发生率前十位中有七项与学习有关。中小学生常见的学习心理问题表现为:

①厌学情绪滋长——沉重压力的苦果。厌学是当今中小学生最为突出的心理问题。许多家长把孩子的学业成就看作是第一重要的,希望让孩子受到良好的教育。然而现实是,没有足够的好学校可以满足家长的美好愿望,那么只有通过考试去竞争教育资源。于是,孩子从上学的第一天起,便开始失去童年的欢乐,面临无形而紧张的学习压力。调查还显示,在初中和高中阶段,越是临近毕业的年级,厌学的比例越高,到了高三年级,竟有41%的学生有厌学倾向。

②学业不良——孩子自尊自信的杀手。我国以升学为唯一目标的应试教育影响根深蒂固,其特征是:以选拔式考试为指挥棒,以智育为中心,以高难度的课程为基本内容,根据考试成绩选择优秀学生,淘汰落后学生。由此而产生了大量的学业失败学生。学业失败给孩子带来的最大伤害,莫过于自尊、自信的动摇。这时来自教师、家长,乃至同伴的非议,更使学生感到一无是处、毫无价值,自卑感与日俱增。

③注意缺陷多动障碍——教师和家长的"心病"。注意缺陷多动障碍是儿童学习道路上的一大拦路虎。患有注意缺陷多动障碍的儿童,在课堂上常常无法专心听老师讲课,易受一些细小的刺激干扰,不能集中注意力完成学习任务,故这些孩子常常是学业不良学生。梅达等人(1971)的研究表明,儿童中有严重注意力问题的比例在5%~10%,而学业不良儿童中,有注意力缺陷的比例达40%。韦斯等人(1971)的另一项研究指出,80%有注意力缺陷的儿童学业能力差,此类儿童中的70%至少留过一级,有5%被开除。[4]

④学习过度焦虑——中学生的一大困扰。除厌学情绪外,学习压力与升学竞争的另一个副作用,就是引起学生对学习和考试的过度焦虑。一方面,这种焦虑严重影响学生完成日常的学习任务,和考试中实际学习水平的发挥。另一方面,过度焦虑常常与畏难、恐惧等负性情绪联系在一起,导致学生精神状态低迷、自卑自弃等不良的个性倾向。

⑤学校恐怖症——不容忽视的心理障碍。学校恐怖症是一种复杂的身心不适应症状,一般常发生于小学低、中年级。该问题的发生率至今尚无一致的数据,国外的研究报告(1985)指出,学校恐怖症的发生率约为1.7%,另一份研究报告(1983)显示,临床医生估计学龄儿童大约有1%~2%会发生学校恐怖症行为。[5]我们的调查表明,学校恐怖症约占被调查小学生的1.5%。

尽管学校恐怖症的发生率不是很高,但也应引起教师的足够重视。学校恐怖症的发病原因多种多样,有身心因素(性格障碍、感觉统合失调、药物副作用等)、家庭因素(分离焦虑、过度保护、期望过高)和学校因素(课业压力、新环境不适应等)。尤其对于学校因素引起的这类问题,更要注意预防。从近来笔者所了解到的几例学校恐怖症看,均是由教师粗暴的训斥、体罚导致的。

上述问题若不加以重视与解决,会极大地阻碍儿童青少年的潜能开发、个性发展和身心健康。

三、21 世纪学习辅导的若干主题

学习辅导指教育者运用学习心理学与咨询心理学等相关理论,指导学生的学习活动。学习辅导有积极与消极之分。积极的学习辅导是对学生的学习技能、学习态度与动机、学习习惯与方法进行训练与辅导,以培养学生良好的心理素质。消极的学习辅导是对学生在学习中产生的心理困惑进行干预与矫治,如帮助学生克服厌学情绪、注意缺陷多动障碍、自卑自弃和学习困难。

过去,我们常常将学习活动中的认知、情感、行为片面地割裂开来,有时强调认知,有时强调情感等,缺少整合的系统观。系统论告诉我们,一个系统只有在其内部形成有序的结构,才会有最佳的功能。人的心理是一个有机整体,知、情、行三者密不可分,这三者协调发展,才能使个体产生最佳的学习效率。

我们应该认识到学习是人生智慧与经验的获得过程,也是人成长的过程。它需要人的热情、态度、信念、方法、策略等等。从这点出发,21 世纪的学习辅导对以下几个主题的深入研究,无疑是有重大价值的:

1. 激发学生的学习动力

面对相当一部分学生的厌学心理,激发学生的学习动力,无疑是现在和将来一段时期内学习辅导的一个重大主题。近几十年来,心理学在人类动机的研究领域甚为活跃。如阿特金森的成就动机模型,马斯洛的需要层次论,韦纳的成就归因理论和班杜拉的自我功效论等等,这些理论无疑为研究学习动机提供了丰富的基础。值得一提的是,社会认知取向的动机理论日益受到关注。

社会认知取向的理论认为,人的动机是个体内部知、情、行密切联系的统合过程,认知是动机的一个重要成分。这里的"认知"主要是指个体在动机过程中的主观意识,比如,个体在成功或失败的情境下,如何看待成败的原因,如何看待自己的能力和学习任务等等。社会认知取向的动机理论除了上述的归因理论、自我功效论,还包括德西的内部动机理论、尼克洛斯的任务卷入理论,以及习得性自弃理论等等。

帮助教师学习、掌握丰富的动机理论,激发学生的学习热情,是一项非常有意义的研究工作。

2. 促进学生形成积极的学习态度与信念

教师常把学生学习不认真视为学习态度不端正。不少调查数据说明学业成就与学习态度正相关。态度是一种习得的影响行为的心理倾向,由认知成分、情感成分和行为成分组成。

认知成分,指个人的看法、观点与信念,它常与个人对自己、对事物的评价联系在一起。例如,某学生认为学好数学有价值,学历史没有用,这便是学习态度的认知成分。

情感成分,是由与认知和信念相联系的情绪或情感构成。它表现为当事物出现时个人的感觉状态。例如,一个学生不喜欢数学课,而觉得物理课有趣。

行为成分,是以某种方式行动的心理倾向。如某学生不喜欢英语,就可能产生不做英语作业或上英语课开小差的倾向。学习态度形成与转变的研究是一项具有挑战性的工作。

3. 培养学生的创造能力和创新精神

有人提出,培养学生创造能力和创新精神是当前素质教育的目标。长久以来,心理学家对儿童创造力的研究一直持续不断,格式塔心理学家惠太海默认为,创造性思维与人对问题中某些格式塔的顿悟有关,打破旧的格式塔,发现新的格式塔,这就是创造性思维。他还指出,盲目重复和机械训练会扼杀儿童的创造力。[6]

20世纪90年代前后,斯腾伯格相继提出"创造力三维模型理论"和"创造力投资理论"。以后者为例,这是斯腾伯格和同事们在分析以往关于创造力构成成分的各种理论的基础上提出的。他们认为,创造力与投资很相似,如都需要胆大、敢于冒险、敢于采取与众不同的行为,对环境有敏锐的洞察力和选择力,方式都是投入,理想效果都是收益远远大于投入等。

日本学者在儿童创造力培养的研究方面,做了不少具有成效的工作。日本教育心理学家乾侑根据大脑生长发育的特点,提出儿童创造力培养可以分为三个时期:

① 启蒙期,一般在3~9岁,是培养创造力的基础阶段,辅导重点应放在激发学生对自然现象和社会现象的好奇心,培养发现问题的能力上。

② 培养期,一般在9~12岁,是培养创造力的关键阶段,教学方法上提倡师生共同探究,共同思考问题,养成学生多提问题、多想问题的习惯。

③ 丰收期,一般在12~28岁,是培养创造力的黄金季节,学生除修专业课外,还应选修相邻的和边缘学科的知识,突破专业领域框框,多开展由不同专业师生参加的学术活动。[7]

学习和运用当代先进的创造力研究成果与思想,帮助孩子在学习活动中学会创造,尚有许多工作要做。

4. 引导学生掌握学习策略与自我调控

让学生学习和掌握最佳学习策略,增强学习过程的自主意识和自我调控,是帮助学生学会学习的核心内容,也是20世纪80年代以来教育心理学的前沿课题。

学习策略的概念不仅仅局限于认知过程,还包括认知、情感、动作学习的各种方法与策略。依据信息加工论的观点,可将学习策略分类如下:

① 选择性注意策略:如复述、笔记、将输入信息形成组块。

② 短时记忆策略:包括复述策略、精制加工策略和组织策略。

③ 新信息内在联系的策略:如分析学习材料的内在逻辑结构,进行组织架构。

④ 新旧知识联系的策略:如比较新旧知识的异同,把新知识应用于解释新的问题情境。

⑤ 信息长期保存的策略:如运用记忆术、双重编码、提高加工水平。[8]

在学习策略运用的过程中,元认知或自我监控是必不可少的技能,这使得近年来有关自我调节学习的训练和研究越来越受到重视。自我调节学习包括自我强化、目标确定、自我教育、自我知觉和自我评价等。

5. 帮助学习困难学生改进学业

在强调教育以人的发展为本的今天,帮助学习困难学生提升学业,是让每个适龄儿童都能充分接受教育的重要基础。如果我们的教育是以牺牲一部分儿童的利益为代价,换取一部分儿童的学业成功,就谈不上教育的民主化。因此,对学习困难学生的辅导,将仍是学校心理辅导的一项重要任务。

此外,学习辅导在针对资优儿童的辅导、不同学习风格学生的辅导,以及优化学习环境等方面,有待更多探究。

综上所述,21世纪的学习辅导不仅是让学生掌握更多的知识,获得几项技能,而更重要的是在学习活动中获得成长、熏陶情感与人格,为人生的长远发展奠定基石。

参考文献

[1] 德莱顿,沃斯. 学习的革命(修订版)[M]. 顾瑞荣,陈标,许静,译. 上海:上海三联书店,1998:1.
[2] 朗格让. 终身教育导论[M]. 滕星,滕复,王箭,译. 北京:华夏出版社,1988:22-29.
[3] 程华山. 上海市中小学生心理问题现状调查报告[J]. 心理辅导,1998(1).
[4] 徐芬. 学业不良儿童的教育与矫治[M]. 杭州:浙江教育出版社,1997:123.
[5] 林正文. 儿童行为观察与辅导[M]. 台北:五南图书出版公司,1993:358-359.
[6] 高觉敷. 西方近代心理学史[M]. 北京:人民教育出版社,1980:343.
[7] 董奇. 儿童创造力心理[M]. 杭州:浙江教育出版社,1993:59.
[8] 皮连生. 智育心理学[M]. 北京:人民教育出版社,1996:181.

论青少年自我意识问题辅导*

学生表现出来的情绪困惑、行为问题、人际关系问题等,其背后的原因是自我的迷离。因此,心理辅导的宗旨就在于帮助学生从朦胧的自我走向理性的自我、同一的自我。本文讨论自卑心理、自负心理、依赖型人格倾向和完美主义心理的成因和辅导。

一、自卑心理

每个人都会有自卑的时候,有时自卑可能是激发改变境遇的动力。精神分析大师阿德勒认为,人生一开始就为克服自卑感而抗争,我们越自卑,寻求优越感的要求就越强烈。例如,富兰克林·罗斯福正是患了小儿麻痹症致残,更促使他渴望成为 20 世纪最有影响的人物。但是,在大多数情况下,自卑具有消极意义,特别是自卑到了几乎绝望的时候,产生了无助感,就不可能建立优越感。

1. 自卑心理成因分析

自卑心理,有时称自卑感,指的是一种对自己的能力及某方面的心理品质的评价偏低,而产生的一种不如别人的消极自我信念。自卑感强烈的学生常常自我评价偏低,总觉得自己一无是处、缺乏进取精神、行为退缩、孤独离群等,甚至出现自闭、自伤、自杀等极端行为。自卑心理的形成原因是综合性的,有内部因素,也有外部因素。这里主要分析内部心理因素。

(1) 自我认同危机

存在自卑心理的学生常常会面临许多困境,如学习困难、害怕考试、没有朋友、觉得自己一无是处、悲观厌世。这些困境的内在心理危机本质上是自我认同的危机。

自我认同是青少年时期主要的发展任务。埃里克森指出,同一性的形成是青少年人格成熟的重要标志,如果个体在这一时期的同一性危机得不到解决,就会在成长的道路上自我迷离、停滞不前。对于青少年来说,危机的焦点是身份认同的混乱,即"我是谁"的问题。由于青少年的社会角色很难确定,既不是成人也不是孩子,因此常常会产生角色混乱。

台湾心理学家张春兴列举了青少年在以下几方面的具体表现:

身体上性生理的成熟,使他们感到性冲动的压力。性知识的缺乏和社会的禁忌,使他们对因性冲动而起的压力与困惑,不知如何处理。学校和社会的要求,使他们对日益繁重的课业与考试成败的压力感到苦恼。在求学时只模糊地知道求学成败关系着未来,然而对未来

---

* 本文分为两篇,分别发表于《思想理论教育》2009 年第 14 期和第 16 期,收录时略有改动。

的方向却茫然无知。儿童时期的生活多由父母安排,很多事情的决定都是被动的。可是到了青少年期,很多事情要靠自己做主,而且父母也期望他们有能力去选择。而青少年自己则往往因缺乏价值判断的标准,在选择和判断时感到彷徨无措。[1]

(2) 性格因素

一般来说,怯弱的性格、抑郁的心境、失败的经历等都会使人产生自卑。性格内向的学生在学业失败时比较容易产生自卑。这些学生往往对自己缺少信心,过分夸大自己的不足和学习困难,常常会因成绩不好而感到内疚和羞辱。自卑与自尊是密切联系的。一般来说,自尊心较强的学生在挫折情境中可能会产生两种反应:一种是自强不息;另一种则是自卑。若能正确面对失败,便会坚持努力不息;但若把失败看作是对自尊的威胁,便会产生自卑情绪。

当然,除了个人内在心理因素,还有身体因素和环境因素都是不可忽略的。

2. 自卑心理辅导建议

以上分析了自卑心理形成的原因,那么,应该怎样帮助容易自卑的学生呢?

(1) **引导学生改变错误信念,建立客观自我评价**

容易自卑的学生都不同程度存在错误的信念(或者称非理性信念)。例如:"我成绩差,别人看不起,太可怕了",把事物的负面因素无限扩大化;"我已经很努力,但是成绩很差",对自己能力的看法凝固化。这些都是思维绝对化和片面化的表现。因此,教师要根据学生的具体情况,找出他们的错误认知,挑战错误信念,建立理性信念。

(2) **帮助学生正视挫折,合理归因**

学生在学习、生活和社会交往中难免会遇到挫折,怎样让学生从挫折中获取进步的动力,就需要帮助学生合理归因,不要把失败归结于能力不足,而应归于努力不够,进而克服自卑心理。有位林老师运用周记对学生自卑心理进行辅导,值得学习。

一位学生在几次模拟考中败下阵来,他就唉声叹气,觉得自己前途渺茫,没有什么出息了。我就在我和他往来书信的本子"心灵的告白"里抄写下了革命老人徐特立1956年对湖南第一师范学生讲的一段话:"失败是一种损失,失败后又来一个发愁、着急,不是再加上一层损失吗?这未免太不合算了!我不干这种傻事!一个人走路不小心,摔了一跤,唯一的办法就是爬起来再走,像小孩子们摔了跤就滚地、哭脸,有什么用呢!事情失败了就只有再干。真正有决心毅力的人,失败每每都是成功之母,愁什么!急什么!"看了这段话后,这位同学在"心灵的告白"中感悟道:"人可以被打败,但不可以被打倒,我不小心摔了几跤,但我会爬起来再走的,并且会走得更稳、更好。"[2]

(3) **引导学生自我激励,学会自我欣赏**

自我激励是一种积极的心理暗示。也就是在遇到挫折和失败时,要暗示自己:不要紧,下次再来,我一定能成功。或者反复强调自己某方面的天赋和能力,反复强调自己应达到的成功目标,以激发斗志。容易自卑的学生,往往在内心缺少自我激励的声音。教师要帮助学生学会发现和赞美自己的长处,肯定自己的价值,帮助学生获得自信,摆脱自卑的阴影。有教师通过设问让学生自己回答,启发他们发现自己的长处,学会欣赏自己。

你最欣赏自己身体的哪个部位?

你最欣赏自己的性格的哪一面?

你最欣赏自己所做的一件事情是?

你最欣赏自己对朋友的态度是?

你最欣赏自己的一次成功是?

你最拿手的事情是?

别人最欣赏你的是?

家人常以你为荣的是?[3]

(4) 耐心期待

教师和家长是学生最重要的社会支持,教师要多关心、多支持、多鼓励容易自卑的学生,尤其要对这些学生保持耐心的期待。苏霍姆林斯基曾说:"教育,首先是关怀备至地、深思熟虑地、小心翼翼地触及年轻的心灵,在这里谁有细致和耐心,谁就能获得成功。"上述用周记辅导学生自卑心理的林老师的耐心值得大家学习,林老师这样写道:

自卑感的形成有一个过程,其转化也必然服从一定的"序",需要从认识提高到行为矫正,从外的变化到思想感情的转变,特别是坚定信念的形成更需要经过长期锻炼、意志考验才能达到,因此,转化具有渐进性、反复性、长期性的特点,针对学生进步不明显,或辅导收效甚微的情况,教师要不气馁、不谴责、不压制,不能企求几次谈心或几次周记就收到立竿见影的效果,要耐心地在他们的周记中根据具体情况"动之以情,晓之以理",切不可操之过急。例如,初三时,笔者任教的班上有一位从外校转入的学生,由于语文成绩差,其他各门功课成绩平平,被编入"平衡班",他便有了破罐子破摔的心理。笔者利用"心灵的告白"同他交流,反复地进行鼓励、疏导,水滴石穿,经笔者多次耐心反复地教导,他终于消除了自卑心理,形成积极进取的精神状态,加上他有较高悟性,在中考中,他的英语成绩脱颖而出,位居全校榜首。"没有教不好的学生,只有不会教的教师。"这句话不无道理。[2]

林老师的经验给我们的启示是:教师的耐心期待给学生的是一种信念,即遇到困难不要放弃,要永远对自己抱有信心,这样才能调动学生内在的积极力量。

二、自负心理

自负是自我感觉过于优越,不恰当地夸大自己的长处,无视自己不足的非理性自我评价与体验。自负与自卑是自我意识发展的两个极端,都是心智不成熟的表现,对于自负、自卑的学生,都需要进行心理辅导。

1. 自负心理成因分析

自负的学生往往是老师、家长心目中的好学生,这些学生聪明、学习成绩优秀、社会活动能力比较强。这些优势在一定的条件下,反而滋长了学生的自负心理。

其一，父母、老师过多地赞扬和关注，容易使学生产生优越感，变得以自我为中心，缺乏客观的自我评价。有位家长来信求教，她说："女儿14岁，很讨人喜欢，小提琴拉得不错，亲戚朋友都很喜欢她、夸奖她。可就是太自负了，总让人觉得她非常骄傲，瞧不起人，同学们都不爱和她玩，她也不爱搭理人家，有时甚至对成年人都傲慢无礼。请问怎么办？"

通过别人对自己的评价来了解自己，是认识自我的一个重要途径，别人的评价是自己的一面镜子，在心理学里这叫"镜中自我"。父母与老师对于青少年来说，是重要他人，他们的评价对于学生的自我评价形成至关重要。成人的偏爱容易使学生看不到自己的不足，夸大自己的优点，陷入自我评价的盲区。遇到班级评优、班干部选举之类的事，这些学生会认为当选是理所应当的，而没有当选则会引起不良情绪反应。

其二，过于以自我为中心，缺乏对别人的尊重。自负的学生常常目中无人，夜郎自大。一方面，一个人眼里没有别人，他就无法从别人这面镜子里清楚地认识自己。另一方面，自负的学生一意孤行，也导致"众叛亲离"，同学关系紧张。

其三，思维方式片面。自负的学生不仅在自我评价上存在偏差，而且思维方式容易片面。因为这些学生思考问题时常常以自我为中心，根据自己的偏向行事，主观武断。比如，认为自己落选班干部太不公正，潜台词即是怀疑选举有问题。

2. 自负心理辅导建议

（1）帮助学生建立客观的自我评价

自负的学生往往是自信过了头，如果矫枉过正，可能会把他们的自信心也打掉，走向另一个极端。有的教师和家长可能会对自负的学生说："你有什么了不起的！""你不就那么点本事吗？""你别嘴巴硬，我倒要看看你的真本事。"诸如此类的话，只能起到负面作用。明智的方法是既要充分肯定学生的优点，也不回避他们的缺点和问题。让学生感到有缺点并不可怕，人人都会有弱点，可怕的是看不清自己的缺点，将来有可能会犯致命的错误。全面地了解自己不是件容易的事，我们能够认识到的自己常常是露出洋面的冰山一角，经常仔细聆听别人对自己的看法，有助于深入地了解自己。

（2）引导学生眼中有别人，学会欣赏别人

帮助自负的学生克服自我为中心的倾向，关键是学会欣赏别人。你要别人尊重自己，首先要尊重别人。你要别人接纳、认同自己，首先要接纳、认同别人。这样个人才能在与他人的社会交往中吸取到有价值的东西，促进自己的成熟与成长。对学生一味赞扬、偏袒，只能助长他们的自负心理。因此，教师要公正地对待每个学生，每个学生身上都有长处，同学之间要取长补短。学会欣赏别人，是与同学平等、和谐相处的心理基础。

（3）帮助学生学会承受挫折

自负的学生从小到大往往一帆风顺，正因为路走得太顺，滋长了优越感。一旦遇到挫折和失败，情绪就会一落千丈。其实挫折对于自负的学生未必是坏事，教师引导得当就是学生成长的契机。如落选班干部对于一个自信满满的学生而言是一个不小的挫折，但是通过与老师的探讨,学生或许能够比较全面地认识自己、认识别人,这就是一分收获、一分成长。

三、依赖型人格倾向

太在乎别人的评价,心理负担会很重,也会活得很累。这种情况往往出现在教师心目中的好学生身上。有位学习优秀的学生仅仅因为美术老师对他的忽视就想转学,班主任多次与他谈心后发现他有两个问题:一是他太在乎老师的关注和评价,心理显得过于脆弱;二是缺乏人际沟通。在班主任的一再动员下,他才主动去与美术老师沟通,并打消了转学的念头。这个学生似乎是在为老师而学习,而不是为自己。从心理健康的角度看,这就是依赖型人格倾向的表现。

1. 什么叫依赖型人格倾向

个体对他人某种程度的依赖及依恋的情感是普遍存在的,但是过分的依赖可能就会产生心理问题。所谓依赖型人格,是指对亲近与归属有过分的渴求,这种渴求是强迫的、盲目的、非理性的。他们宁愿放弃自己的个人喜好和观点,只要能得到别人的肯定,就心满意足了。这种处世方式使得他们越来越懒惰、脆弱,缺乏自主性和创造性。精神分析大师霍妮在分析依赖型人格时指出,这种类型的人通常有以下几个特点:①深感自己软弱无助,当要自己拿主意时,便感到一筹莫展,像一艘迷失的小船。②理所当然地认为别人比自己优秀,比自己有吸引力,比自己更高明。③无意识地倾向于以别人的看法来评价自己。

依赖型人格的主要表现:

① 在没有得到他人的建议和保证之前,对日常事务不能做出决策。

② 无助感。希望别人替自己做出重要决定,如应该在何处生活、选择什么职业。

③ 被遗弃感。明知他人错了,也随声附和,害怕被别人遗弃。

④ 无独立性,很难单独展开计划或做事。

⑤ 过度容忍,为讨好他人甘愿做低下的或自己不愿做的事。

⑥ 独处时有不适和无助感,或竭尽全力以逃避孤独。

⑦ 当亲密的关系中止时感到无助或崩溃。

⑧ 经常因遭人遗弃的念头而受到折磨。

⑨ 很容易因未得到赞许或遭到批评而受到伤害。[4]

青少年处于心理发展快速期,人格尚未定型,真正有依赖型人格障碍者极少,但是存在依赖型人格倾向的却有一定的比例。依赖型人格倾向具体表现在:生活难以独立,思想缺乏自信,不论大事小事都需要别人帮助,遇事优柔寡断,缺乏判断、决断能力,总是依赖别人为自己做出决策。例如:在生活中就是购买一件小小的物品,也要找人参谋;在学习中,从不相信自己能够取得好成绩,甚至在做作业时,也要将答案与别的同学对一下才放心。

2. 依赖型人格倾向成因分析

(1) 生物因素

人们观察到,一些婴儿在出生时就表现出了害怕、孤独和忧郁的气质,这些气质特点既赢得了父母更多的关心和保护,也因为得到了父母更多的关心和保护,而使这种气质持续存在并有所发展。人们还观察到,依赖型人格障碍者多有内胚层体形(肥胖、笨重)或外胚层体形(瘦小、虚弱)。这些观察结果提示,依赖型人格障碍可能具有一定的生物学基础。

(2) 环境因素

一是早期抚养不周。依赖型人格障碍者不论是重要决定还是普通决定都依赖于他人,这就导致他们有一种不合常理的被抛弃的恐惧。一般认为,这种对被抛弃的恐惧来自早期的抚养环境。婴儿出生时都要依赖他人提供食物、保护和照顾,儿童社会化的一部分就是学会怎样独立生活。有学者认为,如果这个过程被干扰,比如父母去世或者照料者对他们忽视、拒绝提供照顾,都会使得儿童在被抛弃的恐惧中长大,从而逐步形成依赖型人格。

二是过度保护。当孩子不能应对环境压力时,父母应该提供相应的支持和帮助以增加孩子的生存机会。但是,父母因为考虑到"安全"而不让孩子试着去面对环境压力,或无视孩子已经具备应对环境压力的生理和心理基础,仍然一味地包办、代替等,便属于过度保护。过度保护是非理性的,其结果是剥夺了孩子发展能力的机会,使他们应对环境压力的能力不能随年龄的增长而增长。"能力发展滞后于年龄发展"使孩子们极容易图方便地寻求父母的支持和帮助,而父母一味地过度保护就会把依赖性植入孩子的行为模式。

三是社会角色偏见。由于依赖型人格倾向者多见于女性,曾有学者推断,依赖型人格障碍源于女性固有的依赖倾向。这种观点因有明显的性别歧视,一直受到女权运动者的反对。跨文化研究发现,女性的依赖性是文化赋予的而非性别所固有。进一步的研究还发现,如果一个人接受了社会所赋予他的依赖性社会角色,他便会有依赖性行为,甚至还可能发展成为依赖型人格。[5]

3. 依赖型人格倾向辅导建议

针对依赖型人格倾向学生的辅导,本文提出以下建议供参考。

(1) 帮助学生建立自信心

具有依赖型人格倾向的学生普遍具有不自信的弱点。只有充分地建立自信才能彻底改变其依赖于他人的习惯。有专家建议可以分两步来实施:

第一步,消除记忆中的挫折经历。具有依赖型人格的人之所以缺乏自信、自我意识低,与其童年时期受到的挫折经历有关。比如,父母、长辈或老师可能都对其说过"你真笨,什么也不会做""瞧你笨手笨脚的"等话,可以把类似的话都整理出来,然后用理性去推翻这些定论。也可以告知其所有的亲人和朋友,让他们改用热情的、鼓励的话来激励自己。

第二步,重建勇气,学会自立。人们只有鼓起勇气去做某件事,才会因为这件事的成功而树立起自信。老师可以鼓励学生选择一些以前没有做过的事情来做,如独自一人参加一项娱乐活动或到附近的景点做短途旅行等。还可以规定每周有一天的"自主日",在这一天,凡事都要由自己做主而不能依赖他人。只要坚持锻炼自主意识,学生就一定可以重拾勇气,学会自立,并矫正依赖于他人的习惯。[6]

(2) 帮助学生重建理性的认知

帮助学生建立以下信念：

其一,能力是可塑的,能力是在克服困难的活动中形成和发展起来的,关键在于自己去努力行动。

其二,依赖行为有利也有弊。依赖虽然省事轻松,却使自己失去了发展能力的机会。能依赖别人虽然是一种"福",却体验不到成就感。克服困难不仅能发展自己的能力,而且还能体验到依赖者所不能体验的、十分激动人心的"成就感"。

其三,只要你勇敢地参与到成长的活动中,你就不仅能体验到成长的幸福,还能不断地摆脱"认为自己无能和缺乏各种能力的痛苦体验"。

其四,学会评价自己的长处和短处。

其五,自我激励,为自己每天取得的进步喝彩。

四、完美主义心理

完美主义与追求完美是两个不同的概念。追求完美是一种积极向上、不断进取的品质,它认为人与事物的发展没有终点、没有十全十美;而完美主义是一种极端化的思维方式,表现出对己对人对事十分苛求,是许多心理障碍的思想根源。

1. 完美主义的心理学解读

(1) 两种完美主义

有学者将完美主义分为正常的和神经质的。正常的完美主义,又称为适应性完美主义,这类人会积极追求成就,能够从辛勤的付出中获得成功的满足,并能够依据环境及个人条件来设立合理的目标。神经质完美主义,又称为适应不良完美主义,这类人会强烈害怕失败,没有任何事情可以让其感到满意,无法从成就中获得满足。大多数临床心理学家都将完美主义看作一种消极信念。早在20世纪初,珍妮特就指出,强迫型人格患者有一种内在的不完美感,总感到自己的行为没有达到自己的要求。霍尼、霍伦德等人将完美主义视作一种精神病理学概念。1980年,美国精神病学会制定的《精神障碍诊断与统计手册》(第3版)(DSM-Ⅲ)就把完美主义作为强迫型人格障碍的诊断标准之一。

(2) 完美主义的形成

大多数心理学家相信完美主义是习得的,主要来自童年期与父母的互动关系。帕特观察到,完美主义者常常以为："如果我过去表现得再完美一些,父母是会爱我的。"他们在成年以后还会努力追求达到某种完美,以得到奖赏,即父母的爱。哈马切克认为,神经质的完美主义产生于两种童年期的情绪环境:一种是父母从不赞同或者表扬不一致,这样子女就不知道应该如何取悦父母;另一种是父母有条件地表示赞同,即只在子女做得完全正确时才给予表扬。赖斯等人的研究指出,神经质的完美主义者较之正常的完美主义者,更容易认为父母较少鼓励自己。

布拉特从客体关系的角度分析了神经质完美主义的形成。他认为这种完美主义者有严重的自我批评倾向,这是因为他们的父母曾过分左右他们的行为,并阻止他们自信、有个性的行为。这种与父母客体关系的不断重复就形成了一种内化的自我批评,导致了抑郁。斯托比建议把"父母的冷漠／拒绝"和"过度保护"结合起来命名为"无情控制",它与完美主义相关,并且母亲比父亲更有影响力。

总之,父母的不当教养方式可能是造成子女完美主义的重要原因,尤其是父母对子女的过分干涉保护、惩罚严厉及冷漠拒绝更是导致完美主义的关键因素。

(3) 完美主义对心理健康的影响

完美主义和许多心理障碍及心身疾病有密切关系,如进食障碍、抑郁、强迫症、焦虑、惊恐发作、周期性头疼、性功能障碍、A 型行为、酒依赖、强迫型人格障碍、吗啡成瘾、儿童腹痛、溃疡性结肠炎等。

休伊特等人研究了完美主义、应激和抑郁三者之间的关系,发现应激事件和抑郁在那些完美主义倾向高于一般水平的被试中明显相关。布拉特等人把抑郁分成两个维度:一个是依赖型,即怕被抛弃、无助感、依赖别人以得到爱、保护和营养;另一个是自我批评型,即感到自卑、无价值、内疚、经常批评自己。他的研究表明,完美主义总分与自我批评型抑郁显著相关。休伊特等认为,完美主义容易产生失败、焦虑、愤怒、无助、失望的感觉,这些感觉与抑郁和自杀观念关系密切。[7]

2. 对完美主义的心理辅导建议

完美主义常常存在于教师认为的优秀学生之中,如何从学生面临的成长困扰中发现这种消极信念,以及如何帮助学生告别完美主义,建立积极的自我信念,是一个富有挑战的课题。笔者提出如下建议供参考:

(1) 改变学生绝对化的思维方式

完美主义者存在的两种心理歪曲:一是教条地认为消极事件将来还会出现;二是饱受"应该"原则的折磨,如应该更好、应该不生气、应该与众不同等。帕特认为:"完美主义者为自己树立了高得不能实现的目标,于是不断地被现实与目标之间的差距所挫败。"他们持绝对化的思维方式,好走极端,要么成功、要么失败,要么正确、要么错误。改变学生的完美主义倾向,关键是改变他们错误的思维方式。

笔者曾为一位患有抑郁症的优秀生小林作心理辅导。小林同学的考试成绩一直名列班级第一、年级第一。为了保住第一,他背上了沉重的思想包袱,心理压力越来越大,每到考试前,往往彻夜难眠。在咨询过程中,我发现他头脑里有不少错误想法(在认知疗法中称之为功能失调性思维,或者非理性信念)。例如:"我一想到将来考不上重点大学,心里就很担心。""我与名人比较,他们太伟大了,而我太渺小了。""我常常感到自己很自卑,别的同学比我强。""我没有什么优点。""我从来没有失败过,我害怕失败,我认为失败是耻辱的。""我做什么事都要 100% 成功。"等等。其内心充满自卑、完美主义等歪曲的认知。以下是我们的两段对话:

第一段话,针对"我与名人比较,他们太伟大了,而我太渺小了"的消极信念。

师:你为什么要和名人比较?

生:我很崇拜他们,我看了许多名人传记。希望长大也能像他们那样有成就。

师:你有这样的志向很好,你认为你的比较合理吗?

生:(无语,若有所思)

师:你看过哪些名人传记?

生:拿破仑、爱因斯坦、爱迪生……

师:他们像你这样的年龄时有成就吗?

生:没有。

师:你的比较有问题吗?

生:看来我的比较的确不恰当。

第二段话,针对"我做什么事都要 100% 成功"。

师:你能不能找到一个 100% 成功、从来没有失败过的企业家、科学家或者历史名人?

生:(他不好意思地摸摸头)看来找不到。

师:既然找不到,为什么你还徘徊在这个死胡同里?

生:老师,我是不是自寻烦恼?

师:对,这个烦恼叫"完美主义"。

生:哦,我明白了。

(2) 提高学生应对挫折的能力

有完美主义倾向的学生,往往害怕失败,把失败的后果无限放大。人应该允许自己失败,做好失败的心理准备。在学习中要重视过程,不要太在乎结果。过于看重结果的学生一般对外界的评价比较敏感,他们相信成功或者失败是判断人的能力的依据,所以他们极力避免显示自己的能力不足,学习时容易患得患失。而重视过程的学生关心自己能力的提高甚于关心对自身能力的评价,他们把困难看作富有挑战性的学习机会,能够以积极的态度和行动解决困难。

(3) 改进家庭教养因素

首先,要改变家长对孩子的期望。米西迪等人认为,父母对儿童的高期望是儿童完美主义产生的根源,如果父母只在孩子表现完美时才给予赞赏,儿童就会习得完美主义倾向,这种倾向的本质是有条件的自我价值感或"关联的自我价值感",他们在遭到他人消极评价时往往产生强烈的无助和绝望。这个观点源自罗杰斯的价值条件作用,罗杰斯认为,凡不能满足父母期望的儿童都会体验到慢性的无助感,并且这种无助感会导致他们对强加于自身的高标准无能为力,而有条件的自我价值感会强化无助感。

其次,要发挥家长的榜样示范作用。班杜拉认为,儿童的完美主义倾向是通过模仿父母而发展起来的。由于儿童对父母都有一种理想化的观念,无论其父母是不是完美主义者,他们都会把父母视为"完美的人",并希望通过自己的努力而成为像父母一样"完美的人"。因此,家长要避免在孩子面前表现出完美主义倾向。

第三,家长要保持情绪健康。巴雷特等人认为,父母的焦虑情绪会使孩子形成完美主义。一方面,父母的焦虑特征会使他们过分关注子女的错误和消极面,子女为了避免错误以满足父母的要求就会发展完美主义倾向。另一方面,父母的焦虑特征又会使他们过分保护子女以避免子女犯错误,他们常常教育子女"当心犯错误",提醒子女一旦犯错误时他人可能给予消极评价,甚至威胁子女如果犯错误会受到怎样的惩罚。这种抚养方式会导致子女的完美主义倾向,其目的是避免可能犯的错误,从而免遭各种可能的惩罚。[8]

参考文献

[1] 张春兴. 教育心理学:三化取向的理论与实践[M]. 杭州:浙江教育出版社,1998:133.

[2] 林小芬. 浅谈初中生自卑心理的周记辅导法[J]. 中小学心理健康教育,2008(6):34-35.

[3] 杨芷英. 青少年自卑心理的诊治与调适[J]. 中小学心理健康教育,2003(5):16-17.

[4] 李遵清. 解析依赖性人格障碍[J]. 家庭医学,2006(10):33.

[5] 何克,刘丽君. 依赖型人格障碍表现、形成和治疗[J]. 贵州师范大学学报(自然科学版),2001(1):78-82.

[6] 吕淑云. 如何矫正依赖型人格[J]. 医药保健,2009(5):10-11.

[7] 方新,钱铭怡,訾非. 完美主义心理研究[J]. 中国心理卫生杂志,2007(3):208-210.

[8] 王敬群,梁宝勇. 完美主义发展的模型综述[J]. 心理与行为研究,2005(4):314-318.

学生人际交往心理问题的辅导*

人际交往是中小学生最重要的社会技能之一,是儿童社会化的动因,像合作、助人、友爱和谦让的社会技能都是在人际交往中获得的。但有些学生由于种种原因,不能与他人和谐共处,这常常会引起他们的离群、冷漠、自卑、抑郁甚至敌对和反社会化倾向,影响他们的心理健康。因此,帮助学生建立良好的人际关系,是学校心理辅导的重要任务之一。以下,简单分析一下中小学生常见的三种有关人际交往的心理问题,并提出相应的辅导建议,供有关教师参考。

一、孤独心理

有一位教师曾这样描述一个孤独心理的学生:"晶晶是个小女孩。在学校里,凡是集体活动,她都没有兴趣,情愿一个人独自玩耍;班级里轮到她值日,她总是借故请假,对集体的工作不热心;在学校的各类评比检查中,班级获得了荣誉,同学们兴奋不已,她却显得很冷漠;在集体中,晶晶也总是一个人独来独往,和同学难得讲上一句话。"的确,在班级里,常常会有这种少言寡语、性情孤僻、游离于集体之外的学生。

学生产生孤独心理的原因是多种多样的:一种是性格过度内向,不喜欢与人打交道。另一种是社交退缩,有些学生生性怯懦、自信不足,因而不敢与人打交道,怕自己出洋相,更怕别人看不起自己,故常常采取退避行为,这又称为社交习得性无能。还有一种是学业经常失败,没有成就感,没有勇气面对现实。此外还有一些外部因素,如家庭的社会经济地位较低或父母下岗,因而自觉低人一头。

建议辅导措施如下:

① 向父母了解学生情况,确定其孤僻是情境性的还是持久性的。如属后者,最好请心理医生诊断治疗。

② 教师在课堂活动中,应给予他们更多关注,请他们回答问题时,应给他们多留一些思考和准备的时间。

③ 鼓励他们多多参加集体活动,多与同学交往,并为他们创造在公开场合发言的机会。有些同学只有在小组里才敢发言,就多让他们参加小组活动。请班级同学合作,运用社会性强化(认真倾听和称赞)来鼓励他们在集体活动中发挥长处,从容自如地表现自己,克服孤僻

---

* 本文发表于《河南教育》2001年第3期,收录时略有改动。

的心态与行为。

④ 了解学生的生理发展和健康状况,如有体态异常、口吃、口臭,需提醒其家长及时设法给予矫治,生理问题矫治之后,孤独行为便会消退。

二、嫉妒心理

嫉妒是一种自私、气量狭窄、不能容忍他人的性格障碍。学生的嫉妒心理常常使他们不能融洽地同别人相处,易与别人发生冲突。有一位重点中学的学生曾向心理辅导教师诉说自己的苦恼:到了高二下学期,自己常有一个怪念头,就是难容忍别人的学习成绩超过自己,有时别的同学考试分数超过自己,就会觉得特别难受,晚上会失眠,白天会莫名其妙地大怒。班级里奖学金评给了别人,便觉得很不服气,耿耿于怀,不能排解。这其实是典型的嫉妒心理在作怪。

嫉妒心理的形成原因可能有以下几种:① 自小养成的气量狭窄,处事待人毫不谦让的性格。② 由于自己的表现不及别人,受到过老师和同学的冷落,感到自己的优势地位已丧失,自尊受到威胁,因而引起嫉妒。③ 成人故意当面夸奖他人,使其怨恨他人。④ 父亲或母亲常有嫉妒他人的表现,潜移默化中受到父母影响。

对有嫉妒心理学生的辅导措施有:

① 用坦白与诚实的态度处理。有时嫉妒是出于本能,如果过分抑制它,也许只能使它埋得更深而毒害孩子的心灵,所以要让它显露出来加以引导纠正。例如,在上述案例中,辅导教师的第一步就是让该学生尽情诉说,把一直深藏于内心的说不出口的话统统说出来,以了解其嫉妒的真实原因。

② 帮助学生分析和认识嫉妒的产生原因和危害。利用当事人的亲身体验,说明嫉妒不仅伤害了别人,也伤害了自己,使自己心灵受到折磨。

③ 鼓励学生靠自己的努力和进步来换取别人的赞扬,引导学生虚心看待别人的优点与进步,把别人的长处当成是自己的一面镜子,去发现自己的不足。

④ 用事实证明,他们还是能被人喜爱的。有位学者曾说:"嫉妒的孩子通常确信没有人爱他们,也没有人会爱他们。"所以,要让他们感受到自己也是能受人喜爱的。

⑤ 教师对学生应一视同仁,要用公正的评价,使其口服心服。

三、反抗、易怒心理

有些学生常常容易发怒,常常与同学、家长和教师发生对抗,不能控制自己的情绪波动。有位辅导教师反映过这样的个案:高一学生小刚脾性暴烈,一恼火就暴跳如雷,像头狮子,从不承认自己有错,同学们都不愿和他交往。有一次他迟到了,却骑着自行车,目空一切、横冲直撞地闯进了校门,值勤的学生把他拦下,将他拉到老师跟前,他还横眉怒目,强词夺理,拒不认错。

这种不良心理的起因也是多方面的：①常常受到过多的挫折与指责，心理承受了相当的压力。为了摆脱这种压力需要宣泄情绪。②没有整理情绪的机会，往往正在做一件事时，忽然又被指使做另一件事，情绪节奏时常被打乱，因而总感到无所适从。③父母管教不当。父母管教孩子没有原则，任凭自己的性子，反复无常，使孩子对父母抱有成见。④被成人要求做一件不想做或没有能力做的事时，会产生抗拒心理。⑤与自身大脑神经系统的特质有关。脑科学的研究表明，人脑内部除了有掌管思维的理性中枢，还有着专门掌管情绪调节的情绪中枢。狂怒、缺乏自制力的状态，被称为"情绪短路"。

反抗、易怒心理的辅导措施有：

① 要让学生认识到，经常性的愤怒既有害于别人，更有害于自己的身体和心理健康。

② 帮助学生学习调节、控制自己的不良情绪。例如，每当要发脾气时，可以建议当事人采用自我暗示法，反复在心里告诫自己"不要发脾气"；或者立即离开现场，脱离不良情绪的刺激源，而后进行冷处理，也可以采用其他松弛情绪的方法。

③ 鼓励学生多多参与集体活动，增强其对集体生活的归属感，尽量减少易怒者与别人的冲突。即使发生冲突，也要劝导周围同学主动把冲突降温，而不要激化矛盾。

④ 成人对孩子的学习期望不要过高，要适度、循序渐进。不要用高压手段逼迫他们学习，施加压力虽会有表面的即时的效果，但学生将怨恨压至心底，会积累更多的消极体验。

⑤ 教师与父母在学生面前要控制好自己的情绪。尤其当学生有错时，不要向他们滥发脾气，拿他们出气，而要采取冷处理。

总之，上述3种问题，在中小学生中或多或少地存在着，应该引起教师的关注。因为克服人际交往中的心理障碍，与人和睦相处，是青少年成长中的一大课题。

论儿童青少年性别教育*

近些年来,有关男孩与女孩在学业成就以及身心健康方面差异的调查报告陆续发表,引起人们对性别教育的关注[1]。不少学校在进行性别教育的实践探索,如上海理工大学附属小学的"男孩女孩"课程,上海市第八中学的男生班教育实验,上海市静安区闸北第三中心小学的"小小男子汉"课程。性别教育主要包括性别角色教育和性别平等意识教育,本文着重讨论性别角色教育。

一、性别角色与儿童青少年心理发展

1. 性别角色是一种社会角色

儿童青少年正处于身心迅速发展时期,性别角色教育旨在帮助儿童青少年对自身性别角色的认同,促进其自我同一性和社会性发展。性别角色是指个体在社会化过程中通过模仿学习获得的一套与自己性别对应的行为规范。这个概念包括以下几个含义:

性别角色是一种社会角色。当婴儿从母体分娩出来时,由于性器官的不同,被明确地划分为男孩或女孩。随着身体的生长,男孩在身高、体重和形态方面逐渐与女孩拉开差距,社会对性别不同的孩子予以不同的角色期望,形成了男性角色和女性角色。

性别角色决定了个体的社会化定向。在传统观念中,男子的社会化定向是在社会上谋取成功和地位,而女子的社会化定向则是在家庭中充当贤妻良母。不同的社会化定向必然导致男女有选择地接受不同的社会影响,导致男女形成与其性别角色相适应的人格倾向。

社会文化为男性和女性各自制定了一套行为规范,我们在评论某人为"娘娘腔"或"假小子"的时候,就是按照公认的性别角色对人的行为进行标定。个体在社会化过程中,一旦将性别角色规范内化,就会自动地按照适合自己性别的行为方式来认识、思考、行动,形成性别角色的心理差异[2]。

2. 性别角色认同是青少年自我认同的重要部分

埃里克森的心理社会发展理论指出,自我认同的形成是青少年人格走向成熟的重要标志,如果个体在这一时期的自我认同危机得不到解决,就会在成长的道路上自我迷离、停滞不前。因此,自我认同是青少年心理发展的主要任务,青少年自我认同的一个重要部分就是

---

* 本文发表于《教育参考》2017年第2期,收录时略有改动。

性别角色认同。什么叫性别角色认同？学者有多种界定。海登认为，性别角色认同指个人认同自己的性别群体的理想的心理结构，具体表现在适合个人性别的行为、态度、情感上。林崇德认为，性别角色认同指获得真正的性别角色，即根据社会文化对男性、女性的期望而形成相应的动机、态度、价值观和行为，并发展为性格方面的男女特征，即所谓的男子气和女子气。

有研究表明，大多数青少年能够认同自己的性别，但也有一小部分青少年对自己的性别不太认同，男孩的性别认同优于女孩。当问及"如果可以选择自己的性别的话，你会怎么选"时，69.1%的男孩仍选择男性，而女孩选择女性的为33.1%，百分比相差一倍以上。20.9%的女孩不再选择女性，而男孩不选择男性的为2.3%[3]，如表2-1所示。

表2-1 男孩、女孩对自己性别认同的比较

	选原性别	不选原性别	讨厌原性别	无所谓
男孩	69.1%	2.3%	0.7%	27.9%
女孩	33.1%	20.9%	2.9%	43.1%

女孩性别认同弱于男孩，更多女孩不认同自己的性别，应引起教师和家长的关注。性别认同是青少年社会化的一个重要指标。按照埃里克森的同一性理论，如果青少年对自己的性别不认同，一方面可能会使自己的自信心、自尊感降低，自卑，沮丧，缺乏进取心；另一方面可能会影响自己社会角色的承担，造成社会适应不良。因此，加强对性别认同度低的女孩进行自强、自爱教育是教育者的重要职责。

二、性别角色错位与个案分析

性别角色错位主要是由于家庭的长者(如父母或爷爷奶奶)对子女错误的异性期望和装扮。有的家长从小就把自己的儿子或女儿扮成异性，并在心理和行为上按照自己的期望给予诱导，慢慢地导致孩子的心理、行为模式往自己性别相反的方向上发展，并随着年龄的增长不断地强化。当孩子步入青春期后和进入社会时，逐渐感到自己的心理、性格和行为与周围的人群，尤其是与同性别人群格格不入，严重的可能成为性变态者。例如，有一对夫妻生了三个男孩，于是把小儿子从小打扮成女儿，两个哥哥也把他当小妹妹来看待，处处照顾他，使他的心理、行为沿着"弱女子"的心理、行为模式发展。结果他长大后无法适应社会生活，考上大学，却因不敢单独离家外出而放弃，参加工作又因为无法适应连换几份工作，最终都被辞退。最后他只好去心理咨询，在医生的指导下，才慢慢地纠正过来。这种作为女孩抚养的男孩，往往情感脆弱，胆小无为，严重地影响其未来的发展。与此相反，还有一对夫妇把独生女儿从小当男孩抚养，穿着打扮一副男孩模样，连玩具也是男孩玩的刀、枪、棍等，常和男孩一起玩耍，慢慢地其心理、性格、言行就沿着男性角色的模式去发展，长大后虽然改穿女装，但在她的身上仍然处处显示出男性角色的特征，而少了女性角色的特征。结婚后，由于

丈夫无法容忍她的性格和言行,几个月后便离婚。这样的女性往往成为女同性恋中的"男性"角色的扮演者,其言行不为周围的人群所理解和接受,甚至连自己也无法理解和接受,经常由此产生心理矛盾和角色冲突,从而影响自身或他人的身心健康。

下面是一位班主任进行性别教育的案例,可以给我们不少启发。

一个女孩的性别角色错位[4]

班上一位女生告诉我,她非常爱她的一位女老师,深陷其中,难以自拔。若一天不见,她就无精打采;若几天未见,她就觉得非常失落。她很苦恼,也很自卑,甚至想过自杀,但又觉得对不住养育自己的父母,更舍弃不了对那位女老师的牵挂和依恋。

我曾怀疑她是不是生理方面有问题,但她父母告诉我,他们听从我的劝告后带她去做了检查,结果她的女性生理特征一切正常。进入中学,步入青春期了,她的身体慢慢地发生了变化,但她总是极力掩饰,甚至达到厌恶的程度。她总认为自己是男孩子。也就在这个时候,她对那位女老师产生了一种朦胧的爱慕之情。她没有什么知心朋友,只有这位女老师时时刻刻关心她、爱护她、帮助她、体贴她、鼓励她。开始她只是喜欢,后来她发现自己一刻也离不开这位女老师,老师的一颦一笑始终在她的脑海里挥之不去。

进一步了解原因,我才知道她的问题所在。原来,她父母希望她今后能够像男孩一样有出息,就把她当男孩来看待和教育,尤其是她爸爸,动不动就对她说:"来,儿子!"有时,她父母两个人在争吵时,她也会拍着爸爸的肩膀说:"爸,我们别跟女人一般见识!"在这种环境的影响下,她讨厌自己是女孩子,从不喜欢穿花衣服,尤其不喜欢穿裙子。她不喜欢和女孩子一起玩,认为她们太娇气、太懦弱,是被欺负的对象。她宁愿每天和男生摸爬滚打,在一起踢足球,即使弄得蓬头垢面也满心喜欢。她还喜欢和男生较量,她的力气大,有些大个子男生都被她打哭过。

对这位女生的辅导措施主要有两点:

一是理解与尊重。我经常利用课间或放学后与她进行心与心的交流,从而进一步了解她近期的思想状况。我主动和她谈心,感谢她信任我,打消她的顾虑,同时鼓励她正视自己错位的心理,有意识、有目的地帮助她把注意力集中到学习上来。譬如,她爱好语文,我就给她布置额外的文学作品阅读和写作任务,促使她转移兴趣。我借了许多心理学方面的书籍给她看,帮助她认识到自己这种心理的危害。

二是磨炼意志,强化女孩性别身份。我对这位女生说:"要你不去想那位女老师,是一件很痛苦的事,刚开始时你会感到伤心、难受,甚至发狂,这需要一个过程,但这是一个很好的锻炼自己意志力、摆脱困境的机会,可别轻易放弃了,老师相信你是一个坚强的女孩,你会挺过这个难关的!"我刻意让她经受痛苦的煎熬和磨炼,提高经受挫折考验的心理素质和能力。同时,我时刻提醒她,她是一个真正的、正常的女孩,应

> 该拥有女孩所拥有的一切,教她做事不要冲动、鲁莽,遇事多冷静想想,多动笔书写自己的感受,正确评价自我,接受自我。
>
> 经过近两年的辅导,这个女生终于显露出女孩子特有的娇羞而快乐的笑容。尽管这个辅导过程很艰辛,时间也比较长,但我觉得值得。

这是一个非常困难的案例,教师经过长期的辅导,帮助女孩度过了性别认同危机,其中的付出之多可想而知。从心理辅导专业的角度反思这个案例中辅导工作的优缺点,对于更多的班主任处理类似的个案,可能会有帮助。

这个案例值得肯定的做法有两点:一是教师对女孩的理解与尊重,建立了辅导双方的信任关系;二是强调其女孩性别身份,在女孩对自己的性别角色感到困惑的时候,教师的正向引导往往会起到重要作用。

从案例叙述的情况看,本案例中的女孩有两个问题要解决:一是由于从小家庭教育导致的性别角色错位,要解决其性别身份的接纳问题;二是要满足其正常的情感需求(与同学、老师等重要他人的交往)。本案例需要改进之处:在解决第一个问题方面还缺少辅导方法。案例中写道:"我借了许多心理学方面的书籍给她看,帮助她认识到自己这种心理的危害。"借了哪些书?读者不知道。泛读心理学方面的书真的能够帮助女孩认识到性格角色错位吗?这里有意义的辅导策略应是老师着重强调对女孩性格、品质的欣赏,以及平静对待青春期的女性特征。在解决第二个问题的时候,让她割断对女教师的依恋,办法有点生硬。这里关键是要把这种依恋的情感转化到正常的、健康的师生关系上来。

三、性别角色教育的建议

上述案例可见,学生的性别认同与其生活的家庭环境密切相关。因此,家长、学校和社会有关部门必须联手合作,重视对学生的性别角色教育。

1. 开设性别教育课程

性别教育课程能帮助儿童青少年建立性别意识和性别角色行为,并且帮助其解决性别教育中的共性问题。性别教育课程可以分为融合式和单列式两种。融合式是指将性别教育内容整合在心理健康教育课程内容体系里,目前上海中小学普遍使用的《心理健康自助手册》里就有性别教育的模块。单列式是指专题性别教育课程,如前文所述的上海理工大学附属小学的"男孩女孩"课程、静安区闸北第三中心小学的"小小男子汉"课程等。特别是专题性别教育课程,上述学校在课程实践中积累了不少经验。下面以上海理工大学附属小学的"男孩女孩"课程为例。

(1) 性别教育内容选择的合理性

性别教育的目标与内容要符合学生的认知水平,根据不同学生的年龄特点,选取合适的内容,体现教育目标的层次和递进。例如:低年级"我从哪里来——生命的诞生和成长""身体碰碰车——交往中的礼仪",中年级"性别密码——了解性别的由来""红灯绿灯——身体保护与界限",高年级"化茧成蝶——准青春期的心事""性别名片——构筑自己的性别身份""亲密'有'间——男女生交往方法"。

(2) 性别教育的形式多样性

应采用"直观式、游戏式、情感式、情境式、合作式"等多样灵活、有趣直观的教学方式,让性别教育课程趋向于"活泼又干净,明了又渐进"的形式,吸引孩子们的积极参与。

(3) 性别教育课内外结合

性别教育课程的实施可以通过课内活动和课外实践两种途径来实施。课内活动是由教师组织引导的,在课堂教学中有目的、有计划地开展团队竞赛、主题分享、小品演绎、情景游戏等活动。课外实践是指课堂教学后学生或独立或以小组为单位开展的主题绘画、资料查找、社会调查等活动,目的在于增加学生在性别教育课程上的可获得性。

从教育生态系统的角度考虑,不光要针对学生开设性别教育课程,同时要针对家长和教师开设性别教育相关讲座,以增加学生性别教育的有效性。

2. 家长是孩子性别教育的第一任老师

第一,要给予正确的性别角色期望和性别角色装扮,使孩子能根据自己的服饰、颜色等装扮来正确认识自己的性别角色。

第二,要给予正确的性别角色行为引导。在日常生活中要根据孩子的性别特点进行相应的行为引导,多做些有益于性别形成的游戏活动和事情。对应该避忌的事情要坚决避忌,千万不要让孩子去做不符合其性别角色的事,使其从小逐渐形成与性别角色相适应的行为。

第三,要给予相应性别角色的知识教育。家长应根据孩子不同的年龄阶段给予相应的性知识、性道德教育和相应的性别角色心理引导,使其能正确认识"我是小男子汉"或"我是小姑娘",并在言谈举止方面给予相应的知识教育。

第四,要以身作则。家长要认真扮演好自身的性别角色,注意自己的言行举止,给孩子做个好榜样。

3. 在性别角色认同的基础上进行双性化教育

从更为积极的意义上,教师和家长应该帮助男女学生性别互补,完善各自的性别角色。当今,随着社会的进步与发展,在要求青少年对自己性别角色认同的同时,性别角色互补和优化的呼声日趋高涨。传统的性别刻板印象,把男性人格特征与女性人格特征相对立,例如:男性刚强,女性柔弱。男性的气质更易于在社会上拼搏,而女性的气质更适合于营造温馨的家庭氛围。而今,这种性别刻板印象正在受到挑战。现实生活中,女性已经从家庭走入社会,她们要在社会上立足并发展,必须具备传统意义上属于男性的品质,如坚强、果断和领导气质。相当一部分社会学家认为,传统的两性对立的性别角色,正在朝着双性化人格的方向发展。

那么，如何认识校园里出现的"假小子"和"娘娘腔"呢？"假小子"和"娘娘腔"不等于双性化人格。双性化人格是指男性和女性性格的优化重组，应该兼备男性和女性各自的优点。"假小子"往往是指直爽、果断的女孩，她们具备男性的优点，但未必具备女性的优点。"娘娘腔"往往是指腼腆、羞怯、迟疑不决的男孩，他们既不具备男性的优点，也不具备女性的优点，更不值得效仿和提倡。因此，处于人格形成中的青少年，首先是要对自己的性别认同，培养各自的性别优势，而后再学习异性所长。

参考文献

[1] 吴增强."阳刚之气"不足凸显学校教育缺陷[J].上海教育,2012(13):36-37.

[2] 时蓉华.社会心理学[M].杭州:浙江教育出版社,1998:178.

[3] 吴增强.青少年心理辅导:助人成长的艺术[M].上海:华东师范大学出版社,2013:47-48.

[4] 周飞虹.如何对待性别角色错位的学生[J].湖南教育:综合版,2007(2):37.

解读青少年性心理*

性心理是指人对自己性生理变化、性别角色和异性交往等方面的认知与内心体验。了解青少年的性心理，是了解青少年内心世界的一个重要部分。以下就青少年性心理发展的若干重要问题做些讨论。

一、早熟与晚熟

青少年的发育存在早熟和晚熟现象，这是指他们在发育高峰出现的时间和发展速度上的差异。这种差异会影响青少年的个性发展和社会行为。和晚熟的青少年相比，早熟者一般说来身体更高大、体重更重、肌肉更强健，他们在性方面也更成熟。在体育活动或需要依靠身体技能的活动中，早熟者占有绝对优势。

一般来说，成年人和青少年同伴都认为，早熟的男生比晚熟的男生具有更为积极的社会态度。比如，成年人认为，晚熟的男生与早熟者相比，身体缺乏魅力，肌肉不够发达，仪表不够光鲜，性格孩子气，等等。同伴的评价则认为，晚熟的同学比早熟的同学显得更烦躁、爱多嘴、霸道、缺乏自信、不受欢迎等等。

早熟对于男生有明显的好处。由于女生的发育一般比男生早 1~2 年，而早熟的男生也比同龄男生早 1~2 年开始发育。这样，他们与正常成熟的同龄女生在心理体验上更为相似，有利于与女生友好交往。此外，早熟的男生大多能够在体育活动中表现出色，由此赢得同伴的尊重和老师的青睐，成为集体中受欢迎的人物或领导者。这些都将对早熟的男生的心理发展产生积极影响。

早熟的女生处境则与早熟的男生完全不同，她们遇到了最困难的适应问题。早熟女生的发育比同龄女生提早了 1~2 年，她们经历着同龄女生尚未经历过的变化，她们需要同那些兴趣及问题与她们更相似的人进行交流，来分担自己的不安和焦虑。而父母和正常发育的或晚熟的同龄女生，都难以分担她们的问题。这种不利的情境会对早熟女生的发展产生消极影响。例如，有可能会增加她们对月经初潮的消极感受，使她们更感到紧张和不舒服。

晚熟的男生则常常在集体里得不到重视，他们的自尊、自信会因此受到严重的损害。而一般来说，晚熟的女生不会受到不利的影响。教师和父母要认识到早熟的女生和晚熟的男生在生长、发育阶段的适应困难，对青少年提出的期望应该与他们的需要和能力协调一致。

* 本文发表于《河南教育》2002 年第 3 期，收录时略有改动。

二、性好奇、性朦胧

青少年的性意识是由于他们自身性生理的变化而引起的。这些变化使他们开始关心与性有关的问题，并注意到两性关系和婚姻、恋爱问题。他们对文学作品、医学书籍和影视作品中有关性和爱情的描写也产生了兴趣。

青少年最初的性意识表现为性好奇、性朦胧。所谓性好奇，就是渴望了解异性并与异性亲密接触。所谓性朦胧，就是这种对异性的好奇还处于混沌的非理智阶段，没有明确的目的，而且往往是单纯而又可爱的。有位寄宿制中学班主任对学生的关心可以说是"无微不至"，她常常去学生宿舍巡视，尤其关心学生案头、枕边的读物。她在男生的枕边发现了《女性的奥秘》，在女生的床头搜到了《男性的魅力》，这让她心中十分恼火。其实，这位班主任大可不必为之不快，这正表明了少男少女性意识的觉醒。

三、性别角色认同

性别角色发展是一个变化的过程。婴儿在出生后 4 个月就可以感知男性和女性不同的声音与形象。2~3 岁的幼儿已经能够明确辨认自己的性别。3~7 岁的儿童对于性别的刻板印象特别地依从。但到了青少年早期（小学到初中转折期），他们又开始表现出对于性别刻板印象的灵活与宽容性。不过这一过程，又会随着青少年进入青春期高峰发生变化，转为对于性别刻板印象的强化。到了高中阶段，青少年又表现出灵活的宽容态度。

在过去，人们习惯通过男性化与女性化这种性别刻板印象来定义性别角色。但随着双性化（个体可以同时拥有传统上的男性化特质和女性化特质）概念的提出，性别角色的研究开始更加多维。目前，该领域的研究将性别角色类型划分为：双性化、男性化、女性化和未分化（未显示明显性别类型）四种类型。这四种性别角色的认同在青春期直接影响青少年的整体发展。性别角色的未分化性，是四种性别角色类型中最不稳定与心理健康水平最低的一种类型。近年来，教育界对于青少年出现的"男孩不像男孩，女孩不像女孩"的现象，表示了普遍的担忧，提倡男孩教育与女孩教育。而新时代的男孩教育与女孩教育其实更趋向于双性化教育，是对未分化性别角色的一种引导教育。

当社会越来越认同双性化的优势，价值取向越来越多元时，青少年就会有更多的自由来选择自己性别角色。但这种宽松的性别角色界定，在扩大了选择范围、增加了个性化的同时，也会带来新的困惑和冲突。部分青少年完成了这种性别角色认同，走向更有力的双性化角色，而部分青少年则显得不知所措，性别同一性发展迟缓。这种对于性别信念的推迟，同样也反映了自我意识的薄弱。

四、异性同伴交往

在童年期，男孩和女孩在交往中没有明显的两性意识。而到了青少年时期，男孩和女孩开始对异性同伴产生朦胧的神秘感和接近的渴望。曾有学者将青少年男女交往的心理状态分为四个阶段：

性反感期。当青少年生理上发生急剧变化的时候，初步经历了与人类的性奥秘有关的体验，往往会产生对性的不安、害羞甚至反感，认为恋爱是不纯洁的表现，对异性采取回避、冷淡和粗暴的态度。

"牛犊恋"期。在青少年初期，他们就像小牛依恋母牛一样，倾倒于自己所向往的年长异性，关注其一举一动，对其想入非非，并且很想接近他，讨他的喜欢。

狂热期。在这一时期，青少年开始关注和喜欢年龄与自己相近的异性，在各种活动中都想努力引起异性的注意和喜爱，并想方设法寻找或制造各种机会接近自己喜欢的异性。但由于这时心理发展不成熟，理想主义和自我意识较强，所以可能会遇到各种冲突。

浪漫期。随着个体心理的逐步成熟，对异性的爱恋开始集中到某一位异性身上，对其他异性的注意力逐渐减少，喜欢和恋爱对象单独在一起，并对将来的婚姻生活充满幻想和向往。

这一观点对于我们理解青少年的异性交往心理有一定的启示。在一部分的青少年中，的确会出现以上情况，应该引起教师和家长的重视。但没有足够的资料证实这是一种普遍现象，也不能断定青少年的异性交往一定呈现这样的阶段性。

处于社会转型期的青少年的异性交往究竟怎么样？我们曾对青少年的初恋情况做了调查，发现有两个特点：

一是初恋的低龄化。有 24.4% 的高中生报告"曾经恋爱"或"正在恋爱"。在有恋爱经历的学生中，初恋的年龄分布峰值在初中，但小学阶段也有相当比例，初恋呈低龄化趋势。青少年初恋的低龄化提醒我们，小学高年级学生该如何与异性同学进行健康的交往，应该作为学校心理辅导的一项内容。

二是初恋行为基本呈"青梅竹马"式。当问及青少年与初恋对象最经常的活动内容时，70.5% 的学生"一起聊天、玩耍"，7.2% 的学生"互写情书"，17.5% 的学生"有拥抱、接吻行为"，3.1% 的学生"许诺过结婚"，1.8% 的学生"有性关系"。可见，青少年的初恋基本是以纯洁的亲密异性交往活动为主，交往双方之间更多的是思想情感的交流，以及学习、生活乐趣的分享，这不同于成年人的恋爱。当然，我们也应该注意到极少数学生在初恋中有过性行为，这种偷食禁果的行为，会严重伤害双方的身心。

真正意义上的两性吸引，是从青少年时期开始的。体验和探讨两性的感情与交往，是他们生活的一部分，是他们人生经验的一部分。而在这方面，青少年还缺少经历、不够成熟，常常处于迷茫与痛苦之中。他们需要的是关心和指导，而不是指责和禁锢。尽管多数成年人也有少年初恋的经历，但只有少数成年人能够站在孩子的立场上来理解他们，因此，父母与子女的冲突有不少是由孩子的异性交往问题而起。

青少年需要异性之间的感情与友谊，这是非常合乎情理的。人本身就是充满感情的生命体，从小到大，人们总是不断地渴望着被爱和爱人。这就是我们在听到委婉动人的爱情故事和缠绵悱恻的流行情歌时，会产生美感的缘由。两性之爱原本就应该是美丽、纯洁和高尚的，作为成年人应该理解和承认青少年的情感需求。况且，现代社会中男女生同校已经为他们的交往提供了舞台，我们无法禁止，而要善于面对。为了更好地理解青少年的异性交往，成年人要摒弃一些偏见。

例如："中学生的主要任务是学习知识，与异性交往是长大以后的事。"这种说法听起来颇有道理，但事实并非如此。青少年的主要任务是成长，而不仅仅是学习知识。成长包括很多方面，如身体的发育、个性的形成、智慧的增长、人际交往能力和道德品质的培养。学习知识只是成长的一个方面，学会交往也是成长中一项重要内容，学习与异性交往更是青少年发展的一个不可缺少的任务。如果真的等到成年以后再开始与异性交往，很可能就会因为缺乏经历，而成为这方面的"困难户"。

再如："如何处理异性关系不需要别人指导，到时自然就会。"对涉世不深的青少年来说，与异性交往是一个全新的领域，有很多的疑问和困惑。据一些心理咨询专家反映，在我国，青少年打电话或写信寻求帮助的问题中，与异性交往有关的占了相当大的比例。

正是由于上述种种误解，很多家长和教师不能正视青少年的异性交往。他们不是积极引导，而是采取压抑、堵塞的办法来被动应对。这样，一些在异性交往上遇到问题的青少年，不仅得不到及时的、正面的指导，反而会遭受来自各个方面的误解和责备。在巨大的精神压力下，他们可能做出不计后果的行为，青少年的异性交往也因此成为一个危险问题。如果要化解危险，解决问题，就必须改变家长和教师的偏见。

青少年自杀预防与干预*

自杀是一种非正常死亡,它不是肉体生命发展的自然结局,而是个体蓄意或自愿结束自己生命的行为。有关资料表明,青少年自杀比例正在逐年上升,并成为一种全球性的现象。美国 15~24 岁的年龄组中,1980 年的自杀率是 1950 年的 3 倍多。据加兰等人报道,从 1982 年到 1989 年,与一般人群的自杀增长率 17% 比较,青少年自杀率呈现惊人的增长趋势,超过 200%。罗伯特对所有青少年自杀未遂的案例进行回顾性研究,表明 10%~15% 的青少年有过自杀未遂史。世界卫生组织公布的数据(1985—1986)表明,在三个年龄档次(15~29 岁、30~59 岁、60 岁以上)中,无论社会文化背景如何,各国自杀率都显示了青少年和老年是两个自杀的高峰年龄段。在某些国家和地区,自杀是 20~30 岁年轻人死亡的首要原因。因此,青少年自杀预防和危机干预是学校教育和家庭教育中一项十分紧迫的任务[1]。

一、自杀危险性评估

危机干预人员可以从三方面来进行自杀危险性评估,即危险因素、自杀线索和呼救信号[2]。

1. 危险因素

巴特尔等人已经确认了大量可以帮助干预人员用来评价潜在自杀危险的危险因素。以下是用于危险因素评价的项目。若一个人无论何时具备其中的 4~5 项危险因素,就可以认为此人正处于自杀的高危时期。

① 求助者有自杀家族史。
② 求助者曾自杀未遂。
③ 求助者已经形成了一个特别的自杀计划。
④ 求助者最近经历了心爱的人去世、离婚或分居事件。
⑤ 求助者的家庭因损失、个人虐待、暴力或求助者遭受性虐待而失去稳定。
⑥ 求助者陷入特别的创伤损失而难以自拔。
⑦ 求助者是精神病患者。
⑧ 求助者有药物和酒精滥用史。
⑨ 求助者最近有躯体和心理创伤。

---

* 本文选自《青少年心理辅导:助人成长的艺术》(华东师范大学出版社,2013),收录时略有改动。

⑩ 求助者有失败的医疗史。
⑪ 求助者独居并与他人失去联系。
⑫ 求助者有抑郁症,或者处于抑郁症的恢复期,或最近因抑郁症住院。
⑬ 求助者分配个人财产或安排后事。
⑭ 求助者有特别的情绪或行为特征改变,如冷漠、退缩、隔离、易怒、恐慌、焦虑,及社交、睡眠、饮食、学习、工作习惯的改变。
⑮ 求助者有严重的绝望或无助感。
⑯ 求助者陷于以前经历过的躯体、心理或性虐待的情结中不能自拔。
⑰ 求助者显示一种或多种深刻的情感特征,如愤怒、攻击性、孤独、内疚、敌意、悲伤或失望,这些是个体非特异的正常心理特征。

2. 自杀线索

大多数想自杀的求助者会提供一些自杀线索,而且也会以某种方式请求帮助。这些线索可能是言语、行为、状况或综合性线索。言语线索是用口头或书面表达的,可能直接说:"现在我想自杀。"或者非直接地说:"我对任何人都没有用了。"行为线索可以是为自己购买墓碑、割腕,或者把自己打扮梳理得特别整齐等等。这些行为线索说明求助者正在寻求帮助而非真正想死。状况线索包括配偶死亡、离婚、难以忍受的躯体疼痛、不可治愈的晚期疾病、突然破产,或者陷入其他生活状况的急剧变化。综合性线索包括各种想自杀的症状,如严重的抑郁症、孤独、绝望、依赖,以及对生活的不满。

3. 呼救信号

几乎所有的想自杀的求助者都会提供线索和呼救信号。有的呼救信号易于识别,而有些呼救信号难以识别。施奈德曼认为,没有任何人百分之百地想自杀。有强烈死亡愿望的人是非常矛盾的、茫然的,想抓住生命,他们的情绪和他们的想法是平行的。他们的思维模式是非逻辑性的,他们所作的选择只是停留在非此即彼的思维模式上。他们只看到两种可能的选择:痛苦或死亡。他们尤其不能想象自己能够度过危机,走向幸福和成功。

危机干预工作者应该对以上几方面的警示信号有足够的敏感度和感知能力,并把它转换为挽救生命的行动。如果没有发觉或认识这些危险因素、线索和呼救信号,那么就难以对危机进行有效的干预。

危机干预人员也可以使用有关的人格量表(如明尼苏达多相人格问卷、艾森克人格问卷、16种人格因素问卷)、投射测验、焦虑量表等工具来预测求助者的自杀危险程度,但由于这些量表不是专门为评估自杀危险性而编制的,用来预测自杀效度有一定的问题。吉林兰德主张运用危机干预的分类评估量表进行评估。总分13~16分,属于"低到中等"危险程度。而对于总分较高的(如25分以上)求助者,干预人员可以直接询问当事人是否有自杀意图,如:"我想知道你是否感到陷入困境,感到无助、绝望以致想自杀?"吉林兰德还强调,一旦评估到当事人危险性程度较高,有明显自杀倾向和暴力攻击他人倾向的,应该立即安排其住院,由专业人员进行紧急干预,以免耽误,进而造成更为严重的后果。

二、青少年自杀特点

有关资料表明,我国青少年自杀大致有如下特点:

1. 青少年中女性自杀率高于男性

世界各国青少年自杀的男女比例,一般是男性大于女性。迪尔凯姆的自杀者"男性高于女性""自杀主要是男性现象"的论断,一度被认为是自杀学的铁定法则。美国1988年5~14岁儿童青少年自杀男女比例为291.9:100,15~24岁为527:100,25~34岁为438:100,平均为4男1女。我国的情况却很特殊,女性自杀率大大高于男性,其中15~24岁年龄段,女性的自杀率几乎为男性的两倍。根据世界卫生组织资料,1987—1989年,中国青年自杀男女比例15~24岁为52.9:100,25~34岁为75.6:100,而5~14岁儿童为97:100。尤其值得重视的是,我国农村女性青少年自杀死亡率几乎是城市的5倍。我国城市青年女性(15~34岁)自杀死亡的占全部死亡的12%,占意外死亡总数的39.1%;农村青年女性(15~34岁)自杀死亡的占全部死亡的28.3%,占意外死亡总数的63.4%。这从一个侧面反映了我国女性青少年的社会地位、文化教育水平、生活质量、个人权益保障等各方面,还存在严重的城乡差别。农村女性青少年的生存与发展已经成为十分需要关注的社会问题。

2. 传染性集体自杀

迪尔凯姆认为,榜样的感染力足以引起自杀。由于青少年处于一个很容易模仿和情绪冲动的阶段,加之相对落后的文化环境,因此,传染性集体自杀容易在偏远落后地区的青少年中发生。据报道,1983年清明节,一个只有11户人家的偏远山村,8个少女捆绑在一起投水自杀,原因是"不想天天上山砍柴"。江西抚州地区,1983—1988年共发生青年女性集体自杀事件多起,死亡38人,原因均为厌恶贫困,想重新"转世投胎"。福建惠安县盛行青年女子集体投海自杀,最严重的惠安三区,曾平均每日一人自杀。

3. 自杀方式的多样化

中国自杀者使用最多的自杀方式是服毒和自缢,占自杀总数的80%~90%,服毒的比例随着年龄增加而减少,自缢的比例随年龄增加而增加。另外,还有不少采取跳楼、跳崖、卧轨、吸入煤气等方式。据日本学者稻村博统计,15~24岁日本青少年的自杀方式:吸入煤气为28.03%,自缢为27.71%,服毒为17.35%,卧轨为10.57%,溺水为7.09%,高坠为5.45%,枪击为0.65%,切刺为0.29%,其他为5.91%。同中国相比,日本的吸入煤气自杀及卧轨自杀比较突出[3]。

三、青少年自杀原因分析

青少年自杀原因从个体因素看,与其心理健康状况、心理品质、人生观和生命观密切相关。

1. 意志力薄弱

自杀一般是由主观上或客观上无法克服的动机冲突或者挫折情况造成的。客观因素又称为环境性挫折,是指由于外界事物或情境阻碍了人们去达到目标或满足需要,而产生的挫折,如人际关系紧张、竞争的压力、亲子冲突、学业失败。主观因素是指由于个人体力和智力条件的限制不能达到目标,或者由于个人健康情况不佳,或者生理缺陷不能胜任工作,进而导致学习、工作、生活上的失败。普通人在日常生活中,动机冲突和挫折情况都是难以避免的,但由此产生自杀行为的人毕竟只是极个别的。这里显然就有一个对动机冲突和挫折的承受力问题。意志薄弱的人对压力的承受力较差,一个不大的刺激,在他们看来可能会是一个无法忍受的打击。目前青少年意志品质薄弱、耐挫能力差是一个普遍的问题。我们曾在1996年对上海地区的青少年自杀死亡情况做过调查,发现引起这些孩子自杀的事件并不是非常严重的危机情境或者重大生活事件打击,如有的是同学纠纷,有的是因未完成作业而产生家庭矛盾,有的是考试不及格。类似这样的问题足以剥夺年轻的生命,表明这些学生的意志品质是很脆弱的。

2. 情绪抑郁

在许多自杀危险性评估工具中,将当事人情绪抑郁作为一项重要的指标。我们调查的10例个案中,有3名青少年情绪抑郁、不稳定。情绪抑郁者往往对自己的能力估计过低,遇到困难容易产生挫折感,经常遭受挫折就会使其自卑,乃至自暴自弃。但大多数青少年的情绪抑郁、不开朗与成年人的抑郁症还是有区别的。直到最近,许多临床心理学家都否认真正的抑郁症在儿童青少年中发生。他们一般不会显示出成人抑郁症患者所具有的绝望和自我贬低,然而,抑郁情绪在青少年中占有相当的比例。国外的一项研究指出,有40%的青少年存在显著的、暂时的悲伤情感,感到自己没有价值,对未来悲观失望。有8%~10%的青少年自我报告体验过想自杀的情感。因此,学校和家庭对于情绪易抑郁的学生应该给予更多的关心和帮助,特别当他们遇到困难和问题时,应及时辅导和干预,将危机消灭于萌芽状态。

3. 消极的自我意识

由于青少年自我意识的迅速增长,他们比以往任何时候都关心自己,包括自我形象、别人对自己的评价等等。有些学生因过分注重自己的形象,而产生体像烦恼。如果不能接纳自己、悦纳自己,就会为自己某些不理想的外表而产生焦虑和抑郁。有位高中男孩,家庭社会经济背景良好,本人在校学习、品行都不错。因过分注重自己的容貌,到某医院去整容。不料整容手术失败,尽管得到了经济赔偿,但这件事使他情绪更加低落、抑郁自卑,结果酿成自杀身亡的悲剧。

4. 肤浅的生命观

每个人对生与死、生命的价值和意义都有一定的看法。青少年也不例外,但他们的生命观与成人相比,是不成熟的、肤浅的。由于缺乏生活经验和知识,他们难以对生命有深刻的理解,同样对死亡也没有更深的体验,甚至对死亡会产生各种不切实际的幻想(有的以为人死了还能复生等)。正因为如此,有自杀意念的青少年,不会像成人自杀者那样,经过深思熟虑后再采取行动。他们的自杀行为带有很大的冲动性,甚至带有盲目性。而且年龄越小,冲动性越强。有位四年级小学生因未完成作业受到母亲批评,当即跳楼身亡。可见,从自杀意念形成到自杀行为发生,年龄愈小,间隔愈短。这在今后儿童青少年自杀预防工作中,应该多加关注。

从环境因素看,青少年自杀行为又与家长不恰当的高期望、家教方法不当、亲子沟通不良、缺少家庭温暖等有关。

5. 家长过高的期望

负责的父母应该对孩子提出一定的教育期望。适当的教育期望是促进子女学习的外部动力。但要注意期望不能过高,不能离开学生实际学习水平太远。如果相距太远,反而给子女造成巨大的心理压力。有位农村中学的初三男生,因哥哥已经考入师范学校,父母强烈地期望他也能"靠书包翻身",一味要求他取得好成绩,而对他的内心思想了解得很少,又缺乏帮助他提高学习成绩的方法,致使这个男孩长期心理抑郁,最后走上了绝路。

6. 简单粗暴的家庭教养方式

有些父母平时很少关心孩子,一旦孩子出现问题(如学习成绩不佳、与同学闹纠纷、违反校纪),就对其打骂,造成亲子关系紧张。有些危机事件,起因完全是一些小事,由于家长对孩子态度粗暴,激化了亲子间的矛盾,最终酿成悲剧。

7. 缺少家庭温暖

当一个人产生自杀意念时,往往对自己生活所处的一切都感到绝望,似乎觉得没有什么可以留恋的东西。对于青少年来说,没有什么比家庭、父母更让他们依恋,更让他们感到温暖和安全的了。而产生自杀意念的学生,大多对家庭已经没有依恋可言。这与父母跟孩子的情感沟通问题密切相关。我们调查的案例中,大多数父母平时很少与孩子交流与沟通。即使谈话,除了问及孩子学习成绩、功课之外,很少谈及其他内容。因此,父母也很少了解子女内心的想法。有些孩子生前也曾经流露过轻生的念头,但不是向父母,而是向爷爷奶奶或者邻居吐露内心的苦闷;有的孩子即使向父母讲了,也未引起父母的重视。

引起青少年自杀的原因是多方面的,除了个体因素、家庭环境因素,还有学校环境因素(如师生关系、同学关系、学校适应、学业问题)、社会环境因素(网络、影视、报刊等大众传媒影响)等等。但自杀毕竟是个人自己决定结束生命的行为,从这个意义上讲,个体因素常常是引发自杀行为的主导性因素,环境因素常常是一种诱发性因素。

四、青少年自杀预防

根据以上对青少年自杀原因的分析,笔者对青少年自杀预防提出以下几点建议,供参考。

1. 提高青少年的意志力和应对挫折能力

意志薄弱、应对挫折能力低是当前青少年成长中一个比较突出的问题,也是青少年自杀的主要内部因素之一。学校心理辅导应该将提高学生的意志力作为一项重要内容。意志力的锻炼不是空讲很多道理,而是让青少年联系自己的生活实际,通过解决问题、克服困难来提高意志力和应对能力。学校心理辅导还要教会学生如何应对压力,如让学生能够正确认识并理解应激事件,勇于面对压力和挑战;教给学生应对挫折的方法;训练学生控制和缓解应激反应,学会情绪调节;学会争取广泛及时的社会支持,克服自我封闭倾向等。

2. 加强青少年热爱生命的教育

青少年正处于人生观、价值观形成的关键时期。他们对人生的看法、对生命的看法,往往感性多于理性。不少学生对生命的意义、人生的价值理解肤浅,有的甚至不懂得珍惜生命,一遇到烦恼和挫折,就很轻易地产生结束自己生命的念头。我们可以通过对生与死的价值辨析活动,让学生对生命、对人生有更多理性思考,通过学校各种教育活动(包括社会实践活动),培养学生积极的生命观和人生观。

3. 优化社会心理环境,减少社会应激事件

导致学生自杀的应激源往往来自学校生活和家庭生活。其中,教师和家长不恰当的教育方法往往是引起学生自杀的最重要的原因。某校一初二女生,因长得胖,学习成绩又不佳,常遭到班级里一些男同学讥笑挖苦,女孩怀恨在心,就把这几个男孩自行车车胎的气放掉。这些男孩到班主任处告状,班主任把女孩子狠狠批评了一通,并叫她去通知家长来校。女孩感到很委屈,下午的课也没有上,回家打开煤气自杀,酿成悲剧。这个案例中,如果班主任把前前后后的情况都了解清楚,可能就不会出事。再如,有的家长对孩子学习成绩的要求很高、自己压力很大,也会造成孩子过于紧张、恐惧。可见,从环境方面减少青少年心理紧张因素和压力是预防自杀的一项重要措施。

4. 对青少年自杀的预警

预警就是要及时发现青少年自杀的症兆,以便将自杀危机消灭在萌芽状态。教师和家长要对青少年自杀的征兆保持警觉和敏感。有专家提出青少年的自杀征兆会从三方面表现出来:一是语言,有自杀意念的孩子常常会间接地、委婉地说出来,或者悄悄地暗示周围的人;二是身体,有些学生有持续的抑郁情绪、体重减轻、失眠、食欲不良、感到疲倦,这时应该引起注意;三是行为,自杀意念增强时,学生常常会表现出反常行为,如原因不明的缺课、停止参加感兴趣的活动、返还所借物品,还有些同学会阅读有关死亡的书籍、离家出走。这些结束生命的先兆,其实也是向周围求救的信号。心理热线等心理服务机构、受当事人信赖的

人是当事人最常见的求助对象,构成了当事人的自杀预警系统。

5. 对自杀高危群体进行重点预防

容易导致自杀的高危群体有:性格高危群体,如偏执、过于内向、缺乏兴趣爱好、情绪不稳定、适应不良;家庭高危群体,如家庭破裂、生活环境恶劣、父母粗暴、父母经常打骂孩子;应激高危群体,如遇到多种应激因素或陷入严重的应激情境中的学生。如果是多种高危群体重叠部分的青少年,更应该是重点关注的对象[4]。

6. 媒体低调报道自杀事件

另外,对自杀事件的低调报道也可以看作是一种预防措施。有关资料显示,某地区新闻媒体对自杀事件大肆渲染和报道后,该地区自杀率会明显上升。这种现象正如前所说,自杀具有一定的传染性和暗示性。尤其面对模仿性较强的儿童青少年,更需要低调报道自杀事件,以防止有些青少年被感染,对自杀行为进行模仿。

参考文献

[1] 吴增强. 当代青少年心理辅导:向成熟发展的科学[M]. 上海:上海科学技术文献出版社,2003:435.

[2] JAMES R K,GILLILAND B E. 危机干预策略[M]. 肖水源,周亮,译. 北京:中国轻工业出版社,2000:248-250.

[3] 李建军. 中日两国青少年自杀行为比较研究[J]. 中国青年研究,2000(2):32-35.

[4] 吴增强. 青少年自杀预防的若干对策[J]. 思想理论教育,2001(6):39-40.

青少年偶像崇拜解读*

中学生是追星族中最为积极的群体。青少年时期是最富有想象和浪漫的阶段,每个学生的心目中都会有自己的偶像,通过偶像崇拜表达自己内心的理想和愿望。偶像崇拜的积极意义在于激励学生对美好生活、人生境界的追求,但是偶像崇拜过头,进入痴迷状态,也会使学生迷失自我、误入歧途。因此,青少年偶像崇拜是师生沟通的一个重要话题。

某男歌手是许多学生崇拜的偶像,不少男生还特地留了该歌手同款长发。我们不妨先看一下,以下这位班主任是怎样进行引导的?

男生的头发由长变短[1]

最近,班上许多男生的头发越留越长,虽然几次要求他们剪短一点,但效果不明显。为了弄清楚他们为什么留长发,我开始了侦查活动。经过细致的观察,我发现不少同学的课桌上都贴有留着一头长发的×××的照片,难道这照片与学生留长发有着某种联系?我悄悄地叫来一位留着长头发的男同学。"你的头发真像×××,真潇洒!"我故意说道。他果真有些得意,"×××是我心中的偶像,我说我的头发像×××,他们还不信。"听到这里,我心中有数了,男孩们留长发是在模仿歌星。同时我心中又生起一丝忧虑,担心学生崇拜偶像会不会是因为在心理上出现了偏差,于是我决定做个调查。

我给学生每人发了一张纸条,让他们把自己心中偶像的姓名和事迹写下来。真是不查不知道,一查吓一跳,绝大多数的学生崇拜的偶像都是一些歌星、影星,甚至还有影视作品里的黑社会老大。他们不但能写出自己崇拜的偶像的姓名,甚至还能写出偶像的生日、嗜好和一些绯闻。而崇拜科学家、发明家、英雄人物的学生非常少,有几个学生写自己崇拜某位科学家或英雄人物,但是他们写的偶像事迹漏洞百出。看来,学生的偶像崇拜心理发生了一些错位,造成了大面积人文精神"缺氧"。我意识到问题的严重性。偶像崇拜是否健康,是直接关系到未成年人健康成长的大问题,甚至决定着未成年人将来的人生走向,必须把他们错位的偶像崇拜心理矫正过来。于是我给学生布置了一项作业,让他们把平时阅读的课外书刊的名称写出来。果然,绝大

---

* 本文发表于《思想理论教育》2012年第20期,收录时略有改动。

多数学生看的都是一些关于歌星、影星的小报、杂志。学生阅读面狭窄、阅读层次浅薄,这正是造成学生人文精神匮乏的重要原因。为此,我决定在班里营造书香氛围。

首先采取"贴一贴"的办法。在教室的墙壁上,贴上用毛笔书写或用电脑打印的科学家、文学家、英雄人物关于人生的名言,如:"人只有为自己同时代人的完善,为他们的幸福而工作,他才能达到自身的完善(马克思)""青年时种下什么,老年时就收获什么(易卜生)""如果你希望成功,当以恒心为良友,以经验为参谋,以当心为兄弟,以希望为哨兵(爱迪生)"。让学生一走进教室就置身于伟人的精神世界之中。其次,采用"写一写"的形式。黑板报和墙报是班级环境文化建设的主要阵地。我在班级黑板报上开辟了一个名为"阅读之窗"的栏目。在这个栏目中我定期向同学们介绍马克思、高尔基、爱迪生、雷锋等伟人、科学家、英雄人物的事迹。我还在班上建起一个读书角,收集了许多关于科学家、文学家、发明家和英雄人物的书籍,为的是使学生能随时读到关于他们的好书。另外,为了促进学生们的读书活动,我还定期举办读书沙龙,开展"阅读之星"评选活动。就这样,整个班级都笼罩在浓浓的书香氛围中。经过一段时间的熏陶,许多学生对读英雄故事、学英雄事迹产生了浓厚兴趣。

一段时间之后,我发现班上那种追求时尚、崇尚虚荣的浮靡之风明显削弱,男生的头发也剪短了,桌上的小贴画也不见了,取而代之的是积极向上的座右铭。

——吴卫国《偶像崇拜错位矫正记》

当前,中学生对明星崇拜远远胜过对科学家、文学家和英雄人物的崇拜,这是一个不争的事实。吴老师发现了学生偶像崇拜的物质化、表面化倾向背后的人文精神缺失,体现了教育工作者敏锐的眼光。通过在班级里营造书香氛围,化明星崇拜为榜样学习,吴老师的经验值得大家学习。但值得思考的是,明星能不能作为学生学习的榜样?学生的引导工作怎么开展?学生崇拜明星无可厚非,关键是如何帮助学生理性地认识到明星成功的背后其实是艰辛的汗水与努力。这样,偶像崇拜也能发挥积极的作用。

一、青少年的偶像崇拜状况

不少研究表明,青少年崇拜的偶像以明星居多。例如,李强等人[2](2004)通过对天津多名中学生的调查发现,中学生崇拜的偶像大体上可归为八类——影视明星或歌星、著名人士、体育明星、父母、同学、教师、自己、其他。其中,"著名人士"指对社会历史发展有重大历史贡献的人。按照比例排序依次为影视明星或歌星(48.1%)、著名人士(23.6%)、体育明星(16.3%)、父母(6.0%)、同学(2.1%)、教师(1.3%)、自己(1.3%)。在这些崇拜对象中,影视明星或歌星占了近二分之一。又如,章洁等人[3](2007)通过对浙江多名中学生的调查也发现,在中学生崇拜的偶像中,明星人物占77.5%,杰出人物和政治人物分别为3.4%、2.8%,形成截然反差。再如,陈峰[4]通过对广州600多名高中生的调查发现,娱乐、体育明星对青少年的吸引力最大,超过 50%。相比之下,"劳动模范""历史人物"其比例低于虚幻的卡通人物。

某电视剧曾经吸引了一代青少年的眼球,激起无数少男少女追星的热情。郝玉章等人[5](2000)对 200 多封"×××迷"信件的社会学分析发现,青少年偶像崇拜特点主要表现在以下方面:

①感性成分多,理性成分少。具体表现为:一方面,偶像不固定,这一时期喜欢这个人,那一时期又崇拜那个人,甚至同一时期可以喜欢好几个人。另一方面,一些崇拜者对偶像达到了狂热的"痴迷"程度。比如,"我买了很多你的明信片,每天都痴痴地看,傻傻地看,有两次错过在电视上看你的机会,气得我差点撞墙,现在只要哪里有一点点你的消息,我都用笔记下来,你的画像我都剪贴下来。""我已经被你迷得不知天高地厚了,我几乎天天都在想你,在课堂上我是一个无心听讲的坏学生,你真的不能使我忘怀。"②认同式依恋多,浪漫式依恋少。一些研究者曾专门提出过两种偶像依恋类型:一是认同式依恋,即希望成为像偶像那样的人;二是浪漫式依恋,即希望成为偶像的恋人。香港和国外的一些调查表明,对异性名人的浪漫性依恋是青少年偶像崇拜的一个基本特征。如在×××的崇拜者当中,认同式的依恋较多,而且同性的比例较大。比如"上周我没有哭过,我学会了坚强""我的性格也从内向变成了外向"等等相当多的青少年崇拜者还表达了"希望长大以后,能成为像×××那样的人"的愿望。

二、青少年偶像崇拜动因分析

青少年偶像崇拜的动机与其心路历程密切相关,是他们内心世界的一种投射。了解青少年偶像崇拜动机是解读其内心世界的一把钥匙。

1. 追求理想自我

在青少年自我同一感形成的过程中,他们常常在问自己"我是谁"。他们对自己的觉知和评价常常是飘忽不定的,内心非常需要寻找理想的自我,帮助自己建立自我认同感。而他们心中的偶像就是理想自我的化身。因此,青少年偶像崇拜是理想自我的心理投射。有的"×××迷"在信里这样写道:"你的天真活泼,深深地让我着迷,你是我崇拜的偶像,我多么希望我也能像你那样,成为电视上让观众喜欢的影星。""你的演技太棒、太精彩了,天真、活泼、可爱。长大以后我也想和你一样能够成为大明星。"……在这里,偶像是崇拜者的理想自我,是崇拜者心目中的未来。偶像还可以是崇拜者的代言人,正如一位影迷在信中写的:"我好想和你一样叛逆,一样疯狂,你做了我想做而不敢做的事,过了我渴望而没有的生活。"这种对偶像的认同成为青少年自我认同的重要手段。尽管类似的梦想看似有一些幼稚,但是"像我们这样的年龄,就算梦想超载也没有关系,因为我们拥有阳光一样的活力",它可以成为一种激励,让青少年去追寻他们的理想自我。

2. 情感寄托

青少年偶像崇拜是一种情感归属的需要。青少年寻求自己独立,渴望摆脱父母的束缚,同时,他们又希望得到新的情感归属,即寻求一种遥远的亲密感,以补偿脱离对父母的依赖而产生的情感真空。在这个过程中,青少年往往会在其他人群中寻找父母的"替代品",比如同龄伙伴。但是对于自己的一些隐私和自认为比较重要的问题,他们仍然缺乏诉说的对象。有的学生写信给×××说:"×××姐姐,我写信给你的主要目的是想与你说说心里话,事实上我的伙伴也不少,但不知怎么的,我总不能与她们说心里话。""不知我给你写信,你会不会嫌我烦,但我心中的悲伤不知道向谁诉说。"这主要是因为青少年时期心理的封闭倾向使他们难以与父母、老师建立亲密无间的深层沟通,而身边的同学又不具备足够的权威感和吸引力,况且"在学校里,成绩是能不能交到朋友的关键,成绩好,别人就和你好;成绩不好,即使认识你这个人,他也不会坦诚待你"。

3. **释放压力**

青少年学习压力大,通过崇拜偶像寻求精神寄托。从"×××迷"来信统计的情况来看,有80%以上是学生,而其中的80%又是初、高中生。这些学生面临着中考或高考,学习负担重,压得他们喘不过气来,自然要寻求宣泄、解脱和释放。压力越大,越容易崇拜偶像,越想寻找精神寄托。比如一位中考落榜复读的初三学生说:"×××姐姐,你是那样乐观,我想你在生活中一定遇到过困难,我希望你教教我,该如何面对这次挫折。"一位初一的学生说:"最近我心情总是不太好,英语只考了74分,数学竟考了不及格,这是从来没有发生过的事情,我好痛苦,就连比较好的语文,原来考前三名,可现在却退步到第十五名,我好害怕,×××姐姐,你能不能教我一些学习的好方法,让我重新振作起来,做一个老师喜欢的好孩子?"这些崇拜者把偶像当成了救星,希望她能拯救自己,帮助自己摆脱困境。更有一些崇拜者将×××视作精神支柱、精神动力,"从你的笑容中我找到了快乐和自信"。

4. **从众心理**

青少年由于对同伴群体的归属感,常常害怕自己因与众不同而被同伴孤立,被视为另类,因此希望与群体保持一致。在偶像崇拜的问题上也是如此,他们倾向于采取从众行为。比如一位影迷在信中说:"以前,我并不知道你,可我们班的同学天天聊你的电视剧,于是我也成了他们中的一员了。""你看我班的同学,哪个歌本上没贴你的照片,哪个没有买上几张你的明信片?有的同学是看准了衣服上有你的照片才买的,还有圆珠笔、钢笔等。""在寝室里,我们每天谈论的都是你,每个人都看关于你的书籍,都很关心你在做什么,准备拍什么电视剧或电影。"可以想象,在这样的氛围里,如果有人不喜欢×××,不崇拜×××,不只是会失去同学、朋友,可能连说话的机会都少了。由此可见,群体的力量之强大。

三、偶像崇拜心理辅导建议

化偶像崇拜为榜样学习,是对青少年偶像崇拜心理辅导的基本策略。青少年偶像崇拜是其内心的需求,教师应该予以理解,因势利导,而不是一味压制和说教。

一是尊重学生偶像多元化。其实学生心中的偶像并非只有明星,调查结果显示,中学生崇拜的偶像类型广泛,具有多样性的特征。当然,比起科学家、文学家等专家学者和历史人物,中学生对明星偶像更加青睐,因为明星偶像大都英俊潇洒或美丽大方、有魅力,他们的作品能够满足学生娱乐、休闲的需要。

二是加大对人类社会做出贡献的著名人士和历史人物的宣传力度,提高学生的知晓度。青少年偶像崇拜偏差的现象在某种程度上也与社会传媒的宣传导向有关。可以说,许多急功近利的大众传媒起了推波助澜的作用。明星们每到一个地方,总会举行大型欢迎活动,而那些为祖国、为人类事业做出贡献的科学家或为公益事业奉献的志愿者却很少有聚光灯对准他们。如我国的杂交水稻专家袁隆平等,他们对世界的贡献是巨大的,但是他们在青少年中的知晓度却远远比不上某些著名演员、歌手。至于像"中国芯"的发明者邓中翰,中小学生基本上都不知道。因此,有专家建议,学校要做的就是平衡学生的偶像追求,让单一的偶像崇拜变成"群星灿烂"。学校可以向学生介绍更多其他领域的优秀人物,比如科学家、发明家等,让学生有机会了解中国的神舟飞船、航天员,知道各个领域的专家、学者等。学校也完全有能力组织学生去访问一些科学家、学者[6]。

三是发掘偶像身上的榜样精神。要引导学生多多了解偶像成功背后的艰辛之路。俗话说"台上一分钟,台下十年功",不能只看偶像在舞台上光鲜夺目、鲜花掌声,更要看到偶像从平凡到成功所经历的曲折与付出的努力。乒乓球世界冠军邓亚萍在做运动员的时候,文化水平不是很高,而她现在却可以用英文宣读自己的博士论文,成为中国的申奥大使、国际奥委会的一名官员,为国家做出杰出的贡献。她是怎样提高自己的素质的呢?不妨引导学生挖掘她身上那种时代所提倡的勇于拼搏、不断求知的精神,使之成为学生学习的榜样,便是变偶像为榜样了。周杰伦是青少年喜爱的歌星,他的成功之路充满坎坷。周杰伦在小学时就开始尝试自己作曲,在中学时就在舞台上崭露头角,并逐步形成自己的风格,这些都是他身上的榜样因素。有个中学生这样写道:"我自始至终崇拜着一个偶像——周杰伦。有人说他长得不帅,却喜欢耍帅,很做作;有人说他口齿不清,唱得根本听不懂。是的,他长得的确不算很帅,唱歌口齿也不清。但他很真实,他的音乐拥有自己独特的个性……他是个不折不扣的才子,从当初以每天一首歌的速度为别人写歌,到现在为自己和朋友创作歌曲,自始至终不变的是他的曲风,每首歌都打上了他的烙印……出道至今,他始终坚持着自己的风格,有人劝他改变曲风,否则会被听者厌倦甚至遗忘,但他却说只唱属于自己的歌。事实证明,对音乐一如既往的热爱和执着,使他成为华语歌坛的小天王。"

四是增强偶像崇拜的理性力量。引导学生对偶像欣赏而不迷恋,热烈而不狂躁。偶像崇拜或者欣赏要有一个尺度的把握。调查表明,绝大多数学生是能够把握好分寸的。但是也有个别痴迷到近乎病态崇拜的案例,应该引以为鉴。如兰州女子杨某,曾在1994年(15岁,初二)梦见香港艺人刘德华拉着她的手在草坪上说话,醒来后就向父母表态"非刘德华不嫁"。从此开始痴迷刘德华,耗时十三载,花费十万元,最终导致老父自杀,而她依然执迷不悟。无独有偶,某报曾刊登了对"人造李湘"的大篇幅专访,报道称,17岁女生李某欲通过整容变成李湘的模样,来争演电影角色。这些病态追星个案是由于个体过度爱慕、追求和崇拜明星而产生的对明星的特殊依恋,毫无节制地终日沉溺于对明星的关注和幻想之中,严重影响其身心健康和社会性发展,需要对其进行专业心理治疗。

参考文献

[1] 吴卫国. 偶像崇拜错位矫正记[J]. 班主任,2005(3):27.

[2] 李强,韩丁. 中学生偶像崇拜现象调查[J]. 中国青年研究,2004(3):97-103.

[3] 章洁,方建移. 从偏执追星看青少年媒介素养教育——浙江青少年偶像崇拜的调查[J]. 当代传播,2007(5):29-32.

[4] 陈峰. 当代青少年偶像崇拜现象研究[J]. 思想理论教育:综合版,2006(10):50-54.

[5] 郝玉章,风笑天. 青少年的偶像崇拜——207封"赵薇迷"信件的社会学分析[J]. 青年研究,2000(4):22-29.

[6] 贾小娜. 访谈孙云晓:偶像崇拜也要做到"营养均衡"[J]. 教育:综合视线(上旬),2007(4):29-30.

解析青少年网络情结*

互联网的诞生,把人类带入了数字化时代。《数字化生存》的作者尼葛洛庞帝把人类进入数字化时代比作"奔向临界点",他这样描述当今社会的变化:

变革是呈指数发展的——昨天的小小差异,可能会导致明日突发的剧变。

孩提时,你有没有解过这样一道算术题——假设你工作1个月,第一天挣1分钱,此后每天挣的钱都比前一天增加1倍,最后能挣多少钱?假如你从新年的第一天起开始实施这个美妙的挣钱方案,那么到了1月份的最后一天,你在这一天挣的钱会超过1000万元。算术题的这一部分大多数人都还记得,但大家没有认识到的是,采取这种工资结构以后,假如1个月少了3天(就好像2月的情况),那么到了月底的那一天,你只能挣到130多万元。换句话说,你在整个2月的累计收入大约是260多万元,远远不如有31天的1月所赚到的2100多万元。也就是说,当事物呈指数增长的时候,最后3天的意义非比寻常。

而在电脑和数字通信的发展上,我们正在逐步接近这最后的3天!

在数字化时代里,人们的学习方式、生活方式和工作方式正在发生深刻的变化,这种变化也鲜明地反映在青少年的成长历程之中。

在当今的网络潮流中,年轻一代无疑是互联网上的主力军。1996年的调查显示,71.04%的用户年龄在30岁以下;1998年的某大型网站的用户调查显示,30岁以下用户比例为87.9%,其中20~24岁者超过总用户数一半,占50.7%;1999年全国网络调查统计显示,21~25岁年龄的用户为76.2%。这表明,今后还会有越来越多的年轻人投入网络大军。

青少年上网的特点主要表现在以下几个方面:

①上网已经成为大多数青少年学习、生活的一部分。随着信息技术在中小学的普及,有越来越多的青少年成为网上的弄潮儿。来自上海一所中学的网络调查发现,在3所中学的392个调查对象中,上网学生为83.68%,其中每天上网时间1~2小时的占46.58%,2~3小时的占13.42%,5小时以上的占11.58%。调查结果还显示,上网1~2小时的占比,随着年级的增高而增加;而上网5小时以上的占比,随着年级的增高而降低,表明年龄增长使青少年的自我约束能力也逐渐增强。

②在家上网居多,网吧上网也有一定比例。调查发现:14.47%的学生选择在学校上网,52.37%的学生在家里上网,15.37%的学生到网吧上网。可见,家庭是学生主要的上网的地

---

*本文发表于《河南教育》2002年第8期,收录时略有改动。

方,这有利于家长的监督;但也有一部分学生在网吧上网,处于无人监督状态,这应该引起学校和家长的重视。

③上网内容以娱乐休闲为主。调查结果显示,学生上网内容具体可分为:娱乐休闲类占46.84%,居首位;聊天类占24.21%,居第二位;新闻类占21.58%;游戏类占20.53%;动漫类占16.32%。这表明,青少年上网以休闲娱乐为主,喜欢游戏和动漫的也占有相当的比例,而且高一学生喜欢游戏和动漫的比例,明显高于高二和高三学生。

许多资料表明,青少年对互联网是持欢迎态度的,绝大多数青少年已经把网络看作是影响个人发展的重要因素。一项预测互联网发展前景的调查报告显示,47.9%的上网青年认为,网络的发展前景广阔,并将改变人类的生活方式;63.9%的上网青年认为,网络已经对他们的生活、学习方式产生了重大影响。在没有上网的青年中,有81.4%的人明确表示,要在最近的时间里开始接触网络,因为他们认为互联网将会对他们今后的生活、学习和就业产生重大影响。

对高中生上网动机调查的结果显示:33.42%的学生是为了调节情绪,24.74%的学生是为了满足求知欲,21.32%的学生是为了广交朋友,17.11%的学生是为了扮演虚拟角色。值得一提的是,男生和女生在两类动机上有明显差异:在满足求知欲方面,男生为31.32%,女生为18.69%,男生明显高于女生;而在广交朋友方面,男生为15.38%,女生为26.77%,女生明显高于男生。这表明,男生上网动机相较于女生更趋于理性化,而女生上网动机相较于男生更趋于感性化。

青少年的上网动机和情结从其成长发展的深层次分析,主要受以下两个方面心理因素的影响:

一方面,青少年正处在人生最充满热情和理想的时期,他们富有想象力和创造力,同时,他们又非常天真、纯洁,为人处世没有伪装、没有面具。而网络的虚拟特征,恰恰符合青少年富于想象和非常天真的年龄特征。

尼葛洛庞帝用"虚拟现实"这个词来表述网络的虚拟性。他说,虚拟现实能使人造事物像真实事物一样逼真,甚至比真实事物还要逼真,它常常让人有身临其境的感觉。比如汽车驾驶训练:在一条湿滑的路上,突然有个小孩儿冲到两辆汽车中间。如果从未经历过这种情况,谁也不知道自己会作何反应,而虚拟现实则容许我们"亲身"体验这种以及其他各种可能发生的情况。尼葛洛庞帝预测在21世纪的某个时候,我们的子孙将以一种新的方式观看足球比赛:他们会在咖啡桌旁来回移动,让约20cm高的球员在起居室中任意驰骋,把一个直径约1cm的足球踢来踢去。无论你朝什么地方看,你看到的都是在空间浮动的三维像素。

在虚拟的情境中,每个人都可以以虚拟的身份与别人交往。最为经常的虚拟形式是网络聊天室。在这里,聊天者来自四面八方,一般彼此之间根本不认识,他们每个人既可以在交谈中隐藏自己的性别、年龄、身份,也同样无法获知别人的信息。这就使网上聊天带有虚拟和游戏的性质。有位女孩这样形容自己上网聊天的感受:

"一开始,我喜欢上网和素未谋面的人聊天,有一种神秘感和兴奋感,有点儿刺激。后来通过聊天结识了许多朋友,我们有时约好一块儿上聊天室。若有谁好久不来,大家都会关心地问起。我现在非常喜欢这种温暖的大家庭,网络把我们联结在一起了。"

虚拟世界给了人们极大的自由空间,可以使人扔掉面具和伪装,以一个真实的自我出现。同时,由于身份虚拟,也给人以极大的自由想象天地,能满足各人的不同幻想。你可以在游戏中或者在聊天室编造一个假身份,从而寻求不同的体验,比如女孩可以在网上扮演一个中年大叔,中学生可以扮演一名老教授。

如何评价网络的虚拟性?正如它能引人入胜一样,网络的虚拟性也有许多令人质疑的地方。例如,虚拟世界对青少年成长的利弊得失如何?一个人过分沉溺于虚幻的世界,是否会影响其应对现实的能力和其他方面社会技能的发展?曾有研究者发现,那些有异性癖和同性恋倾向的人,更可以在网上实现自己改变性别身份的愿望。一个异性癖者说:"在绝望中,我来到了互联网的世界。起先,我是用女孩的名字在网上充当女孩的,许多热情的男孩把我当成真正的女孩,要与我交朋友。在网上,我就觉得自己真正成了女孩儿,可以毫无顾忌地使用女性的语言甚至撒娇。我真的好开心。"

另一方面,青少年自我意识的觉醒和发展,使他们的独立性、成人感与日俱增,他们时时希望与成人世界平等对话。而网络为这种平等对话提供了广阔的舞台。

现实的社会结构呈宝塔形,而网络把社会结构从"宝塔形"变成了"平面"。网民没有贵贱之分。社会上各个阶层的人,在网上至少从形式上是平等的:没有上下级,没有长幼秩序,没有优秀生和后进生,因此网络文化对权威提出了挑战,对年长者提出了挑战。如今,孩子们在电脑面前如鱼得水、游刃有余,而很多父母还对电脑、网络一窍不通。网络时代,青年人比年长者更容易学习和接受新技术、新知识和新观念。青年人比年长者学得更快,学得更多。因此社会学家认为,网络文化是一种后喻文化,即老一辈向年轻后生学习的文化。也就是说,在网络时代,反向社会化将得到充分的体现。

同时,青少年上网动机又是与他们的成长需要密切相关的。具体反映在以下几个方面:

① 学习和求知的需要。青少年正处于增长知识、开阔眼界的时期,追求新知、探求真理、丰富经验是他们成长的内在需要,而互联网恰恰汇集了全球各个地区、各个领域的知识,是青少年获取知识的理想平台。

② 社会交往的需要。青少年运用网络进行社会交往的主要形式是电子邮件、聊天室和论坛等。电子邮件因快捷、省钱而备受人们的喜爱。不论是国内还是国外,几分钟里电子邮件就可以发到对方,并能即刻收到反馈。有位女中学生说:"以前与远在异地的表妹通一次信,邮票老贵不讲,信寄出去起码半个月才能收到;圣诞节寄张卡,邮局要收十几块钱。电子邮件就方便多了,贺卡网站有的是电卡,挑一张发给同学和亲友,好爽噢!"

通过论坛和聊天室进行网上交友,更是许多青少年上网的动机和乐趣所在。网上交流的匿名性和虚拟性,更加激发了他们的好奇和参与动机。在论坛或聊天室里,参与者们发明了一套特有的网络语言系统,如"mm"(音"美眉")指女孩儿,"东东"指"东西","大虾"指"大侠"即聊天者,"灌水"指在网上发表观点,这些网络语言透射了一种戏谑的心态。一位高二的男生是论坛上的风云人物,他说:"我每天都要到论坛找人聊一两个小时,不然就浑身不自在。在网上,我想怎么说就怎么说,胡吹海侃,很痛快。我们班上好几个同学都去聊天,大家各取别名,网上谁也不认识谁,然后凭感觉猜,再一一辩论,特别带劲。"

③ 展示自我的需要。随着网络技术的逐步提高,许多青少年不但将上网作为了解外部世界的窗口,而且还把它当作是张扬自己个性的舞台。不少青少年以制作个人网页的形式,在网络上展现自我。一女高中生是某歌手的超级歌迷,她收集了该歌手的许多照片和资料,制作成一个介绍该歌手的主页,也很红火。一位喜欢武侠小说的男生花很多时间来维护和更新个人网页,他说:"平时在网上看到好的内容,就把它链接到自己的主页中。有个人主页,感觉自己也可以向别人发布信息,看到计数器显示有那么多人次访问过,真开心。"

④ 娱乐休闲的需要。由上述调查可知,高中生上网动机居第一位的是"调节情绪"(33.42%),上网内容以娱乐休闲为主(包括游戏和动画),比例高达83%以上。当前,中学生升学压力很大,课业负担又重,他们常常在网上娱乐休闲,松弛一下紧张的情绪和神经。因此,对于青少年的网络情结,教师和家长首先不应该是反对,而是要认同和理解,而后才是引导。

青少年网络游戏成瘾的应对策略*

根据《中国青少年网瘾数据报告(2005)》，我国青少年有网瘾者比例达13.2%。调查还指出，网瘾群体中玩网络游戏的比例远高于非网瘾群体，前者占比为42.0%，后者为24.5%。可见青少年网络问题中，游戏成瘾是一个主要的方面。

一、青少年网络游戏成瘾分析

加拿大西蒙菲莎大学沟通学教授斯蒂芬·克林曾经作过一次关于青少年玩电脑游戏是否会上瘾的调查，调查对象是650名11~18岁的学生，结果发现20%~25%的被调查者平均每天至少玩一个小时的游戏，这些玩家很清楚自己在行为上所表现出的上瘾的征兆，例如自制力的明显下降，但却无能为力；而那些把大量时间用在玩游戏上的人则明显会感觉到孤独和无助。

1. 游戏成瘾的特点

从心理学的角度看，瘾症通常有五个特点：第一，会对身心造成有害的后果；第二，个体的行为明显失控，有强烈的依赖性，无法自制；第三，一旦染上瘾症，患者则无法合理地管理自己的日常生活；第四，随着瘾史的增长，患者对于刺激物的耐受性会不断提高；第五，戒断后患者会出现明显的戒断综合征。

可以看出，游戏符合上述五个特点：首先，过度沉溺于游戏一方面会造成视力下降、失眠、肌肉酸痛等身体上的伤害，另一方面会使玩家对现实世界反应迟钝，因疏于社交活动而导致性情的孤僻。其次，痴迷游戏者即便清楚这一行为可能造成的后果，也无力对自己加以规范，无法有效地控制游戏时间，游戏成瘾后玩家会渐渐失去对日常生活的管理能力，以往优先处理的事情被安置在后。最后，离开游戏后玩家会出现戒断症状，产生严重的空虚感或失落感。

粗看之下，游戏的成瘾似乎应当归入典型的过程瘾症，而实际上，游戏的过程远比饮食、消费、赌博等行为复杂，它需要玩家更多、更深层次的参与。在玩游戏的过程中，玩家会在心理和生理上产生一种代入感，这种代入感大大加深了游戏行为对于玩家的影响。因此在某些例子中，游戏瘾症的患者在停止游戏后，同样会产生生理上的不适症状，而不只是心理上的空虚，这些症状与精神作用物质导致的戒断综合征非常相似。

---

* 本文作者为吴增强、周宇，发表于《上海教育科研》2007年第5期，收录时略有改动。

2. 游戏成瘾的技术因素

著名游戏设计师豪兰撰写过《游戏:使人上瘾的因素》一文,成为业内人士的入门必读文章。

其中详细分析了网络游戏使人上瘾的原因:

第一,想完成游戏的动力。

玩家想完成这个游戏,经常是因为想看到游戏最终的结果或仅仅只是想完成它。在仅仅只是想完成游戏的例子中,这些游戏只是被看作是一个挑战。去持续地玩一个明显很难的游戏并直到完成为止,这可能是一种满足自信心的行为。

因为人类都喜欢赢得胜利,如果你能提供一个游戏,它给玩家带来挑战,但最终让玩家赢得胜利,那么这个游戏会陪伴着愉快的玩家直至通关。

第二,竞争的动力。

和其他人竞争是一个有力的因素,并且能够保持游戏的活力,使该游戏在很长一段时间内流行。一个两个人或更多玩家能够很好地互相竞争的游戏能够玩相当长的时间,竞争是游戏的基石之一。游戏允许人们在游戏规则——这一公共标准的监督下交互,而且确实把游戏的主动权交到了每个玩家的手中而不是在设计者的手中。

第三,提高操作技巧的动力。

游戏中的技巧或控制也是非常重要的。运动模拟游戏尤为突出地表现了这一点。因为这类游戏的主要目的是模拟独特的运动控制。玩家经常重复地玩这类游戏来提高自己的操作技巧。举个例子,在赛车游戏中,在笔直向前的道路上做一个简单的拐弯很容易就能做到,但是为了更好地完成这个动作以赢得时间,你必须能够感觉到道路的情况,以及当你的轮胎打滑时采取的相应动作。因此玩家就有了不断提升自己操作技巧的愿望,并为之努力。

第四,渴望探险的动力。

在计算机游戏开始时探险就已经包含在其中了。事实上早期的一些游戏只包括探险。《冒险》是一个文字类的游戏,在其中玩家可以在广阔的区域中游荡,查找并搜集有趣的物品,使用它们来解开几个谜题,通过这些谜题会发现更广阔的区域需要去探险。隐藏的内容也是许多游戏吸引人的因素之一,从《超级玛丽奥兄弟》到《最终幻想 7》,一个吸引点就是去找出隐藏的情节。

第五,获得高得分的动力。

玩家渴望获得高得分的情况主要分成两类,一般来说在游戏中尝试获得高得分或其他等价物的玩家希望在竞争中超过其他玩家的得分记录或想完全地掌握这个游戏。有许多游戏的目的,只是简单地为了赢得一个较高的分数。它可能起源于古老的撞球游戏,在当前这个更先进的互联网时代,这一规律仍然生效,并且广受欢迎。另一种情况已经超越了赢得游戏本身。在超级玛丽奥兄弟中,当你赢了之后,你可能会提升难度继续玩。用一个硬币能通关几次或一条命能冲多少关,积多少分,这已经变成了衡量玩家水平高低的标准。老玩家会因水平高而自豪,它甚至会引来其他玩家的尊敬……

从技术的角度看,上述5个因素确能令一款游戏具备基本的可玩性,我们可以把这5个因素归结为三大心理动力:满足好奇心、满足成就感、满足自信心,用马斯洛的需要层次理论来看,即位于"自我实现的需要"和"尊重的需要"这两个层次上;网络的出现为游戏加入了更多的人际互动,由此还涉及第三个层次——归属和爱的需要。

但问题在于,上述5个因素也大量存在于其他形式的竞技类活动中,为何独独游戏会产生如此强的沉溺性? 我们再来讨论游戏使人上瘾的社会因素和生理因素。

3. 游戏使人上瘾的社会因素和生理因素

游戏的虚拟现实性和互动性令玩家能够进入一个虚拟的世界去体验各种不同寻常的"存在"。一款优秀的游戏能够让玩家完全进入由设计师预先设定的角色中,而忘记自己在现实生活里扮演的角色。

网络游戏带给我们的更多的是一种新的存在方式而非娱乐方式。现实生活中的沮丧、愤怒和较低的自我评价长期积累后,使人产生身份危机,而网络游戏的特殊功能恰恰为玩家提供了一种新的生存方式,于是人们选择了逃离现实,宁愿将网络游戏中的虚拟世界当成一个真实的、永恒的存在,而把现实世界当作虚幻的、短暂的存在。

除了心理因素和社会因素外,我们也不能排除生理方面的因素。

有研究显示,长时间上网会使大脑里的神经递质多巴胺水平升高,这种化学物质令患者呈现短时间的高度兴奋。同毒品的效果相似,长时间上网会给人体带来一系列复杂的生理和生物化学变化,打乱人体机能的自我平衡能力,从而产生网瘾。患者初期只是表现为对网络的精神依赖,之后很容易发展为身体上的依赖,出现食欲不振、焦躁不安等症状,甚至会引发心血管疾病等各种不适,需要接受深度的心理辅导。

二、应对策略

基于上述对青少年游戏成瘾的分析,我们提出以下几方面思考对策。

1. 构建积极的网络活动平台

网络游戏是一把双刃剑,既可以误导学生的成长,也可以引导学生的成长。我们可以组织学生参与健康的网络游戏比赛。例如:上海市有关教育行政部门以上海中小学德育网为主阵地,开展了两届"非常青春话题"网页制作大赛;还以"告别网络陋习,做文明网络人"为题,让学生自主设计网络游戏,将规则意识、法治意识蕴涵其中,使学生体验做一个道德人的快乐与幸福。

对青少年关心的热点问题开展网上讨论。2003年以"弘扬爱国情怀,塑造城市精神"为主题,开展"我说城市精神,我做可爱的上海人"——网上大讨论,19个区县的近百所中小学学生直接与专家进行网上对话。学生发出的帖子有15 600多个,在学生中形成了"关注社会发展,努力塑造自我"的氛围。

不少学校还在开展网络学习活动方面作了有益的尝试。例如:上海市宝山区虎林路小学为了帮助学生进行探究学习,建立了"习客"学习网站,引领学生走进知识的殿堂。上海市大同中学根据高中生的学习需求,利用校园网进行各种网络专题活动。"网络与文学""黑客传说""虚拟与现实""网络经济"等专题,切合学生兴趣和社会热点,收到良好的效果。闸北区教师进修学院建设了"青春飞扬"网站,利用网络优势,传播青春期的生理、心理和伦理知识,帮助青少年学生解决成长中的烦恼[1]。当然,这些工作仅仅是一个良好的开始。

2. 积极组织丰富多彩的课外活动

多让学生参加积极、生动的体育活动、文艺活动、社会实践活动,培养多样的兴趣特长,扩大学生的生活视野。在这方面,有关部门做了不少工作。上海每年有百万余学生参与各类艺术活动。十年来,有 30 多万学生参加市级艺术竞赛,涌现出了 3000 多个优秀校园文艺创作节目,有 4 万多件学生作品得到展示。上海教育部门与体育部门联手,充分运用各种社会资源,依靠社会及媒体的支持,形成传统特色。每年开展暑期中学生足球、篮球、乒乓球、棋类、桥牌、攀岩、定向越野,以及"人人运动、学会游泳"等各种各样的群众性体育活动,深受学生的喜爱和家长的欢迎,让学生们度过健康文明富有意义的课余时间。科普活动也成为了科技教育的重要载体,据统计,2003 年,市和区县两级举办专题青少年科普活动 2549 次,参加学生达 1 285 637 人次;举办科普讲座 3099 次,参加学生达 924 325 人次;举办科普展览 563 次,参加学生达 899 617 人次;举办科技夏令营 301 次,参加学生达 220 982 人次;举办国际科普交流活动 62 次,参加交流人次 659 人次,中小学生参加各类科普活动的覆盖率达 80% 以上。

3. 关注青少年生命健康,提升道德境界和生命质量

开展学校心理健康教育,提高学生心理品质和自我控制能力;正确引导学生求知欲望,加强道德伦理教育和审美教育,提高道德判断和选择能力,提升学生的精神境界。尤其是最近,上海市教育委员会颁布了《上海市中小学生生命教育指导纲要(试行)》,从生命安全、生命成长、生命情感和生命意义等方面确定生命教育内容,目的是引导学生建立生命与自我、生命与社会、生命与自然的三种和谐关系。

4. 对高危学生的预防

关注成长困难学生,给予他们更多的关爱和社会支持。有些游戏成瘾的学生是学业不良学生,在班上往往被别人看不起,被班级边缘化,而在网络游戏中,找到了自我存在感。

5. 注意对网络成瘾学生的专业治疗与干预

对于具体某个上网成瘾的青少年进行辅导,还必须通过鉴别和诊断,根据症状程度的轻重,决定是否转介到医院或者其他专业心理治疗机构,并分别制订干预方案来加以解决。目前,国内有不少这方面的尝试,例如:

2005 年 1 月,北京市未成年人保护委员会、北京市科学技术委员会、共青团北京市委员会、中国科学院心理研究所联合主办的北京市青少年网络依赖戒除"虹"计划首期训练营开营仪式在中国科学院心理所一层报告厅举行。

"虹"计划主要包括:成立"北京市青少年网络依赖戒除研究中心",开办北京市青少年网络依赖戒除训练营,举办网络依赖戒除名家系列公益讲座。从 2004 年下半年开始,组织有关专家学者,针对存在网络依赖倾向青少年的现状进行专项调研,对网络依赖的成因、类型及标准、干预和治疗措施展开系统研究,目前已初步形成了一套较完整的理论研究成果。

训练营利用学生假期,在怀柔训练基地采用素质拓展和心理测试相结合的方式,对 10 多名营员进行为期 8 天的封闭式训练和矫治。营员们将接受系统的、专业的戒除治疗,专家将针对营员的个案特征和依赖程度,从网络依赖倾向者的内因入手,制订有针对性的培训方案,用相对封闭管理的环境对依赖者进行系统脱敏,使之建立新的行为定式。

训练营结束后,专家和青年志愿者还将对每名营员进行定期的跟踪和回访,进一步巩固训练效果。

6. 为家长提供网络成瘾预防的资源

韩国政府部门协助家长帮孩子戒"网瘾"的措施值得我们借鉴。青少年"网络中毒"现象在韩国已成为普遍现象,这引起了韩国社会的普遍重视。韩国信息通信部和韩国信息文化振兴院早在 2001 年就成立了"网络中毒咨询中心"。这个中心的任务主要有:以初、高中学校教师和家长为对象,开设"网络中毒"预防讲座,实施预防教育,帮助孩子培养正确的网络使用习惯;面向个人和家庭提供有关"网络中毒"方面的咨询,并直接向学校派遣咨询人员,对有"网络中毒"症状的学生进行集体教育。

此外,这个咨询中心还负责培养专门的"网络中毒"方面的咨询人员,进行"网络中毒"方面的专门研究,并将从长远着想建立"网络中毒"咨询的全国性网络。到 2006 年,在韩国全国范围内建立 80 个咨询中心。另外,信息通信部将与各地的教育厅合作,指导教师们如何帮助学生预防"网络中毒",并增加"预防网络中毒"特别讲座。

韩国的经验值得我们借鉴。上海也举办过家长与孩子一起上网的活动。一方面,让家长利用网络平台融洽亲子关系;另一方面,这也是正面利用网络积极力量的做法。

参考文献

[1] 周慰. 依托网络,突破传统德育模式[J]. 上海教育,2004(5):14-15.

第三章 学习困难学生研究与辅导

学习困难学生研究是我学术研究的起点,因此,在整理本章 10 篇论文时,总有一种亲切感,并怀着感恩之心。在《飞虹中学实验回忆:我的学术起步》(2012)一文中,我叙述了这一段难忘的回忆。当时跟随老所长钱在森老师在上海虹口区的一所薄弱初中飞虹中学,用了四年时间进行学习困难学生教育的实验研究,开启了我对这个领域的探索。本章的研究报告分为两个部分:一是对学习困难学生特点的研究;二是对学习困难学生的心理辅导实践。

一、学习困难学生的类型研究

从教育干预的针对性和诊断的准确性考虑,学习困难学生的分类是一个重要课题。由于个别差异和学习困难的起因不同,学习困难学生在学习活动中有不同的表现特征:有的学生表现出暂时性学习困难,有的学生则表现出稳定性学习困难;有的学生能力没有明显偏常,而动机、情绪出现明显偏常。这都表明学习困难学生是一个复杂的异质群体。异质性给学习困难学生的鉴别、诊断和干预带来很大的模糊性。而对偌大的学习困难学生异质群体进行准确诊断和教育干预,就必须将异质群体按照一定的标准划分成若干个同质的亚群体。学习困难学生的分类方法大致有三种:经验描述、理论推断和多元统计分析。

《学业不良学生类型与特点的聚类分析》(1994)是课题组共同研究的报告,虽然由我执笔,但是我们团队的智慧。该研究运用 Q 型聚类分析对上海市区 1480 名初中预备班学生的能力和个性特征进行分类研究。结果发现 1480 名被试中存在心理发展水平不同的六个主要类别,这些类别与学生学习成绩的优劣关系密切。同时,353 名差生可分为 4 种主要类型,即暂时性困难学生、能力型困难学生、动力型困难学生和整体性困难学生,不同类型的差生具有不同的特点。这为针对不同类型学生的特点制订有效的教育措施提供了依据。这篇研究报告是在对国内外学习困难学生类型研究文献分析的基础上,结合我们对本土学习困难学生的现状提出的类型研究思路,具有一定的创新性,同时也具有对于教育实践的指导性。事实上从学习动力和能力两个维度划分,就构成了四个类型,即暂时型学习困难(动力、能力均正向)、动力型学习困难(动力负向,能力正向)、能力型学习困难(能力负向、动力正向)、整体型(动力、能力均负向),如下页图 3-1。

《学习困难学生类型研究的新进展》(1995)一文则是在上述研究报告基础上,分析了学

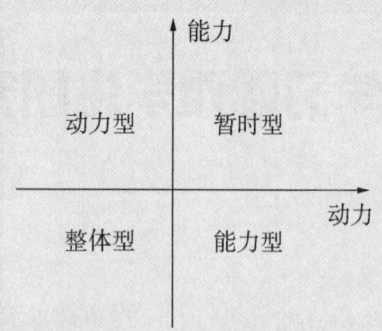

图 3-1 学习困难学生类型

习困难学生类型研究的价值与意义,对比了不同类型的研究方法,经验描述、理论推断和多元统计分析。这三种方法在实际诊断、干预中各有千秋。经验描述没有更多的理论框架,优点是便于第一线教师掌握运用,缺点是比较粗糙。理论推断,它是思辨的产物,逻辑性强,但不够精确严密。而多元统计技术,方法是严密的,但它须以合理的理论框架为前提。如果没有一种正确的清晰的理论,就会得到不可靠的结论。我们认为最佳的选择是,根据不同情况灵活综合地使用这三种方法,也就是说,要将定量分析与定性分析相结合。

二、学习困难学生的认知加工特点

学习困难学生的学业成就低下,除了与本人的学习动机、态度有关之外,还与他们在学习过程中的认知加工缺陷密切相关。从信息加工论的观点看,学生的学习过程实际上是个体对外来知识信息接收、编码、储存、提取,以及运用信息与策略解决问题的过程。学习困难学生在这一过程中则表现出较多的障碍,如注意、记忆、问题解决。了解这些学习障碍,就可以使教育者在教学活动中进行针对性的干预和训练,提高学习困难学生的认知能力,改善他们的学业。《学习困难学生认知加工的特点》(1995)一文从注意、记忆、问题解决、知识背景和元认知等方面探讨学习困难学生的认知加工特点。在问题解决和元认知方面结合了我们课题组的研究数据进行讨论,这两个方面也是学习心理学的热门课题。

三、学习困难学生习得性无能研究

《初中学业不良学生习得性无能的研究》(1995)采用两个 2×2 实验设计,研究强化方式、成就状况和任务类型对初中学业不良学生习得性无能倾向的影响。结果表明:外部奖赏不能提高成功组学生的内在动机,反而会增加挫折组学生的无力感与挫折感;操作作业的成败对学生习得性无能倾向影响不明显,而数学作业的成败的影响则非常显著;学生在操作作业中的内在动机明显高于其在数学作业中的内在动机。尤其值得注意的是,无奖赏组动机得分明显高于有奖赏组。这就提醒教师在实施奖赏时要有一定条件。学业不良学生解决过分容易的学习任务,并不会提升其自信心。奖赏要与学生完成任务实际付出的努力相匹配,才会使他们感到自己无愧于接受这种奖赏。其次,奖赏要以精神奖励包括言语鼓励为主,物质奖励为辅。

四、家庭环境对学生学业成就的影响

不少研究表明,家庭环境对于学生的学业成就有着重要影响,也是学习困难学生研究领域里的一个重要课题。《不同学习等第学生家庭环境变量比较研究》(1992)是课题组对上海市区1480名初中学生的家庭环境调查报告。家庭环境包含主观性和客观性两类变量,主观性变量指家庭教育中与家长本人的观念、意志、行为等相联系的因素,如教育期望、教育方式、家庭成员间的交往,客观性变量指与家长本人身份、社会地位等家庭各种客观条件相联系的因素,如家庭结构、家长义化程度、职业。家庭环境对学生学习成绩的影响,一直是教育界十分关心的问题,曾有不少研究报告发表,但大都侧重从总体上或从某一环境因素上展开研究。事实上,家庭环境中的各种因素不是孤立的,而是综合地对学生发生教育作用的。该研究旨在弥补这一方面的不足,着重分析各种环境因素,包括主观性变量与客观性变量对学生学习成绩的综合影响的程度,以及这些因素各自施加影响的内在结构和相互关系。报告发表于1992年,但其调查结果至今对于学习困难学生的教育仍有意义。

五、全面科学认识学习困难学生的发展特点

《学习困难学生发展的特点和学校教育的反思》(1992)一文是课题组在进行了为期一年的学习困难学生特点、成因调查研究的基础上形成的总结报告。报告指出:"学习困难学生在知识、认知、情感、意志等方面的学习准备状态不足,这既是他们学习困难、不适应教学的长期积累的结果,又是后续学习的隐患。"报告从人的发展的差异性、可能性、完善性等方面深入分析了学习困难学生发展的特点,并为学习困难学生的教育与辅导提供了建设性的思路。

六、学习困难学生心理辅导

在飞虹中学实验中,我们课题组对12名学生进行为期四年的心理辅导和跟踪研究。我们发现,学习困难学生教育不仅是要解决他们的学习困难,更重要的是帮助他们建立积极的心态和信念,开发他们的潜能。《试论学习困难学生的心理辅导》(1994)是笔者和钱在森所长合作的论文,核心观点是强调学习困难学生心理辅导要着眼于健全人格的培育和潜能开发。

对学习困难学生进行健全人格的辅导,其最终目的,是帮助、引导他们树立对事物、对生活积极的态度,养成积极的行为方式及价值观。

学习困难学生在智力因素和非智力心理因素方面同其他学生一样具有潜力。致力于人类潜能研究的著名社会心理学家赫伯特·奥托指出,人类潜能包括四个方面:智慧能力、情感能力、创造能力和超感能力。由此,我们认为与学生学习有关的潜能主要是智慧和情感,亦即学生个体内部所具备的潜在的学习能力和动力。学习困难学生面临的困扰和危机,使得他们学习潜能与实际学业水平大相径庭,表明他们的潜能远未得到开发。而学习动机激发、学习兴趣培养,是开发学习困难学生的智慧和情感潜能的重要途径。

《论学习困难学生的动机激发》(1996)一文主要从外部和内部动机激发两方面进行论述。外部动机激发即通过奖赏、惩罚、创设课堂气氛等方法,激发学生的学习动力,它是教师在教学中常用的激励手段。但是外部动机激发对于学生学习促进并不总是有效的。教学中,教师常常运用一定的奖赏激发学生的学习动机。一般认为奖赏可以增强学习的学习动机,但研究表明,奖赏在一定条件下反而会削弱学生的内部动机。因此,有效的奖赏要淡化奖赏的外部控制作用,提高奖赏的含金量。

在学习活动中,外部与内部动机激发的作用有所不同。外部学习动机产生的激励效应维持时间较短,它依赖于情境刺激,一旦情境消失,人的心理感应也随之消退。如果要想使学生保持长久的学习兴趣,就必须激发学生的内部学习动机。只有当学生对学习感到有兴趣、有信心、有责任时,他们才会为学习做出努力。内部动机激发包括,提高自我效能、归因训练、兴趣培养和克服习得性无能等等。

《论学习困难学生行为干预策略》(2011)主要讨论了学习困难学生的行为问题辅导。学习困难学生的行为问题是与其学习问题相伴而生的,他们的认知障碍、动机障碍与其行为障碍密切联系。本文讨论三类课堂行为问题干预策略:①学习退避行为。学习退避行为实质上是习得性无能的表现,干预重点是改善不良的自我概念,增强自信心,正确对待失败,克服自卑,同时改变消极的归因倾向。②注意缺陷多动障碍。相当部分的学习困难学生伴有注意缺陷多动障碍。对注意缺陷多动障碍的干预策略,一般有药物干预和心理社会干预。医院主要采取药物干预,而学校和家庭主要采用心理社会干预。心理社会干预包括:认知行为干预、父母训练、感觉统合训练等。③攻击性行为。攻击性行为的干预可以采用认知改变策略、内观训练和缓解冲突策略。

近年来学习困难学生的研究,关注从心理发展特点方面,特别是从认知神经科学的角度,探究学习障碍的认知加工和神经生理机制。如有研究[1]表明,与数学学习优秀儿童相比,数学学习困难儿童的语音加工速度、短时记忆、中央执行功能,以及整体工作记忆能力方面都存在明显不足,但只有工作记忆能力不足才能明确解释数学学习困难,即数学学习困难与工作记忆能力下降有密切关系。进一步分析发现,数学学习困难与特定的工作记忆能力不足有关,即数学学习困难几乎完全是由于数字工作记忆能力下降引起,而与视空间工作记忆能力下降无关,这种由数字工作记忆下降而引起数学学习困难的更深层次原因,可能在于较差的语音加工速度与中央执行功能两者的共同影响。再如,神经科学家开始研究计算障碍的脑生理基础,脑成像研究已经揭示了计算障碍儿童顶内沟的特殊结构和功能特征。

从教育干预方面来说,有两方面趋势:一是对学习困难学生的心理和行为问题采取综合干预的策略;二是越来越深入到学科学习领域,如针对数学学习困难、阅读困难、物理学习困难,采取相应的学科辅导策略,具体的案例如我的研究生学生程凤霞对小学四年级数学学习困难儿童进行应用题问题解决的认知策略训练,取得了明显效果[2]。

参考文献

[1] 刘昌. 数学学习困难儿童认知加工机制的研究[J]. 南京师范大学学报(社会科学版),2004(3):81-89.

[2] 程凤霞. 小学数困生应用题问题解决策略及干预研究[D]. 上海:上海师范大学,2012.

学业不良学生类型与特点的聚类分析*

一、问题提出

在有关学业不良学生**(以下简称"差生")心理特点的研究中,反映差生与其他常态学生的群体差异的资料较多,而反映差生内部的不同类型特点的资料较少。事实上,由于学生的个别差异,以及形成学习困难的原因和过程不同,差生心理特点常常表现为不同的类型特点。研究差生的类型特点和群体差异,在教育上具有重要意义。了解了差生的类型特点和群体差异,可以更有针对性地根据他们不同的特点制订相应的教育对策。差生的类型研究有不同的角度和方法,从国外的文献看,没有"差生"这个专门术语,并且提法各不相同,如学习失能儿童、学习障碍儿童、学业不良儿童,但他们的共同特征是在校学习成绩低下,明显落后于同年级的其他学生。由此,产生了对学业不良学生的各种不同的分类系统和标准。麦克米伦(1982)提出从生物学、社会学和心理测验三方面对因心理发展迟缓而导致学习问题的学生进行分类:生物学模式是以疾病影响中枢神经系统和不完善的大脑发展为分类标准,社会学模式主要是以环境不利造成的心理障碍为分类标准,心理测验模式则是根据学生智商的高低进行分类[1]。柯克等人将学习障碍学生分成发展性学习障碍和学业性学习障碍:发展性学习障碍是指认知过程的缺陷,如知觉、记忆、思维能力的缺陷;学习性学习障碍是指阅读、算术、拼字、书写等方面的缺陷[2]。国内有些学者也曾提出过差生的分类,有人根据形成学习困难的个体内部原因,把差生划分为气质差生、性格差生和能力差生[3];也有人根据个体在学习活动中的表现,把差生划分为学习缓慢型、学习不得法型、外因致差型和缺少内驱力型等等[4]。以上分类的提出为差生教育提供了一定的理论指导,但也存在明显的不足:其一,上述分类均为描述性的定性研究,缺乏可靠的数据支持,难免带有一定的主观臆测性。其二,偏重单一因素的分类,难以从整体上反映差生心理的类型特点。事实上,个体心理因素是复杂的,它们总是形成一定的心理结构(或者叫系统)整合地发生作用。其三,有些分类的对象比较特殊,难以作为差生分类研究的依据。如麦克米伦的分类方法提及大脑损伤和弱智儿童,就超出了本研究界定的范围。

由此,本研究运用 Q 型聚类分析方法对差生的能力和个性特征进行分类研究,探讨初中

---

* 本文作者为吴增强、段蕙芬、沈之菲、徐芒迪、徐自生,发表于《心理学报》1994 年第 1 期,收录时略有改动。研究中的 Q 型聚类分析程序和统计工作由刘肇佳、靖士明承担,在此表示感谢。

** 学业不良学生是指智力正常,学习效果低下,未能达到学校规定的教学要求的学生。

学业不良学生的类型和特点。它的基本统计思想是把每个被试若干项指标的测试结果看作坐落在 n 维空间的一个个点。通过计算求出各点间的相似性统计量(即各个点在 n 维空间的相互距离),根据相似程度的大小(即各点间距离的远近),可以把它们归成若干个不同的类别。当不同类别的差异达到显著性水平,就形成了一定的类型特点[5]。

二、方法

1. 对象

采用分层整群抽样,具体做法是:

① 从上海市十个区中,每区抽取三所生源不同的中学,其中包括一所生源较好的中学,一所生源一般的中学和一所生源较差的中学,每校抽取一个初中预备班(即六年级),共计 1700 人。测试数据经校验,进入统计的有效样本为 1480 人。

② 在同一时期内对上述样本进行语文、数学、外语三门学科统测,将学生的三科统测成绩化为 T 标准分。根据 T 总分的百分等级,将百分等级 75 以上划为优等生(简称"优生"),百分等级 25 以下划为差生,介于两者之间的为中等生(简称"中生")。三类学生人数分布,优生 400 人,中生 727 人,差生 353 人。

2. 研究变量和测试材料

研究变量:

①能力变量包括思维、观察、记忆、言语、数理、空间和操作;②个性特征变量包括抱负、独立性、好胜心、坚持性、求知欲、自我意识和学习焦虑,共 14 项指标。

测试材料:

①能力的测试材料主要参考了上海市教育科学研究所《中学生一般能力倾向成套测验》,中国科学院心理研究所《临床记忆量表手册》和《联合型瑞文测验》等量表,针对初中预备班学生实际情况编制而成;②个性特征的测试材料主要以中国超常儿童研究协作组的《中国少年非智力个性心理特征问卷》为基础,参考了上海市教育科学研究所的《中学生个性测验》,中国科学院心理研究所凌文辁的《测验焦虑问卷》,中小学生自我意识发展调查研究协作组的《我国青少年自我意识发展水平调查问卷》等内容编制。测试材料经小样本预测、项目分析后,作了修订,以保证测试材料的信度和效度。

3. Q 型聚类分析的步骤

(1) 逐步聚类

采用计算距离系数的方法,先选择一些凝聚点,让其他各类按照一定的凝聚半径聚集,得到一个粗糙的分类,然后再对分类进行修正,直至得到合理的分类。具体步骤如下:①通过计算每个被试 14 项指标测试值 x_i 的平方和 $[\Sigma(x_i)^2]$,找出 $\Sigma(x_i)^2$ 值最大和最小的两个点为最初的凝聚中心。②求出这两个中心之间的距离 (d),并确定凝聚半径 (R) 的大小作为凝聚原则。本研究中 $R = d/40$。③以上述两个点为凝聚中心,其他各点遵循凝聚原则凝聚,也即在半径 R 之内的各点聚集在一起,分别成两个初始类群,随即分别计算出这两类的中心距离$(\Sigma \bar{x}_i)^2$,为两个新的凝聚中心。④找出离开这两个中心最远的一个点,这时又确定了一个新的凝聚中心,分别算得三个中心间的距离 d_1, d_2, d_3,按凝聚原则,对未被接纳归类的各点继续聚类。按照上述方法逐步凝聚分类,直至找不出离各凝聚中心的距离大于 $2R$ 的点时,聚类初步结束。⑤算得每一类别内 14 项指标的 $\bar{x}_i$ 和 $\Sigma(x_i)^2$,并以此作为类别中心距离,也即分类标准。按照这一标准,对每个被试重做一次分类归属,Q 型聚类分析结束。

(2) 聚类的差异显著性检验(F 检验)

Q 型聚类所产生的各个类别,只有当相互之间差异达到显著性水平时,才可认为分类是合理的。我们采用 Fisher 法,根据各个类别的判别函数 Y,两两做 F 检验。具体步骤如下:

① 根据各类 $A_{(a……k)}$ 所占有的人数 $n_{(a……k)}$ 与各项指标的平均数 $\bar{x}_i$,计算得到各类的离差矩阵 $L_{(Ae)}$。如 Ae 类,它的元素是任意两个指标 i, j 的离差积和 $L_{ij}(Ae)$。从而得到类内离差矩阵 W,它的元素是 W_{ij}。

$$L_{ij}(Ae) = \sum_{k=1}^{n_e} \left[x_{ki}(e) - \bar{x}_i(e) \right]\left[x_{kj}(e) - \bar{x}_j(e) \right]$$

$\bar{x}_i(e)、\bar{x}_j(e)$ Ae 类的第 i, j 指标的平均值

$x_{ki}(e)、x_{kj}(e)$ Ae 类的第 k 人的第 i, j 指标的测试值

$$W_{ij} = \sum_{e=1}^{g} L_{ij}(Ae) \quad 类别数(1……g)$$

② 由类内离差矩阵 W,求得它的逆矩阵 W^{-1},它的元素为 W_{ij}。

③ 根据以下公式,求得判别函数的系数 c_i,和常数 c_0。

$$c_i(Ae) = (N-g)\sum_{k=1}^{x} W^{ik} \bar{x}_k(e)$$

$$c_0(Ae) = -\frac{1}{2}\sum_{k=1}^{x} c_k(Ae) \bar{x}_k(e)$$

④ 根据任意两类 Ae, Af 的各项指标 i 的平均值 $\bar{x}_i(e)、\bar{x}_i(f)$ 和它们的判别函数的系数和常数,计算出两类间判别平方距离 $D^2(Ae, Af)$,从而得到两类间的 F 检验值 $F(Ae, Af)$,用它来判别分类的显著效果。

$$D^2(Ae, Af) = \sum_{i=1}^{x}\left[c_i(e) - c_i(f) \right]\left[\bar{x}_i(e) - \bar{x}_i(f) \right]$$

$$F(Ae, Af) = \frac{(N-g-x+1)n_e \cdot n_f}{x(N-g)(n_e + n_f)} D^2(Ae, Af)$$

(3) 指标的等级

根据 Q 型聚类结果,将各类样组在 14 项指标的中心距离,按照百分等级高低划为 7 个等级水平:百分位 90 及以上为高,记 7 分;百分位 75~90 之间(含 75)为较高,记 6 分;百分位 55~75 之间(含 55)为中上,记 5 分;百分位 45~55 之间(含 45)为中等,记 4 分;百分位

25~45 之间(含 25)为中下,记 3 分;百分位 10~25 之间(含 10)为较低,记 2 分;百分位 10 以下为低,记 1 分。

三、研究结果

1. 六个主要类型与特点

经 Q 型聚类分析,全体被试最终聚为 20 类,经 F 检验类间均有显著差异。其中人数在 10 人以上有 10 类,50 人以上有 6 类,100 人以上有 5 类。为了讨论方便,这里着重分析 6 类学生,6 类学生共计 1339 人,占样本总数的 90.5%。6 类学生类间显著性检验见表 3-1。

表 3-1 6 类学生类间显著性检验(F 值)

类别	B	C	D	E	F
A	54.28**	61.19**	97.82**	170.63**	253.22**
B		116.03**	54.87**	140.36**	199.89**
C			83.23**	40.80**	72.71**
D				90.76**	147.24**
E					45.97**

注:*为 $p<0.05$,**为 $p<0.01$,***为 $p<0.001$,下同。

(1) 类别间在能力和个性特征上的差异

① 类别间不同的心理发展水平

由表 3-2 可知,6 类学生 13 个指标等级基本呈下降趋势,而学习焦虑水平呈上升趋势,表明同一年龄阶段的初中学生存在心理发展水平不同的群类。这 6 个类型可以进一步归为 3 个层次,第一层次是能力和个性发展较高的,包括 A 类和 B 类;第二层次是处于中间水平的,包括 C、D、E 三类;第三层次是处于低水平的,对应的是 F 类。

A 类:能力方面,除记忆和操作能力为中上,其余能力均为较高;个性特征方面,除坚持

表 3-2 6 类学生能力、个性特征的等级水平

类别	思维	观察	记忆	言语	数理	空间	操作	抱负	独立性	好胜心	坚持性	求知欲	自我意识	学习焦虑
A	6	6	5	6	6	6	5	6	6	6	5	6	5	3
B	5	6	5	5	5	5	4	7	6	7	7	7	6	2
C	5	5	5	5	5	5	4	2	6	4	2	3	3	4
D	3	4	4	4	3	4	5	4	5	6	3	4	4	3
E	4	4	4	3	4	4	4	3	3	3	3	3	3	5
F	2	3	3	2	2	2	2	2	3	2	2	2	2	6

性、自我意识为中上,抱负、求知欲等均为较高,并具有适度的焦虑水平。

B类:能力指标不及A类学生,思维、观察、言语、数理和空间能力为中上,观察力较高,操作能力中等;而个性特征指标优于A类学生,抱负、求知欲、坚持性和好胜心为高,独立性和自我意识较高,学习焦虑水平较低。

C类:能力指标同B类学生大致相当,为中上水平,但个性特征指标明显低于A、B两类,他们的抱负水平较低,坚持性较差,但独立性较高,有中等以上的学习焦虑水平。

D类:能力指标低于C类学生,思维、数理和空间能力为中下水平,其余指标为中等,而个性特征指标高于C类,坚持性较强,抱负和好胜心为中上,有适度的学习焦虑水平。

E类:在第二层次的类别中,E类学生的能力指标同D类相当,不及C类,大多为中等;个性特征指标同C类相近,不及D类,抱负水平中等,学习焦虑水平偏高,其余指标均为中下。

F类:能力指标明显低于以上诸类,观察、记忆能力为中下,思维、言语、数理等能力均较差。个性特征指标也较低,其中抱负、求知欲、好胜心等均较差,独立性、自我意识为中下,并有较高的学习焦虑水平。

② 同一层次各类别的不同特点倾向

在第一层次中,A类学生的能力高于B类,而B类学生的个性特征高于A类,两类的特点是互补的。第二层次的C、D、E三类,能力和个性特征各有长短,C类学生能力稍强,D类学生个性特征稍强,而E类学生的能力水平稍差于C类,个性特征稍差于D类。

(2) 6类学生的优生、中生、差生人数分布

由表3-3可见,优生、中生、差生人数分布情况如下:优生主要分布在A类,类别层次愈低,优生人数愈少;差生主要分布在E、F类,层次愈高,人数愈少;中生分布在D、E类较多,向高低两端呈减少趋势。由表3-4可见,不同类别的中等生的学习成绩水平不同,学习成绩在中上水平的占比,从A类中生的81.8%逐级下降到F类中生的23.1%;学习成绩在中下水平的占比,从A类中生的18.2%逐级上升到F类中生的76.9%。表3-3、下页表3-4的

表3-3 6类学生的优生、中生、差生人数分布

类别	优生		中生		差生	
	n	占比	n	占比	n	占比
A	173	43.3%	88	12.1%	2	0.6%
B	32	8.0%	20	2.8%	0	0
C	33	8.3%	81	11.1%	24	6.8%
D	61	15.3%	191	26.3%	70	19.8%
E	54	13.5%	231	31.8%	123	34.8%
F	4	1.0%	39	5.4%	113	32.0%
合计	357	89.3%	650	89.4%	332	94.1%

表 3-4 各类别中等生学科统测成绩等级分布

学科成绩	类别					
	A	B	C	D	E	F
中上水平	81.8%	75.0%	49.4%	46.6%	42.4%	23.1%
中下水平	18.2%	25.0%	50.6%	53.4%	57.6%	76.9%

数据表明,不同的类别与学生学习成绩高低关系密切。

(3) 中间类别学生学习成绩的分化

由上页表 3-3 可知,C、D、E 三个中间类别优、中、差生均占有相当的比例,所以这些类别也是学生学习成绩分化的类别。同一类别里的学生能力和个性特征水平基本接近,说明同类学生的学习成绩分化还存在其他原因。

2. 差生的类型与特点

进一步对 353 名差生进行 Q 型聚类分析,结果分出 14 个类型,其中人数相对集中的有 4 类,共 332 人,占全部差生数的 94.1%。4 类差生类间显著性检验见表 3-5。根据表 3-6、下页表 3-7,4 类差生的特点如下:

表 3-5 四类差生间显著性检验(F 值)

类型	Ⅰ	Ⅱ	Ⅲ
Ⅰ	19.76**	27.41**	43.84**
Ⅱ		33.68**	48.11**
Ⅲ			17.55**

表 3-6 4 类差生能力、个性特征的等级水平

类型	思维	观察	记忆	言语	数理	空间	操作	抱负	独立性	好胜心	坚持性	求知欲	自我意识	学习焦虑
Ⅰ	3	5	3	3	3	3	4	5	6	5	5	5	5	4
Ⅱ	2	4	3	2	2	2	3	5	3	5	7	3	6	3
Ⅲ	3	4	3	3	3	3	3	3	3	3	3	3	3	5
Ⅳ	2	4	3	2	2	3	3	1	3	1	1	1	2	6

(1) Ⅰ 型差生。人数 65 人,占差生总数的 18.4%,集中分布在 D 类,其次是 C 类。他们的能力没有偏常,其中观察力处于中上水平,个性特征指标均在中上水平。由于这类学生的能力和个性特征没有明显的缺陷,他们的学习困难往往是由其他原因造成的,且称之为暂时性困难学生。

(2) Ⅱ 类差生。人数 20 人,占差生总数的 5.7%,其中 19 人在 D 类。他们的思维、言

表 3-7 同类差生在总体类别的分布

	Ⅰ型 ($n=65$)	Ⅱ型 ($n=20$)	Ⅲ型 ($n=204$)	Ⅳ型 ($n=43$)
类别				
C	16	0	6	2
D	39	19	10	0
E	5	0	116	2
F	1	0	70	39
合计	61	19	202	43
占比	93.8%	95.0%	99.0%	100.0%

语、数理和空间能力较低,但个性特征为中等水平,尤其是坚持性较强,自我意识水平较高。这类学生的主要特征是能力差,且称之为能力型困难学生。

(3) Ⅲ型差生。人数 204 人,占差生总数的 57.8%,主要分布在 E 类和 F 类。这类学生的能力水平同Ⅰ型差生接近,没有偏常;个性特征偏下,明显低于前两类差生。相比之下,由学习动力因素不足而导致学习困难的特征明显,且称之为动力型困难学生。

(4) Ⅳ型差生。人数 43 人,占差生总数的 12.2%,其中 39 人在 F 类。他们的思维、言语、数理能力较低,抱负水平、求知欲甚低,好胜心不强,坚持性差,等等。他们的能力和个性发展显然低于其他学生,且称之为整体性困难学生。

四、讨论

1. 对各类差生类型特点的分析

差生的类型特点是由于学生身上各种个别差异,以及形成学习困难的不同原因和过程而造成的。不少教师常常把差生的学习困难简单地归结为"脑子笨""不用功",缺乏客观、科学的分析,教育上带有很大的盲目性。差生的分类结果启示我们,针对不同类型差生的特点,可以分析造成他们学习困难的不同原因,进而采取不同的教育策略。

暂时性困难学生,虽然能力和个性特征没有偏常,但为什么这些学生的学习潜能与现实学业水平差距甚大?这里面有许多复杂的因素。根据我们的调查,其中较重要的一点是他们在学习行为上存在不少问题。他们中的有些人在参加课堂活动时,缺乏积极、紧张的认知和主动、兴奋的情感参与,也就未能对学习的知识内容进行有效的加工;有些学生一时没有掌握某些章节的知识内容,而造成阶段性的学业不良;有些学生则因受到外界突发事件影响,如父母闹离婚,或与同伴关系紧张,而为情绪所困扰,学习不专心;等等。造成学生暂时性困难的原因是多种多样的,教育者要根据不同情况,及时采取不同的措施。这些学生的学习困难程度较轻,如果工作做得及时,学生比较容易转变;如果错失时机,会使这类学生的学习困难加重。

能力型困难学生,能力较差是他们学习上的主要障碍。如果教育者对这些学生一味训斥、惩罚，不去帮助他们分析具体的知识障碍和技能障碍，不去帮助他们改进学习方法，甚至把他们的能力、方法问题视为学习态度问题，效果会适得其反。

动力型困难学生，在差生中占半数以上。他们的学习态度、动机和坚持性、自我控制等方面问题较突出。注意调动他们的积极情绪，帮助他们进行正确的学业成败的归因，树立积极的自我概念，激发其学习内驱力，是教育这类学生的关键。

整体性困难学生，他们的能力差、个性特征水平低。这类学生的心理发展水平低，大多是由于小学阶段持续的学习困难、知识障碍积累、基本技能匮乏造成的。同时，长期的学业失败使他们经常受到教师、家长甚至同伴的否定评价，严重影响他们的自我概念发展，致使他们缺乏自信，丧失学习的兴趣和愿望。这部分学生所占比例不大，但学习困难程度比较严重。除了改善课堂教学，还必须进行个别补救教学。

需要指出的是，差生的类型特点是相对稳定的，又是动态变化的。如果差生在学习中不能摆脱危机，暂时性困难会变成持久性困难，局部性困难会变成整体性困难。各类差生都有向着好坏两极变化的趋势。对于整体性困难学生来说，追踪他们的学习历史可以发现，他们也不是一下子什么都差的，而是有一个变化的起点和过程。这启示我们在教育对策上，要着眼于发扬各类差生的长处，弥补各自的不足，促使他们向着有利方向发展。

2. Q 型聚类分析对差生类型研究的意义

从研究结果和分析，初步看到 Q 型聚类分析是差生类型研究的有力工具。其意义可用"完整、清晰、有效"六字加以概括。完整，指经 Q 型聚类得到的差生类型与特点的信息比之过去单一因素的分类更为全面。首先，聚类是对某一样本多项变量的分类研究，很少遗漏重要类型。其次，差生类型与特点可以从 6 个主要类别和差生样组两个参照系得到反映，既能显示出差生与优生、中生的差异，又能显示出他们之间的联系。最后，14 项指标本身构成一种学生学习的心理结构，多元聚类实际上建立了各类差生的心理模型。如果这些模型具有足够的可靠性，就可成为鉴别不同类型差生的工具。清晰，指经聚类，每个类型各有其不同的特点，且特点明确。有效，指根据不同类型差生的心理特点，可以有的放矢地采取教育对策。

五、小结

通过上述对研究结果的分析讨论，可作如下小结：

① 同一年龄段的初中预备班学生的能力和个性特征可以分为不同的类别。具体分为 6 类和 3 个水平层次，其中 A、B 两类学生的能力与个性的发展水平较高，C、D、E 三类学生的发展水平居中，F 类学生的发展水平较低。同一层次中的不同类别呈现不同的特点。

② 学生类别的层次与其学习成绩呈正相关的趋势。高水平的类别优生占比最多，差生占比极少；愈是低水平的类别，优生占比愈少，差生占比愈多。

③ 第二层次的类别里，优生、中生、差生均占有一定比例，这些类别中学生学习成绩分化

明显。分化的主要原因不是学生的能力和个性发展上的差异，而是尚有待进一步研究的其他原因。

④ 经 Q 型聚类分析，差生可分为 4 种主要类型，即暂时性困难学生、能力型困难学生、动力型困难学生和整体性困难学生。其中，动力型困难学生占 57.8%，比例最高；能力型困难学生占 5.7%，比例最低。不同类型的差生表现特征不同：暂时性困难学生的能力与个性发展水平没有偏常；动力型困难学生更多表现为学习动机与态度方面的问题；能力型困难学生更多表现为学习基本能力方面的问题；而整体性困难学生则在学习能力与动力方面明显低于常态学生。

参考文献

[1] LANGONE J. Teaching students with mild and moderate learning problems[M]. Boston: Allyn and Bacon Press, 1990.

[2] 何华国. 特殊儿童心理与教育[M]. 台北:五南图书出版公司,1987:327.

[3] 姚文忠. 学习差生成因的分类概念和教育[J]. 教育研究,1982(6):67-72.

[4] 何家铿. 论中学差生的衡定标准、类型、成因及转化[J]. 教育研究,1986(11):50-54.

[5] 张尧庭,方开泰. 多元统计分析引论[M]. 北京:科学出版社,1982:393-395.

[6] 史秉肆. 实用医学统计手册[M]. 福州:福建科学技术出版社,1987:337-341,359-372.

学习困难学生类型研究的新进展*

一、学习困难学生分类的意义

学习困难学生的分类是一个重要课题。首先,从教育干预的针对性和诊断的准确性考虑,分类具有重大价值。由于个别差异和学习困难的起因不同,学习困难学生在学习活动中有不同的表现特征:有的学生表现出暂时性学习困难,有的学生则表现出稳定性学习困难;有的学生能力没有明显偏常,而动机、情绪出现明显偏常。这都表明学习困难学生是一个复杂的异质群体,异质性给学习困难学生鉴别、诊断和干预带来很大的模糊性。而对偌大的学习困难学生异质群体进行准确诊断和教育干预,就必须将异质群体按照一定的标准划分成若干个同质的亚群体。

其次,从研究的角度考虑,不对学习困难学生分类会使研究结论缺乏科学性。因为对不同的异质群体得到的研究结论可能不同,即使是同一异质群体里得到的结论也具有很大程度的不确定性。例如,研究一个异质群体的阅读困难,由于没有分类,群体里可能有不少阅读困难学生,但也可能有阅读不困难但有其他障碍的学习困难学生。如果把研究结论强加在阅读不困难的学生身上,显然是不可信的。当然,有一些比较研究涉及学习困难学生异质群体中带有共性的问题,不分类也是可以的。若要在学生某些心理特征方面进行更为细致、深入的研究,科学地分类就显得十分必要了。另一方面,通过分类反过来又可以进一步明确学习困难学生的操作性界定,即利用分类来确定需要研究的样本。卡瓦莱等人[1](1981)研究了300个调查报告,发现至少有50%的研究是通过分类或诊断来确定学习困难学生样本的。

最后,为了有效地诊断与干预,我们还常常需要根据学生年龄的发展,心理障碍的轻重程度,行为障碍的不同性质等等进行分类。例如,小学低年级与高年级的学习困难学生可能在注意力失调方面有很大的不同,而中学阶段学习困难学生比小学阶段的则可能有更多的社会性行为问题的困扰。可见,随着学生年龄的增长和成熟,他们在发展的各个阶段问题的焦点是不同的,干预的侧重点也要有所不同。又如,行为问题有社会适应不良行为与反社会行为之分,社会适应不良行为又有外部行为失调(如攻击、行为粗暴)和内部情绪失调(如焦虑、胆怯、孤僻)之分。分类有助于我们将学习困难学生划分成若干同质的亚群体,分别实施针对性教育对策。

---

* 本文发表于《教育研究》1995年第8期,收录时略有改动。

二、学习困难学生类型研究概述

对学习困难学生合理地分类不是一件容易的事情。一般来说,分类总要依据一定的结构维度,而学习困难学生的异质性是多维的,任何一种维度的分类都很难将其概括,也就是说分类不可能是完整的,总会遗漏某些类型。分类的完全同质化也是困难的,每一种类型不可能是纯粹的单质性的。因为人是一个有机的整体,各种心理机能是相互联系、相互制约的,类型的同质性只具有相对的意义。例如,言语障碍的学生可能会伴有阅读困难,阅读困难的学生可能会伴有动机障碍。类与类既是相对独立的,又是相互联系的。分类的目的是要使每一类别最大限度地同质化,最低限度地异质化。这也是衡量分类是否科学、合理的重要标准。

根据已有的文献资料,尽管对学习困难学生的概念界定各不相同,但从分类的方法看,大约可以归为经验描述、理论推断和多元统计分析三种。

1. 经验描述

这种分类不需要理论框架,主要是研究者根据对学习困难学生的日常观察经验来划分类型。如,有人根据学生在学习活动中的表现,将学习困难学生分为学习缓慢型、学习不得法型、外因致差型和缺少内驱力型[2]。这样的划分比较直观,教师也容易判定。但从分类的标准来看,这种分类方法得到的类型同质性较低,异质性较高。如,学习缓慢型与学习不得法型的互相包容性较大,以致没有明确的界限。另外,经验分类没有一定的维度结构,几种类型可能不是同一层次的。如,外因致差型与缺少内驱力型、学习不得法型就不是同一维度的,有的是指形成困难的原因,而有的是指其特点。再如,有人把动机障碍的学习困难学生分成四类:①被动型,被动应对家长和社会舆论的压力,不得不上学;②随波型,不明白上学有什么具体意义,随大流;③混日型,得过且过;④虚荣型,学习是为了表扬或奖励,有时弄虚作假[3]。这四个类型的相互包容性也很大,如被动型的也可能是随波型的。这样的分类仅仅是对现象的一种描述,尚未涉及个体的本质内容。

2. 理论推断

它由研究者依据一定的理论结构,如心理学、教育学、社会学或神经生理学的学科理论,对学习困难学生类型进行思辨地归纳与概括。不同的学科理论背景得到的分类结果也是不同的。梅钦斯卡娅等人着眼于教育学的理论背景,运用"可接受性"这个概念作为对学业不良学生的分类基础。所谓可接受性,是指个体对知识掌握和学习活动方式的感受性。除了可接受性,她还把个性特征、动机等因素作为分类的条件,具体分为三类学业不良学生。第一类的特征是可接受性差,但他们有良好的学习愿望与动机。第二类的特征是动机水平低,但他们在课堂活动中有积极思维的能力。第三类特征是可接受性和动机水平都比较低。柯克和葛拉格着眼于心理学、神经生理学的理论,将学习障碍儿童分为发展性学习障碍和学业性学习障碍两大类。在这两个主要类别之下,又分别划成若干类型。其中发展性学习障碍有原始性缺陷和衍生性缺陷两个亚类,原始性缺陷包括注意力缺陷、记忆力缺陷、视-动协调缺陷、知觉能力缺陷等等;衍生性缺陷包括思考能力异常、语言能力异常。学业性学习障碍有阅读缺陷、算术缺陷、拼字缺陷、书写缺陷四个亚类。

对于特殊的学习困难还可以进行专门的亚类分析。如,阅读能力困难,有学者将其分成四个亚类:特殊的语音发音障碍、语言表达障碍、语言理解障碍和伴有癫痫的后天性语言障碍。约翰逊(1987)认为阅读是语言的象征化过程。阅读有赖于视、听等感觉通道综合功能及认知能力的协同作用。他据此将阅读困难分为听觉性阅读障碍、视觉性阅读障碍、言语性阅读障碍及感觉通道转换障碍性阅读困难[4]。

也有些学者在对大量有关学习困难学生类型研究报告分析的基础上进行综合分类。如韦勒和斯特劳泽(1981)根据学生认知与社会性发展上不同的特点,将学习困难学生分成五类,即假性学习困难、行为缺陷、言语组织缺陷、非言语组织缺陷和综合缺陷(表 3-8)[5]96。他们的分类代表了相当一部分专家的共同意见。

表 3-8 学习困难学生类型的综合分类

类型	认知与社会性特点	占比
① 假性学习困难	学业成就低,但智力正常 有挫折感、马虎	25%~38%
② 行为缺陷	认知策略水平低 注意力缺损或注意缺陷多动障碍	22%~30%
③ 言语组织缺陷	语言运用与理解能力差 攻击性或行为出格	14%~17%
④ 非言语组织缺陷	视觉-空间-运动协调能力差,社会知觉差或退缩	11%~15%
⑤ 综合性缺陷	认知加工中多重缺陷 社会技能缺陷	8%~10%

由表 3-8 可见,类型①无明显的认知障碍,学业成就低可能是其他原因引起的,故为假性学习困难。类型②认知策略水平低,主要是指这类学生缺乏有效的记忆加工或注意加工策略,行为上则可能有注意力缺损或注意缺陷多动障碍。类型③强调一部分学习困难学生在言语发展上存在障碍。类型④学生的特点,则是在知觉上的障碍,如视觉缺陷、运动协调能力缺陷。类型⑤是以上 4 个类型所不能包含的其他一些综合症状的学生,他们在信息加工中有多重缺陷,既有语言障碍又有知觉障碍,但这个类型的比例较小,仅为 8%~10%。值得注意的是,5 个类型除了认知特点不同,还伴有不同的社会性行为特点。如类型③可能伴有攻击性行为,而类型④伴有退缩行为。这些结论对学习困难学生分类无疑是很有启发性的,但是否具有普适性和效度,则是值得商榷的问题,原因是这些结论是根据具体的样本,运用特定的心理测量工具得到的,研究没有讲明样本的代表性和测量工具的有效性。这也是分类研究的最大难点,大多数分类研究都会遇到这个问题。

3. 多元统计分析

运用因素分析和聚类分析技术是进行分类的一种重要方法。尤其是近年来聚类分析在学习困难学生分类研究中得到越来越多的应用。卡瓦莱综合了 1977—1985 年 15 项实证性类型研究,其中 9 项是聚类分析,4 项是因素分析,1 项为描述性分析。这 15 项研究报告中,分类类型最多的为 7 类,最少的为 2 类,平均为 3.5 类。分类维度有神经心理、阅读、语言、知觉、行为等方面。其中神经心理的测量最多,在 10 项研究中被采用[5]105-112。从中也可以看出,美国学者比较偏重以神经心理为学习困难学生分类的理论依据。

国内刘少文等人[6](1993)对小学学习困难学生按智力进行聚类分析,被试年龄为 10~11 岁的小学四年级学生,采用林传鼎主修的韦氏儿童智力量表(除迷津外为 11 个分测验),得到三种主要类型:第一型为智力正常,伴有注意和记忆缺陷;第二型为智力水平稍低于正常,常识测验成绩差;第三型为智力水平在边缘状态,且各项能力均较低。

三、学习困难学生类型特点的 Q 型聚类研究

吴增强等人[7](1994)运用 Q 型聚类分析方法对上海市区 353 名初中学习困难学生进行分类研究,结果划分出四个主要类型,即暂时性困难、能力型困难、动力型困难和整体型困难。其中后三个类型均属稳定性学习困难,与暂时性学习困难相对应。四个类型的类型特征与人数分布见表 3-9。

表 3-9　四类学习困难学生的特点

类型	能力与个性特点	占比	人数
① 暂时性困难	能力没有偏常,观察力中上水平,个性特征指标均在中上水平	18.4%	65
② 能力型困难	思维、言语、数理、空间能力低,个性特征指标为中等水平,坚持性较强,自我意识水平较高	5.7%	20
③ 动力型困难	能力基本没有偏常,个性特征指标水平基本偏低(包括动机、意志、自我认识等),焦虑水平偏高	57.8%	204
④ 整体型困难	思维、言语、数理能力低,动机、意志等水平低	12.2%	43

需要指出的是,类型既是相对稳定的又是动态变化的,类型内部的同质和类与类之间的异质只具有相对意义。在一定条件下,暂时性困难会变成稳定性困难,局部型困难会变成整体型困难,反之亦然。就整体型困难学生来说,追溯他们的学习历史可以发现,他们也不是一下子什么都差的,而是有一个变化的起点与过程。

以上的 Q 型聚类研究,从分类标准看,以能力与个性特征两个维度表征个体的心理特点,理论上是合理的。从分类方法看,运用多变量的 Q 型聚类,得到的结果是可靠的。更有意义的是,如果各个项目本身具有较高的效度和信度,就可以建立各类学习困难学生的心理模型,并作为有效的诊断工具。

经验描述、理论推断和多元统计技术三种分类方法在实际诊断、干预中各有千秋。经验描述没有更多的理论框架，优点是便于第一线教师掌握运用，缺点是比较粗糙。理论推断，它是思辨的产物，逻辑性强，但不够精确严密。而多元统计技术，方法是严密的，但它须以合理的理论框架为前提。如果没有一种正确的清晰的理论，就会得到不可靠的结论。我们认为最佳的选择是，根据不同情况灵活综合地使用这三种方法，也就是说，要将定量分析与定性分析相结合。例如，对于大样本的学习困难学生分类可以采用聚类分析技术，而进一步作亚类分析时，在样本少的情况下就不能再用聚类分析，因为聚类分析在大样本条件下才有较高的效度，这时就需要用理论推断或经验描述的方法。

参考文献

[1] SINGH N N, BEALE I L. Learning Disabilities: Nature, Theory, and Treatment[M]. New York: Springer-Verlag, 1992.

[2] 何家铿. 论中学差生的衡定标准、类型、成因及转化[J]. 教育研究, 1986(11): 50-54.

[3] 何敬仁. 中小学后进生形成的若干非智力因素[M]//朱永新. 差生心理与教育探索. 杭州: 浙江大学出版社, 1989: 68-80.

[4] 静进. 学习能力障碍研究现状[J]. 中国心理卫生杂志, 1994(1): 41-45.

[5] SWANSON H L, KEOGH B. Learning Disabilities: Theoretical and Research Issues[M]. Mahwah: Lawrence Erlbaum Associates, Inc., 1990: 96, 105-112.

[6] 刘少文, 杨志伟, 龚耀先, 等. 学习困难儿童的智力聚类分析研究[J]. 中国心理卫生杂志, 1993(1): 11-12, 18.

[7] 吴增强, 段蕙芬, 沈之菲, 等. 学业不良学生类型与特点的聚类分析[J]. 心理学报 1994(1): 92-100.

学习困难学生认知加工的特点*

学习困难学生的学业成就低下,除了与本人的学习动机、态度有关之外,还与他们在学习过程中的认知加工缺陷密切相关。从信息加工论的观点看,学生的学习过程实际上是个体对外来知识信息接收、编码、储存、提取,以及运用信息与策略解决问题的过程。学习困难学生在这一过程中则表现出较多的障碍,如注意、记忆、问题解决。了解这些学习障碍,就可以使教育者在教学活动中进行针对性的干预和训练,提高学习困难学生的认知能力,改善他们的学业。

一、注意

不少研究发现,学习困难学生在学习活动中表现出明显的注意缺陷。例如,选择性注意的问题,学生学习时常常要在复杂的信息背景里获取有价值的信息,第一步就是要感受这些有用的信息,这便是选择性注意的作用。哈根(1967)曾做了这方面的实验研究,他将目标刺激(如一张动物的图片)与附加的刺激或背景(如一张家用物品的图片)混合在一起显现,要求被试注意目标刺激,通常不告诉被试附加刺激。研究者认为,一个选择性注意强的学生会把注意集中于目标刺激,而选择性注意差的儿童则会同时注意目标刺激和附加刺激。通过显现一组图片后的回忆结果发展,一般学生比学习困难学生能记住较多的中心刺激,而学习困难学生则比一般学生记住了更多的附加刺激。这表明学习困难学生确实存在选择性注意缺陷[1]62。

二、记忆

大多数专家认为记忆不是一种单一的心理现象,记忆是复杂的心理能力。不同的理论对记忆也有不同的分类、不同的假说,如詹姆斯认为记忆可分成初级记忆和次级记忆,信息加工理论认为记忆可分为感觉记忆、短时记忆和长时记忆。信息加工理论是帮助人们理解信息是怎样转换、衰减、精细加工、储存、提取和利用的理论模型。大量研究表明学习困难学生在感觉记忆、短时记忆和长时记忆系统存在不少障碍,以下列举几点:

① 感觉记忆中信息编码、提取的速度较慢。外界信息首先进入感觉记忆,接受视觉编码与听觉编码的加工,这种加工时间一般很短(约 3~5 秒)。有时要将一种形式的信息转化成

---

* 本文发表于《教育理论与实践》1995 年第 4 期,收录时略有改动。

多种形式的信息结合才能储存。如阅读过程的第一步,就是将视觉信息转化为视觉-听觉-言语信息储存。当对一个词再认时,需要将扫视的信息与长时记忆中的词名、词义对应比较才得以辨认。爱尔伯特(1984)的研究发现,对再认词编码时,学习困难学生比一般学生需要更多的时间来搜索记忆,这就可能导致他们的阅读速度低于其他学生。莱曼等人(1982)比较了阅读困难学生与阅读正常学生的词语编码能力,发现在编码过程中,阅读困难学生比一般学生分类范围要小、要窄。许多学者认为,学习困难学生从感觉记忆中提取信息不够迅速可能与注意缺陷有关[1]103-127。

② 短时记忆中复述频率与复述策略水平低。信息从感觉记忆进入容量有限的短时记忆,短时记忆中信息保留的时间也是很短的。信息经编码转化为视觉-听觉-言语表征储存下来。短时记忆中十分重要的加工是复述,信息经过复述才能储存。学习困难学生复述的缺陷之一是复述频率低于其他学生。戈德曼等人(1977)研究儿童记忆任务时的嘴唇运动,发现学习困难儿童的嘴唇运动次数少于其他儿童,这一数据支持了这些儿童存在复述问题的假设。博勒和埃姆哈特(1984)认为学习困难学生与一般学生主要是在复述的质而不是量上有明显差异。还有一些研究发现学习困难学生复述策略水平低。格尔茨舍等人(1981)让学习困难学生读一篇关于钻石的短文,然后让他们复述短文内容。结果发现他们能确定故事的主题,但不能将短文内容分层次,他们能回忆故事梗概,但显得零乱而无结构[1]103-127。

③ 长时记忆中语义记忆编码困难。信息经短时记忆编码进入长时记忆,信息将长久地储存在这里。长时记忆中信息以一定的结构或网络保存。塔尔文(1972)将长时记忆分为情节记忆和语义记忆。学习困难学生在长时记忆中比较突出的问题是语义记忆编码。斯旺森(1984,1987)认为学习困难学生语义记忆的障碍限制了语言与视觉编码的联结[1]103-127。贝克等人(1987)做了一个语义知识分类的研究。例如,先给出一对词,高—矮,然后要求被试者根据这对词的关系,在下列三组词中做出正确选择(其中只有一对是正确的):A. 结婚—单身,B. 热—冷,C. 死—生。正确答案是 B。选择的关键是词的前面能否加一个副词"很"。结果发现学习困难学生比一般学生在语义分类作业中有更多的困难[2]。切奇(1980)认为,学习困难学生的语义编码障碍可能是由于听觉与视觉通道的损伤。但另一些专家认为他们的长时记忆结构是完整无损的,缺乏的是编码和提取策略。

三、问题解决

信息加工理论把问题解决看作是个体对问题空间的搜索,以建立一种与问题对应的心理模式,确定一个最佳的行动方案的过程[3]。问题解决一般可分为五步:第一步,确定问题,了解问题的情境(即各种条件);第二步,综合问题各种可能的状态;第三步,选择最佳问题解决方案;第四步,有效地监控问题解决的具体过程;第五步,反馈,根据解决问题的初步结果调整策略,以求达到目标。梅尔特(1981)等人的研究发现,学习困难学生与一般学生相比,确定问题的能力较差,他们往往不知道要解决的是什么问题,不能有效地计划、监控解题步骤以达到目标,不能灵活地选择相应的策略,也很少有运用策略的意识。国内的研究发现,学习困难学生的学习策略水平明显低于学习优、中等生(表 3-10、表 3-11)。

表 3-10　学习困难学生与学习优、中等生学习策略的比较

	制订 学习计划	有效的 识记方法	复习 有重点	利用 工具书	预习	复习
学习优等生	53.50%	49.25%	68.00%	57.00%	33.00%	44.75%
学习中等生	44.84%	45.12%	56.00%	42.64%	25.58%	34.66%
学习困难生	29.75%	33.43%	35.41%	28.33%	21.53%	26.36%

表 3-11　学习困难学生与学习优、中等生学习策略的差异显著检验

	制订 学习计划	有效的 识记方法	复习 有重点	利用 工具书	预习	复习
中生与优生	7.75*	2.38	15.49**	22.01**	8.19*	18.59**
困难生与中生	25.59**	29.21**	45.21**	23.02**	3.82	12.87**

由上表可知,学习困难学生同学习中等生相比,他们在制订学习计划、采用有效的识记方法、复习有重点、利用工具书和复习五方面都存在明显差异。事实恰恰表明,许多学习策略是可以教给学习困难学生的,通过学习策略训练与指导,可以提高他们问题解决的能力。

四、知识背景

学习困难学生信息加工能力与他们的知识背景有密切关系。个人的知识背景是储存在长时记忆里的,知识背景会影响学生编码和提取的效果。学习困难学生知识背景的主要特点是:知识背景贫乏、知识结构紊乱。知识背景贫乏使他们对外来信息加工、分类显得困难,也不利于他们在回忆时激活长时记忆的概念图式。徐芒迪[5](1994)对学习困难学生与学习优良学生记忆组织策略水平进行比较研究,发现学习困难学生知识背景贫乏影响他们的记忆成绩。以鸟的分类为例,学习优良学生共列举了 85 个鸟的下位概念,平均每人 18 个;而学习困难学生列举了 56 个,平均每人 10.8 个,差异十分明显。同样,知识结构紊乱也会影响编码和提取。不少研究表明知识背景对阅读理解有重要影响。

五、元认知

元认知(又称为反省认知)是描述个人对自己认知过程的自我意识和自我调节、监控的术语。这一术语最初由弗劳威尔(1976)提出,它强调信息加工过程中个人的主观意识。元认知对整个加工过程起到控制执行的功能,是影响个体能否有效地加工信息、解决问题的关键。正因为如此,它越来越受到心理学家的重视,以至斯腾伯格提出的智力成分理论将元认知作为一个重要的成分。关于学习困难学生元认知发展的研究资料表明,他们严重缺乏有

关的策略知识和自我调节的知识与技能。例如,加纳(1981)发现阅读困难学生阅读时是逐字阅读的,这样就会给短时记忆带来压力(短时记忆容量有限,一般只有 7±2 个信息单位),他们不是根据句子的意群来阅读,这种"零碎加工"就不能有效地组织文章的信息,因而也造成他们知识背景的零乱。他们使用的是"呆板"的阅读策略。

我们的研究也表明学习困难学生的元认知技能明显不及其他学生。由表 3-12、表 3-13 可见,学习困难学生在对自己学习过程中问题与错误的监控,以及对自己学习结果的评估等四个项目上,同学习优、中等生存在明显差异[4]。

表 3-12　学习困难学生与学习优、中等生元认知技能的比较

	能意识到学习中的问题	对测验成绩的准确估计	能觉察阅读的错误	能觉察作业的错误
学习优等生	47.00%	35.00%	55.50%	27.00%
学习中等生	46.00%	20.09%	48.69%	25.45%
学习困难生	33.00%	14.45%	37.11%	18.41%

表 3-13　学习困难学生与学习优、中等生元认知技能的差异显著性检验

	能意识到学习中的问题	对测验成绩的准确估计	能觉察阅读的错误	能觉察作业的错误
优等生与中等生	1.76	33.08**	11.46**	3.78
困难生与中等生	17.51**	14.15**	40.83**	27.18**

参考文献

[1] WONG B. Learning about Learning Disabilities[M]. Pittsburgh: Academic Press, 1991: 62, 103-127.

[2] SWANSON H L, KEOGH B. Learning Disabilities: Theoretical and Research Issues[M]. Mahwah: Lawrence Erlbaum Associates, Inc., 1990:67.

[3] 王甦,汪安圣. 认知心理学[M]. 北京:北京大学出版社,1992:276.

[4] 胡兴宏,吴增强,段蕙芬,等. 学习困难学生的特点和成因探索[M]. 上海:上海科技教育出版社,1993:93.

[5] 徐芒迪. 优、差生组织策略水平的比较研究[J]. 心理科学,1994(3):155-158,193.

初中学业不良学生习得性无能研究*

一、引言

在对初中学业不良学生与学业优良学生的习得性无能倾向的比较研究中,我们发现学业成败对学生的习得性无能倾向有显著影响,而暂时性的作业成败情境对学生的习得性无能倾向影响不明[1]。这与有关文献认为习得性无能倾向可以在一定情境中产生不大一致[2][3]。为了进一步探讨挫折情境对学业不良学生习得性无能倾向的影响,本研究采用了多因素实验设计。事实上,人只有体验到某种程度的挫折感才有可能产生习得性无能,而要使人获得成功或挫折的主观体验,除了作业结果成败以外,还同强化方式、任务类型密切相关。一般认为奖赏对学生完成学习任务有正强化作用,但德西等人的研究表明外部奖赏会削弱个体的内部动机。另一方面学生对不同的学习任务可能会有不同的主观反应,如对某些任务带来的挫折有可能产生心理压力,而对另一些任务的成败则有可能持无所谓的态度,也就是说某些任务的失败可能会使学生获得挫折感,而另一些任务的失败则可能不足以影响他们的内在动机。为此,本研究从对学业不良学生完成任务结果的强化方式(有奖赏、无奖赏),完成任务的成就状况(成功、挫折),任务类型(学业性作业、非学业性作业)三个维度来考察其对初中学业不良学生习得性无能倾向的综合影响,从而为学业不良学生的学习动机激励提供理论依据和指导。

二、研究方法

1. 实验变量

自变量有 A、B、C 三个因素,其中 A 因素为有奖赏和无奖赏两种强化方式;B 因素为成功和挫折两种成就状况;C 因素为操作作业和数学作业两种任务类型。因变量为学生习得性无能倾向水平。

2. 实验材料

操作作业取自北京大学心理系编制的《最新智能测试训练百科全书》中的火柴棒智力操作题,成功组 3 道作业难度较小,挫折组 3 道作业难度较大。数学作业为小学五年级图形面

---

* 本文作者为吴增强、虞慕镛,发表于《心理科学》1995 年第 2 期,收录时略有改动。本研究得到华东师范大学杨治良教授和上海市教育科学研究所段蕙芬副研究员的指导,在此一并表示谢忱。

积问题,成功组 3 道作业难度较小,挫折组 3 道作业难度较大。操作作业和数学作业均经过预测和筛选。将预测中学生答对率在 0.8 以上的试题选为成功组作业,答对率在 0.2 以下的试题选为挫折组作业。反应指标为习得性无能倾向,具体用自编习得性无能倾向自陈量表测量。该量表共 20 小题,每题 0~2 分,满分为 40 分。高分表示习得性无能倾向程度低,低分表示习得性无能倾向程度高。

3. 被试

取虹口区某中学初二年级 40 名数学成绩不良学生。划分不良学生的标准:根据上学期数学学期总评成绩,将低于年级成绩平均分 1/2 个标准差的划为学业不良学生。

采用两个 2×2 析因实验设计,将 40 名学生随机分成 4 组,每组 10 人。即有奖赏-成功组(A_1B_1),有奖赏-挫折组(A_1B_2),无奖赏-成功组(A_2B_1),无奖赏-挫折组(A_2B_2)。

4. 实验过程

实验顺序,先完成作业然后评价,再由被试填写自陈量表。各组均先后进行两次作业(间隔两周)。第一次进行操作作业,奖赏形式是发放小纪念品。在有奖赏组,主试明确告诉被试,作业成功(3 题做对 2 题)可得到纪念品,作业失败(3 题做错 2 题)得不到纪念品。第二次进行数学作业,奖赏形式是记成绩。有奖赏组的试题上有一段指导语:这次测试分数作为一次数学测验成绩记入你的成绩手册。无奖赏组则没有这样的指导语。需要说明的是,操作作业与数学作业的奖赏形式虽有不同,操作作业中采用物质奖赏,数学作业采用符号奖赏,但均属于外部奖赏。本研究目的之一,就是考察外部奖赏对学生习得性无能倾向的影响,就此而论,两种作业中的奖赏形式是等价的。此外,两种任务类型主要是创设不同的情境压力,数学作业采用记分方法旨在造就正式的学习气氛。因为学生在不同的情境压力下会对作业作出不同的主观反应。

三、研究结果

1. 操作作业中学业不良学生的习得性无能倾向水平

由表 3-14、下页表 3-15 可知,有无奖赏(A 因素)对学业不良学生的习得性无能倾向水平有非常显著的影响。不论成功组还是挫折组,无奖赏的反应得分均高于有奖赏的。这意味着,对于成功组来说,得到奖赏并没有提高其内在动机;对于挫折组来说,因失败而失去奖

表 3-14 操作作业中各组习得性无能倾向均值

A 因素	B 因素	
	成功	挫折
有奖赏	24.4	22.8
无奖赏	27.9	26.7

表 3-15　操作作业中 A、B 两因素方差分析表

	平方和	自由度	均方	P
A 因素	13.7	1	1.37	7.39**
B 因素	19.7	1	19.7	1.06
A×B	0.3	1	0.3	0.016
误差	666.9	36	18.53	
总计	823.9	39		

赏的比无奖赏条件的挫折更为明显。表 3-15 中,无奖赏—挫折组反应得分甚至还高于有奖赏—成功组。这进一步证实了德西的理论,即外在奖赏在一定条件下会削弱个体的内在动机。

由表 3-15 可知,成功和挫折(B 因素)对学业不良学生的习得性无能倾向水平影响不显著。表 3-14 说明,操作作业中,在有奖赏和无奖赏条件下,成功组反应均值虽均高于挫折组,但没有统计学意义。并且 A 因素与 B 因素的交互作用甚微,即有无奖赏对学生完成作业的成败影响不大。

2. 数学作业中学业不良学生的习得性无能倾向水平

表 3-16、表 3-17 表明,不仅有无奖赏(A 因素)对学业不良学生的习得性无能倾向水平有显著影响,而且成功和挫折(B 因素)对其也有非常显著的影响,即有奖赏的反应得分均低于无奖赏的,成功组的反应得分均明显高于挫折组。同时,A、B 两因素之间有一定的交互作用,即学业不良学生在完成数学作业中,有无奖赏对成就状况(成功和挫折)有一定影响。综上也可以看到不同任务类型条件下,强化方式与成就状况对学业不良学生的习得性无能倾向水平的影响不同。

表 3-16　数学作业中各组习得性无能倾向均值

A 因素	B 因素	
	成功	挫折
有奖赏	24.2	17.5
无奖赏	25.8	22.9

表 3-17　数学作业中 A、B 两因素方差分析表

	平方和	自由度	均方	P
A 因素	122.5	1	122.5	4.42*
B 因素	230.4	1	230.4	8.33**
A×B	36.1	1	36.1	1.30
误差	996	36	27.7	
总计	1385.6	39		

四、讨论

研究结果表明,学业不良学生的习得性无能倾向是多因素综合作用的结果。当学生完成学习任务的成就状况同一定的强化方式、任务类型结合起来,便可以看到不同条件下更为细致的结果,从而使我们可以在更深入的层次、更现实的情境中讨论学业不良学生的动机问题。

1. 外部奖赏的影响

利用外部奖赏能不能提高学业不良学生的内在动机?本研究发现,在两种学习任务中,无奖赏组动机反应得分显著高于有奖赏组。其中,有奖赏-成功组(A_1B_1)顺利地解决了问题,获得奖品,而动机反应得分反而低于无奖赏-成功组(A_2B_1),这一结果同德西的研究是一致的,即外部奖赏在一定条件下会削弱内在动机。但人们一般认为有奖赏总比无奖赏更能激发学习动机,其道理何在?德西认为,人的内在动机与自我抉择意向密切相关,当人做自己愿意做的事或自己决定要做的事,往往表现出较强的主动性和热情,具有较高的内在动机;而当人受到外界压力,去做并非自己愿意做的或者想做的事,则往往会降低内在动机与兴趣。外部奖赏较多的是作为控制性因素出现,即对人的行为起到控制作用,让人按照外部强化要求去做,这就会损害个体的自我抉择,乃至影响自尊、自信。另外,我们注意到,有奖赏-挫折组动机得分在两次作业中均明显低于无奖赏-挫折组。这表明学生由于作业失败而失去奖品,产生的挫折感明显高于无奖赏条件的挫折组。据此,有理由推论,淡化或者消除外界控制性手段可以降低学业不良学生在成就情境中的习得性无能倾向水平。例如,在教育实践中,对于学业失败的学生强调分数的重要性可能无助于提高他们的自信心,反而会加剧其习得性无能倾向水平,因为分数是一种外部强化的控制手段。相反,教师采取多鼓励学生,帮助学生分析问题,解决具体的学习困难等方法是更为有效的。

2. 不同任务类型的影响

研究发现,不同学习任务的成功与挫折对学业不良学生的动机影响是不同的。操作作业中,作业结果成败对学生习得性无能倾向影响不明显;而在数学作业中,成功与挫折对其内部动机有显著影响。这种差别可能与学生对两种作业的主观反应有关。尼克尔斯等人认为,学生对学习任务的投入有两种方式:一种叫任务卷入;另一种叫自我卷入。任务卷入是指个人希望通过自主地完成任务来发展自己的能力,任务卷入者不会把成败看作是对自己自尊的威胁,它可以增强个体完成任务的内部动机;自我卷入是指个人通过与别人比较,以成功或挫折来肯定或否定自己的能力,它往往与自尊相联系,削弱个体完成学习任务的内部动机[2]。本研究中的操作作业对于学业不良学生来说,任务卷入的成分较高,因为完成这类作业成功与否,不会对学生有多大的心理压力和动力,以至成功组与挫折组在内部动机上没有产生显著的差异。相对地说,数学作业对他们来说,自我卷入的成分更高些。尤其,被试都是数学学业不良学生,这很容易使他们把数学作业同自己以往的学业失败经历联结起来,因而一旦受挫,便表现出较强的习得性无能倾向。埃姆斯和德威克进一步指出,任务卷入同自主定向目标相联系,是一种适应性动机模式(又称自主性动机模式),它引导个体敢于接受挑战性任务,在困难、失败面前不灰心丧气,表现出尽心尽力,坚持不懈;自我卷入同表现定向目标相联系,是一种适应不良动机模式(即习得性无能动机模式),它引导个体回避困难,并在失败面前自暴自弃,丧失自信[3]。需要说明的是,数学作业并不是对所有学生都是自我卷入的,作业本身是客观的、中性的事物,但学生对作业的主观反应是有选择偏向的,数学作业有可能是任务卷入,也有可能是自我卷入。

3. 教育上的意义

研究结果表明,同组被试在先后二次作业中,其习得性无能倾向水平有明显变化,它说明个体的习得性无能倾向在不同条件下具有可变性,这就为消除学业不良学生习得性无能倾向提供了可能性。本研究结果可从两方面为学业不良学生动机激励提供指导和建议:①教师如何正确运用奖赏。首先,实施奖赏要有一定条件。学业不良学生解决过分容易的学习任务,并不会提升其自信心。奖赏要与学生完成任务实际付出的努力相匹配,才会使他们感到自己无愧于接受这种奖赏。其二,奖赏要以精神奖励、言语鼓励为主,物质奖励为辅。学业不良学生常常受人轻视或批评,因此对他们最重要的奖励莫过于教师的赞扬、鼓励等社会性强化。②教师如何引导学生对学习任务的积极态度。事实表明,对学业不良学生过多地强调分数、排名,容易诱发其对学习任务的自我卷入,造成他们对学习更加厌倦和逃避。教师要着重引导学生对知识本身的兴趣,以及对学习任务的任务卷入。当他们学业失败时,帮助他们分析具体问题,当他们获得进步予以及时鼓励,帮助他们增强自信心,树立努力克服困难的信念。

参考文献

[1] 李晓文. 成就动机研究的新进展[J]. 心理科学,1991(5):43-47.

[2] GOOD T L, BROPHY J E. Educational Psychology: a Realistic Approach[M]. [s.l.]: Longman Press,1990:385.

[3] 吴增强. 习得性无能动机模式简析[J]. 心理科学,1994,17 (3): 188-190.

不同学习等第学生家庭环境变量比较研究*

一、问题的提出

学习困难学生(本文界定的学习困难学生,指智力正常,学习效果低下,未能达到义务教育初中阶段要求的学生,以下简称"差生")的形成原因是复杂的。其中,家庭环境影响是一个重要方面。家庭环境包含主观性和客观性两类变量[1]。主观性变量指家庭教育中与家长本人的观念、意志、行为等相联系的因素,如教育期望、教育方式、家庭成员间的交往。客观性变量指与家长本人身份、社会地位等家庭各种客观条件相联系的因素,如家庭结构、家长文化程度、职业。家庭环境对学生学习成绩的影响,一直是教育界十分关心的问题,曾有不少研究报告发表,但大都侧重从总体上或从某一环境因素上展开研究。事实上,家庭环境中的各种因素不是孤立的,而是综合地对学生发生教育作用的。本研究旨在弥补这一方面的不足,着重分析各种环境因素,包括主观性变量与客观性变量对学生学习成绩的综合影响的程度,以及这些因素各自施加影响的内在结构和相互关系。

大量研究表明,不同国家由于社会制度、文化背景不同,家庭环境因素的影响也不尽相同。即使在我国,沿海发达地区同内地僻远地区,由于经济、文化、地域不同,家庭环境影响的具体方式也各有差异。目前,上海普通中学存在相当一部分差生,对这些差生家庭环境的调查研究,有助于从区域特点出发,探讨家庭环境各因素对学生学习成绩的影响,以便为学校转变差生的教育方式,提高上海基础教育质量,提供深入研究的资料。

本研究是"初中学习困难学生特点和成因调查"课题的一部分,拟对上海初中预备班学习成绩相对优等的学生(以下简称"优生")、相对中等的学生(以下简称"中生")和差生家庭环境的各种因素进行比较,探讨以某一因素为常量下的其他环境因素对学生学习成绩的影响,揭示主观性变量与客观性变量的关系。

---

* 本文发表于《上海教育科研》1992年第4期,收录时略有改动。本报告是国家教委基础教育司委托,并列为上海市普教"八五"重点课题"学习困难学生的特点、成因与教育对策研究"的分课题"初中学习困难学生的特点和成因调查"的研究成果之一。课题组成员为:吴增强、段蕙芬、沈之菲、徐芒迪、徐自生、靖士明。本文由吴增强执笔。参加调查工作的有:吴赛君、郑开达、章胜华、顾麟祥、周茵、杨剑华、康宏奋、刘克韬、施德明、虞慕镛、沈雪芬、程午昌、劳南怡、林瑞安、范雪华、潘厚勤、朱继灵、施鑫康。本调查研究得到10个区33所中学领导、班主任的帮助,在此一并致谢。

二、调查的方法

1. 调查对象及分组

（1）在本市十个区(除卢湾区、闵行区外)*内,分别抽取重点、生源一般、生源较差的中学各一所,每所学校各抽取一个初中预备班学生,共计 1700 人,经校验,有效样本 1480 人。

（2）对被调查学生进行语文、数学、外语三门学科统测,将每个学生统测成绩化为 T 分数后相加得到三门学科总成绩(T 总分),统计处理表明其呈正态分布。将 T 总分百分等级 75 及以上的 400 名学生划为好生组,百分等级 75~25 之间的 727 名学生划为中生组,百分等级 25 及以下的 353 名学生划为差生组。

2. 调查的内容

①家庭结构,②父母文化程度,③父母职业,④家庭居住条件,⑤家庭成员间关系,⑥父母教育方法,⑦父母教育期望,⑧家庭文化氛围。

3. 调查问卷的制订及调查的时间

在文献资料研究和向市区 200 位有经验的中小学教师征询意见的基础上,制订家庭情况问卷,于 1990 年 10 月份施测。

三、研究的结果

1. 优、中、差三组学生家庭环境诸变量的比较

（1）家庭环境中部分变量的占比(表 3-18)

表 3-18　家庭环境中部分变量的情况

项目	选项	优生组	中生组	差生组
父亲文化程度	大专以上	47.00%	28.47%	16.43%
	初中及以下	25.75%	37.41%	51.56%
父亲职业习惯	脑力劳动	32.75%	21.88%	10.49%
	体力劳动	39.25%	55.99%	74.50%
父亲管教方式	正确	78.75%	71.25%	63.17%
	错误	14.25%	22.42%	30.87%
家庭订阅报刊	订多份	62.75%	49.52%	35.13%
	一份不订	10.75%	19.12%	30.59%
父亲阅读兴趣	专业性、知识性、艺术性	65.75%	52.82%	39.65%
	通俗性	17.50%	29.71%	36.26%

---

* 1990 年,上海市辖有黄浦、南市、卢湾、徐汇、长宁、静安、普陀、闸北、虹口、杨浦、闵行、宝山 12 个区,上海、嘉定、川沙、奉贤、南汇、松江、金山、青浦、崇明 9 个县。

(2) 家庭环境诸变量的组间差异

表 3-19 表明,家庭环境诸变量中,父母文化程度、父亲职业性质、父亲管教方式、父母对子女学习成绩满意度、家庭文化氛围等变量在优、中、差三组学生的组间差异均达到非常显著或极显著水平;家庭结构、家庭居住条件、母亲职业性质、子女与父母感情等变量没有非常显著差异;父母关系、母亲管教方式、父母对子女学习辅导等各项变量没有显著差异。

表 3-19 家庭环境诸变量的组间 X^2 检验

项目	优生组—中生组	差生组—中生组
家庭结构	3.36	10.45*
父亲文化程度	43.64***	31.15***
母亲文化程度	18.39**	38.89***
父亲职业性质	57.83***	46.78***
母亲职业性质	38.28*	29.30
家庭居住条件	11.53*	10.64*
父母关系	4.00	5.93
子女与父亲感情	13.09*	9.62*
子女与母亲感情	10.28*	7.23
父亲管教方式	13.14**	13.15**
母亲管教方式	5.98	1.93
父母对子女学习辅导	4.28	7.42
父母对子女学习成绩满意度	20.36***	73.22***
家庭订阅报刊	22.02***	26.70***
父亲阅读兴趣	29.75***	17.21**
母亲阅读兴趣	15.67**	16.27**

(3) 父母阅读兴趣

母亲阅读兴趣在优、中、差三组学生中的比例分布趋势同父亲阅读兴趣相似,"没有阅读习惯"一项,三类学生家庭中,母亲比例要比父亲比例高得多。而且,从优生组到差生组,差距越来越大,差生组有四分之一的母亲没有阅读习惯,如图 3-2 所示。

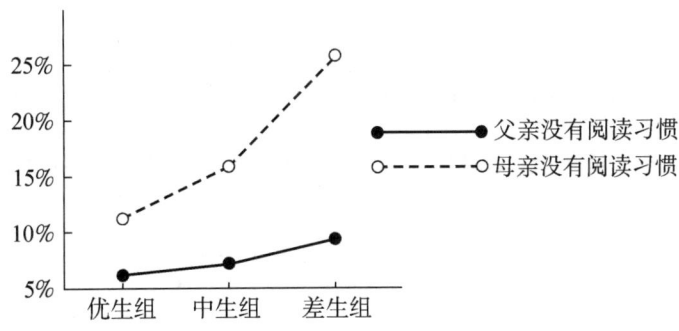

图 3-2 优、中、差三组学生的父母没有阅读习惯的比例

(4) 单亲家庭

国内外大量研究指出,单亲家庭、人际关系紧张的家庭不利于学生各方面的发展。有人

认为单亲家庭的儿童认知水平低,没有父亲的家庭,孩子数学技能发展要受到很大影响[2]。从本研究中的三类学生单亲家庭比例分布情况上看(表 3-20),单亲家庭对学生学习成绩是有些影响的。目前上海地区这一年龄阶段学生的家庭多数是核心家庭,其次是三代同堂的大家庭,家庭里父母关系、父母与子女关系比较和睦。社会学家所惊呼离婚率高,破损家庭增多,还没有波及这一年龄段的学生。

表 3-20 优、中、差三组学生中单亲家庭占比

优生组	中生组	差生组
2.50%	3.02%	5.10%

2. 父亲文化程度相同条件下的家庭环境变量比较

上述调查使我们注意到,优生组有 53% 的父亲是大专以下文化程度,差生组则有 16.43% 的父亲是大专以上文化程度。可见,家长文化程度对子女学习成绩的影响受到其他条件的制约。为此,我们对父亲文化程度相同的优生组和差生组进行了其他家庭变量的比较研究。

由表 3-21 可见,父亲文化程度相同的条件下,差生组学生在父亲管教方式、父母对子女成绩满意度、家庭订阅报刊三项上均差于优生组。

表 3-21 父亲文化程度相同的优、差生组部分家庭环境变量情况

项目	父亲大专以上文化程度		父亲初中及以下文化程度	
	优生组	差生组	优生组	差生组
训斥、责打型父亲管教方式	2.66%	13.79%	6.80%	21.98%
父母对子女成绩期望过低	0	31.04%	0	19.23%
家庭未订阅报刊	5.85%	18.97%	18.45%	40.66%

由表 3-22 可知,父亲都是大专以上文化程度的优生组与差生组在父亲管教方式、父母对子女学习成绩满意度、家庭订阅报刊三项主观性变量上有非常显著或极显著差异。父亲

表 3-22 父亲文化程度相同的优、差生组其他家庭环境变量的显著性检验

项目	父亲大专以上文化程度	父亲初中及以下文化程度
	优生组—差生组	优生组—差生组
父亲管教方式	12.94**	18.49***
父母对子女学习成绩满意度	22.34***	60.52**
家庭订阅报刊	10.40**	22.30***

文化程度高的差生组家庭在采用正确的教育方式、注重家庭文化氛围投入方面不及同类优生组家庭。即使是父亲文化程度低的优生组与差生组家庭相比,在上述三项变量上也呈显著性差异。

3. 父亲职业性质相同条件下的家庭环境变量比较

由表 3-23 可知,父亲职业性质同为脑力劳动者、一般干部的优生组与差生组,有六个家庭环境变量对学生的学习有重要影响,其中两项是客观性变量,四项是主观性变量。差生组家庭,家长自身的文化修养和家庭文化陶冶不及同类优生组家庭。父亲职业同为体力劳动者的优生组与差生组家庭,有五个变量其差异达到非常显著水平,其中二项是主观性变量,三项是客观性变量。这类家庭父亲管教方式的作用较为显著,当子女学习成绩不好时,采取积极管教方式的,优生组明显多于差生组,管教方式不对的,差生组明显多于优生组。

表 3-23　父亲职业性质相同的优、差生组其他家庭环境变量的显著性检验

项目	父亲为脑力劳动者、一般干部 优生组—差生组	父亲为体力劳动者 优生组—差生组
父亲文化程度	17.78**	18.08**
母亲文化程度	26.59***	12.33**
父母对子女学习成绩满意度	33.93***	67.48***
父亲管教方式	8.23	21.76**
家庭订阅报刊	11.43**	3.50***
父亲阅读兴趣	17.90**	13.50
母亲阅读兴趣	22.99***	13.48

4. 父母对子女学习成绩满意度

由表 3-24 可见,优生组家长对子女学习成绩满意的多,差生组家长不满意的多。优生组有近三分之一家长不满意子女的学习成绩,而差生组有超五分之一的家长满意子女的学习成绩。这表明影响子女学习成绩的除了家长的期待以外,还有其他因素。所以,我们再对优生组和差生组满意或不满意子女学习成绩的两类家长,进行其他学习期望方面的因素分析,结果见下页表 3-25。

表 3-24　优、中、差三组学生父母对子女学习成绩满意度

项目	优生组	中生组	差生组
父母对子女成绩满意	60.25	48.28	22.38
父母对子女成绩不满意	31.50	42.09	66.29

由表 3-25 可知,家长满意与不满意的两类学生,家庭环境的诸多变量未呈显著差异,而在本人的学习方法、学习技能、学习态度上出现非常显著的差异。不论是优生组还是差生组,家长满意的学生比家长不满意的学生在领会学习任务、学习策略、学习成绩自我评价和

表 3-25　相同学习成绩下父母期望因素的比较(X^2检验)

项目	优生组 满意—不满意	差生组 满意—不满意
领会学习任务	11.78**	22.35***
学习策略	14.29***	11.30**
学习成绩自我评价	21.57***	11.58**
学习态度	52.84***	34.73**

学习态度方面得分都明显地高。以领会学习任务为例,优生组家长满意的学生有 75.1% 得分较高,而不满意的学生有 58.73% 得分较高;差生组家长满意的学生有 55% 得分较高,而不满意的学生只有 27.47% 得分较高。这表明相当一部分优生组和差生组家长对子女的学习期望还受到其学习行为的影响。

四、分析与讨论

1. 家庭环境影响的几种模式

就家庭环境主观性变量和客观性变量的影响而论,学生学习成绩优劣主要受父亲管教方式、父母教育期望和家庭文化氛围等主观性变量影响,而父亲文化程度这一客观性变量是通过主观性变量间接地对学生产生影响的。因此,客观性变量是一种间接性的变量,主观性变量则是一种中介性的变量。同时,主观性变量受到客观性变量局部的制约。家长的教育观念、教养行为的形成本身是一个受多种因素作用的复杂过程,其自身的受教育程度、职业性质是其中一部分因素,但不是唯一的。所以,任何一个家庭环境变量都不是单独的,而是经过两类变量的交互作用并组成一定的结构模式后作用于学生个体,产生不同的影响。把家庭环境中的主观性变量与客观性变量作为两个维度考虑,可以构成四种模式。由图 3-3 可见,有利于学生学习成绩的正向教育影响是 A、B 两种模式。A 模式,高客观性变量与高主观性变量交互作用,如父亲文化程度高,又注意家庭文化氛围和管教方式的优生组家庭属

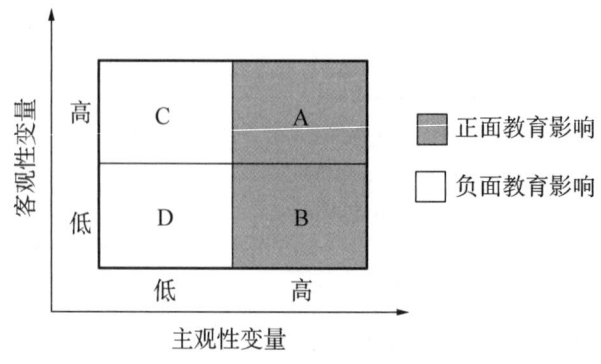

图 3-3　四种家庭环境模式

于 A 模式。B 模式,高主观性变量和低客观性变量交互作用,如父亲文化程度低的优生组家庭属于 B 模式。高客观性变量与低主观性变量的交互作用组成 C 模式,可对应于父亲文化程度高的差生组家庭。C 模式产生消极的教育影响,原因在于家长的教育观念、教育方式、家庭文化氛围方面存在某些不足。低客观性变量与低主观性变量的交互作用组成 D 模式,可对应于父亲文化程度低的差生组家庭,它往往容易形成家庭的负向教育影响,使学生处于不利的家庭环境中。

既然存在正影响和负影响的家庭环境作用模式,那么负影响模式的转化是一个重要问题。一般来说,客观性变量,如家长文化程度、职业性质比较稳定,难以改变,所以从客观性变量考虑这种转化似乎不大可能。而主观性变量,如家长教养方式、教育期望、家庭文化氛围则可以通过家长自身素质提高、观念转变而得以改变,所以,从主观性变量实现转化不仅可能而且必要,这是学校教育指导家庭教育转化差生的一条重要途径。

2. 家庭环境影响与学生的接纳

研究结果表明,差生在家庭环境方面,还是存在着有利的因素的。如在父亲管教方式方面,耐心帮助的占大多数,经常训斥打骂的是少部分。再如,相当部分的差生家长比较重视子女的学习态度、学习方法和习惯,对子女的学习能较全面、合理地评价。但是这些家庭为什么没有收到好的教育效果,关键在于家长正确的想法和要求没有为子女所接纳。接纳,是指外在教育要求内化为个体的内在需求。家长的管教方式、学习期望对子女来说都是一种外界影响,如果没有得到接纳,就无法对子女产生教育效果。有些家长对孩子学习上严格要求是对的,但往往提要求时不注意孩子的心理需求,有时甚至以剥夺孩子正常的娱乐为代价,造成孩子内心的抵触情绪,家长的要求于是不被接纳。有些家长在子女学习成绩不佳或学习困难时,只注意孩子的学习态度,而忽视帮助孩子分析具体症结所在,更没有给他们指出解决困难的路径。怎样才能使孩子接纳家长的要求,这是家庭教育研究中的一个课题。学校指导差生家庭教育,不仅要使家长树立正确的教育观念,还要让家长掌握有效的教育方法和艺术,让家长对孩子少一些责备,多一些指点。

3. 家庭环境影响中父母的角色差异

研究结果表明,父亲比母亲对学生学习成绩的影响更为突出。儿童个体由自然的人发展为社会人的过程中,父亲和母亲承担了不同的任务和角色。婴儿期和幼儿早期,母亲作为照料者,满足了孩子对食物、睡眠、保护和抚爱等基本需求。在儿童朦胧的意识中,构成了一个与母亲密切相连的温暖的内部世界。而父亲对孩子承担的生活照料任务较少。六七岁以后,儿童超越与母亲密切相连的内部世界,开始认知、适应外部世界。这一时期,父亲的作用显得越来越重要。父亲代表着外部世界的道德规范、理想、信念与准则,成为儿童心目中的精神支柱和熟悉、适应社会的第一任指导者。父亲更多地从社会态度、价值观、社会规范等方面教导子女,子女在学习态度、学习动机等方面更容易受到父亲的影响,学习成绩受到父亲影响则是其中一个重要方面[3]。可见,学校指导差生家庭教育,对父亲的指导更为必要。

五、小结

本调查表明：

① 父母文化程度、父亲职业、父亲对子女管教方式、父母对子女的教育期望和家庭文化氛围是影响上海市区初中学生学习成绩的重要家庭环境变量，家庭结构、家庭住房条件、家庭人际关系等的影响相对小些。

② 父亲文化程度、父亲职业性质相同的家庭，父母的管教方式、父母对子女的教育期望、家庭文化氛围是影响学生学习成绩的重要变量。优化这些变量，有助于调动家庭教育力量，促进学生学习成绩提升。

③ 父亲对这一年龄阶段学生的学习成绩影响比母亲大些，因而，对差生的家庭教育指导，重点应放在父亲上。

④ 部分差生家长对孩子有合理的管教方式和学习期望，问题是缺乏科学的教育方法。这是今后家庭教育中急需解决的一个问题。

参考文献

[1] 马和民．家庭环境与学业成绩[J]．教育研究，1990(2)．

[2] 李丹．儿童发展心理学[M]．上海：华东师范大学出版社，1987．

[3] 中央教育科学研究所比较教育研究室．简明国际教育百科全书：人的发展[M]．北京：教育科学出版社，1989．

美国学习困难儿童研究及其启示*

学习困难儿童的研究是教育心理学的一个重要领域。美国有关学习困难儿童的研究,从20世纪末至今已有100多年的历史。早期研究主要局限在医学界人士对儿童的学习障碍,如阅读障碍、失语症,以及脑功能损伤进行的临床研究。到了20世纪60年代,这种局面有了根本的改观,有人称之为学习困难运动的开端,其间有两件事值得提及:一是提出了统一的术语"学习障碍"(Learning Disability,LD),并使这一术语的内涵与外延在学术争鸣中不断完善;二是通过政府法规使学习困难儿童教育正式进入学校系统。之后,有关学习障碍研究的专业团体、科研机构、专业杂志相继出现,有关学习障碍的专著也纷纷出版。目前,学习障碍研究已经成为脑科学、神经生理、心理学、特殊教育等多学科交叉的新兴领域。

一、学习困难儿童的概念界定

自从美国特殊教育专家柯克(1963)首次提出学习障碍这一术语后,其定义一直在不断地修改完善。在美国1975年颁布的《全体残障儿童教育法案》(94-142公法)中,学习障碍儿童的定义以柯克1968年的定义为蓝本,其表述如下:

"学习障碍儿童系指,儿童在理解或应用语言的心理过程中,表现出一种或多种异常状态,以致在听课、思考、说话、阅读、书写或计算时显现出能力不足。这种异常包括知觉障碍、脑伤、轻微脑功能失调、阅读障碍和发展性失语症。这一术语并不包括听觉障碍、视觉障碍、运动障碍、智能不足、情绪困扰,以及环境、文化、经济不利所造成的学习问题。"

这个定义的特点指出了学习障碍的表现特征,排除了其他障碍因素,内容比较具体,但仍受到专家的批评。哈米尔等人指出:①以"心理过程异常"为学习障碍的原因,不易确定与评价。②学习障碍与脑伤、轻微脑功能失调之间是什么关系,有些含糊其词,而且这些症状本身也没有清楚的界定,只会增加混淆,不利于学习障碍儿童的鉴别。③不适当地排除其他障碍,容易造成误会,以为学习障碍不会和其他障碍一起出现。其实,学习障碍同其他障碍同时出现的可能性还是存在的,如既有学习障碍又有听觉障碍和视觉障碍的人。不适当地排除可能造成部分学习障碍儿童无法得到适合他们的教育。

针对上述定义的不足,哈米尔主持的全国学习障碍委员会(National Joint Committee on Learning Disabilities,NJCLD)在1981年提出了新的定义:

---

* 本文作者为吴增强、周卫,发表于《上海教育科研》1997年第12期,收录时略有改动。

"学习障碍是指这样一个异质群体,这些人在获取和利用聆听、说话、阅读、书写、推理和数学能力方面,表现出显著的困难,这些异常起因于个人内在因素,一般认为是中枢神经系统功能失调。虽然某种学习障碍也可能伴随其他障碍(如知觉损伤、智能不足、社会和情绪困扰),但学习障碍并非由这些因素造成的。"

哈米尔的定义有如下改进:①去掉"儿童"一词,学习障碍不再只限于儿童;②以"表现出显著的困难"取代能力不足,使学习障碍的定义更具有操作性,因为显著困难比能力不足更容易评量;③不排除学习障碍和其他障碍或外在导致学习困难的因素并存在的事实。但这个定义也有些模棱两可的地方,尽管它指出了学习障碍的原因,而这个原因究竟是不是中枢神经系统功能失调仍然无法确认。1988年美国的全国学习障碍委员会又对学习障碍定义作了修正,在学习障碍的表现方面增加了社会知觉、人际互动等社会技能。

综上所述,学习障碍儿童的概念界定有如下特点:

① 学习困难的表现症状,侧重心理过程的异常。具体包括学业性障碍,如阅读、书写、拼字、计算,和发展性障碍,如注意、记忆、推理、视动协调。学习障碍的定义比较具体,便于诊断分析,但对鉴别的要求较高,需要相应的鉴别各种障碍的工具。

② 学习困难的原因,强调个体内部因素,特别是神经生理方面的,主要指中枢神经系统功能失调。上述两定义都比较侧重从病因学的角度,寻求学习障碍现象在神经病学方面的解释。也就是说,是由于神经生理的问题影响脑的功能,造成学习障碍。但迄今为止,这种解释尚未得到强有力的证据的支持。针对这类不足,戈尔斯(1987)提出"相互作用理论",认为学习困难的原因是个体与其所处的社会环境相互作用的结果,包括建构知识、态度、价值和动机取向。在学校和家庭环境中都有这种相互作用发生。有学者认为,这一理论用来解释一般的学习问题比特殊的学习困难更有效,它更适用于低成就学生,而不是学习障碍儿童。

③ 学习困难概念的统一与权威性。学习障碍的概念由国家权威性的组织提出,不仅容易在学术界形成共识(尽管专家对定义的细节有争议,但对基本框架是认同的),便于学习障碍研究在同一概念范畴内进行,保证研究的科学性,同时也便于政府将其作为法定术语。

二、学习困难儿童的鉴别

鉴别与诊断是学习困难儿童教育中十分重要的环节。通过鉴别可以判定哪些儿童是学习困难儿童,以确定教育与服务的对象。

1. 学习困难儿童的鉴别

柯克根据学习障碍的定义提出三条鉴别标准:差距标准、排他标准和特殊教育标准。

差距标准,是指个人能力发展与学业成就方面的内在差异,也就是个人潜力与实际表现的差距。差距标准的判定首先需要标准化的能力测验与成就测验。确定差距的方法主要有几种:年级水准差异、期望公式、标准方法和回归分析。年级水准差异是将学生的学业成就水平与现读年级比较,明显低于现读年级某个差距以上的,如一至两年,则符合差距标准。期望公式又称为潜能和成就水平差距法。此法利用不同的公式将预期的成就水平量化,再与学生实际的成就相比较,低于预期成就水平者,即符合差距标准。标准方法是将学生能力测验与成就测验的分数转换成标准分数(Z 分数或 T 分数)再行比较。回归公式是指在一定的范围内(如一个学区),建立能力、成就的常模与两者的回归关系。上述四种差距公式,在美国各州目前使用得最多的是标准分数比较,约占 54%。

尽管差距标准在各种学习障碍儿童鉴别标准中占首要地位,但仍受到一些学者的批评。卡瓦莱(1987)认为,差距标准是人为创造的概念,强调能力与成就的差距容易造成学习障碍与低成就混淆的现象,以致把许多低成就学生鉴定为学习障碍儿童。另外,使用差距标准容易让人忽略学习障碍的病因。

排他标准,是指学习困难不是由智能不足、感官障碍、情绪困扰或缺乏学习机会等因素所造成的。这种排他标准并不完全排斥上述障碍者可能有学习障碍的现象,但如果同时并存,则需提供多种特殊教育的服务。约翰逊等人在美国联邦政府颁布相关法案之前,曾提出学习障碍鉴定的六项排他标准:①一般个别智力测验智商在 90 左右或以上;②双眼的视力值经矫正后在 0.5 以上;③两耳的听力损失不超过 30 分贝;④情绪困扰现象不是直接可以观察得到的;⑤没有明显的动作障碍;⑥家庭社会经济地位中等。1975 年《全体残障儿童教育法案》中对学习障碍儿童的定义也有排他标准,即视觉、听觉和动作障碍,智能不足,情绪困扰,环境、文化或经济不利等原因造成的学习问题,不可鉴定为学习障碍。

特殊教育标准,即学习障碍学生必须是无法在普通教学条件下进行学习,需要接受特殊教育服务的。贝特曼(1992)提出,转介前的干预是确定学生是否符合学习障碍标准的方法,如果在原来学习环境中做适当的调整即可解决学习问题的儿童,就不符合特殊教育标准。

美国联邦政府规定学习障碍资格的鉴定需由鉴定小组进行资料收集和资格确认。鉴定小组的成员通常包括学校行政人员、学校心理专家、特教教师和普通教师。

2. 学习困难儿童的发生率

据美国联邦教育部提供的资料,20 世纪 70 年代全国 6 岁至 17 岁的公立学校学生中约有 2%~3% 为学习障碍学生,而到了 1987—1988 学年,这个比例上升到了 4.41%。1976—1977 学年,学习障碍儿童占全体障碍儿童的 23%,1987—1988 学年学习障碍儿童占所有障碍儿童的 47%。柯克认为,学习障碍儿童快速增长有下列原因。

① 学习障碍逐渐为家长、学校和教师所接受,他们越来越能够从普通学生中鉴别出学习障碍学生。

② 过去被误诊为智能不足的学习障碍学生,现都已被重新诊断为学习障碍学生。

③ 由环境因素造成的学习困难学生也被纳入学习障碍学生范围接受教育。

我国大陆没有做过全国性的学习困难儿童筛查,但有地区性的调查数据。1989 年,一份对成都两所小学 1784 名学生的调查报告指出,学习困难儿童的发生率为 17.4%。1991 年,上海市教育科学研究所某课题组对上海市区 1480 名初中预备班六年级学生的调查表明,学习困难学生的比例为 23.8%。我国大陆学习困难学生的发生率比美国要高得多,主要原因是对学习困难学生的概念界定不同、鉴别标准不同。国内学习困难儿童鉴别是依据学习成绩为标准,实际是学业不良或者低成就学生的概念。而美国学习障碍儿童的概念排除了由动机、情绪、文化环境等因素造成的学业不良,所以它的概念要比国内学习困难学生的概念小。上海市教育科学研究所课题组对上述样本的学习困难学生做了进一步分类,发现真正有能力障碍的学生占学生总数的 4.2%,这个数据接近美国的学习障碍儿童的发生率。

三、学习困难儿童的教育

美国学习障碍儿童的教育大致有以下几个特点:

1. 政府政策和法规的支持

1969 年,学习障碍儿童教育在美国正式纳入立法程序,产生了著名的《残障者初等教育和中等教育法修正案》(91—230 公法),该法案将学习障碍列为障碍儿童中单独一类,推动了为学习障碍儿童服务的学校课程计划的建立与实施。在 1975 年制定的《全体残障儿童教育法案》中规定,所有的学区必须为学习障碍儿童提供免费的适当的教育。这表明政府一开始就将学习障碍儿童教育纳入特殊教育系统。1983 年通过《残障者教育法修正案》(98—199 公法),该法扩大了学习障碍儿童教育范围,往前至学前教育,往后包括高等教育(3~21 岁)。

2. 多样性的教育安置形式

学习障碍儿童的教育安置有多种形式。美国联邦教育部 1991 年的报告表明,学习障碍儿童安置在资源教室最多,约占 57.9%,隔离式的特殊班为 20.9%,普通班为 19.6%,隔离式特殊学校仅为 1.3%。由于隔离式的教育安置形式不能满足学习障碍儿童与正常儿童一起学习交往的需要,也影响他们个性、社会技能的发展,于是,让学习障碍儿童回归主流、综合教育等主张日益受到重视。综合教育是针对隔离式教育安置的弊端提出来的,强调特殊教育与普通教育的融合,打破两者之间的界限,由普通教师担任教育特殊学生的工作,特殊教育教师则为普通教师的支援。更为激进的主张则提出"完全融合"的新口号,即强调将学习障碍学生完全安置在普通教育环境中,使教育成为单一系统。这引起了一些特殊教育界学者的反对,他们认为完全融合忽视了学习障碍的特殊性和困难的严重程度,也忽略了学习障碍学生个别化教育和相关服务的需要。

3. 个别化的教育模式

个别化教育计划(Individualized Education Plan,LEP)是美国学习障碍领域占主导地位的教育模式。LEP 是针对某一特定学生的学习需求、安置和教学目标提出的计划,也是评价与协助管理教学流程的工具,同时也为了保障学生受到适当教育的权利。LEP 的书面计划包括了解学生现状(生理、心理和学业水平等),提供特殊教育与教材、教法、考试等方面的相关服务,鼓励学习障碍儿童参与普通学校教育等项内容。

为了保证 LEP 的落实,一般在地方上(学区)专门组织个别化教育方案委员会,委员会成员包括学校行政人员、特级教师、普通教师、家长,必要时可邀请相关专业人员或学生本人。

4. 不断更新的教学策略

20 世纪 60 年代到 70 年代,学习通道训练教学和神经心理历程训练一度占有主导地位。20 世纪 70 年代前期,学者对神经心理历程训练这种教学模式的效果提出了质疑,意见大致有:①以历程理论来诊断学生,容易忽略个体学习的完整性;②历程评量的项目与学习表现无关,学生经过历程训练的结果无法迁移到学校的学习;③实证研究结果并未提供肯定的训练效果数据。

随着认知心理学的兴起,认知教学策略应运而生。20 世纪 80 年代初期的认知教学策略主要是改善儿童的记忆和注意。托格森(1980)运用学习策略训练学习障碍儿童的记忆力,注意异常则采用认知行为矫正技术。学习障碍儿童通过自我指导、自我矫正等方式学会自我调控,纠正错误。进入 90 年代,策略训练在学科教学中得到广泛运用,并从单一的训练模式向多重、综合的训练模式发展。埃利斯提出的"综合策略教学"便是其中的一种,这是一种课堂内容与学习策略并重的教学策略,一方面向教师提供一套教学常规,有效地提高学生理解和记忆教材内容的计划,以及有关的学习任务;另一方面向学生提供有效地进行信息再加工的策略。两者相辅相成,形成整体效应。

四、几点启示

综上所述,美国学习障碍儿童教育与研究已经成为特殊教育中一个重要领域,从鉴别、诊断到教育等各方面形成了独立的、完备的体系。而我国大陆的学习困难儿童研究尚未形成独立的体系,基本上是各自为政,研究的规模和影响是局部的、分散的,甚至是时断时续的,从理论到实践方面尚有不少空白。美国的经验给了我们如下启示:

1. 界定统一的科学的学习困难儿童概念

形成比较统一的科学概念,是学习困难儿童研究的起点。目前国内学术界和教育界对学习困难儿童的定义众说纷纭,缺少权威界定,有的提"差生",有的提"后进生",还有的提"学业不良学生""学习困难学生""学习失能学生"等等。根据这种现状,我们认为,将各种原因造成的学习困难放在统一的概念里较为实际。如果照搬学习障碍的概念,而将动机、态度问题、环境不利问题、知识障碍问题等引起的学习困难排除在外,也就放弃了对大部分学习困难儿童的教育,有违教育的根本宗旨,也不符合中国国情。但也要看到广义的学习困难儿童包含了学习障碍儿童,若无视学习障碍儿童的存在,也不是科学的态度。可见,对学习困难儿童的分类问题格外重要,特别是对学习障碍儿童的鉴别,这是当前需要攻关解决的一项课题。

2. 建构特殊教育与普通教育交叉渗透的学习困难儿童教育体系

国内的学习困难儿童教育与研究，历来归属于普通教育系统，没有纳入特殊教育系统。这里存在的问题是，只看到学习困难儿童是学习上的落后分子，而没有认识到学习困难学生是需要受到特殊教育服务的对象。学习困难儿童同其他儿童一样，需要获得平等的教育机会和充分发展。特教与普教相结合，一方面要扩大特殊教育的范围，特殊教育的对象应由视力残疾、听力残疾、智力残疾三类残疾儿童，拓宽到所有有特殊教育需要的儿童少年，其中也包括学习困难儿童。由于绝大多数的学习困难儿童在普通学校就读，这就使得过去狭义的、与普通教育分离的特殊教育，转向广义的、与普通教育融合的特殊教育。另一方面，普通学校的学习困难儿童教育，得到特殊教育的理论、方法与技术的支持，可以使教育对策不断科学化，也使研究不断深化。例如：在教育安置形式的选择上，研究学习困难儿童随班就读问题；在教学策略上，研究个别化教育与班级教育融会贯通的问题。

3. 建立学习困难儿童教育的行政管理与法规保障

美国有相应的特殊儿童教育法规，政府教育主管部门有相应的对策，从财力、物力、人力等各方面，支持地方和学校实施对学习困难儿童进行特殊教育的计划。而国内在《中华人民共和国残疾人教育条例》中没有明确将学习困难儿童列为特殊教育对象，这就难以在广大的地区和学校推行这项工作。在教育行政部门中，普教部门管不了学习困难儿童教育，而特教部门管不着，致使这项工作成为无人照管的"盲区"。我们应该认识到，学习困难学生的教育，仅仅依赖于教师多关心、多爱护、多辅导是远远不够的。只有得到政府主管部门的统筹管理和政策法规的支持与保障，才能使得众多的学习困难儿童得到需要的教育。

4. 加强学习困难儿童研究的协同攻关

我国大陆还只是为数不多的教育工作者、心理学家和医学专家在自发地进行学习困难儿童研究。当务之急是，建立教育学家、心理学家、儿童精神卫生专家、临床心理学家等各方专家的联合体，协同攻关，从学习困难儿童概念的科学界定、鉴别诊断工具的编制、教育对策等各方面展开系列研究，并运用研究成果积极影响政府部门有关政策的制订，积极指导学校的教育实践工作。

参考文献

[1] 洪俪瑜. 学习障碍者教育[M]. 台北:心理出版社,1996.

[2] 静进. 学习能力障碍研究现状[J]. 中国心理卫生杂志,1994(1):41-45.

[3] SINGH N N, BEALE I L. Learning Disabilities Nature, Theory, and Treatment[M]. New York: Springer-Verlag, 1992.

[4] 武杰. 学习困难儿童教学干预方法及若干评析[M].//胡兴宏. 学习困难学生教育对策探索. 北京:语文出版社,1994.

[5] 钱在森. 学习困难学生教育的理论与实践[M]. 上海:上海科技教育出版社,1995.

学习困难学生发展的特点及学校教育的反思*

学习困难学生在知识、认知、情感、意志等方面的学习准备状态不足,这既是他们学习困难、不适应教学的长期积累的结果,又是后续学习的隐患。学习活动中的一系列消极认知、消极情感体验,强化了学习困难学生个体学习系统的恶性循环,形成其与学校学习任务相冲突的行为模式,从而进一步影响其知识增长、能力发展。学习困难学生在学校经常性的学业失败记录,教师、家长、同学的歧视与偏见,影响他们自我概念的发展,影响他们对生活、对事物积极的态度和情感,进而阻碍他们人格的健全发展,致使他们有可能从学业上的失败者变为社会上的失败者。学习困难学生的存在,反映出学校教育的种种问题,其实质是学校教育在不少方面没有适应,甚至阻碍了学生的学习与发展。

学校教育的最终目标是促进学生的发展,培养学生成为适应社会、自立社会、贡献社会的新公民。"发展"是教育含义上人的全面发展,不是人的自然成熟。学生智慧、才能、情感、品格和体魄各方面的发展,是社会需要和个人需要的统一。一方面,学习困难学生在认知、情感和行为上与一般学生的种种差异,的确有碍于他们的发展;另一方面,学习困难学生又和一般学生一样具有学习潜能,这种潜能是他们发展的契机。只有认识了学习困难学生同一般学生的差异与共性,才是全面、科学地认识了学生,才能为教育提供科学的依据。因此,我们可以从人的发展的差异性、可能性和完善性方面来认识学习困难学生发展的特点。

一、学习困难学生发展的特点

1. 学习困难学生发展的差异性

学习困难学生发展的差异主要表现为系统差异、结构差异和类型差异。系统差异,是指个体知识经验、心理水平、行为模式构成的学习系统各个要素之间相互联系、相互制约形成的差异。结构差异,是指个体学习系统内部各要素发展的不协调而形成的差异。类型差异,是指困难学生内部由于个体差异和学生具体学习经历不同而形成的差异。

系统差异。有人认为,学习困难学生与优生相比智力方面差异不大,非智力因素有显著差异,因而造成这些学生学习困难主要在非智力因素方面。这种看法是不全面的。研究结

---

*本文发表于《上海教育科研》1992 年第 5 期,收录时略有改动。本报告是上海市教育科学研究所"初中学习困难学生教育的研究"课题组的研究成果。课题组成员有:钱在森、张声远、胡兴宏、吴增强、段蕙芬、沈之菲、徐芒迪、徐自生、靖士明。本文由吴增强执笔。

果表明,学习困难学生在智力因素、非智力因素、学习行为、品德行为和知识水平等方面明显低于优生和中生。这种系统差异的产生是学生学习活动的结果,也是学生学习困难的内部原因。什么叫学习?《教育大辞典》中指出,学习是"由经验或练习引起的个体在能力或倾向方面的变化"。这种变化的速度取决于学生个体是在积极的还是消极的心理状态下进行学习活动的。学习困难学生常常是在消极的心理状态下学习,经验匮乏,训练不足,学习失败和困难又使得他们回避困难、缺乏自信和学习动机。因此,学习困难学生与优生、中生在能力、情感、知识等方面发展产生了越来越大的差距。

个体学习系统内,知识经验、心理水平和学习行为诸要素在学习过程中并不是各自孤立地发生作用,而是相互联系、相互制约的。知识经验与认知发展密切相关,知识经验是认知能力的基础,认知能力是获得知识的条件。困难学生的知识结构是无序的,缺乏组织化,所以难以同化新知识,从而制约能力的发展。有时,困难学生反映在学科上的问题,既是知识障碍又是能力障碍。学习行为表示学生在具体学习情景中的倾向性反应模式,它与智力和非智力因素密切关联。课堂行为表现直接与态度、动机有关(非智力因素),学习策略本身含有智力因素的成分(认知能力高低影响学生学习策略的优劣),学习方式则是个体认知风格在学习情景中的表现。同时,两者又有区别。研究结果表明,智力和非智力因素处于同一水平的困难学生与优生相比,在学习行为上有明显差异。从教育和训练困难学生的角度考虑,对于不同学习方式的困难学生可以采取不同的教学策略,提高其学习效率。对于学习方法、策略和习惯较差的困难学生,可以进行训练和培养,帮助他们逐步学会学习。学习行为模式是学生个体学习系统中甚为活跃的一个要素,正因为如此,学习方式、策略问题成为目前国内外这一领域的研究热点。

结构差异。学生综合学习能力心理结构主成分分析结果表明,困难学生与优生的能力结构有很大差异:优生的第一主成分中,思维、言语、数理等基本学习能力紧密结合、协调发展;困难学生的第一主成分以记忆能力为主,思维、言语、数理等能力相互割裂,表现出能力结构的无序和不协调。还有一点值得注意,优生的智力因素与非智力因素是协调发展的,他们的基本学习能力与求知欲、抱负、好胜心等非智力因素紧密结合;困难学生的第一主成分只有非智力的几项指标,它与能力完全分割,没有协调一致。困难学生心理结构的不协调,引出学习系统的功能缺陷问题,影响他们顺利完成学习任务。

困难学生与优生的系统差异、结构差异主要不是先天遗传因素或者后天自然形成,而是在学习活动中习得的。这就需要教育者帮助困难学生积极地进行学习活动。此外,教育教学还必须适应学习困难学生发展的差异,因材施教,否则就会使得学习困难学生的学习适应性日趋降低。而这种不适应将进一步加剧他们各方面发展的不足。学习困难学生发展差异的实质,就是他们在适应与发展上形成的这个恶性循环机制。

类型差异。由于学生个体内部不同的发展水平,学习困难形成的过程和原因各不相同。研究结果表明,学习困难学生按照智力、非智力因素的特征可以分为四种主要类型:①暂时性困难学生,他们的智力因素、非智力因素没有偏常,但在学习行为上存在不少问题。对此,可以从课堂教学方面寻找原因。例如,教师组织教学不当,常使得学生不能积极、主动地认知,缺乏热情的情感投入,而缺乏积极的心理活动就难以对课堂知识的内容进行有效加工。教育这一类型的学习困难学生,就应该活跃课堂气氛,引导他们的积极参与,在教学环节中施加必要的认知冲突。②能力型困难学生,能力较差是他们学习上的主要障碍,但教师常常会把他们的能力、方法问题视为学习态度问题。这种没有针对性的批评教育容易引起学生的情感对立,效果适得其反。教育这类差生,教师要重视帮助他们找到具体的学习困难,改进学习方法。③动力型困难学生,学习态度、动机、坚持性、自我控制等方面问题较突出。教育上要注意调动他们的情感因素,帮助他们正确地归因,激发其学习内驱力。④整体性困难型学生,学习困难的主要内因是学习能力差,非智力因素发展水平低。这类学生心理发展水平低,大多是由于小学阶段持续的学习困难、知识障碍积累、基本技能缺乏造成的,而长期的学业失败更使他们缺乏自信心,丧失学习的愿望和兴趣。这部分困难学生所占比例并不多,可是学习困难程度较严重,除了改善课堂教学,还必须进行个别补救教学,摸清他们的知识起点和障碍点,有针对性地制订个别教学计划和目标,并强化他们薄弱技能的训练。

不少文章笼统提到学习困难学生智力因素差,非智力因素也差,忽视了他们之中还有层次分化、类型差异,这就很难因材施教。

2. 学习困难学生发展的可能性

研究结果表明,相当部分学习困难学生心理发展水平并不低,在完成学校要求的课程学习中,潜在能力与实际学业水平极不相符。研究结果还表明,即使心理发展水平较低的学习困难学生也具有一定的学习潜能。因此,每一个学习困难学生都有发展的可能性,他们的潜能远未能被认识和开发。这是学习困难学生个体内部条件与外部教育条件相互作用过程中,进入恶性循环的怪圈的结果。学生学习潜能开发的途径是学习活动,在学习活动中有没有积极的认知,有没有积极的态度和动机,有没有良好的学习方法和习惯,是学习潜能开发的关键因素。学生只有具备强烈的学习愿望和一定的学习能力、方法和知识基础,才能较好地完成学习任务,实现发展的可能。学习困难学生就是在以下几方面进入怪圈的。困难学生的知识基础与教学要求很不适应,先前的知识障碍没有解决,新的知识难点又在不断积累,使其难以顺利地完成学习任务。学习上缺少方法,常与他们回避学习困难、缺乏学习训练有关,这使他们在完成学习任务时,始终采用低水平的学习方法和策略。而教师对困难学生采取机械性的惩罚,无助于他们学习技能的提高,只是强化了机械记忆。由此带来态度和动机的问题,又使他们学习经常遇到困难,学习成绩持续不佳,经常得不到教师的帮助、鼓励,反遭教师责难,于是畏学、厌学情绪日趋增长。我们的调查表明,教师在严格要求、关心、奖惩方式等方面对优生的教育远比学习困难学生有帮助,这就使得困难学生不仅学习困难,情绪压抑,而且在学校、班级中处境困难,多重困难压制了他们发展的可能性。

学生的潜能又是多方面的,目前学校的教育传统是以语文、数学和外语基础课作为考核教学质量的唯一标准,其结果是在一定程度上制约了学习困难学生多方面发展的可能性。

学生在语文或数学课程学习中受挫,就被贴上"差生"的标签,受人轻视。这种传统的偏见应予以纠正。

3. 学习困难学生发展的完善性

研究表明,学习困难学生不仅知识水平和心理发展水平低,而且品德行为,诸如集体工作责任心、同伴间人际关系、合作性、尊师守纪等方面都明显不及优生和中生。这提醒我们,对学习困难学生的教育不能仅关注他们的学业不良问题。学习困难是与其人格发展联系在一起的。困难学生对课堂学习的态度影响其对事物的态度,如作业潦草马虎,导致今后在工作中缺乏责任心;回避学习困难、畏学、厌学,导致缺乏进取心。学习困难学生在班集体中的不利处境,还会引起人际关系紧张,学习行为问题会引起品德行为问题等等。如果忽视了困难学生的人格发展,那么,学校教育不仅会制造学业失败者,还会制造社会的失败者。为此,学习困难学生教育要立足于人的发展的完善性,要让学生学会学习、学会做人、学会生活。要创设各种教育情境,抓住各种教育机会培养困难学生的品质,促进他们社会性行为的发展。

二、学校教育的反思

学习困难学生的存在反映出学校教育的种种问题,其实质是学校教育在不少方面没有适应,甚至阻碍了学生的学习与发展。

1. 教育模式问题

在学校教育中,以升学为唯一目标的应试教育模式依然存在。这种教育模式是以选拔式考试为指挥棒,以智育为中心,以高难度的课程、教学大纲为基本内容,以选拔优秀学生为目的。因此,这种教育不可能面向全体学生、促进学生全面发展,更不可能针对困难学生的特点进行教育。小学阶段,由于教材内容难度陡增引起学习困难学生大量产生的现象,正是应试教育模式的一种体现。统一的大纲要求、统一的进度、统一的评价尺度,使教师难以因材施教,也使部分学生由于学习适应上的差异成为困难学生。留级生制度是对未达到教学大纲基本要求的学生的一种补救措施,事实上学生留级后常常不能得到应有的帮助,外界歧视、教师头痛、学生嫌弃,不但学习困难没有解决,还容易引起品德行为问题。由此可见,升学教育模式,不仅使原有学习困难学生摆脱不了困境,而且还在不断制造新的学习困难学生。

2. 教育观念问题

教育者仅仅把学习困难学生看作被动的教育对象,而不是能动的主体。教育者认为教育仅仅是代表社会传授给学生知识、技能和规范,学生必须适应教学需要,而不是教学适应学生的需要。基于这个逻辑,适应教学要求的学生被选拔,不适应教学要求的学生遭淘汰。至于学生的特点是什么,却无关紧要。这就违反教育最终是为了促进学生发展的本义,这就不难理解,现行学校教育为什么忽视学生差异,为什么忽视困难学生的学习潜能。教育者缺乏对困难学生移情性的理解。调查表明,教师对学习困难学生学习成绩下降的归因,集中归结到学生的学习态度、学习习惯上,而归结为教学方法、教学态度等方面的几乎没有。这种归因倾向影响着教师从学习困难学生的处境去理解他们,去思考由于教育教学上的不足引起学生学习困难的原因。缺乏对学生困难成因全面、科学地分析,就会带来教育的盲目性,诸如把学习困难学生动机态度问题简单地看成思想品德问题,把学习方法、习惯问题简单地看成智力问题,等等。

3. 教育方法问题

教育方法的一个主要问题是教育者在了解和研究学习困难学生的过程中缺乏科学态度和方法的指导,以致难以深刻、清晰地认识学习困难学生的特点与发展。反映在教育教学中,表现为:只重视对学习困难学生学习结果的了解,忽视对他们学习过程的了解;只重视他们的一般学习结果,忽视他们学习的具体细节;只重视困难学生面上学习结果,忽视他们个别学习结果。简言之,教学中唯经验判断大大局限了我们对于学习困难学生的深入细致的了解。造成这种状况,既有教育观念、教育模式的问题,也有对教育方法本身没有进行科学研究的问题。多年来,许多教师在教育研究学习困难学生方面有丰富的经验,但是对这些经验很少进行科学的总结,并归纳为一定的理论。又由于对学习困难学生学习过程中的行为和机制研究尚很薄弱,没有为教育教学实践提供更多的理论依据和指导。

4. 学校指导家庭教育问题

学校指导家庭教育方面,比较突出的倾向是把课堂教学的职能不合理地扩大到家庭,家长成了孩子的辅导老师,每逢考试来临常常出现不少学生家长请假在家帮孩子一起复习以取得考试高分的现象。学校教育应该求得家长支持,但并不是要求家长介入子女具体的学习过程。这种倾向无助于学生独立自主学习精神的培养,只会增加学生学习的依赖性。一直抱着孩子走,孩子就永远不会自己走路,学习上也是如此。家庭教育促进学生学习,不在于具体辅导子女学习的时间有多少,这是教师的任务。家长最重要的任务是培养子女对学习的态度和习惯,培养他们对生活、对事物的态度和行为方式。培养子女形成良好的品格是家庭教育的基本目的,其途径为:一、对家长自身价值观念、行为方式的间接影响;二、对子女管教方法的直接影响。成功的家庭教育是家长通过直接和间接的教育,影响、引导孩子把学习看作是自己需要、兴趣的一部分,而不是对他们的制约。

我们认为对学习困难学生的教育在以下几个方面的探索是极其有意义的:①教育者科学地了解和研究学生,了解不同学习困难学生的不同学习准备状态,是学习困难学生教育的前提;②在课堂教学中探索出适合不同层次学生发展的教学模式,针对学习困难学生不同特点实施不同的教学,是学习困难学生教育的关键;③学校课程、教学目标与评价体系真正立足于素质教育,立足于现代社会的培养目标进行改革,开发学习困难学生的学习潜能,促进学习困难学生全面发展,是学习困难学生教育的基本目的;④学校、家庭和社区教育力量相互协调,创造良好的外部教育环境,是学习困难学生教育的外部保证。

试论学习困难学生的心理辅导*

一、学习困难学生的心理障碍不容忽视

在对初中学习困难学生的特点、成因的探究中,我们发现学习困难学生由于青春期成长危机和学习困难困扰,常常会产生种种心理障碍,这些心理障碍是影响他们成长发展的主要因素。前者是学习困难学生与同龄其他学生的共性问题,后者则是学习困难学生的特殊问题。第一,初中学习困难学生是处于青春期的中学生,在这一时期里他们同其他中学生一样,生理、心理状况、社会地位和人际关系都发生了急剧的变化。而面对种种变化,青少年往往感到难以适应,他们感到紧张不安、恐慌与困扰,以致对成年人、家庭、学校、社会和传统产生不满和反抗。社会传统文化与青少年亚文化的冲突,个人需要与社会需要的冲突,理想自我与现实自我的冲突,等等,使学习困难学生更可能脱离课堂和学校,受到社会不良风气的影响。如果不帮助他们解决成长中的危机,将来就有可能使他们成为社会的不良公民。第二,初中学习困难学生长期的学习困难与失败使得他们在学习技能、学习动机与态度及人格适应等方面产生诸多障碍与困扰,这不仅使他们摆脱不了学习困境,而且影响他们潜能的开发和人格的和谐发展。因此,如果不帮助学习困难学生克服这些障碍,就可能使他们从学校的学业失败者发展为社会的失败者。

为了解决上述问题,除了在课堂教学中要采取相应的对策,改善其学业状况外,还必须对学习困难学生进行心理辅导,以帮助学习困难学生健康地成长。

学校心理辅导对于帮助学习困难学生摆脱困难、获得良好发展大致有三个作用:支持作用、动力作用和调控作用。

支持作用。心理辅导是一种帮助学生培养学习和生活技能的教育活动。学习技能是学生学会学习的基础,若不提高他们的学习能力,不仅无法帮助他们解决现有的学习困难,还会让他们在以后的学习中不断积累新的困难。社会技能是学生学会做人的基础,不懂得如何正确地对待自己、对待他人、对待集体、对待生活,就会使他们成为学习与人格双重缺陷的不健全的人。学习困难学生身上存在不同程度的学习障碍和人格障碍,可以通过学习辅导和生活辅导来解决。

动力作用。心理辅导是一种帮助学生自我认识、自我激励的教育活动。学习困难学生动机水平低、畏学厌学是一个较为普遍的问题。以往学校在激发学生学习动机上,过于强调

---

* 本文作者为吴增强、钱在森,发表于《上海教育科研》1994 年第 3 期,收录时略有改动。

外在激励,比较忽视内在激励。当然,外部激励对学生学习有一定作用,但由于这是一种表层动机激励,需要一个内化过程,只有当它与个体内在需求相结合的时候才能产生作用。因而,如果外在激励不与内在激励相结合,就难以持久地从根本上改变学生的学习行为。着眼于内在动力是更为积极和深入的深层动机激励。学习困难学生内部动机激发的关键是改善自我概念,克服自卑和自弃,树立自信和自卑。而心理辅导的重要目标之一就是帮助学生认识自己,接纳自己,进而发展自己。

调控作用。心理辅导是帮助学生学会自我调节、自我控制的教育活动。学习困难学生由于学业问题,或者自身的其他问题(如攻击性、孤僻、怠惰、自卑、退缩),使得他们在与人与事与环境的相处中,时常处于冲突和矛盾状态,如缺乏自制、缺乏忍耐、以自我为中心、为所欲为。这种不协调状态给他们带来种种心理困扰,他们不知道如何融洽地与人相处,如何承担对己、对人、对事的责任,如何对待成功与失败。总之,在如何调控自己以适应环境方面无能为力,表现出明显的人格适应不良。心理辅导不仅要使他们认识自己,更重要的是帮助他们学会调节自己,控制自己,以便很好地适应环境。

二、学习困难学生心理辅导是健全人格的辅导

有人认为,对学习困难学生来说,最重要的是解决其学习障碍。这种说法并不全面,其实学习困难学生的根本问题是人格障碍。所谓人格,是指一个人稳定而有倾向性的对事物的认识、情感态度和行为方式的总和。首先,学生的学习状况往往同他们对学习的认识、情感态度、行为密切相关。例如,学习困难学生学习成绩差,常常与学习态度与习惯有关,学习成绩差是一种状况,学习态度和习惯差则是一种学习行为。再如,学生学习成绩差还会影响他们处理周围事务的行为方式。有些学习困难学生富有攻击性,并不是因为他们秉性恶劣,而是某种消极的防御机制发生了作用。因为自己成绩差被别人看不起,在同学中没有地位,自己就用攻击别人的方式来确立自己的地位。一部分学生之所以学习困难,是因为平时生活中怠惰、懒散、拖沓的行为方式迁移到学习上来。由此可见,学习困难学生的问题从现象上反映是学业不良、学习障碍,本质上则是人格发展问题,学习的各种不良表现是学生对事物、对生活的认识、态度和行为方式的具体反映。对学习困难学生进行健全人格的辅导,其最终目的,是帮助、引导他们树立对事物、对生活积极的态度,养成积极的行为方式及价值观。

其次,学习困难学生的学习障碍不单单是知识与能力的问题。学生学习过程是知、情、行三者统合的过程,人的心理本身就是这三者有机结合的整体。所以学生的学习障碍包括认知障碍、动机情感障碍和行为障碍。从总体上讲,学习困难学生在这三方面都不同程度地陷入了恶性循环的怪圈。而要帮助他们从怪圈中解脱出来,不能"头痛治头,脚痛治脚",而需要从人格的整体着眼进行健全人格的辅导,使他们从根本上摆脱学习困难。当然,对于某个具体对象来说,根据其特点和成因可以采取"突破一点,牵动整体"的策略,根据不同类型的学生选择不同的突破口,可以从解决知识障碍着手,也可以从动机激励或者行为训练入

手,等等,进而使他们在学习上进入知、情、行良性循环的轨道。

再次,健全人格辅导是与学习困难学生教育的发展性对策相匹配的。钱在森在《初中学习困难学生教育研究的初步认识》一文中已经提出,学习困难学生的教育,不仅要有矫治性和预防性对策,还要有发展性对策。发展性对策就是立足于学生人格的健全、和谐发展,使他们不仅学会学习,还要学会做人,培养他们获得未来社会合格公民的基本素质。

三、学习困难学生心理辅导是开发潜能的辅导

开发学生的潜能是学校心理辅导目标之一。长期以来一个错误观念一直占据学校教育领域,那就是只看到学习困难学生差的一面的表现,而看不到他们与普通学生的共同点,无视两者一样都是尚未成熟、有待发展与成长的人,都具有发展的潜力。约翰·杜成在著名的《民主主义与教育》中这样说:"生长的首要条件是未成熟状态……我们说未成熟状态就是有生长的可能性。这句话的意思,并不是指现在没有能力,到了后来才会有;我们表示现在就有一种确实存在的势力——即发展的能力。"这里的发展能力,可以理解为学生的学习潜能。另外,我们在《学习困难学生发展的点及学校教育反思》的研究报告中证实,初中学习困难学生在智力因素和非智力心理因素上同其他学生一样具有潜力。致力于人类潜能研究的著名社会心理学家赫伯特·奥托指出,人类潜能包括四个方面:智慧能力、情感能力、创造能力和超感能力。由此,我们认为与学生学习有关的潜能主要是智慧和情感,亦即学生个体内部所具备的潜在的学习能力和动力。

学习困难学生面临的困扰和危机,使得他们学习潜能与实际学业水平大相径庭,表明他们的潜能远未得到开发。这启示我们开发学习困难学生的智慧和情感潜能,是帮助他们走出困境的一条根本途径。

如何开发学习困难学生的潜能?首先需要分析学生潜能受到制约的各种条件。这可以从学生个体内部与外部环境两方面来考察。从个体内部看,学生学习潜能在多大程度上转化为可感的智慧能力与学习成就,取决于个体对学习活动的参与程度。客观上来说,学习困难学生的学习准备状态往往离教学要求甚远,这就难以促使他们主动、有效地参与学习活动,他们未以积极的心理状态来从事学习,因而他们的潜能也难以处于"激发态"。主观上,学业失败会大大降低他们的自尊和自信,产生习得性自弃。对自己缺乏信心,就更不会相信自己有学习潜力。从外部环境看,学校和教师往往没有创造更多的机会发现和开发这些学生的潜能,更谈不上让学生自己发现和发展自己的潜能。尤其是只从统一大纲教材和应试的要求出发,以分数为唯一评价标准,无视学生发展差异性的教育模式,严重压抑了学习困难学生的潜能与特长。

弗兰克·戈布尔在《第三思潮:马斯洛心理学》一书中指出,学校教育促进学生发展,最终应该让他们获得三种知识:一是实际体验;二是理论知识;三是对自己的认识、对自己的理解。前两种知识可以通过课堂教学和课外实践活动的途径得到,而获得第三种知识最有效

的途径是心理辅导。大多数心理咨询专家比较一致的看法是：心理辅导是一个助人自助的过程，通过辅导者与被辅导者建立一种良好的人际关系，以协助当事人认识自己、接纳自己、肯定自己，进而使其潜能得到充分的发展。

为此，学校心理辅导中，教育者应创设一种"尝试—选择—发现—发展"的教育情境结构来帮助学习困难学生开发自身潜能。①尝试，给予学习困难学生更多的发展各种聪明才智的活动机会，设置"跳一跳把果子摘下来"的具有适当挑战性的学习目标和任务，让他们亲身体验学习的苦与乐、成功与失败，并使其获得正确归因的认识；②选择，在集体活动和课堂学习活动中给予学习困难学生更多选择机会，循循善诱，引发其对知识与活动的兴趣，而不是包办代替，引导他们选择适合自己的最佳发展方向和目标；③发现，要善于发现学生的潜在智慧、情感、特长和兴趣，同时通过尝试选择让学生自我发现；④发展，在尝试、选择、发现的条件下，促进学习困难学生智慧、情感、兴趣和特长得到充分地展现和发展。

学习困难学生潜能开发的另一条重要途径是升学与择业辅导。升学与择业辅导是为学生的未来生活做准备的，它是帮助学生认识自己的能力、兴趣和特长，了解职业的意义、条件，并使两者达到合理匹配的辅导活动。学生认识自己的能力、兴趣和特长的过程就是自我发现潜能的过程，了解职业的意义、条件和选择也就是潜能开发的过程，要使两者合理匹配，其实质是个体如何调节、塑造自我以适应环境求得发展。对于初中学习困难学生来说，学习成绩低下常常会使他们对自己未来的前途抱有自弃悲观的态度或者不正确的认识。例如，相当一部分学习困难学生(包括一些老师、家长)以为只有升高中、读大学是需要文化成绩的，初中毕业读职校或招工无须多少知识。事实上，随着国家经济建设与社会发展，社会对各行各业劳动者素质提出了越来越高的要求，如果还抱有这种旧观念，不为这些学生打好就业前的准备基础，就会使他们今后难以适应社会发展的需要。因此，学校应在初中阶段尽早对学生，特别是对学习困难学生进行升学与择业辅导，培养他们的就业意识。这样，一方面可以帮助他们为自己毕业后顺利地升学与就业积极地做准备；另一方面可以使他们将未来职业要求与当前学习联系起来，把现在的自我同将来的自我联系起来，从而激发学习困难学生的学习动机。

四、学习困难学生心理辅导中的几个问题

根据我们实施心理辅导的体会，有以下问题值得注意。

1. 心理辅导的三个环节

学校心理辅导与一般的心理咨询的一个重要区别是教育的干预性。一般心理咨询完全从当事人自身需要出发，辅导者帮助当事人解决他自己认为需要解决且主动要求解决的问题；而学校心理辅导除了尊重学生的自身需要外，还要顾及教育培养目标的需要。例如，有些学习困难学生并不觉得自己学习上有问题，对学业的成就抱有无所谓态度，没有自发地产生改变现状的迫切愿望。这样的学生是不是心理辅导的对象？当然是。应该看到，学校心

理辅导目标与学校教育培养目标是高度一致的。因此,我们又可以把学校心理辅导称之为教育辅导。从这点出发,我们认为学习困难学生心理辅导应该包括三个必不可少的环节:了解学生,诊断分析,制订与实施辅导对策。其中了解是基础,诊断是关键,辅导是达到教育目的的手段。

(1) 了解学生

要做到全面深入地了解学习困难学生绝不是一件容易的事,在实施时有三点须注意:一是正确利用教师的日常经验。教师在长期的教育教学工作中,积累了大量了解学生的经验,这为科学地了解学生提供了丰富的经验基础。二是学习已有的对学生研究的理论成果,使理论与实践经验结合起来,对经验进行提炼、概括,上升到理性认识层次,摆脱片面的表层的经验认识,学会全面深入地了解学生、理解学生。三是建立一套科学地了解学生的程序与工具,包括学生轶事记录、自述性作品分析、作业错误分析、现场观察记录、个别咨询谈话、家访等等。实践表明,教师如果能坚持做好以上几项工作,就能对学生的内心与行为表现及变化过程有一个清晰深入的了解,从而为进一步诊断分析与制订教育对策奠定坚实的基础。

(2) 诊断分析

在全面、深入收集学习困难学生有关资料的基础上,第二步是对学习困难学生分别建立个案,进行诊断分析。诊断分析要在大量纷繁复杂的现象中抓住主要的本质问题和原因,对于每一个不同的个体来说,情况千差万别。这对教师来说是一项具有挑战的工作。

从个案诊断分析形式看,可以采用教师个人分析,教师集体会诊,学校领导、教师、家长和学生(有时包括个案本人)共同参与的综合会诊。教师个人分析,是诊断分析的基础环节;教师集体会诊,可以有效地发挥教师集体的力量,对个案进行多学科的诊断分析;综合会诊则更可做到把学校、家庭、同辈和学生本人的分析判断综合化、整体化,从而准确地把握个案的特点、问题和成因,为正确制订综合性的心理辅导对策打好基础。从个案诊断分析方法看,应该历史地全面地针对个案进行诊断分析。所谓历史地分析,即要分析个案的学习史、家庭生活史、健康史等等,寻根究源;所谓全面地分析,不仅要分析个案的学习障碍,还要注意分析个案的人格障碍和其内在的潜力。

(3) 辅导对策

辅导对策又称辅导方案,具体分辅导方案制订和辅导方案实施两步。辅导方案制订,首先要确定辅导目标,一般有近期目标、中期目标和远期目标。目标内容包括学习和人格发展两方面。需要强调的是,这种辅导目标是契约式的,是学生与教师达成的某种共识,而不是由教师主观制定强加给辅导对象的。其次订出落实目标的具体行动计划。最后是检查督促,跟踪观察,反馈调整。这项工作以教师与学生本人为主,还可以用"一帮一"的小先生制辅助。

辅导方案实施按形式可分为集体辅导与个别辅导。集体辅导主要是针对学生共性问题开展的辅导活动。它是由教师引导学生设计一定的活动情境,让学生围绕某一共同关心的问题充分打开内心世界,畅所欲言,让学生自己教育自己,从中使学习困难学生受到教育和帮助。实践表明，只要活动情境设计得好，主题确是同学关心的问题，就会收到良好的教育效果。个别辅导（又称个案辅导）主要是针对某个具体的学习困难学生采取的有针对性、个别化的教育干预。对于一个具体的学习困难学生来说，除了有一般学生和学习困难学生共性的问题外，更多的是其自身特有的问题，因而个别辅导是整个心理辅导中的主要形式。

2. 心理辅导中班集体力量的发挥

学习困难学生是生活在一个具体的班集体中的，教师要充分依靠和利用班集体，因为班集体本身就蕴藏着巨大的教育力量。集体风气、舆论、人际关系所形成的心理气氛对学生的影响是无形而有力的。随着自我意识发展，初中学生与人交往特别是与同辈交往的需要比过去任何一个时候都更为强烈。学生为了在班集体里成功地交往，就需要得到集体与同学的认同和接纳，而要受到班集体认同和接纳，他就必须遵循集体规范，遵从集体风气和舆论，做一个受大家欢迎的人，否则便会被排斥于集体与同学之外，成为集体的对立面。另一方面，班集体是由同龄人组成的，同龄青少年之间有更多共同的语言，共同的爱好兴趣和生活经验，更容易相互理解与沟通，集体的准则、舆论更易为他们接受和内化为自己的行为准则。因此能否帮助学习困难学生摆脱学习困境，班集体比之家庭是更为重要的教育环境。

3. 行为训练

学习困难学生的学习障碍和人格障碍大多是后天习得的。相当一部分学习困难学生知与行脱节甚为严重，有时他们也能认识到自己的问题，但常常不能在行动上付诸实现，或者不能持之以恒。因此，在心理辅导中除了要改善他们的认知和情感外，还要改变他们的行为，并要真正做到这几者的有机结合。行为训练一方面是要矫正他们的某些不良的学习行为和习惯，提高他们某方面的学习技能。另一方面，从更积极的意义上看，行为训练有助于锻炼学生的意志力，养成言行一致的行为方式。教师在对学习困难学生实施行为训练时要注意：①制订出具体的切实可行的行为训练计划。为了保证计划可行，计划可同契约性辅导目标结合，尽可能让学生在教师指导下自己制订。②行为训练时间上要落实，训练内容上要讲究质量。③及时强化，多表扬和鼓励。④矫治与养成相结合，不仅要矫治学生不良的行为习惯，还要注意养成他们良好的行为习惯。⑤情感培养与行为训练相结合，在行为训练中要培养学生对训练内容积极的情感，以促进训练计划顺利进行。

论学习困难学生的动机激发*

学生是教学活动中的主体,一切富有成效的教学都离不开学生积极、主动的参与。从这个意义上讲,学生学习动机的激发是各种有效的教学对策实施的前提。教学活动是师生双方互动的过程,学生的积极参与可以激发教师的教学热情,进而提高教学效果和教学质量。学习动机水平低是学习困难学生普遍存在的问题。在我们研究的对象中,大多数是动力型困难学生。这些学生有明显的畏学、厌学情绪和逃避学习的行为。即使是其他类型的学习困难学生,也有不同程度的动机障碍。可见,在对学习困难学生的教学中,学习动机激发居于十分重要的位置。

学生学习动机激发有多种途径,概括起来大致可分为外部动机激发和内部动机激发两类。外部动机激发着眼于创设各种外部条件,如获得奖赏、父母称赞、老师表扬。内部动机激发着眼于调动学生内部各种心理因素,如需要、好奇心、求知欲、兴趣、自尊和自信。

一、外部动机激发

1. 有效的奖赏

教学中,教师常常运用一定的奖赏激发学生的学习动机。一般认为奖赏可以增强学生的学习动机,但研究表明,奖赏在一定条件下反而会削弱学生的内部动机[1]。所以,教师实施奖赏要注意以下几点:

① 淡化奖赏的外部控制作用。如果奖赏仅仅是为了让学生得到奖赏物,则会使奖赏成为外部控制手段,反而抑制学生的兴趣。奖赏不是目的,而是辅助性评价,给予奖赏意味着对个人学习成效的肯定。教师过多依靠控制性奖赏会强化学习困难学生的消极动机。例如,对学习困难学生单纯强调分数的重要性,往往无助于提高他们的自信心,有时反而会使他们厌恶分数。

② 奖赏要与学习困难学生实际付出的努力相一致,使他们感到自己无愧于接受这种奖赏。如果对他们解决了一些较为容易的任务而大加奖赏,不但不能提高他们的自信,反倒会增加他们的自卑,因为同学常视这种奖赏为无能的标志。

③ 奖赏要以精神奖励为主,物质奖励为辅。学习困难学生常被人轻视或批评,社会评价较低,因此对他们来说最重要的奖励莫过于称赞和肯定,他们尤其需要教师的鼓励、赞许等

---

* 本文发表于《中国教育学刊》1996年第2期,收录时略有改动。

社会性强化而不是物质强化。

此外,要特别注意惩罚对学习动机的影响。惩罚是与奖励相对的概念,是用不愉快的事件(或刺激)抑制或消除个体不适当行为的发生。比如,学生在课堂上随便讲话,教师批评可以抑制这种违纪行为的发生。但若惩罚不当,则将适得其反。如,教师对学生不交作业处以罚站、罚抄等惩罚,可能会引发学生的对立情绪,他们将更加痛恨作业。所以,教师对于惩罚要正确认识和合理使用,切忌体罚学生。班杜拉认为,常使用体罚或变相体罚是为侵犯行为提供示范。此外,体罚有辱学生人格,易引起学生的对立情绪。

2. 创设合作的课堂学习环境

课堂学习环境是影响学生学习动机的一个重要外部因素。目前教学中的弊端之一是过于强调竞争,认为促进学生(包括学习困难学生)学习的主要动力是竞争。其实课堂竞争中的优胜者只是一小部分,大多数学生是竞争的失败者。因此竞争更容易诱发学习困难学生的自卑、自弃心理。这是因为课堂里的竞争是以人际比较为前提的。在以竞争为导向的课堂里,人际比较给学生带来的压力较大,尤其对于学习困难学生更是如此。为此,我们应倡导学校形成一种合作的课堂气氛。合作的课堂气氛淡化了人际比较,强调每个学生都有成功和发展的机会,它旨在引导每个学生形成积极的动机模式,掌握学习的主动权。创设合作的课堂学习环境,可采用如下措施:

① 改进评分方法,淡化竞争气氛。分数是评价学生学习成绩的主要工具。坏分数常常使得学习困难学生心惊肉跳,甚至受人歧视。苏联合作教育学派认为,简单地用坏分数对学生的学习加以"判决"会直接挫伤他们学习的情绪与动机。他们主张不要给学生打不及格分数,或者在学生作业完成得不好时暂不打分,直至改正错误后再打个好分数[2]。我们认为,这种记分方法对学习困难学生是可行的,尤其适合于平时的测验。因为平时测验是一种形成性评价,形成性评价的目的是发现学生学习的问题,及时反馈纠正,以提高他们的学习技能。鼓励性评分也是一种可以采用的方法,只要学生在原有基础上有进步就可以得到一个好分数。我们在分层递进教学实验里的分层评价就是鼓励性评分。实践表明,它对激发学习困难学生的学习动机是有效的。另外,要注意向学生宣布学习成绩的方式。不少教师喜欢将全班学生成绩张榜公布、排名次,这样公开宣布成绩的形式具有较强的人际比较色彩,故在合作的课堂学习环境中不宜采用。

② 给学生以选择的机会。给学生以充分选择的机会,让他们干他们愿干、能干、想干的事情,让学生真正做学习的主人。有人认为,学习困难学生学习上已经困难重重,教师补缺补差都忙不过来,学生还有什么选择可谈,其实不然。例如,我们可以采用分层作业的方法,只要求低层的学生完成相应层次的作业,并不规定他们做高一层次的作业,而实际上许多低层的学生额外完成了高层的作业,这便是用分层作业为学习困难学生提供了选择的机会。这启示我们,让学生选择比硬性规定学习任务更能激发他们的主动性。

③ 提倡互助与协作。合作的课堂学习环境强调教师与学生之间、学生与学生之间的互

助与协作,教师与学生不仅是师生关系,而且也是合作关系。教师与学生,在人格上是平等的,这就有利于营造民主、和谐的课堂气氛,激发学生积极的情绪。同学之间的学习互助与协作,不仅可以帮助学习困难学生改进学业,也可使助人的学习优良学生进一步得到锻炼。我们曾在分层递进教学实验中采用不同层次学生组成异质组的课堂活动形式,实践表明不同层次学生都能从中受益,学习困难学生更能受益。异质组中,学习困难学生并不完全是受助者,有时也是助人者,在帮助别人的过程中自己也能加深对知识的理解。

二、内部动机激发

在学习活动中,外部动机激发与内部动机激发的作用有所不同。外部学习动机产生的激励效应维持时间较短,它依赖于情境刺激,一旦情境消失,人的心理感应也随之消退。如果要想使学生保持长久的学习兴趣,就必须激发学生的内部学习动机。只有当学生对学习感到有兴趣、有信心、有责任时,他们才会为学习做出努力。因此,制定出有效的教育教学对策,激发学生的内部动机亦是十分重要的一环。对学习困难学生内部动机激发的措施包括归因训练、角色转换、获得成功体验、激发学习兴趣和培养良好的学习态度等等。

1. 归因训练

归因训练是针对学生在学业成败情境中的归因障碍而设计的干预计划。学习困难学生往往把失败归之于外部因素或不可控因素,如运气不好、能力弱、任务太难。归因倾向是个体的一种社会认知,它对人的情绪与行为影响很大。例如,将成功归之于内部的能力与努力,会使人感到自豪、骄傲,将失败归之于不可控的因素或外部因素,会使人感到灰心丧气。

有人归纳了三种比较好的归因训练方法,即团体发展法,强化矫正法和观察学习法[3]。

① 团体发展法。归因训练以团体讨论的方式进行。小组成员(一般为3至5人)在一起分析和讨论学习或工作成败的原因,并由一名教师或辅导者对个人及整个小组的情况做出比较全面的分析,引导他们做出正确的归因。然后,每个人填写归因量表,要求从一些常见的原因中选出与自己学习或工作成绩最有关系的因素,并对几种主要因素(能力、努力、任务难度、同伴帮助等)所起的作用做出评定。教师或辅导员对这些自我评定和归因的结果进行统计分析,并及时向小组成员做出反馈,指出归因差误,鼓励比较符合实际的、积极的归因。这种方法比较适合小学高年级学生和中学生。

② 强化矫正法。这种方法是让学生在规定时间内完成不同难度的任务,然后,要求学生在事先预备的归因因素表中做出选择,对完成任务的情况(成功或失败)做出归因。每当学生做出比较积极的归因时,给予鼓励或奖励,并对那些很少做出积极归因的学生给予暗示和引导,促使学生形成正确的归因倾向。

③ 观察学习法。这种方法是让学生观看归因训练的录像,引导他们把完成任务的成功与失败归因于自身的努力。学生通过观察学习,可以增强学习的自信心,从而尽力取得较好的学习成绩。

有关研究表明,只是对学生进行归因训练,并不能完全解决他们的学习动机问题[4]。因此,要有效地激发学生的内部动机,归因训练必须同培养学生的自尊、自信、兴趣和态度结合起来,以形成一种内在的动力机制。另外,归因训练还必须与教师改进教学(包括教学目标、内容、方法和评价)同步进行。学生学业成败的结果是主客观因素交织在一起的,有学生个体的原因,也有教师教学上的原因,如教学进度过快、难度较大、方法不当。

2. 角色转换

角色理论认为,学习困难学生在集体里往往不受欢迎,处于被忽视的地位。这种角色地位深深地影响着他们的自尊、自信,以致他们对课堂学习和集体更为反感,甚至对立。因此,运用角色转变策略可以改进学习困难学生的低动机、低期望,使其树立自尊、自信等积极的自我信念,提高其学习积极性和责任感。

我们的研究发现,学习困难学生角色转换必须有一定的主客观条件配合。如学生本人是否有强烈要求改变自己现状的愿望,班级是否有积极上进的风气。如果不具备这些条件,教育干预效果往往收效甚微。

3. 获得成功体验

自我信念是动机模式中的核心成分,要激发学习困难学生的学习动机,从根本上说就是要增强他们的自我信念。其中有两个问题要解决:一是自己觉得有没有能力完成学习任务;二是自己的能力可不可以改变和提高。班杜拉说过,积极的能力概念是成就动机的基础,在动机形成过程中重要的是学生对自己能力的信念,它直接影响人的行为。学习困难学生由于经常性的学业失败而丧失自信,因此,让他们获得学习成功的体验是十分重要的动机激发途径。

(1) 创设成功的机会

学习困难学生常常过分夸大学习中的困难,过过低估自己的能力,这就需要教师为这些学生创设成功的机会,让学生在学习活动中通过成功地完成学习任务、解决困难来体验和认识自己的能力。事实上,大多数学习困难学生并不是门门学科成绩都差,他们也有不困难的学科,因此教师应了解每一个学生的具体学习情况,尽可能让他们在胜任的学科中充分感知和认识自己的能力。

(2) 树立成功的榜样

这里的榜样不是指优生,而是要让学习困难学生通过观察与自己能力相近者的学习行为来激发自信心。如果让学习困难学生以优生为榜样,他们会觉自己本来就不如别人,优生达到的目标自己达不到也是理所当然的。而当其看到与自己水平差不多的示范者取得成功时,就会增强自我信念,相信自己也能完成同样的任务。例如,把原来基础较差而进步较快的学生作为学习困难学生的示范者,要求他们观察、讨论这些同学是怎样取得进步的。选取这样的榜样示范对班上一部分学习困难学生的确能产生较大的激励作用。

(3) 在自身进步中体验成功的愉悦

要增强自信心、胜任感,个人就必须确立自我参照目标,这要求学生从自身变化中认识自己的能力。学习困难学生把自己同优生比较,越比自信心会越低;但同自己的过去比,个人的进步则能使他获得成功的体验,增加自信心。在对学习困难学生个别辅导中,我们要求教师帮助学生制订个人的目标与计划,并制订出落实这些计划的具体措施,在实施过程中善于使学生发现自己的进步。其目的就是使学生通过实现自我参照目标来体验成功,正确认识自己的能力,改变对学习无能为力的心理状态。

4. 激发学习兴趣

兴趣是个体积极探究某种事物或进行某种活动的倾向。学生的学习兴趣是推动其学习活动的内部动力因素,个体一旦对学习活动产生了兴趣,就能提高学习活动的效率。孔子早在两千多年前就提出:"知之者不如好之者。"陶行知先生也说过:"学生有了兴味,就肯用全副精神去做事,学与乐不可分。"[5]可见,培养学习困难学生的学习兴趣是激发其内部学习动机的另一个重要途径。

(1) 发现学生的直接兴趣

直接兴趣是指人们对事物和活动本身的兴趣。一般来说,人人皆有自己的爱好,学习困难学生也是如此。首先,教师要善于发现他们的兴趣。可以通过日常观察、家访、个别谈话、学生周记等途径来了解、发现学生的兴趣所在。其次,要培养、提高他们的兴趣。这可以通过课外活动小组进行,也可以通过举办有关知识讲座、推荐有关课外读物等活动形式进行。

(2) 培养学生的间接兴趣

间接兴趣是指人们对活动的目的或结果的兴趣。当学生最初对某些学科学习还没有产生兴趣时,教师可以通过引导学生认识、理解这些学科学习的目的与意义,让学生认识到掌握该门学科知识对自己一生发展的重要性,培养他们的间接兴趣。此外,要让学生在积极的情绪体验中产生兴趣,在学习中尽量消除学生的厌烦、害怕等消极情绪,培养他们学习中的愉悦感、自豪感等等。

5. 培养良好的学习态度

学习困难学生对学习任务的态度直接影响到他们的内在动机。我们的研究表明,学习困难学生对课堂学习任务更多的是自我卷入倾向。这就是说,引导学习困难学生从自我卷入转向任务卷入,是改变学生畏学、厌学而以积极的态度对待学习的重要途径。具体可以从以下两点入手:

① 引导学生坦然面对失败。学习困难学生的自暴自弃往往是在失败的情境下产生的。失败的信息启动不良动机模式,诱发消极的防御机制——避免失败。为了避免再次失败,他们索性采取退避行为,同时对学习任务采取更深的自我卷入倾向。所以,让学习困难学生正确对待失败与鼓励他们取得成功是同等重要的。成功与失败是一对孪生子,"失败乃成功之母"。因此,当学习困难学生学习经历挫折时,教师不要对他们的能力做出更多的评论,而是

要引导他们从失败中寻找可以改进的因素,帮助他们提高自己的学习技能。

②鼓励学生接受挑战性任务。班杜拉给挑战性任务下了明确的定义,即指有一定困难,但经过个人努力能够解决的任务,也就是学生"跳一跳能把果子摘下来"的任务。如果教师一味让学生去应付低水平的任务,是不可能提高他们的自信心的,过分容易的成功不具有强化的价值。班杜拉认为,容易的成功是一种常规性行为,对常规性行为的奖励并不反映人的功效,所以不能促进个人的内在动机;而接受挑战性任务是一种进取性行为,对进取性行为的奖励能够证实人的功效。我们在分层递进教学实验中实施同卷分层,鼓励层次较低的学生在完成同层作业的基础上尝试高一层的作业,这便是一种挑战性任务。实践证明,它能有效地激发学习困难学生的学习积极性,使分层教学达到递进的目的。

参考文献

[1] DECI E L, Intrinsic Motivation[M]. New York: Plenum Press, 1975: 141-157.

[2] 参见杜殿坤. 原苏联教学论流派研究[M]. 西安:陕西人民教育出版社,1993.28.

[3] 王重鸣. 归因训练和学习动机[J]. 心理发展与教育,1986(2):28-31.

[4] 刘世奎. 课堂情境中学生竞争对其成就归因和成就行为的影响[J]. 心理学报,1992(2):182-189.

[5] 李伯黍,燕国材. 教育心理学[M]. 上海:华东师范大学出版社,1993:265.

论学习困难学生行为干预策略*

学习困难学生的行为问题是与其学习问题相伴而生的,他们的认知障碍、动机障碍与其行为障碍密切联系。因为学生的心理活动最终通过行为表现出来,研究者可以从学习困难学生的外部行为特征推断其心理特征,继而从改善学生外部行为入手,对他们进行各种教育干预,最终达到知、情、行三者协调发展。这里讲的行为主要是指学习困难学生的课堂行为问题。以下讨论几个突出的行为问题,并提出相应辅导建议。

一、学习退避行为辅导

学习困难学生常常会在学习上采取退避行为,具体表现为不做作业,不愿积极参与课堂学习活动(如不愿回答教师提出的问题),尽量回避困难的作业,旷课,乃至逃学,等等。学习退避行为实质上是习得性无能的表现。他们由于经历了多次学业失败,再次遇到困难会产生一种无能为力的心理状态,同时他们的自尊又一次次受到威胁,受人批评、嘲笑,使他们产生消极的防御机制,逃避学习,以避免自尊再次受到威胁,其结果便是学习上的自暴自弃。由此可见,辅导学习困难学生的学习退避行为,最重要的是改善不良的自我概念,增强自信心,正确对待失败,克服自卑,同时改变消极的归因倾向。例如,不少学习困难学生常常觉得无法改变自己,失败是因为自己能力低,而自己的能力不会改变,再努力也无济于事。教师应对其进行归因训练,改变他们的错误想法。

对于常常不做作业的学习困难学生可采取下列辅导建议:①布置适合学生实际学习水平的作业。太难的作业使他们望而生畏,要使他们通过完成作业获得成就感,开始喜欢作业。②设法养成学生按时完成作业的好习惯,让他们认识到这是对自己负责,并可以获得教师的好评和信任。③请家长多关心子女的家庭作业。④作业内容尽量多样化,不要仅限于黑板的抄写工作。有时教师为了惩罚学生,让他们重复抄写词语或课文几十遍,其效果恰恰相反,易使学生更加厌恶作业。⑤教师要加强对学生作业的检查,发现进步及时表扬,发现问题及时矫正。⑥有时教师可以与学生一起规定作业,让学生自己决定需做哪些作业,培养其自主学习的精神。

对于逃学的学习困难学生,要格外引起教师的注意。"逃学是不良行为之母"。逃学往往是学习困难学生成为品行不良学生的第一步,是一种后果严重的学习退避行为。出现逃学

---

* 本文发表于《基础教育》2011 年第 2 期,收录时略有改动。

行为的原因,除了学业不佳产生自弃自卑心理以外,还与其他不利因素有关,如与同学关系不和,在班级里受到孤立,感到学校生活没有乐趣;触犯校规怕遭受严厉的惩罚;认为学校生活单调,想脱离旧环境另觅新天地;受武侠小说、影视剧影响,结伴外出探险、追星。由于各个逃学的学生情况不一样,教师要具体分析,并可以采取如下措施:①鼓励同学发扬友爱精神,关心他们,培养他们对集体的归属感,改善他们在班级与同学的关系。②丰富学校集体生活,使他们感到学校生活的乐趣。③帮助他们改善学业状况,增强克服学习困难的信心。④父母要言传身教,维护学校与教师的良好形象与威信,切不可当着孩子面批评指责学校或教师,这样会造成子女不满学校的心理,增加子女适应学校的困难。⑤家长与教师要经常联系、沟通,一旦学生有无故缺席或逃学的情况可及时补救。⑥引导他们正确结交朋友,特别要杜绝他们与不良团伙的往来。⑦教师或父母对于逃学的学生考虑处罚要慎重,要以教育疏导为主。如果一味责罚,只会加深其对学校和家庭的反感,强化逃学的动机,使问题愈显严重。⑧进行个别谈话。教师要以诚恳态度了解其逃学原因,帮助其分析逃学给自己带来的不利后果。鼓励、赞扬学生的长处,增强其自尊自信。

二、注意缺陷多动障碍辅导

相当部分的学习困难学生伴有注意缺陷多动障碍。对注意缺陷多动障碍的干预有许多方法,以药物干预和心理社会干预最为常见。医院主要采取药物干预,而学校和家庭主要采用心理社会干预。心理社会干预包括:认知行为干预、父母训练、感觉统合训练等。这里主要介绍学校干预中的个案辅导和父母训练策略。

1. 个案辅导

(1) 确定个案辅导的干预目标

辅导教师在详细收集有注意缺陷多动障碍学生的各种资料以后,把握其资料的真实性,以抽丝剥茧的方式找出问题的根源,明晰当事人的身心发展历程,排除偏见,接纳学生,真心诚意地协助当事人改变注意缺陷多动行为。在此基础上制定的个案辅导方案才有实际操作的可能性。

教师与当事人共同商定干预目标,主要出于以下考虑:其一,让其认识到自己行为转变的可能性,增强信心,行动有了方向,不断地向目标接近,不断地改变自己,从而最终实现商定的辅导目标。其二,商定明确的辅导目标,能够使辅导教师与当事人形成紧密的辅导同盟,为达目标一起努力,同时所商定的目标也是评估辅导效果的主要尺度。

个案辅导的目标包括三个层次,即长远目标、中间目标和直接目标。长远目标是消除孩子不良的行为,帮助其发展良好的行为;中间目标是掌握行为情绪控制的基本技巧;直接目标是减少其不良行为的发生次数。辅导教师与当事人主要商定的是一个个直接目标,而直接目标的可操作性、变化的可观察性、结果的可测量性,又能起到一种激励作用,从而使当事人感受到一种成就,或观察到自己的进步,从而增强信心和勇气,并推动自己付出更大的努力,保持很好的合作态度。

(2) 制订个案辅导方案

制订注意缺陷多动障碍的个案辅导方案时,有两点需要高度注意。一是针对当事人比较突出的不适当行为的重点突破。首先,与当事人探讨自己有哪些不适当行为,根据轻重缓急排列顺序,确定亟待纠正的目标行为;其次,通过观察获得当事人不适当行为的基准线;再次,与当事人讨论分阶段的行为目标及奖惩方法。二是通过运用各种教育手段和方法,鼓励当事人获得成功,重新找回自信,开始新的学习生活。

制订个案辅导方案时。要注意以下要点:第一,契约合理,切合实际。在教师、家长、学生共同签订行为契约的时候,要理智地分析其目前的基本状况,合理确立行为目标,切莫像对待普通学生那样严格要求。要求他们的多动行为能控制在一个不太过分的范围内,就可以了。第二,及时反馈,结果明确。契约是双方面都要遵守的合约,辅导教师须定时、定点、按计划向学生和家长反馈情况,对学生的行为作确切的评价,让学生清楚下阶段的目标,这有助于学生强化规范行为,更有助于学生理解生活中规则的意义。第三,有奖有罚,按事评价。这些学生中的大多数,由于过去的某些行为,周围的人对其有一定的看法,一旦有什么不好的事发生,容易归咎于他们,而自卑的他们往往不会辩解,宁愿将错就错。这样就会导致我们的行为干预前功尽弃。因此,无论学生发生什么事,教师、家长要仔细耐心地调查清楚,奖惩分明。第四,安排岗位,转变形象。对于这类活动力过多的儿童要进行正面的引导,使他们过多的精力能散发出来。比如,课间活动过度的学生,可安排他们担任"行为规范督察员",让多余的精力用在指导他人规范行为上,从而有意识控制自己的行为,同时也能转变自己的形象。另外,组织他们参加多种体育比赛,如跑步、打球、爬山、跳远等,发挥他们的长处,增强自信心。第五,维护自尊,培养自信。用正确的态度关心爱护他们,只要他们有轻微的进步,就给予表扬与鼓励,进行正向强化,在班中维护他们应有的自尊。对于他们不正当的行为,予以理解,消除他们存在的紧张心理,想方设法帮助他们提高自控能力,树立转变自身行为的自信。第六,允许反复,鼓励成功。注意缺陷多动障碍儿童的某些行为并不是其故意所为,而是由于学生的自控能力差造成的,教师、家长要能理解体会,允许他们有反复,对正向行为予以及时强化,鼓励他们体验成功。

2. 父母训练

对注意缺陷多动障碍儿童的父母训练[1]是心理社会干预的一个重要方法,近 20 年来国外已经形成了比较系统完善的父母培训手册。国内刘津、王玉凤(2003)等也做过这方面的干预。我们课题组于 2009 年进行的第三轮注意缺陷多动障碍综合干预,也设计和实施了为期八周的沙龙式父母训练,经评估,家长对于注意缺陷多动障碍的科学认识明显提高,教育方法有了明显改善。

沙龙式父母训练通过指导家长对理论学习、方法指导、成员互动等形式,协助家长制订综合的、多方位的家庭干预计划,通过干预实践,转变家长教育观念,改善家庭教养方式,以达到更有效、更持久地改变注意缺陷多动障碍儿童的行为、情绪等问题的目的。

例如,指导父母对孩子进行有序行为训练,要先矫正容易矫正的个别行为,逐步深入到较难矫正的行为,然后再根据疗效巩固的情况,逐步增加需要矫正的行为。每次增加的内容不可太多太复杂,以免造成分心,并注意及时肯定成绩,表扬鼓励,并给予一定奖赏,以利于强化。例如先培养能静坐,集中注意力的习惯。可从听故事、看图书或看电视培养起,逐步延长时间。达到一定时间后,逐步培养一心不二用的好习惯,如吃饭时不看书报,到休息时间就不能再看电视,按时作息,并制订一套训练注意力的辅导方案。

再如社交技能训练,是根据儿童的冲动行为而进行的训练,能减少攻击行为,提高儿童的社交能力及解决问题的技能。可采用直接指导、模仿、反馈等方式,也可采用儿童剧及游戏等形式,直接表现同伴之间互相爱护、互相帮助、互相尊重的精神,以激发儿童强烈的情感,对其控制冲动和提高社交技能也有帮助。

通过系列沙龙式父母训练,家长的教育理念在改变,有个家长感言颇有代表性:

说实话,曾经我一直因为有这样一个孩子而感到挺灰心的,总觉得这个孩子已经这样了,是改变不了的了。这种想法不知不觉就影响给了孩子,说实话,四年级的他就有点破罐破摔的感觉。在一次活动中,我学会了代币制,和孩子有了一个为期一周的契约,虽然孩子也会出现反复,但孩子确实有转变,我的心一下豁然开朗。我要告诉我的孩子,我会做一个灿烂的妈妈,和他一起阳光面对每一天,我也相信这是一个好的开始!

三、攻击性行为辅导

攻击性行为反映了个人一种自我专横的倾向,是个人不成熟的社会性表现。它常以侵犯他人为目的,对集体具有破坏作用。常见的攻击性行为包括打架斗殴、欺诈同学、暴力、破坏等。

学生攻击性行为可能有下列原因:①生理上内分泌不平衡。②错误模仿影视暴力行为,并以此为荣。③参加了不良团伙,染上恶习。④被别人过度压制,心里过于紧张,一遇机会全部释放。⑤不能控制自己冲动过激的情绪。

对于学习困难学生攻击性行为辅导,可以采取以下干预方法:

1. 改变错误认知训练

改变错误认知训练是近年来帮助有攻击性行为的儿童进行自我调节和冲动控制训练的一种方法,目的是矫正认知缺陷和认知扭曲。具体过程包括:①在行为之前停下来,平静下来,并且想一想。②说出问题所在,并且指出自己的感受。③设置积极的目标。④在结果之前想一想。⑤开始做,尝试最好的计划,参与者进行自我问答的训练,自我提示地寻找可供选择的解决方案,进行观点采择,并选择亲社会的解决方案,在方案执行中自我监控,对解决方案或原目标评价。在训练时可采用多种方式,如录像、现场模拟、说教、小组讨论和游戏。

2. 内观训练

内观疗法[2]是日本流行的一种心理治疗方法,由日本学者吉本伊信于 1937 年创立。其内容是:在静坐状态下,有目的、有指向地就以往的人际关系进行系统的自我回顾与反省,在治疗师的引导下,矫正人格及行为模式中的弱点,获得心理净化,达到治疗效果。内观训练的具体做法是对与自己有密切关系的人和事做三方面的情况回顾:别人为我做的、我为别人做的、给别人增加麻烦的。然后按年代顺序进行回忆,对自己能回想起来的具体事物(某人或某事),站在对方的立场上进行分析和观察,并作自我谴责。进行回顾内省时,应该选择有关的特定人和事物。例如,在对发生家庭暴力行为的男孩进行内观训练,若他所造成主要矛盾的对象是父亲或母亲,就应该督促这个男孩从小学开始按年代顺序系统地反省自己对父母的态度,以及父母对自己的态度,进行深刻的情绪体验,以使他产生后悔感、内疚感和感恩心理。

该干预计划分为四个阶段:基线阶段、内观训练阶段、内观实践阶段和随访阶段。训练阶段为 4 周,每周三次,每次 15 分钟。实践阶段为 25 周,随访阶段为 1 年。其中,内观训练包括:①帮助当事人在出现不良社会行为之前控制自己的情绪。②通过有步骤的思考获得内观技能,这个程序如下:

- 如果你站着,就站得自然些而不是侵犯的姿势。
- 如果你坐着,就坐得舒服些,你的脚独自摆在地板上。
- 自然地呼吸,不做任何事。
- 让你的心回到你很生气的事情,停在生气的情境。
- 你感觉到生气,通过你的心体会生气的思想。让它们自然地流露,没有限制。停在愤怒。你的身体显示出生气的症状(如,急促地呼吸)。
- 现在,转换你的注意到你脚底。
- 慢慢地,运动你的脚尖,感到你的鞋盖在你的脚上,感到骑马或撞击的感觉,弯曲你的手臂,从脚后跟回到你的脚尖。
- 保持自然呼吸,集中到你脚底,直到你感到平静。
- 从脚底沉思 10 到 15 分钟。
- 慢慢地从你沉思中出来,安静地坐一会儿,然后恢复你日常的活动。

3. 缓解冲突策略

缓解冲突策略,简单来说,就是了解学生在哪一种情境最可能表现出攻击性行为,从而尽可能地避免此种情境出现。在具体运用缓解冲突策略的过程中,需要注意:①把可能打架的学生相对隔离,保持距离,以避免惹是生非。②对于打架的学生要做冷处理,让他们各自写下打架的起因、经过,以及自己的认识。③引导他们懂得爱与尊重别人,以爱的情感冲淡他们对同学紧张、敌对的情绪。④尽可能强化他们非攻击性行为,以培养积极的行为,抵制非攻击性行为的发生。⑤避免强烈的惩罚,如罚站、禁闭、当众辱骂。⑥创设和谐友爱的集体气氛,使每个学生都能获得适当的关注、赞赏和认可。⑦让学生做一些需要体力的服务性活动,如发作业本,打扫教室,拿教具等,以缓解其精力无处释放的紧张状态。

简言之,对学习困难学生行为问题的辅导要有系统干预的思路,不能头痛医头,脚痛医脚。个体行为与内在因素和环境影响有关。因此,行为问题干预要从这两个方面去寻找干预策略:通过心理辅导帮助学习困难学生纠正认知偏差,提高自我认同感,培养积极的心态;优化其情感支持系统,改善同伴关系、师生关系和亲子关系。同时强调知行统一,在辅导过程中培养他们的自我管理能力、自我控制能力,积累积极的经验,促进学习困难学生的身心健康成长。

参考文献

[1] 郑毅. 儿童注意缺陷多动障碍防治指南[M]. 北京:北京大学医学出版社,2007:94.
[2] 王祖承. 内观疗法[J]. 国外医学(精神病学分册),1988(3):138-141.

飞虹中学实验回忆：我的学术起步*

1989年7月，我调入上海市教育科学研究所，至今已有23年了。记得当时的教科所是在静安区培明中学的一栋小楼里，全所30多位同事挤在几间狭小的办公室，时常让人感到热气腾腾，但这是一个和谐融洽的大家庭。这个集体的领导人是我们的所长钱在森先生。老钱（大家都这么称呼他）求真求实，淡泊名利，待人诚恳，富有人情味，尤其是他无为而治、爱才惜才的气度，给我留下深刻的印象。进所不久，我有幸参加了钱在森所长负责的"初中学习困难学生教育的研究"课题组，并跟随他在虹口区一所普通的初级中学——飞虹中学，进行了为期四年的实验研究。这为我尔后的学术研究打下了扎实的基础。

在飞虹中学进行学习困难学生教育的实验研究，是当时教科所的重点项目之一，据我所知，有如下背景：一是闸北八中的"成功教育"初步取得成功，开始引起社会关注，大家觉得这一领域有许多问题值得研究。时任闸北区教育学院科研室主任刘京海曾经向全所人员作过介绍，并请教科所帮助提炼总结（胡兴宏老师全程参与了"成功教育"课题的指导和成果总结）。二是教科所正在寻求当时基础教育改革中一些重大问题作为全所研究的重点，当时所里集聚全部力量，确立了三大重点课题——钱所长主持的"初中学习困难学生教育的研究"，李洪曾副所长主持的"幼儿教育研究"，陆善涛老所长主持的"中小学教育评价研究"。"初中学习困难学生教育的研究"课题组以教育心理室为主，课题组副组长是胡兴宏老师（时任所长助理）和张声远老师（时任室主任），成员有段蕙芬老师（原为中国科学院心理所研究人员）、沈之菲、徐芒迪和我，沈、徐两位是从华东师范大学心理系毕业不久的小青年。以下从几个片段回忆谈谈自己的感受。

一、从了解学生做起

进驻飞虹中学前，我们课题组做了一年多的调查研究，对全市1400多名初中学习困难学生做了一个大型调查，了解当时中小学学习困难学生的学习、认知、动机，以及家庭环境、学校环境等。这些调查结论为我们在飞虹中学进行教育干预实验，提供了科学依据。这是我参加的第一个课题研究，在胡兴宏、段蕙芬老师的指导下，我们完成了设计调查框架、指标和问卷，施测，数据统计分析，撰写报告等一系列的工作。最后老钱布置我写总报告，这也是我接受的第一个挑战，最初几稿大家都觉得不满意，当时我虽然是一个新手，但正值年富力

---

* 本文发表于《上海教育科研》2012年第10期，收录时略有改动。

强,凭着一股冲劲和顽强的精神,认真听取前辈和同事们的意见,反复修改,最终完成了课题组交给我的任务。这里还有一位老师值得提一下,是统计室的徐自生老师。徐老师是教育统计专家,为课题组调查数据的开发提出了许多有价值的意见。例如,徐老师提出运用 Q 型聚类分析法对学习困难学生进分类研究,结果我们得到了四个主要类型,即动力型、能力型、整体型和暂时型学习困难,与实际情况非常符合,研究报告发表于《心理学报》。1994 年我在南京召开的全国教育心理学专业委员会年会上汇报了这个研究成果,得到邵瑞珍等前辈教授的肯定,更重要的是,为课题组进一步对学习困难学生的辅导提供了科学指导。另外一位要感谢的是统计室的靖士明老师,课题组全部的调查数据都由他负责处理统计,我们许多研究报告的发表有他的一份贡献。

二、选定飞虹中学

其实,当时虹口区教育局提供了几所学校,让我们选择一个作实验点。老钱带着课题组人员实地看了这些学校,最终选定飞虹中学,是因为这所学校具有一定的代表性。学校地处虹镇老街,是典型的棚户区,家长社会经济背景层次较低,生源比较差,研究学习困难学生教育最为适宜,在这类学校取得的研究成果更有推广的价值。

1991 年 8 月,课题组开始进驻学校,选择了两个初中预备班作为实验班,即初预(1)班和(2)班,设想通过四年的实验和跟踪,探索学习困难学生教育的模式。那年飞虹中学新入学学生平均成绩是全区倒数。两个实验班的班主任也各有特色:(1)班的张蓉蓉老师是位中年女教师教语文,管理班级很有经验,她采用"大棒加胡萝卜",把那些调皮捣蛋的学生管得服服帖帖;(2)班的杨森宇老师是位中年男教师教数学,他管理班级的风格与张老师正好相反,他性情温和,"和风细雨",有时要管那些学习困难学生就很吃力。飞虹的实验项目有两个重点内容:一是探索分层递进的课堂教学策略,由胡兴宏老师负责,当时他正在华东师范大学瞿葆奎先生处读研究生,常常大学、中学两头跑,很辛苦;二是探索学习困难学生心理辅导方法,主要由张声远老师和我负责,老钱统抓。

三、进棚户区家访

实验班选定后,我们又在这两个班各选了 6 名学习困难学生,共 12 人,作为个案研究对象。记得在开学前,老钱就带领我们(张声远、段蕙芬、沈之菲、徐芒迪、虞慕镛老师)和班主任穿梭于棚户区的穷街小巷,对个案学生逐一进行家访,以了解这些孩子所处的家庭和社区环境。这些家长虽然文化程度不高,但是大多数很尊重老师,老师家访时热情接待,对孩子的缺点直言不讳。我们的家访类似社会学的田野研究,可以实地了解许多学生家庭教育方面的真实鲜活的信息,有助于提高个案辅导方案的针对性和有效性。例如,我们多次走访小贺的家,了解到小贺的父母都是工人,初中文化程度,父亲下班回家只顾自己搓麻将,遇到孩子的问题,要么放任不管,要么一顿痛打。母亲对小贺一味溺爱。小贺很喜欢小动物,养了两只鹌鹑。第一次家访,他就兴致勃勃地向我们介绍,这两只鸟会生蛋,打算让蛋孵出小鹌鹑。他曾经先后养过鸡、鸭、兔、刺猬、金鱼、松鼠。他学习成绩低下,学习态度不认真,其母因儿子学习成绩不好,扬言要把他养的鹌鹑杀了。家访时班主任劝阻其母要因势利导,把他的兴趣爱好迁移到学习中来。于是大家讨论决定以生物课为突破口,培养其学习习惯,激发学习动机,取得了一定的效果。

四、圣诞树事件

圣诞节临近了,学校附近俱乐部舞厅里的一棵漂亮的圣诞树不翼而飞。俱乐部经理找到校长说,据人反映,是学校的学生偷了舞厅的圣诞树,希望校长帮助查找一下。学校经调查,果然是(1)班的小刘、小杨等几个学习困难学生干的。班主任张老师得知后急了,想好好教训一下这几个捣蛋鬼。在个案辅导讨论会上,老钱提出,这个偶发事件正好是一次心理辅导的机会,先不要急于批评学生,而是要仔细了解这些学生为什么要偷圣诞树。原来过几天班里举行圣诞庆祝晚会,他们想用这棵圣诞树装点一下教室,营造节日的气氛,给大家一个惊喜。这说明学生的动机是好的,但行为后果不好。如果光是批评,难以使学生接受。于是张老师首先肯定他们能关心班级,为班级晚会出力,这个出发点是好的,然后指出实现这个愿望的手段是不正当的、错误的。这样的处理使这些学生口服心服,他们不仅去向俱乐部的经理赔礼道歉,而且还将功补过,组成了"绿化守卫军",每天早晨为学校的花坛浇水。他们坚持做了几个月的"义工",学期结束时得到张老师的表扬,这些孩子很高兴。若干年以后他们返校看望张老师时还念念不忘"圣诞树事件"。由于作为研究者的我亲历了这次事件,可以从心理学、教育学上有更深层的解读。后来我在著作里经常会引用这个案例。

五、一个辅导活动主题的生成

实验班学生进入初二后,班主任张老师发现某些学生的衣着打扮开始追求"港式",有的男孩梳着小分头,敞着衣服,认为这样时髦、潇洒;有的女孩刻意打扮,故作姿态,也认为这是一种美。在学生中这是一个带普遍性的问题。我们向张老师提议可否用心理辅导活动的形式开一次主题班会,启发学生对"什么是少男少女的良好形象"话题进行讨论。事实表明学生很欢迎这个活动。张老师总结活动时写道:"几乎所有的学生都认为男孩应是彬彬有礼、富有责任心、有良好的气质风度的,讲脏话、粗话是一种不文明、使人厌恶的举止,不受女孩欢迎。女孩应是落落大方、富有爱心、个性开朗活泼的,爱哭、娇气、太泼辣的女孩也不受男孩欢迎。这次热门话题讨论后,同学们逐渐重视自身的形象。"

心理辅导活动课以学生的成长为主线,因此在设计活动方案时,要选择学生关注的主题。首先要了解学生的真实想法,倾听他们希望从团体辅导活动中学到什么,想解决什么问题。在此基础上,与学生一起磋商辅导的主题。大家探讨出来的主题,更容易被学生看作是"自己的"主题。"我所喜欢的少男少女形象"这个主题就是这么来的。在飞虹中学实验期间,类似这些学生感兴趣的"热门话题"讨论还有很多,同学们很喜欢这样的辅导活动。这为我几年后进行中小学心理辅导活动课程的设计与实验提供了经验、范例和灵感。

六、教育会诊

教育会诊是我们在学习困难学生辅导中采用的一种有效的形式,这是由班主任、任课教师、辅导人员等参加的对学习困难学生进行集体会诊的一种方法。这样做同时也可以发动更多的教师参与到实验工作中来。飞虹中学之前没有搞过大规模的课题研究,教师的科研意识比较低,尽管学校做了动员,我们举办了培训讲座,但是许多教师游离于科研工作之外。因此,通过教育会诊可以让实验班相关学科的教师承担一定的辅导工作。有时会诊也会让家长、有关的同学,甚至学生本人参加。教育会诊的优点之一是能比较全面地反映学生的问题。会诊者大多是某门学科的教师,他们可以分别从该学生在本门学科的表现情况来分析问题,这样便于其他会诊者掌握学生的全貌,包括长处与短处。优点之二是能够形成比较适切、完善的会诊意见。教育会诊中,会诊者相互交流诊断意见,也是相互启发,相互补充达成一定的共识的过程。它使会诊意见更完善,更合理,也便于提出适切的干预方案。

七、故事没有结束

类似的研究故事其实还有许多,在飞虹中学的三年间,老钱带领我们课题组成员每周一次去学校,春夏秋冬,风雨无阻。我们每次到学校,从第一节课直到放学,几乎没有什么空闲时间,老钱更是身体力行,全身心地扑在这个课题研究上,他的智慧和精神给了我们年轻人巨大的鼓励。当然飞虹中学的师生们也十分感动,钱所长这样的大专家能够深入基层学校,不图名利,真心实意地搞研究,无论在当时还是现在都是十分难得的。研究的收获和回报也是丰厚的,课题研究的理论成果在国内产生较大影响,受到当时国家教委发文表彰。在研究人员和学校师生的共同努力下,飞虹中学的教育质量和办学水平也从全区初中的垫底位置提升到中上层次。

故事虽然已经过去了近二十年,但我回忆起来倍感亲切,因为这是我学术研究起步的地方。我有两点体会很深:其一,实践取向的教育研究不同于基本理论研究,它应该以问题为导向,深入学校开展扎实的研究,只有在真实的情境中发现真实的问题,才能寻找到有效的解决问题方法。其二,一项有意义的课题研究,研究的过程也是研究人员成长的过程、科研团队形成的过程。就我本人而言,经过飞虹中学和整个课题的四年实验研究,我对教育研究有了更深的理解,我从教育实践中获得了创造性和灵感,促使着我在学术道路上不断进步。

第四章　课堂心理辅导

课堂心理辅导，是指教师在课堂教学过程中能自觉地、有意识地运用心理学的理论和技术，帮助学生提高课堂学习活动的认知、情感与行为技能。

首先，"课堂教学过程"包括教学目标、内容、方法的设计，课堂心理环境和课堂管理，等等。这些问题也属于教学心理学的范畴，不过两者视角略有不同，课堂心理辅导更侧重从提升学生心理品质的角度，以及师生的交互作用等方面。其次，"自觉地、有意识地运用心理学的理论和技术"，包括教师根据不同学生的学习水平设计教学，运用强化理论激发学生的学习动机，维持和控制课堂秩序，结合课程特点教给学生学习方法，等等。其实，有经验的教师有意无意、或多或少都在教学中做过这些工作，不过课堂心理辅导要求教师更加自觉、更加有意识、更加系统地将心理学理论运用到教学实践中去。

一、课堂心理辅导的基本任务

当前，随着课程改革的推进，人们不约而同地把目光集中到课堂教学上。任何一项教学改革如果没有得到教师的认同、理解和参与，其结果只能以失败告终。因此，要达到课程改革的理想目标，不仅要设计出优质的课程方案和教材，更要建构与之相适应的课堂教学模式。这样的课堂，不仅要让学生获得成长，还要使教师获得发展。实践表明，课堂教学中的心理辅导，可以为实现这一目标发挥重要的作用。《课堂心理辅导：提升学生心理品质》(2003)一文，探讨了课堂心理辅导的价值、意义、基本任务和实施要领。

课堂心理辅导基本任务具体有：①帮助教师建立科学的学习观和积极的人性观。②培养学生积极的学习心态。③帮助教师建立有序的课堂管理。④帮助学生掌握有效的学习策略。⑤帮助学生解决学习心理问题。

课堂心理辅导实施要领包括：引导学生多元化学习方式；激发学生内在动力；提高学生应对挫折能力；建立和谐的课堂环境。

二、学习过程是主动信息加工的过程

教学要遵循学生的心理发展规律，只有科学地了解学生学习过程的认知、情感动机、需要等特点，才能做到教学中的"知己知彼"，才能提高学生学习效能。《论有效教学的心理学支持——信息加工学习论的启示》(2011)一文从信息加工学习论的视角,探讨学生的学习过程,并从帮助学生有效的认知加工、有效的自我调控、有效的问题解决三方面进行讨论,以期为教师进行有效教学提供理论参考。

有效的认知加工。在信息加工模型中,信息储存主要包括感觉记忆、工作记忆和长时记忆三个系统。而认知加工,如注意、复述、编码和提取,使信息从一个储存器转到另一个储存器,为学生的有效学习提供了认知基础。相应的策略是:①注意是学习的开始。②突破工作记忆容量的有限性。③对信息进行有效的编码。

有效的自我调控。自我调控指学习者在学习过程中,如何有意识地、系统地监测、评估、调节自己的思维、感知、情绪、动机和行为,以达到其目标的心理活动。常用的自我调控策略有:①自定目标与计划。②自我监测、自我评价。③自我激励、自我调整。

有效的问题解决。问题解决是一种重要的思维活动,是学习者运用知识与经验解决问题的内在心理历程。所以,问题解决能力又是学生十分重要的一种学习能力和实践能力。有效问题解决的策略有:①丰富学生的知识结构。②深层表征问题。③有效的问题解决策略运用。

三、优化课堂心理环境

课堂教学活动是教师与学生互动的过程,这种社会互动形成的心理环境是课堂环境的主要构成。当前课堂环境促进学生有效学习也是一个热点的研究领域。《论课堂环境模式》(2012)一文探讨了课堂环境的基本概念,介绍了两种课堂环境理论模式,即学生中心取向的课堂环境模式和教师主导取向的课堂环境模式。以期为课堂环境优化提供理论指导。

学生中心取向的课堂环境模式,又被称为课堂目标结构模式,它是从课堂目标的角度阐述课堂环境的,主要侧重课堂环境对学生学习成绩影响的研究,近年来开始转向课堂环境对学生学习信念、情绪、动机等个体内部过程影响的研究。这是从更深层次地探讨环境对学生学习的影响。具有积极意义的课堂环境可以从学习活动和任务的设计、评价和奖励的运用、权威的指导等方面来激发学生自主学习的动力。

一般认为,教师主导取向的课堂环境是高控制的,会压抑学生的学习主动性。近年来,有关研究表明,事实并非如此。有学者对香港中小学课堂环境的研究发现,教师主导的课堂环境,仍然可以促进学生的自主学习。

《论课堂心理环境的优化》(2012)一文是基于对上文不同课堂环境理论的分析,结合课堂教学实践,提出了优化课堂环境的若干要素,包括:①有序的课堂规则。②和谐的课堂心理环境。③有效的课堂教学活动。

课堂心理辅导是一个应用心理学领域，将心理学、认知神经科学多学科的理论应用于课堂教学实践，需要多学科专家与一线教师结合，进行深入研究。另外，以信息技术，特别是人工智能为支撑的智慧课堂的研究蓬勃兴起，将会对当下班级授课制的教学模式带来巨大的冲击与变化。这种变化能否真正实现个别化教育，我们拭目以待。

课堂心理辅导：提升学生心理品质*

当前，随着课程改革的推进，人们不约而同地把目光集中到课堂教学上。任何一项教学改革如果没有得到教师的认同、理解和参与，其结果只能以失败告终。因此，要达到课程改革的理想目标，不仅要设计出优质的课程方案和教材，更要建构与之相适应的课堂教学模式。这样的课堂，不仅要让学生获得成长，而且要使教师获得发展。实践表明，课堂心理辅导可以为实现这一目标发挥重要的作用。

一、为什么提出课堂心理辅导

课堂心理辅导关注的焦点是教师与学生心理与精神层面的活动。长期以来，由于应试教育的导向与压力，我们的课堂常常忽视学生的主体需求，学生的求知欲、好奇心、探究欲乃至创造力受到压抑。为了改变那种毫无生气的课堂局面，不少人提出了许多崭新的口号，诸如"以学生发展为本""探索有生命力的课堂""师生对话与分享的课堂"，甚至有人提出"过去是教师教学生，现在是学生教教师"等。我不反对提口号，因为有意义的口号能够振奋人心，但是走极端的口号，同样也会迷惑人心。我反对口号多于行动，反对没有具体措施的口号。以学生发展为本也好，有生命力的课堂也好，口号有异同，但其本质是一个，即关注教师与学生心理与精神层面的活动。

提出课堂心理辅导的另一个重要缘由是，随着学校心理健康教育的不断深入，许多材料表明，不少学生的心理困惑甚至心理障碍，是由于过重的学习压力、过重的课业负担，以及一部分教师不当的教育观念和教育行为造成的，有人称之为师源性心理问题。可见要让每个学生心理健康，首先要有一个健康的课堂环境、健康的教师人格。

认识、理解和建构师生在课堂教学活动中积极的情感、动机、态度、价值信念，以及人际互动环境等，让教师积极的人格力量促进学生的人格发展，这恰恰是课堂心理辅导所关心的领域。它既能够为此提供相应的理论支持，又能够提供具体的技术支持。可以说，心理辅导是实现有意义的课堂改革的重要途径。

二、课堂心理辅导的基本任务

课堂心理辅导的基本宗旨是促进师生积极的心理和精神活动，注重人文关怀，营造和谐

---

* 本文发表于《思想理论教育》2003 年第 12 期，收录时略有改动。

的课堂文化。从这点出发,课堂心理辅导的基本任务有:

1. 帮助教师建立科学的学习观和积极的人性观

100多年来,学习理论从行为主义、格式塔学说、人本主义到认知心理学,乃至建构主义,都取得了长足的进步。但是,现在新的理论不断出现,以致教师无所适从。教师如何从中汲取精华,以科学的学习观指导自己的教学实践就显得尤为重要。比如,行为主义的刺激-反应理论,固然有"见物不见人"的局限,但它强调事物的因果联系,对于学生表现出来的积极反应予以强化,仍然具有指导意义。再如,现在非常热门的建构主义思想,早在皮亚杰的理论中提过,以及尔后的布鲁纳和奥苏贝尔都从不同的角度阐述过。皮亚杰认为,学习过程是在个体与环境相互作用中,个体认知结构不断建构的过程。布鲁纳认为儿童的认知结构是由动作表征、映象表征到符号表征的发展过程。奥苏贝尔认为,有意义的学习是将认知结构中的原有知识与新知识融合的过程。他们对建构主义学说都有不同的理论建树。与之相比,后现代建构主义似乎更强调主体的知识建构,这对于当前的课堂教学改革有积极的意义。但是,激进的建构主义,过于强调主体经验而否定知识的客观性、科学性,以致陷入主观唯心主义和不可知论,则是我们要加以摒弃的。

积极的人性观,要求教师用积极的眼光理解和评价学生,对每个学生要有积极的信念。童年是生命旅程的开始,而不是比赛的终点。我们要相信每个孩子内心蕴藏着积极的资源,相信每个孩子是可以变化发展的,相信每个孩子有各自的特长和才能。教师正是基于这样的信念,才会在教育和辅导中,对学生充满爱心和热情,充满积极的期待,才能帮助学生健康成长。

2. 培养学生积极的学习心态

积极的学习心态是学生学习、激发创造性、探究欲的内在动力。积极的学习心态包括自我意识、动机、情感与情绪、态度和价值观。它既有心理活动,也有精神活动。这是过去的课堂教学经常忽视的领域。人的生理活动、心理活动和精神活动本身就是一个有机的整体,相互之间紧密相连,构成有血有肉的生命活动。有些人不明白这个道理,总是以割裂的眼光,把人的生命活动肢解得支离破碎。

3. 帮助教师建立有序的课堂管理

有序的课堂管理是促进学生学习的环境支持。课程改革的任务,要求教师从单一角色转变为多重角色,但不管怎么变,教师承担课堂的领导者和管理者的角色总是需要的。问题是如何领导、如何管理。有序的课堂管理应该包括课堂管理模式、课堂心理环境、课堂文化,以及课堂问题行为处理等。

4. 帮助学生掌握有效的学习策略

如何让学生学会有效的学习,是近年来学校教育十分关注的问题。在迅速变革的社会里,必须有终身学习的理念,不善于学习的人会落伍。学习策略的研究是当前学习心理学的一项热门课题。现在大家都意识到提高课堂教学质量靠"题海战术""加班加点"和补课是个笨办法,但苦于缺少聪明的办法。其实,让学生掌握有效的学习策略、培养积极的学习心态就是聪明的办法。学习策略包括基本加工策略、学习管理策略和自我调控策略。尤其是自我调控策略,它又与学生的主体意识密切关联,以致成为一种先进的学习模式——自我调节学习。

5. 帮助学生解决学习心理问题

学生在学习过程中总会遇到种种困难、挫折与困惑,这常常会影响他们的进步。过去解决这类问题是靠教师的经验、热情与责任心,缺少科学方法和辅导艺术,常常事倍功半,收效甚微。课堂心理辅导则可以达到事半功倍的效果。这方面的问题包括学习困难辅导、学习焦虑辅导、学习退避行为辅导,以及不良学习习惯辅导等。

三、课堂心理辅导实施要领

为了落实课堂教学心理辅导的基本任务,我们要抓住以下几个重要环节:

1. 引导学生学习:多元化的学习方式

关于在课堂教学中,教师如何引导学生掌握科学的学习方式的问题目前存在一种误区,即以非此即彼的思维方式看待学习方式,以为倡导研究性学习,就可以不要接受式学习。事实上,基础教育的大部分课程是需要接受式学习的,没有接受式学习,学生怎么能够传承几千年人类文化的精华。我们要反对的是被动的、无视学生主体性的接受式学习,要倡导有意义的接受式学习。因此,"从接受式学习方式向研究性学习方式转变"这句口号有一定的片面性,更为合理的提法应该是"从单一的学习方式向多元化的学习方式转变",也就是说,学生既需要有意义的接受式学习,也需要探究式学习。学生在课堂不外乎是通过学习获得两种知识经验,即间接知识经验和直接知识经验,间接知识经验主要可以通过有意义的接受式学习获得,直接知识经验主要可以通过探究式学习获得。因此,多元化的学习方式就需要教师有多元化的教学方式、教师应根据不同的教学内容、教学目的、教学对象采取不同的教学方式,并把各种教学方式有机地结合起来,引导学生灵活地运用相应的学习方式,高质量地完成学习任务。

2. 让学生变得更加自信:寻找内在动力源

当前课堂教学中学生厌学情绪是一个值得关注的问题。我们曾经对上海市72位校长和720名教师作过一次调查(2002年),其中有一个问题是:学生最严重的问题是什么?56%校长和48%的教师认为是厌学,而只有5%的校长和10%的教师认为是违纪。学生厌学的原因是多方面的,从宏观层面看,有升学的压力和现行考试制度的原因;从中观层面看,有教师教学的原因;从微观层面看,有学生学习失败的原因等。课堂中的动机激发主要针对后两种情况。

课堂学习动机激发的宗旨是培养学生积极的学习心态,从这点出发,我们提倡以内部动机激发为主、外部动机激发为辅,因为内部动机比外部动机具有更为持久的激励作用。一般来说,我们的教师善于外部动机激发,而疏于内部动机激发。内在动力与信念是有意义课堂追求的目标之一,也是当前课堂教学要解决的问题。如果仅仅满足于取得体面的分数而丧失了求知的兴趣,试问这样的分数又有多大的意义呢?

自我效能是个体自身潜能的最有影响力的主宰,它在人们做出选择决定时,发挥了核心作用:激发个体为达到目标所付出的持久的努力,勇于面对各种挑战,不怕困难和失败,力求实现成就目标。自我效能体现了人的一种积极心态和自我信念,可以极大程度地激发人的学习潜力。教师可以通过帮助学生获得成功的经验、榜样的学习、积极的鼓励、建立合作取向的课堂结构,以及提高教师的自我效能等方法,进一步提高学生的自我效能。在这些方面,教师可以创造出许多有价值的经验和范例。

例如,上海市闸北区彭浦四中最近在探索课堂中的动机激励,提出"共建自信于课堂",我非常赞同,因为它不仅要让学生自信,还要让教师自信。在具体操作中,该校开展"表扬单""进步卡"活动,很受师生欢迎。学校要求教师填写的表扬单必须具体、明确,不能笼统、抽象。有一名学生收到这样一张表扬单:"在每天的广播操中,你总是十分认真,动作到位,精神饱满,希望继续保持。"虽然只是简短的几句话,但让该生深受感动。他写道:"我的确十分吃惊,老师竟然连这点小事都看在眼里,而且这张表扬单是真真切切地在我手上,并不是说说而已,那时我才发现,原来老师时时刻刻在观察我们……心里不知不觉涌上一股暖流。"教师通过写表扬单活动,发现了学生的许多闪光点,教育观念也渐渐地得到改变。有位教师说,表扬单拉近了我和学生的距离,不仅让学生变得自信起来,也让我变得自信起来。

3. 帮助学习受挫的学生:磨炼意志品质

学生在学习中不可能一帆风顺,多多少少会遇到挫折。习得性无能是一种典型的受挫心理,它是指个人经历了失败与挫折后,面临问题时产生的无能为力的心理状态。习得性无能这一术语最初是由塞利格曼(1967)研究动物行为时提出。他发现,当动物无法避免有害或不快的情境而获得失败经验时,会对日后应对特定事物的能力起破坏性效应。

学生在学习中的习得性无能,主要表现在:认知上怀疑自己的学习能力,觉得自己难以完成课堂学习任务;情感上心灰意懒、自暴自弃,害怕学业失败,并由此产生高焦虑或其他消极情感;行为上逃避学习,例如选择容易的作业,回避困难的作业,抄袭别人的作业,乃至逃课逃学等。学业不良学生的习得性无能不是一朝一夕形成的,而是个体在经常性的学习失败情境中习得的行为方式。其动机过程大致由两条途径发展:一是失败的信息引起消极的情感体验。因为经常失败招致教师、家长更多的批评抱怨,由此感到灰心、沮丧,并严重损害个人的自尊和自信,为了维持自尊便会产生消极的防御机制,其主要表现形式之一就是逃避学习。二是失败的信息通过归因的中介影响自我信念的确立,进而构成消极的自我概念。大量研究表明,学业不良学生在成就归因上存在归因障碍。

卡尔(1991)的报告指出,学业不良学生在成败归因倾向上,更多的是外部因素或者不可控因素。这些学生身上有种"被支配"的经历,相信自己的生活是被外部力量控制着,结果是由机会和运气决定的,自己是无能为力的。在能力倾向上,他们不认为自己的能力、知识和策略方法可以有效地支持学习。这些归因障碍深深影响学业不良学生的自我概念。他们自认为难以用个人意志控制自己的行动,缺乏执着精神,表现出消极应付学习的行为方式。相反,学业高成就学生则从自身寻找力量和动力,内部的可控的归因促进积极的自尊、自我信念和动机水平。另外,个人的情感体验与信念、自尊是交互影响的,构成动机过程的内循环,不愉快、消沉、沮丧的负性情感会削弱自信和自尊;同样,消极的信念、低自尊又会促使个人在失败面前灰心丧气。

因此,教师可以从帮助学生进行合理的成就归因入手,引导学生消除负面的情感体验,多些鼓励、少些批评和指责,解决学生具体学习困难,使学生克服学习中的习得性无能,正确面对挫折。

4. 建立良好的学习心理环境:和谐的课堂文化

人总是置身于一定的环境之中,在交往中体现生命的意义和价值。离开了社会环境,离开了交往,生命会变得孤寂。良好的课堂心理环境本质上就是和谐的课堂文化,这种文化体现了师生的情感交融。

和谐的课堂文化,首先是一种学习共同体的文化。"教学相长"这句古朴的教育信条,用现代精神加以诠释就是学习共同体。课堂里不只是学生受到教益,得到成长,其实教师也在课堂教学活动中不断成长。它要求教师不以权威自居,通过角色转换与角色认同,达到共同学习、共同成长。这种转换不是从一个极端走到另一个极端,而是从单一的课堂领导者角色向多重角色转换,即领导者、组织者、鼓励者、建议者、同伴与朋友等。

两千多年前,古希腊学者普罗泰戈拉曾经说过这样一句话:"头脑不是一个需被填满的容器,而是一把需被点燃的火把。"心灵交融的课堂意义就在于,点燃学生和教师智慧的火把。

论有效教学的心理学支持：信息加工学习论的启示*

聚焦课堂教学，提高学习成效是当前国内外基础教育改革的一个热点问题。有效教学的心理学支持是什么？笔者认为，就是教学要遵循学生的心理发展规律，"以学定教"。其内涵是，遵循学生的认知发展特点、动机人格发展特点，以及他们所拥有的知识基础。美国教育心理学家奥苏贝尔说过："如果要把整个教育心理学还原为一句话，那就是根据学生现有的知识结构进行教学。"

在教学实践中，每个教师都会有意无意地遵循着一定的学习理论。学校的教学内容不同于日常生活的经验，在大多数情况下，父母教育孩子，很少考虑过学习理论。学校的正规学习内容有其系统性、逻辑性，学生学习也有一定的规律。教师若缺乏基本的学习理论指导，他的教学行为往往是盲目的、混乱的和低效率的。教师只有深入地思考和理解学生的学习过程，才能进行有效教学。当代学习理论更加关注学生主体的心理过程。信息加工学习论认为，学生的学习过程是主动信息加工的过程。建构主义学习论认为，学生的学习过程是主动建构知识的过程。

信息加工学习论指出，认知加工是有效学习的基础，自我调控是有效学习的保障，问题解决是有效学习的目标。本文从信息加工学习论的视角探讨学生的学习过程，提出相应的教学策略，以供读者参考。

一、帮助学生进行有效的认知加工

在信息加工模型中，信息储存主要包括感觉记忆、工作记忆和长时记忆三个系统。而认知加工，如注意、复述、编码和提取，使信息从一个储存器转到另一个储存器，为学生的有效学习提供了认知基础。

1. 注意是学习的开始

从感觉记忆中获得的信息，是通过注意进入工作记忆的。因此教师上课吸引和保持学生的注意，是提高学生学习效果的第一环。例如，某物理教师每次在开始上电学这一单元时，总是把指南针放在与干电池相连的导线旁，让学生观察指南针的偏转情况。学生会很惊讶，而这种出乎意料便激起了他们的好奇心，随后他们便会去发现造成这一结果的缘由，教师成功吸引了学生的注意。

---

* 本文发表于《教育发展研究》2011年第4期，收录时略有改动。

2. 突破工作记忆容量有限性

工作记忆又称短时记忆,是个体进行认知加工操作时的信息存储器。工作记忆是个体信息加工系统中有意识的部分,只有当感觉记忆和长时记忆中的信息进入工作记忆时,我们才能够意识到这些信息的内容。它最显著的特征是容量的有限性,通常只能保持 7 ± 2 个组块,并且保持的时间很短(成年人大概是 10~20 秒)。选择、组织和加工信息都会占据工作记忆的空间,所以一般能够保持的信息还不到 7 个组块。这就使得工作记忆很容易因负担过重而成为进一步加工信息的瓶颈。

突破工作记忆的有限性关键在于如何节省工作记忆空间,以利于学生进行有效的学习。如果学生书写、语法和拼写技能熟练,其写作速度将会大大提高。因为这样会节省工作记忆空间,以用于写作。再如,提高学生的词语加工技能,有利于其利用更多的工作记忆空间提高论文质量。

3. 对信息进行有效的编码

长时记忆是永久储存信息的容器。它像一个百科全书那样拥有成千上万的词条和一个网状系统,这个网状系统可以在需要查询和使用时提取相关的词条。长期记忆的容量巨大,并且保持效果持久。有专家认为,它里面的信息几乎可以存储一生。

长时记忆中的知识可以分为陈述性知识与程序性知识系统。陈述性知识是指关于事实、定义、程序、规则等方面的知识,程序性知识是指如何完成任务的知识。学生在学习过程中,这两类知识缺一不可。例如,学生在进行四则运算时,首先要知道加减乘除四则运算的规则,但光知道规则并不能保证学生一定能得出正确的答案。知道规则是陈述性知识,进行正确运算是程序性知识。陈述性知识可以通过学生的言论得到,而程序性知识则要从学生的行为中推断。

(1) 陈述性知识的编码

许多研究认为,陈述性知识以图式的形式储存在长期记忆之中。图式是指信息组成的网状结构。它把简单的信息(如命题、线性顺序、映象)合并起来。例如,"冥王星是一颗行星",这是一个最小的判断对错的命题;线性顺序使信息按照某个维度的特征进行,比如,星体以太阳为中心分布排列;映象使这些物理特征转化为心理图片,比如教师使用幻灯片将球体可视化。

我们以图式的方式在记忆中组织信息对于学生来说很重要。一是图式有助于解释为什么背景知识和它在记忆中组织的方式对学生学习新知识特别重要;二是图式降低了学生工作记忆的负担。

(2) 程序性知识的编码

如前所说,程序性知识涉及如何完成任务的步骤,在长时记忆里表征为:条件和行动。比如,在分数相加中,如果分母相同则只需直接把分子相加;如果它们不同,我们则必须先找到相同的分母,然后再把分子相加。相同分母和不同分母的分数相加的条件是不同的,而能否正确相加则依赖于是否能够辨认不同的条件,并且能够正确地运算。程序性知识通过大量练习,最终会达到自动化阶段。[1]

二、帮助学生有效的自我调控

自我调控指学习者在学习过程中,如何有意识地、系统地监测、评估、调节自己的思维、感知、情绪、动机和行为,以达到其目标的心理活动。常用的自我调控策略有:①自定目标与计划。②自我监测与评价。③自我调整。[2]

1. 自定目标与计划

自定目标与计划是指学生分析学习任务,设置具体的学习目标以及规划,或者改善为达到目标所选用的策略。当学生开始学习一个陌生的主题时,通常缺乏任务分解能力,并且不能为自己设置特定的目标或者形成某种有效的学习策略。例如,当学生迟迟交不出一篇期末论文报告时,教师可以用一个相似的主题,来示范如何列出提纲,如何写出每个标题下的内容,以及如何对内容进行最后的修改和整合。因此,在任务与策略分析方面,教师可以提供具体的支持,帮助学生将学习任务分解为基本的构成要素,并且帮助他们形成新的学习策略。

2. 自我监测与评价

学生根据对先前表现和结果的观察与记录,判断自己学习的效能,即评价个体在某一学习任务上的现有能力水平。当学生开始学习一个陌生的主题时,他们并不清楚自己所采用的方法是否有效。通过持续记录他们的实际表现,可以提高学生自我评价的精确性。例如,学生通常对自己浪费了多少学习时间并不敏感,但如果让学生在日志上记录自己所做的每一件事,他们才会如梦初醒。此外,自我测验,教师、同学和家长的反馈都将有助于学生做自我评价。

有教师运用自我提问方法训练学生自我监测能力,值得借鉴。教师通过自我提问,可以使学生进一步产生"怎样做""为什么这样做""可以用几种方法做""为什么错"的自我意识和自我体验。长此以往,学生不仅知多,而且知优,不仅知对,而且知错,并且通过这种自我意识和自我体验监控今后的学习行为,提高解题的策略水平。自我提问分为读题后自我提问和解题时自我提问:

读题后自我提问是为了进一步理解问题:①你见过类似的题目吗?以前解这类问题时,常用什么方法?②解此问题时你通常会犯哪些错误?怎样避免?③回忆一下学过的概念、定律、公式,哪些对解这道题有用?解题时自我提问是为了确定解题步骤:①你为什么这样做?你能清楚地认定每一步都正确吗?②该题是否有其他解法?比较一下,哪一种解法更好?[3]

3. 自我调整

自我调整是指学生把注意力集中于学习结果和策略过程两者之间的关系上,以确定某种策略的有效性。这个环节就是学习者监控自己使用每种策略所导致的学习结果,以评价所选策略的有效性,并对无效的策略进行调整。例如,某学生运用分组策略去记忆地理课的核心概念,他发现使用有意义的分类方式(如按湖泊、沙漠、山脉等分门别类)比随意分类(如按首字母分类)更有利于记忆。

教师可以采用出声思维方法,强化学生自我监控意识。教师可先进行出声思维示范,使得监控过程中不可直接观察的心理过程能清楚地呈现在学生面前。然后,学生通过出声思维来练习。例如,在阅读理解过程中进行出声思维:监控预测过程练习"从题目来看,这篇文章的内容是关于绿化环境的""下一段会讲为什么地球气温在升高";监控想象过程练习"在我的眼前出现了辽阔的草原,那里有蒙古包、成群的牛羊和唱着歌的牧羊女";监控补救过程练习"我最好重读""这是个生词,我要查查它的意思";等等。

三、帮助学生进行有效的问题解决

问题解决是一种重要的思维活动,是学习者运用知识与经验解决问题的内在心理历程。所以,问题解决能力又是学生十分重要的一种学习能力和实践能力。

问题解决分为创造性问题解决和常规问题解决两种类型。要求发展新方法的问题解决称为创造性问题解决,使用现成方法的问题解决称为常规问题解决。当然,这两者是相对而言的,可以相互转化。例如,一个人运用独特新颖的方法解决了问题,是创造性问题解决,而以后一再重复这种方法,就成了常规问题解决。

为了研究知识和经验对问题解决的影响,心理学家专门对专家与新手的问题解决模式进行了比较,发现有明显差异。这个差异对于训练学生的问题解决能力有重要意义。事实上学生中不乏有问题解决的高手,当然更多的是问题解决新手。教师要研究这两类学生的问题解决特点,总结问题解决高手学生的经验,并通过同伴互助让新手学生分享高手学生成功的学习经验。具体可以有以下教学建议:

1. 丰富学生的知识结构

专家与新手差异的比较表明,专家比新手拥有的知识结构更为有序,更为丰富。有人对一个有 20 年心脏科临床经验的老医生(专家)和一个刚从医学院毕业的青年医生(新手),进行有关先天性心脏病专业知识结构的比较。发现有两点差异:一是专家比新手有更广的专业知识领域;二是专家比新手在知识组织上有更多的层次,专家有 6 层,而新手仅有 2 层,而这 2 层的知识和教科书上的条目一样,仅是罗列了症状和体征相关的疾病名称。并且专家的知识结构是相互联系的,而新手的知识结构是相互割裂的,没有形成有机整体。[4]专家比新手拥有更多、更有层次的专业知识。

2. 深层表征问题

专家比新手在表征问题方面更为深入。格雷瑟等人分析了物理学家和初学物理的人在解决物理问题上的特点,发现新手往往把表面上相似的问题归为一类,例如把附图中有斜面的问题归为"斜面问题";而专家则把运用同一原理或解法相同的归为一类(如按牛顿运动定律)。这说明新手是从表层结构表征问题出发,而专家是从深层结构表征问题出发。[5]

3. 有效的问题解决策略应用

专家比新手采用的策略更为有效。新手常采用"向后法",或者盲目尝试;专家常采用从已知条件推向目标状态的"向前法"。而且专家遇到难题时,会灵活、交互使用上述两种方法。更重要的是,专家在问题解决中采用的策略质量高。例如,霍尔丁和雷纳兹在比较高水平棋手与低水平棋手的差异时,他们让专家和新手同样完成两个任务:一是先看一些随机摆放的棋子,只看 8 秒钟,然后回忆;二是主试将刚才看到的棋子重新摆好,棋手决定走哪一步棋为最佳选择。结果发现,回忆成绩两者差不多,而专家的走棋质量明显高于新手。多萝西等人采用出声思维分析,研究专家与新手在解题策略上的差异。结果发现,新手采用逆向推理,从目标到已知;专家则采用顺向推理,从已知到目标。

此外,专家解决问题时,更多的时间是用在分析与计划方案;而新手更多的时间,是用在搜索记忆的信息与公式,进行尝试错误。[5]

信息加工学习论与行为主义与传统认知学派相比,它是从更深的层面探究人的高级心理活动,试图打开内部心理过程的"黑箱",为教师了解、研究学生的学习过程,提高教学效能提供了理论指导。当然,任何一个学习理论都有其局限性,它也不例外。如"人机类比",不免有些机械主义的色彩。人的认知活动在一定程度上,与计算机加工信息有相似之处,但不能用计算机的加工原则去说明人的全部心理活动。学生有效学习除了认知能力,还有动机、情感等人格因素。因此,将认知策略与动机激发结合成为近年来学习心理学领域关注的重点问题。

参考文献

[1] 埃根,考查克. 教育心理学:课堂之窗[M]. 郑日昌,译. 北京:北京大学出版社,2009:268-305.

[2] 齐默尔曼,邦纳,卡沃奇. 自我调节学习:实现自我效能的超越[M]. 姚梅林,徐守森,译. 北京:中国轻工出版社,2001:16-19.

[3] 张平. 培养自我监控意识. 发展解题能力[J]. 物理通报,2008(3):29-30.

[4] 方俊明. 认知心理学与人格教育[M]. 西安:陕西师范大学出版社,1990:229-230.

[5] 王甦. 当代心理学研究[M]. 北京:北京大学出版社,1993:78-79.

论课堂环境模式*

课堂教学活动是教师与学生互动的过程,这种互动形成的心理环境是课堂环境的主要构成。当前对于课堂环境促进学生有效学习也是一个热点的研究领域。本文在介绍有关课堂环境理论的基础上,着重从课堂环境优化与管理等方面开展讨论,优化这些环境因素,可以有效地促进学生的学习。

一、课堂环境的概念

课堂环境,也常被称作课堂气氛或氛围、课堂心理环境或学习环境等。也许由于研究者不重视理论的缘故,他们并不重视这一概念定义的明确性。对于课堂环境的概念化工作,国外学者主要把注意力放在对它的结构分析和测量上。

国外对课堂环境的结构进行系统分析和测量,以瓦尔贝格和穆斯为先驱。瓦尔贝格等人(1968)认为,课堂环境包括结构维度和情感维度。前者指学生在班级内的角色组织、角色期待和共同的行为规范和约束机制,而后者则指个体的人格需要独特的满足方式,如课堂中的满足感、亲密性和摩擦等。穆斯(1979)提出,不同的社会环境都可以用相同或相似的三个维度来描述:①关系维度——评价人们卷入环境的程度、相互支持和帮助的程度,以及自由而公开地表达观点的程度;②个人发展或目标定向维度——评价个人在环境中发展和自我提升的方向;③系统维持与变化维度——评价环境的有序性程度、期待的明确程度、维持控制的程度,以及对变化的敏感程度。由于穆斯的分析更为全面,而且三个维度具有跨情境的一致性,因而为更多的研究者所接受。实际上,瓦尔贝格和穆斯对课堂环境结构的看法并没有实质性的区别,瓦尔贝格所说的"结构维度"近似于穆斯的"个人发展或目标定向维度"和"系统维持与变化维度",而"情感维度"则与"关系维度"是很接近的。

也有学者从自主学习的角度提出课堂环境的结构。齐默尔曼曾提出一个颇为系统的自主学习取向的概念框架(下页表4-1)。他认为,判断学生是否从事自主学习的依据主要体现在学生对"任务条件"的控制方面。若学生对"任务条件"所列的六个维度均能做出选择和控制,那么学生的学习就是充分自主的,反之则不是。

从表4-1所列的概念框架中不难发现,学生学习所处的物质与社会环境是理解自主学习时必须考虑的重要维度,自主学习研究越来越强调课堂环境对学生动机与认知策略提供

---

* 本文选自《学习心理辅导》(上海教育出版社,2012),收录时略有改动。

表 4-1 自主学习的概念框架

问题	维度	任务条件	自主的性质	自主的过程
为何学	动机	选择参与	内在的、自我激发的	自我目标、自我效能、价值观、归因
如何学	方法	选择方法	有计划的、自动化的	运用策略
何时学	时间	控制时间	定时而有效的	时间规划与管理
学什么	学习结果	控制学习结果	对学习结果的自我意识	自我监控、判断、行为控制、意志
在哪里学	环境	控制物质环境	对物质环境的敏感和主动适应	选择和组织学习环境
与谁一起学	社会性	控制社会环境	对社会环境的敏感和主动适应	选择榜样、寻求帮助

的物质或社会支持。其中课堂环境的物质要素是由学科领域、课程与学习任务组成;社会要素由教师与学生的社会关系及互动行为组成;文化要素由教育理念、社会规范与期望构成。[1]

由此可见,课堂环境从内容构成来说,包含物理环境、社会环境和心理环境三大类别。物理环境是教学赖以进行的物质基础和物理条件,主要包括教学的自然环境、教学设施和时空环境等;社会环境是课堂中师生互动和生生互动的基本要素及状况的总和,它大体包括师生互动与师生关系、同学互动与同学关系、课堂目标定向、课堂规则与秩序等;心理环境则是课堂参与者(教师与学生)的人格特征、心理状态和课堂心理氛围等。[2]本节主要讨论课堂社会环境和心理环境。

二、学生中心取向的课堂环境:课堂目标结构论

课堂目标结构论是近 20 年课堂环境研究领域关注的热点。埃姆斯(1992)指出,课堂结构是用来描述教师与学生通过不同的成就目标,引发不同的动机模式的系统。也就是说,它是从课堂目标的角度来阐述课堂环境。过去的 20 多年,主要侧重课堂环境对学生学习成绩影响的研究,近年来开始转向课堂环境对学生学习信念、情绪、动机等个体内部过程影响的研究。这是从更深层次地探讨环境对学生学习的影响。

1. 目标结构理论的由来

课堂目标结构理论源于社会心理学的目标结构概念。目标结构是多伊奇(1949)提出的概念,他认为团体中目标奖励方式的不同,会导致团体中个体之间在达到目标的过程中相互作用方式的不同。这种以目标为导向的人际相互作用方式被称为目标结构。多伊奇进行了大量现场实验,他在学校里运用不同的奖励方式来激励学生达到目标,造成三种不同的相互关系,结果发现:处于不同相互关系中的学生在学习的努力程度、同伴之间的沟通、对任务的责任感方面都存在很大的差异。据此,他系统地提出三种目标结构:合作、竞争和个体化目

标结构。

合作目标结构,是指在团体中,不同个体之间有着共同的目标,只有当团体中所有的人都能达到目标时,个体才能达到目标获得成功。若团体中有一个人不能达到目标,其他人也达不到目标。在这种情况下,个体必定会与同伴形成积极的相互促进关系,寻求一种既有利于同伴成功又有利于自己成功的活动方式。

竞争目标结构,是指团体中不同个体不同的目标存在着对抗性。只有当其他人达不到目标时,个体才有可能达到自己的目标取得成功。如果其他人成功了,则削弱了个体成功的可能性。在这种情况下,同伴之间的联系虽然也是紧密的,但属于对抗或消极的形式。每一个体都寻求对自己有益而对其他个体来说是无益的甚至是有害的活动,并最大限度地增加自己成功的可能性。

个体化目标结构,是指在团体中个体能否达到目标与其他人无关,个体注意的是自己对任务的完成情况和自身的进步幅度。因此,个体寻求一种对自我有益的结果,而并不在意其他个体是否达到他们自己的目标:个体之间形成的是相互独立、互不干扰的关系。[3]

2. 课堂结构与动机过程

约翰逊等人于1981年对1922年至1981年122项相关的成果进行元分析,得出以下结论:

① 总体上合作目标结构对成就的影响优于竞争和个体化目标结构。
② 竞争与个体化目标结构对成就的影响差异并不明显,个体化稍优于竞争结构。
③ 在合作目标结构中有无组间竞争对被试无影响。

为什么不同的目标结构对成就产生不同的影响。埃姆斯等人认为,关键在于两者之间的中介过程变化不同,这个中介就是个体的动机过程。他们对不同的课堂结构对学生动机的影响进行了大量的实验研究,形成了较为系统的理论。埃姆斯还认为,不同的课堂结构之所以使学生形成不同的动机模式,教师知觉和信念、学生对能力的自我知觉、归因等因素起了重要作用。

(1) 教师知觉和信念

课堂结构与教师的信念和行为,存在两种交互作用:一是教师的价值观、信念影响了他在课堂上创设的结构类型;二是不同的课堂结构又影响了教师的知觉。

斯旺等人(1980)的研究发现,教师对能力的看法影响他们对课堂结构的选择。持有能力外部论观点(学生能力发展依靠外部教学作用)的教师,在课堂上采用竞争结构的教学策略对待低能力的学生。持能力内部论观点(能力发展依靠自身的努力和理解)的教师则采用个体化结构,旨在提高低能力学生的表现水平。

埃姆斯等人(1982)要求教师评价高成就学生和低成就学生在竞争结构和合作结构中的表现,结果发现,在竞争的课堂结构中,高成就学生得到更多肯定的评价,而低成就学生得到更多否定的评价。而在合作的课堂结构中,教师对两种学生评价的差异则比前者小得多。

这表明教师的评价显著地受到课堂情境的影响。

由上述两项研究可见,竞争的课堂结构形成了一种消极的动机循环;教师不同的期望作用于学生,竞争的课堂情境又强化了学生之间的能力分化,于是教师不同的期望导致了学生不同的学业成就。

(2) 学生对能力的自我知觉

根据自我效能理论,儿童只有相信自己有能力去做一件事,他才会为此做出努力和坚持。能力的自我知觉能有力地影响儿童的成就行为。埃姆斯认为,课堂结构对学生能力的自我知觉主要体现在两方面:

其一,能力知觉的程度受到他人的影响。罗森霍尔茨等人(1980)将课堂分为高控制课堂与低控制课堂。教师在高控制课堂中更多的是全班教学,很少为学生提供个别化学习机会,并进行以社会比较为基础的评价。他们发现,高控制课堂比低控制课堂,将学生学业能力划分等级的现象更为明显。在高控制课堂,学生不仅为别人打等级分,而且还接收别人为自己打等级分。

其二,高成就者与低成就者能力知觉的分化。埃姆斯等人(1977)研究在竞争和非竞争条件下儿童的实际表现发现,竞争情境下,儿童总想赢,总想超过别人;而在非竞争情境下,儿童更愿意与同伴合作。埃姆斯(1981)后续的研究还显示了,与合作情境相比,竞争情境中儿童自我-他人能力知觉的差异将更加扩大,高成就儿童更自信,而低成就儿童更自卑。[4]

(3) 课堂结构与归因

学生将失败归之于缺乏能力,和将失败归之于努力不够,会有截然不同的反应。做出能力不足归因的学生常常会产生习得性无能,放弃原有的成绩目标。做出努力不够归因的学生,则不会气馁,采取相应策略,坚持完成任务。埃姆斯(1981)、科温顿(1984)的研究证实了,不同的课堂结构会影响学生不同的归因倾向。埃姆斯布置给小学生一篇阅读材料,通过训练,让他们完成学习任务,有的成功,有的失败,再将他们配对放入竞争情境和个体化情境,然后分别请学生对自己的成功做出归因评价。结果发现,个体化情境里的儿童比竞争情境下更倾向归因于努力,竞争情境里的儿童比个体化情境下更倾向归因于运气。

埃姆斯的另一项研究(1984)采用"出声思维"方法,比较儿童在两种课堂结构中的表现。在个体化结构中,儿童比较能自我监控。例如,儿童报告"我将要制订计划——我要仔细工作""我是不是很努力了"等等,并更侧重努力。相反,在竞争结构中的儿童,倾向于能力归因。如,他们常说:"我能行吗?"

简言之,课堂结构显著地影响学生的知觉和归因,在竞争结构中,学生更注重能力的表现,能力的自我知觉是成就行为的中介。在个体化结构中,学生更注重自我改进、努力和必要的策略,这时能力知觉将不再是成就行为的中介。竞争的课堂里,学生的成就行为是一种确信自己能力的体现,而在非竞争的课堂里,成就行为是学生相信目标是否达到的体现。

3. 自主定向的课堂结构

既然课堂结构对学生动机过程有显著影响,那么什么是具有积极意义的课堂结构? 埃姆斯在《课堂:目标、结构和学生动机》一文中作了精辟论述。她提出了自主定向的课堂结构模式。这个结构包括三个主要成分:任务和学习活动的设计、评价和奖励的运用、权威的指导。[5]

(1) 任务和学习活动的设计

课堂学习的核心要素是任务和学习活动的设计。学生对任务的认识不仅影响他们怎样看待学习,而且还使他们懂得如何利用有效时间的重要性。埃姆斯总结了促进学生动机的任务有如下特征:

① 学生觉得有意义的学习活动,尤其当学习内容的意义与个人相关,这将推动学生对知识的理解,改进学习技能。

② 使学生感兴趣的任务,这要求教师设计变化的、多样性的学习活动。

③ 设计合理的、挑战性任务,可以将学生的注意力集中在学习任务上,有力地激发其内部动机,而不是关注能力的比较。

④ 任务结构。学生是在一个社会群体里学习,教师如何组织学习活动,不同的任务结构会得到不同的学习效果。以下有两个对比的例子:

教师 D 在每堂数学课开始时,在黑板上提出一个"挑战性"问题,给学生 5 分钟时间,然后让学生自愿回答。

教师 R 在黑板上给出同样的数学题,将学生分成三个小组讨论 5 分钟,然后要求各个小组分享各自的学习结果。

结果教师 R 的教学效果优于教师 D。虽然两位教师都尝试寻找解决问题的多重路径,创设一个良好的学习环境,但在教师 D 班上只有少数学生自愿回答,少数人记住了问题或情境。相反,教师 R 班上有更多的学生参与,相互讨论,促进了各自的思维活动,这体现了小组合作学习的优点。

(2) 评价和奖励的运用

对学生学习的评价,是课堂中影响学生动机最突出的因素。评价的关键在于学生如何理解评价信息的意义,不同的评价方式支持学生不同的目标定向,引发不同的动机模式。

竞争的课堂结构主要的评价方式,是以社会比较为基础的等级评定,它将产生很多负面效应。

社会比较是影响学生对自己、对他人和对学习任务判断的重要因素。社会比较的形式很多,如公布成绩排行榜、公开成绩手册等等。学生对自己的能力知觉,常常是从社会比较的信息中反馈而来。当他们总是想赢、想超过别人时,就潜伏着挫折的隐患,这种人为制造的挫折会削弱儿童的自信心。但是若引导儿童更关注自己的学习活动、参与和努力,则会减少这种挫折的发生率。而经常性的竞争失败,又会引起儿童消极的防御机制,既然失败威胁到自己的自尊,他们可能选择的行为便是逃避高难度的学习任务。可见,强烈的社会比较气氛对学生的学习动机、兴趣乃至学习策略提高都是极为不利的。

自主定向的课堂评价应该是自主目标取向,它应具有以下特征:

其一,评价着眼于学生的自我改进、自我提高,而不是与别人比较。这与不论是促进学生认知还是情感因素,都是有关的。学生只有在全身心地投入学习活动的状况下,才能更深切、更有效地记忆、加工学习材料,社会比较的负面情绪只能起到干扰作用。而在持久的努力中,自己的能力得以提高,将会大大增强自信心。评价应为学生提供改进的机会。

其二,自主定向的评价不以学习结果为最终评价,而是强调过程,评价不是对学生贴标签,而是为学生提供改进的机会。埃姆斯还提出:对学生的评价更多的是私下的,而不是公开的。国内近年也有人提出要把分数看成是学生的隐私,从为学生提供改进的机会的角度看,这还是颇有道理的。

其三,教师恰当地使用奖赏,使奖赏能够提高学生的动机与成就行为。过分依赖奖赏,把奖赏作为外部控制手段,会压抑学生内部动机。

(3) 权威的指导

大量研究表明,课堂环境的自主定向与学生内部动机存在正相关。要积极创设这样的课堂环境,教师的权威指导是关键性因素。埃姆斯认为,教师的权威指导作用在于:

教师能在多大的程度上给学生以选择。为学生提供选择的机会,被看作是支持学生作出决定的一种积极的教学策略,它有助于发展学生的责任性和独立性。而课堂里的这种选择要注意让学生平等地知觉,尽可能地成功以保持或提升自我效能感,并要吸引学生的兴趣,只有这样的选择,才会有效。

帮助学生培养自我管理、自我调节的策略,以便在课堂学习中有效地监控自己的行为。这要求教师在布置学习任务和实施奖励时,要考虑这些教学行为能否提高学生的积极的努力知觉、技能和内部动机。

任务设计与评价须整合一致。课堂结构的各个部分是相互联系的整体。有的教师学习活动设计得很好,很有挑战性,但在评价上却使用社会比较;换言之,任务结构是自主定向的,而评价是操作定向的,这种不协调的课堂环境不会产生积极的动机模式。

三、教师主导取向的课堂环境

一般认为,教师主导取向的课堂环境是高控制的,会压抑学生的学习主动性。近年来有关研究表明,事实并非如此。例如,李子健(2010)对香港中小学课堂环境的研究发现,教师主导的课堂环境仍然可以促进学生的自主学习。李子健的两项研究结果表明,在香港中小学生看来,教师对课堂教学的参与程度高于学生在课堂教学中的参与程度,且学生在自主学习的"内在价值""自我效能""策略应用"等方面的发展亦较正面(各项平均值皆大于3)。值得注意的是,下页图4-1表明,"教师支持与参与"对学生的"内在价值"和"策略应用"发挥着稳定的、中度的促进作用(回归系数在 0.3 至 0.7)。这说明,即使是在教师参与课堂教学的程度高于学生在课堂教学的合作和参与程度的情况下,教师的支持和帮助仍然能够稳定地促进学生"内在价值""自我效能""策略应用"的发展。也就是说,所谓的"教师中心"的课堂环境亦可培养学生的自主学习能力,而且这种积极作用恰恰主要来自教师对学生学习的支持和参与,而非通常假定的学生的自主学习与合作。

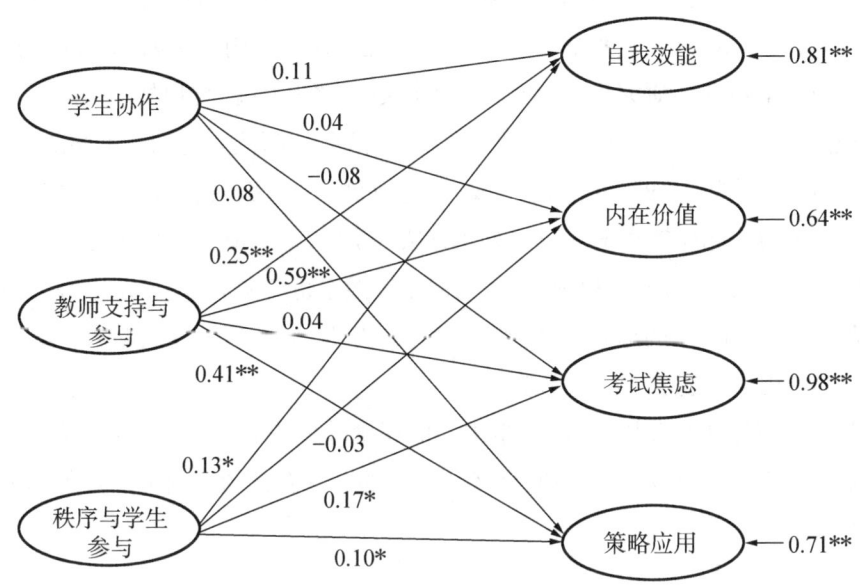

图 4-1 课堂环境观感对学生自主学习的影响

如何解释这种颇具悖论性的现象?李子健认为,这涉及不同的文化背景对"教师中心"与"学生中心"之间关系的理解。以往关于比较西方国家学生学习与华人学生课堂教学的研究也发现了类似的悖论现象。例如,为何华人学习者身处看似不利的学习环境之中,在许多国际性的学业竞赛(如 PISA、TIMSS)中的表现却超出许多西方国家的学生呢?和西方国家的学生相比,华人学习者为何对一些科目的教学(如科学)具有更加正面的学习态度?其实,学生的自主学习动机并非一种固定不变的人格特质,而是具有鲜明的情境依附性。当情境发生变化时,学生的自主学习也会表现出不同的特征。

首先,在许多西方学者看来,"教师中心"往往蕴含着教师专制、采用单一教学活动甚至"满堂灌"的含义。然而,"教师中心"并不一定意味着教师在课堂教学中是独断专行的。学者指出,尽管受制于考试文化和竞争压力,华人教师在课堂中倾向于采用"教师中心"的教学方式,但正如一些学者所说,这些教师并不像那些刻板印象中形容的那样武断和专制。恰恰相反,他们会尽力提出激发学生思维的问题,给学生反思留出时间,并且根据学生需要调整教学方法。因此,教师中心的教学方式仍然能够营造相互尊重、较为舒适的课堂氛围和师生关系,即使在西方学者看来,这种关系是颇具等级性的。

其次,"教师中心"的教学方式同样能够带来学生对课堂教学的积极参与。莫与其同事的研究发现,课堂教学中高度的教师控制并不必然导致消极的学生学习。如果我们观察学生处理学科内容和课堂活动的方式,就会看到教师通过引导学生探讨课程的深层意义,从而为学生学习留出了大量空间。就其性质而言,"激励性教学"比"教师中心"更能形容包括香港教师在内的华人教师的课堂教学方式。在这种"激励性教学"中,教师通过关注自己的提问和学生的反馈、激发学生互动,以及引导学生的协作任务来保障学生积极地参与教学活动。

再次,人们通常假定,"教师中心"和"学生中心"是截然对立的,这对西方学者来说尤甚。然而,在华人文化情境中,这种非此即彼的二元观点并不适用。例如,高凌飚与沃特金斯关于大陆教师教学观念的研究表明,以往学者建议的"教师中心/传递知识"与"学生中心/促进理解"的划分方式很难应用于这些教师。事实上,这些教师认为他们在不同的情况下会采取相应的行动,从而同时发挥"传递知识"或"促进理解"的作用。其实,如果不把"教师中心"或"学生中心"视为彼此能够清晰区分的教学方法或实践,而将其看作两种更为宏观、更具弹性的教学原则,那么,即使是在"教师中心"的课堂实践中也会蕴含着"学生中心"原则。只要教师能够基于"学生中心"的原则,关注个体学生的需要,引导学生投入课堂教学,任何教学方法与实践都可用来促进学生的自主学习。[1]

以上介绍两种课堂环境模式,学生中心的课堂环境模式——课堂目标结构论和教师主导的课堂环境模式。前者是西方的,后者是中国的。笔者认为这两种模式各有优点,我们应该吸取两家之长。

参考文献

[1] 李子健,尹弘飚. 课堂环境对香港学生自主学习的影响:兼论"教师中心"与"学生中心"之辨[J]. 北京大学教育评论,2010,8(1):70-82.

[2] 范春林,董奇. 课堂环境研究的现状、意义及趋势[J]. 比较教育研究,2005,26(8):61-66.

[3] 郭德俊,李原. 目标结构与学习动机[J]. 心理科学,1994,17(6):340-345.

[4] Feldman R S. The Social Psychology of Education: current research and theory[M]// Ames C. Effective motivation: the contribution of the Learning environment. Cambridge: Cambridge University Press,1986:240-245.

[5] Ames C. Classrooms: Goals, structures, and student motivation[J]. Journal of Educational Psychology,1992(84):261-271.

论课堂心理环境的优化*

促进学生有效学习的课堂环境应该具有如下要素：有序的课堂规则、和谐的课堂心理环境、有效的课堂教学活动。

一、有序的课堂规则

对高效能教师与低效能教师的比较研究发现，两者在课堂秩序的建立方面，有明显差异。

埃默(1980)等研究了14名3年级教师，其中7名有成效，7名成效较差。这两类教师所带班级的学生，在学年开始时，他们的能力倾向和成就测验的得分并无多大差异，然而，随着时间推移，有成效教师班上的学生表现出较多的勤奋行为，学年结束时取得的成绩也较大；成效较差教师班上的学生则相反。研究者对两类教师前几周的行为进行了仔细的观察，发现确有差异。这种差异反映在，高效能教师从一开始就注重课堂秩序的建立。他们向学生讲明课堂教学规则，让学生反复训练如排队、削铅笔之类的规则，讲解遵守规则的道理。一旦出现违规行为，便立刻制止，并提醒违反者注意有关的规定。相反，成效差的教师往往不向学生讲解有关的规则，即便讲，也讲得不清楚。例如，有位教师给出的规则很含糊——"举止要得体"，学生不知如何做。另一位教师不坚持加强已定的规则，他告诉学生，第一次上课铃响要停止同学间的交谈，第二次上课铃响要求学生集中注意力听课，但当学生未遵守这一规则时，他便放弃了规则。

有成效教师似乎懂得，课堂行为规则是可以通过练习，反馈学到的技能。成效差的教师则没有领悟到这一点。表4-2是两类教师在课堂秩序建立上的差异。得分从1到7，1指教师无此种行为，7指教师经常采用这类行为。由表4-2可见，有成效教师对制止捣乱行为的倾向明显强于成效较差的教师。[1]

表4-2 有成效和成效差的教师课堂秩序建立上的差异

变量	有成效的教师	成效差的教师
①奖励的多样化	4.3	3.1
②标准恰当行为	5.4	3.8
③对视	6.1	4.9
④说明所期望的态度	5.5	3.9
⑤制止捣乱行为	4.9	3.5
⑥忽视捣乱行为	2.9	3.6

* 本文选自《学习心理辅导》(上海教育出版社，2012)，收录时略有改动。

埃默等人的研究得出这样的结论：在相当程度上，前几周的课堂行为决定了整个学年的纪律和成绩。因为这是一个课堂秩序建立的阶段，秩序一旦建立，就能产生建设性的效果。

二、和谐的课堂心理环境

1. 和谐的师生关系

和谐的课堂心理环境，最主要是和谐的师生关系。尊重—真诚—理解，这是人本主义心理辅导的基本精神，也是建立和谐师生关系的基本原则。

尊重意味着对当事人无条件地接受、认可、欣赏和喜爱。罗杰斯认为，无条件意味着对当事人的消极的体验，如痛苦、害怕、异常等，像对积极的体验，如自豪、满足、信心、关心一样地接纳。

真诚要求教师必须以真实的自我而不是戴着面具出现在学生眼前，坦诚相见，进行以心对心的交流。真诚并不意味着教师向学生暴露自己所有的隐私，而是要求教师不要掩饰自己的错误，并在适当的时机利用它来加深师生之间相互信任的关系。有一个课堂里的故事给我感触很深，某位班主任因为班级排练大合唱的事发火，被同学们要求按违反班规罚扫教室。这在常人看来，似乎老师很没面子，威信扫地。可是这位班主任诚心诚意受罚，在同学心目中威信非但没有下降，反而更高了。从此，这个班级里班主任在与不在，同学们都一样自觉。

理解就要求教师设身处地为学生着想。这样的理解要求教师能够准确地感知学生的个人世界和内在思想，并将之传递给学生。在沟通中，教师不仅能够理解当事人所表达的确切内容，还要准确地把握那些学生自己意识到的东西，并将之回馈给学生。

学会倾听是掌握理解的一把钥匙。佐藤学在《静悄悄的革命》中写道："这种倾听不是听学生发言的内容，而是听其发言中所包含着的心情、想法，与他们心心相印，从而产生'啊，不简单''原来如此''真有趣呀'等共鸣共感。唤起这些情感体验可以说是倾听学生发言的'理解方式'应具有的最重要的意义。"学会倾听要求教师面对学生时，从眼神、语言、表情和身体姿态各方面，充满关注和期待，这对学生是无比重要的精神力量。

2. 良性的师生互动

教师期望是师生互动中，对学生学习影响较为重要的因素之一。

自我实现预言是指人们对某些事物的期待或真实信念，将有可能导致这些期望成为现实。也就是说，一个人一旦形成了一种期待，他就会把这个信念当成真实的，从而朝着这个方向去努力。最终使得他的信念变成了现实。这源于一个优美的古希腊神话，皮格马利翁是古代塞浦路斯的一位善于牙雕的国王，由于他把全部热情与期望倾注在自己雕刻的美丽的少女塑像身上，后来塑像竟活了起来。著名文学家萧伯纳也曾说过："要记住，我们行为不是受经验的影响，而是受期待的影响。"

1968 年心理学家罗森塔尔和雅克布森做过一个课堂中的皮格马利翁效应实验。他们对旧金山一所小学 1—6 年级学生进行了一次预测未来发展的智力测验,而后随机在各班抽取 20% 的学生作为实验组,并有意告诉教师,这些学生很有学习潜力。8 个月后,发现实验组学生的成绩与其他学生有很大的提高。研究者认为,教师受到实验者的暗示,对这样学生形成了期望,并通过态度、表情、体贴和行动方式将期待传递给学生,使学生受到鼓舞,从而更加依赖教师,形成了积极的师生互动,提高了学生的学习成绩。

罗森塔尔等人的研究一发表就引起教育界的巨大兴趣,也有不少学者提出了争议与疑虑,有人重复了这一研究而结果未能支持罗森塔尔的研究。但有意义的是,从那时起,教师期望对学生学习的影响,作为一个重要的课堂心理问题,受到学者的关注。[2]

教师期望对学生的行为产生影响是一个师生互动的过程。

古德和布罗菲[3](1974)提出了一个教师期望能在课堂上实现的模型,这个模型包括以下五个步骤:

① 教师预期某一学生有他所期待的行为和成绩。
② 由于对学生有不同的期望,教师对不同学生表现出不同的行为。
③ 教师将不同的行为和成就的期待,传达给每个学生,进而影响学生的自我概念、成就动机和抱负水平。
④ 如果这种区别对待一直继续下去,学生没有以任何方式做出反抗或改变教师的这种对待。那么,这种期待就会影响学生的成绩和行为。被高期望的学生会不断提高成绩,而被低期望的学生学习成绩则会下降。
⑤ 随着时间的推移,学生的成绩和行为,越来越接近和符合教师对他们的最初期待。

在这个过程中可以看到,教师期望不是自动实现的,教师并不是对每个学生都能形成清晰的期望,也不一定能把每个期望都不断地传达给学生。另外,即使教师传达了某种期望,学生自己会以各种方式反对或改变教师的期望,从而阻止教师期望的实现。因此,教师期望过程是复杂的人际互动过程。

古德和布罗菲[3](1987)在研究中发现,教师对差生的低期望常常通过以下的行为表达:

① 当差生失败时,教师经常批评。
② 当差生成功时,教师很少表扬。
③ 教师对差生的回答,常常不提供反馈意见。
④ 教学过程中,教师较少注意到差生。
⑤ 教师把差生的座位安排在远离自己的地方,或集中安排在一起。

教师对优生和差生不同的对待,对差生的学习有直接影响。例如,当把差生集中在一起,教师在教学中就更容易忽视他们,使得差生回答问题、得到反馈的机会大为减少,从而减少了他们的学习内容。若将差生安排在教室后面,教师就更难顾及他们了。再如,在课堂上得不到经常回答问题的机会,实际上就是剥夺了参与课堂活动的机会。经常被教师提问的学生,得到了更多的实践机会,语言交流、沟通的技能得到培养,并在教师和赞许声中受到鼓舞;而这些对于差生则相反,使他们对课堂学习兴趣降低,自信心不断下降。

影响教师对学生的期望大致有如下因素[2]：

①学生身体外貌。克利福德等人(1973)提出的结论是，教师认为外表有吸引力、讨人喜欢的孩子比不那么讨人喜欢的孩子智商高，教育潜力大，父母对他们也给予更多的关心。

②性别偏见。布朗(1976)认为，女孩在课堂上的行为更顺从，更符合学校的一般期望。而男孩可能常常会有令人不满的行为。在学校环境里，女孩得到赞许和正面反馈要比男孩多。莱因哈特等人(1979)的研究发现，教师在阅读方面同女孩的接触多，而在数学上同男孩接触多。教师还在阅读方面花费较多的时间去对女孩进行了解，而对男孩则在数学方面花费较多的时间去进行了解。

③教师对学生智力的看法。巴纳德等人(1968)发现，教师对较聪明的孩子有评价较高的倾向，认为能力高的学生比能力低的学生具有更多的优点。威尔斯(1975)还发现，在教师对学生能力的判断，同教师对学生的注意力、自信心、成熟程度的评价之间存在正相关。

④家庭社经背景与种族。有些资料证明，人们期望中产阶级的学生比下层阶级的学生获得更好的成绩。科恩布莱思等人(1980)指出，教师对白人学生的成就和课堂行为的评价要高于黑人学生。他们还认为，白人学生效率较高，组织较好，更含蓄、更勤奋、也更可爱；而黑人学生则被认为更开朗、更直率。

此外，学生过去的学习成绩、性格或行为障碍，以及教师的标签效应等都可能是教师期望的输入源。

如何在课堂里建立适当的期望，建议如下：

①教师不应划一地、无区别地对待每个学生。教师不恰当的期望，会引起不恰当的教学行为。那么什么是恰当的教师期望，是不是应该对所有的学生都有高期望，其实不然。古德等人认为，对所有学生都是平等的期望或高期望，恰恰不利于学生的学习。在课堂里，教师不可能划一地对待每个学生，因为，有的学生学得快些，而有的学得慢些；有的善于表达，而有的不善于表达。划一地没有区别地对待，完全忽视了学生的个别差异，所以是不恰当的期望和低劣的策略。

②教师要了解每个学生，了解他们的长处与短处，以便对各个学生建立适当的期望，并在课堂教学中，给予各人不同的机会。例如，课堂上统一要求的作业做完后，可以给学生自由学习的时间，在这段时间里，教师对不同层次的学生可以布置难度不同的作业。对低成就学生在等待他们回答问题、注意、座位安排和反馈等方面，要予以更多的关注。

③教师监控自己的教学行为。准确评价学生的课堂行为，可以调整教师不适当的期望。要做到这点，教师可采用自我提问的方法，监控自己的教学行为，以利于尽可能理解学生的反应。例如，教师对待成绩差的学生，可以对自己提出如下问题：

- 当成绩差的学生要提问或回答时，我表扬或鼓励他们了吗？
- 当成绩差的学生失败时，我支持他们了吗？
- 当成绩差的学生成功时，我鼓励他们了吗？
- 在公开场合，我是否让成绩差的学生回答问题？

- 怎样让成绩差的学生经常能在课堂上获得成功?
- 能够处理好成绩差的学生的错误回答和失败反应吗?
- 怎样对成绩差的学生选择一个学习题目?
- 怎样经常地为成绩差的学生创设评价自己学习和做出重要决定的机会。

三、有效的课堂教学活动

古德和布罗菲(1986)的研究发现,有效的课堂教学活动,主要表现在以下几个方面:

1. 教学时间分配

教师究竟如何支配有限的教学时间,以产生良好的学习效果？这是课堂教学中的一个永久的命题。研究表明,有三种时间有效指标。

(1) 善用教学专用时间

所谓教学专用时间,是指教师在教学过程中纯粹用于教学的时间。教师在一节课的时间内,用于点名、发放簿本、准备教具等组织教学,一般不属于教学专用时间,因为这对实质的教学帮助不大,而且容易引起学生分心,影响学生对学习的注意力。教师若能充分掌握教学专用时间,而使与教学无关的活动减少到最低程度,其教学效果往往较优。[4]486

(2) 掌握专心学习时间

教师在教学过程中,除有效掌握教学专用时间外,若能使学生在上课时间内专心于学习,教学效果更佳。这就是学生专心学习时间。教师在教学时之所以能够引起学生专心学习,通常是由于三个条件:

①教师能将教材讲解清楚,并讲得生动有趣。
②教师要掌握学习理论与教学原理,并善于激发和保持学生的学习动机。
③教师能掌握学生情绪以维持教室秩序。有人曾对初中生专心学习时间与其学业成就的关系进行研究,发现高成就学生去上课时以85%的时间用于专心学习,而低成就学生只用40%的时间从事学习(埃弗森,1980)。

(3) 提供课业学习时间

在教材具有适当难度的情形下,维持学生自行学习,而且从学习中获得成功所需要的时间,这称为课业学习时间。有经验的教师都知道,当教材的难度超过学生能力时,学生难以从学习中获得成功。但教材难度适中时,如不提供学生充足的学习时间,也无法使他从学习中获得成功。因此,有效的教学安排是,既能在教材的难度上适合于学生的能力,又能在时间上容许学生经由学习活动获得成功的经验。教师如何在教学时帮助学生有效运用课业学习时间,教育心理学家提出了三点建议:

①注意课堂的时间分配,尽量将时间用于对课文的讲解,避免因其他杂务占用上课时间。这点同前述的教学专用时间使用的含义相同。
②在学生自行学习的时间内,教师需对学生个别辅导,随时检查学生的错误,并及时

纠正。

③运用回答法以确定学生是否理解其所学知识。教师要求学生回答时,宜遵循如下原则:第一,避免固定的少数学生回答,使全体学生都有被问到的机会。第二,提出问题后留一些时间,再指定学生回答,既可引起学生对问题的注意,又可留给学生对问题思考的时间。第三,当学生不能回答或回答错误时,不宜立即提供答案或另行指定别人回答。教师可改变对问题的陈述方式,或举例以说明问题的意义,然后再让该学生回答,使得学生有机会从错误教训中获得正确的学习。第四,学生回答正确时,除给予肯定和鼓励外,宜重复一遍他的答案,以引起大家对该学生的重视。[4]467-468

2. 教学活动组织化

教学活动组织化分为两方面:一方面是管理组织化,指教师在课堂管理方面的组织秩序。有组织、有秩序的课堂管理,有利于教与学的顺利进行。另一方面是概念组织化,即教师所提供的教材与讲课时的语言表达,应该是有组织有系统的。

3. 师生语言沟通

教学是师生互动的过程,在师生互动的过程中,双方的语言沟通是影响教学效果的关键因素。师生语言沟通方式,主要表现在教师的讲解、提问,以及回答学生问题三方面。研究发现,师生语言沟通需注意两点:

(1) 解说清楚明确

教师在讲解教材内容或回答学生问题时,必须做到清楚明确,这有利于学生运用其短时记忆对新知识进行编码。为了加强所讲概念的清楚明确程度,教师通常将有关概念写在黑板上,并重复说明。回答学生问题时,教师为了增强回答的效果,通常会将学生所提问题重复一遍,然后以学生能听懂的口语做清楚的解答。

(2) 彻底理解教学内容

教师对所任教学科内容,应彻底理解,否则不可能对学生讲清楚。教师自己吸收知识和教导学生学习知识是两种不同的心理过程。前者是根据自己的经验与能力对新知识进行信息加工,后者则是针对学生的经验与能力向其提供知识,并由其进行加工处理。同时要注意,儿童的思维方式与成年人不同,对小学生讲解知识时,不能按成年人的思维逻辑来推理解释。[4]469-470

4. 反馈的有效运用

在学习过程中,对学生学习结果的反馈,并让其知晓,能促进学生后续学习。教师可采用口头反馈和文字反馈两种方法,使学生在反馈中加强学习。

(1) 口头反馈

在课堂教学中,教师使用得最多的是口头反馈。口头反馈是指学生在提出问题或回答问题之后,教师对他的表现所给予口头上的赞许或批评。教师运用口头反馈时,要注意反馈必须是正向的、积极的。当学生向教师提出问题时,无论问题的性质如何,是合理的或是不合理的,教师均要予以接受。然后将他的问题向大家重复一遍,以表示对他的重视。如果问题合理,除了给予解答之外,还要称赞所提问题很有价值;如果所提问题不合理,可允许学生做补充说明,而后由教师来解释。这样可以鼓励学生多提问题、多多参与教学活动。

(2) 文字反馈

文字反馈是指教师在批改学生作业时写在作业上的文字。教师批改学生作业时,不宜只对作业的正确或错误做出标示。宜在学生的作业上写几句简单的话,作为反馈。学生领到教师批改过的作业时,总是先翻阅一下教师的批语。针对学生希望得到教师反馈的心理,教师需注意两条:

一是对作业表现优异的学生,以称赞的方式给予肯定,以维持其学习动机。

二是对作业表现较差的学生,避免只写消极的批评,而应写鼓励的语句。鼓励的文字反馈,有时会对学生产生出乎教师想象的心理效应。台湾师范大学的张春兴教授在多年前,曾在一个学生的读书报告中夹了一张纸条,上面写着:"你文笔很好,可写文章发表。"没想到,八年后接到该生寄来他翻译的一本书,在扉页内夹了那张纸条的影印本,并在旁边写着:"老师,这本书是在这张纸条的鼓舞之下译成的。"[4]470-471

5. 课堂活动指导与反馈

有成效教师能以更清晰明白的方式告诉学生教学目标。引导明确,课文陈述清楚(表 4-3 中的第①⑤⑥项)。他们也使自己的教学适合学生的兴趣、技能水平和注意广度(表 4-3 中的第⑧⑨⑩项)。他们还向学生解释为什么要学习某种材料(第⑦项)。成效差的教师则在课堂上做出的指导含糊不清,既不解释为什么要做,也不去检查学生是否明白。

表 4-3 有成效和成效差的教师课堂指导上的差异

课堂指导行为	有成效的教师	成效差的教师
①目标描述得清楚	5.1	3.1
②采用材料多样化	5.6	3.7
③材料事先准备好	6.2	4.4
④材料支持教学	6.0	4.3
⑤引导明确	5.2	3.8
⑥陈述清晰	5.8	4.1
⑦提供理由或分析	4.9	3.4
⑧备课时考虑到注意力度	5.2	2.8
⑨学生成功的程度高	5.5	3.9
⑩教学内容	5.2	3.6
⑪合理的作业标准	5.8	4.6

其次，课堂中的反馈，诸如学生的提问、评述和反应等对于学习效果也是至关重要的。就学习陈述性知识而言，反馈可以加强信息的组织，或促使学生对信息作精致的加工，有助于学生区别正例与反例。埃弗森(1980)等人发现，有成效与成效差的教师在对学生反应的反馈方面也有明显差异。由表 4-4 可以看出，成效好的教师提出的问题比成效差的教师多。教师提出问题，给学生创设获得反馈的体会，提高了学生的正确率。有成效教师更着重于在学生答对后再提新问题，表 4-4 中的第④项，这样可以引发学生作深一步思考。由表 4-4 中的第⑪项可知，有成效教师更能够对学生提出的评述意见立即做出反馈，有助于学生纠正错误看法，巩固正确的观点。[4]196-199

表 4-4　有成效与成效差的教师在反馈上的差异

课堂反馈	有成效的教师	成效差的教师
①对过程提问	5.91	1.29
②对结果提问	17.42	6.95
③赞扬正确答案	4.26	0.32
④答对后再提新问题	2.93	0.25
⑤把正确的回答与讨论统一起来	3.25	0.60
⑥答对后无反馈	0.38	0.06
⑦批评错误的答案	0.01	0.01
⑧指出错误在何处	0.28	0.09
⑨答错时给予正确答案	0.72	0.27
⑩答错时再提新问题	0.41	0.07
⑪对学生引出的评述进行反馈	1.00	0.28

参考文献

[1] 钟启泉,黄志成. 美国教学论流派[M]. 西安:陕西人民教育出版社,1993:194-195.

[2] 中央教育科学研究所比较教育研究室. 简明国际教育百科全书:教学(下)[M]. 北京:教育科学出版社,1990:15-16.

[3] Good T L, Brophy J E. Educational Psychology: A Realistic approach[M]. London: Addison Wesley Longman,1990:445-446.

[4] 张春兴. 教育心理学:三化取向的理论与实践[M]. 杭州:浙江教育出版社,1998:196-199,467-471,486.

第五章　班主任心理辅导

班主任心理辅导这个议题使我产生兴趣,缘于2008年我参加了班主任国家级远程培训课程的开发。当时教育部师范司委托中国教师研修网承担这个项目,教育部领导的指示是,设计案例式培训模式,强调理论联系实际,帮助班主任解决教育工作的瓶颈和困难。我的老领导和同事周卫老师(原上海市教科院普教所副所长)邀请我参加课程开发专家小组。虽然班主任研究不是我所擅长的领域,但分配给我的模块是"班主任与每个学生",与我从事的中小学学生心理辅导的研究比较接近,所以我接受了这项任务。在十个多月时间里,我在中国教师研修网总编室的组织下,有幸结识了参与课程编写的班主任研究领域的专家,他们对班主任工作的理解和研究给了我不少启示。更重要的是,广大一线班主任的教育案例和教育智慧,深深地打动了我。班主任的教育案例是我研究中小学生心理辅导的源头活水。在此基础上,2009年10月我撰写了《班主任心理辅导实务》(中学版)一书,由华东师范大学出版社出版,受到广大中学班主任的热烈欢迎。而后,我去各地讲课时,很多小学班主任和心理辅导老师问我小学版何时能与大家见面。正是在广大教师的鼓励下,我马不停蹄地开始《班主任心理辅导实务》(小学版)的撰写,此书于2010年10月出版。10多年来,这两本书多次印刷。在本章的几篇文章里,笔者探讨了班主任心理辅导的意义、边界、任务和辅导方法。

一、班主任是学生心理健康的一级预防员

《班主任心理辅导:学生心理健康的第一道防线》(2010)一文,讨论了班主任心理辅导的定位和边界,强调"班主任在心理辅导中最主要的角色应该是学生心理健康教育的一级预防员,即组织班级心理健康教育活动,了解学生的心理困惑,发现学生的情绪和行为问题,帮助学生解决成长中的烦恼"。班主任心理辅导旨在培养学生健康人格,文章从帮助学生自我探索、培养健康个性与情绪、突破学习困境、破解青春期烦恼、建立积极的行为方式、展现丰富的生活和精彩的生命等方面,论述了具体的辅导要求。

二、班主任怎样做好学生的心理辅导

《班级心理辅导中的若干问题初探》(2001)一文对班主任如何有效地开展班级心理辅导活动提出了具体建议:①教师角色的转换。②激活学生的心理历程。③小组发动和环境设

计。④加强行为实践。目前,心理主题班会已经成为越来越多学校班主任开展心理辅导的重要途径。

三、着眼于同辈资源的开发

班主任心理辅导不仅要帮助学生解决个别的成长烦恼,而且还要帮助学生解决共同的成长烦恼。例如,青春期的孩子都开始关注自我的外在形象、关注异性交往,有许多共性的烦恼,可以通过班级辅导活动或者心理主题班会进行讨论并达成解决问题的共识。优秀的班主任往往会巧妙地发挥同辈群体的自我教育力量。《班级心理辅导:着眼于同辈群体资源的开发》(2000)一文对班级心理辅导活动的含义、价值、特点、理论依据进行论述,强调班级心理辅导活动是学生自我探索的活动,以团体动力学为理论支持,并提出了班级心理辅导活动的开展方法,诸如游戏辅导、角色扮演、行为训练、价值澄清和认知重建等等。

四、学习个别辅导方法

个别辅导是帮助学生解决个别心理困惑的辅导方法。个别辅导方法不仅是心理教师应该掌握的,也是班主任应该学习掌握的一项重要心理辅导能力。优秀班主任往往会自觉地运用个别辅导的方法和技术,与学生展开心灵对话和沟通。《怎样做个案心理辅导》(2003)一文具体从明确个案辅导对象、遵循个案辅导步骤、读懂学生心理历程、聚焦问题、建立关系、寻找错误认知、开发学生自身积极的资源、建立积极的社会支持系统等方面,结合案例进行论述,便于广大班主任和心理教师学习、运用。

随着学校心理健康教育不断深入发展,班主任心理辅导能力的提高愈发重要。笔者强调学校心理健康教育工作绝不是心理教师一个人的事,而应该是在校长领导下一群人的工作、一个心理健康教育团队的工作,而在这个团队中,班主任是一支不可或缺的重要力量。

班主任心理辅导：学生心理健康的第一道防线*

班主任对一个人学生时代的影响是不言而喻的。在每个人的记忆中都会有一两位令自己印象特别深刻的班主任，在从懵懂走向成熟的生命历程中，他们留下了细心与耐心的教诲。当下教育面临的挑战是前所未有的：一是时代变迁，社会正在发生急剧而深刻的变化，使人的价值观念、思维方式和行为方式发生了巨大的变化；二是当今学生的身心健康成长需求比之过去更趋于多元化与多样化。在这样的教育背景下我们该怎样做班主任，怎样成为学生的良师益友，怎样帮助每个学生健康成长，已成为重要的教育命题。

一、心理辅导是班主任的分内工作

班主任是学生的人生导师，承担着为学生"传道、授业、解惑"的使命。其中，"解惑"不仅是解知识之惑、社会生活之惑，更重要的是解心理之惑、成长之惑。

其一，每个学生在成长中都会遇到挫折和压力。处于成长阶段的中学生，身心急剧变化，他们内心的独立性、成人感与日俱增，渴望得到别人的尊重与理解，他们生命力旺盛、精力充沛，希望了解周围的世界、体验生活的快乐。由于缺少生活经验、未经磨砺，有些学生在遭遇挫折与压力时心理准备和应对能力不足，由此而产生各种心理困惑乃至心理障碍。

其二，学生成长中的困惑，并不完全来自外界的压力，有时也会来自内心的需求。一名女生告诉班主任，她喜欢上了班里的一个男生。于是班主任陪她一起看了两部电影和一部小说，女孩和班主任交流了很多从作品中收获的感悟和理解。其实，这位班主任就是在做心理辅导。班主任心理辅导即让学生在班主任的引导下，调动其内心的积极力量，解决自己成长的困惑，提高自己的心理自助能力，促进自己心理健康和人格健全发展。

二、班主任是学生心理健康的一级预防员

当然，班主任心理辅导的边界是需要明确的。首先，班主任不是心理医生，班主任不处理学生的心理障碍等问题。其次，班主任不是专职心理辅导教师，一般也不对学生进行心理评估或者心理测验。班主任在心理辅导中最主要的角色应该是学生心理健康的一级预防员，组织班级心理健康教育活动，了解学生的心理困惑，发现学生的情绪和行为问题，帮助学

---

* 本文原名《班主任心理辅导：学生成长的阶梯》，发表于《思想理论教育》2010年第4期，收录时略有改动。

生解决成长中的烦恼。对于超出自己专业能力范围的个案,要及时转介给学校心理辅导教师或相关医疗机构。然而,心理辅导教师遇到的学生心理困惑也是班主任经常遇到的,心理辅导教师所采用的辅导方法与技术也是班主任可以学习借鉴的。

其实,优秀的班主任在工作中常常会自觉或者不自觉地运用心理辅导的原理和方法来解决问题。请看下面的案例:

世界上最牢固的"桥"

某班级在初一时因纪律、学习一团糟而成为全校闻名的差班。年轻的女班主任经常被气得偷偷掉眼泪,于是,向学校领导提出辞呈,再也不愿担任该班的班主任了。初二新学期开学后,学校决定合并掉这个让教师们头痛的班级,合并前先让张老师做一下临时班主任。

在一阵稀稀落落的掌声中,张老师走上了讲台,这多少让他有点始料未及,因为他压根儿没想到学生还会鼓掌欢迎他。

"谢谢,"张老师显得有些激动,"从今天起,我就是你们的临时——"话没说完他便猛地打住了,"我只是你们聘请的临时工,希望同学们不会过早地喊出'下课'。"学生们被老师这一幽默的开场白逗乐了,又是一阵掌声。

张老师暗自捏了一把汗:自己这个有着众多荣誉的优秀班主任,刚才差点犯下一个常识性的错误!

就这样,张老师在同学们的信赖和期待中走马上任了。

一天下课后,张老师才走出教室,一名个子挺高、留着学生头的女生追上来问:"老师,可以问你一个问题吗?"张老师用眼神示意她继续说下去。

"赵州桥是不是世界上最牢固的桥?"

"那可说不准,现代化的桥都很牢固,如南京长江大桥……"因为刚刚教了《中国石拱桥》,张老师没有多想。

"老师,还有一种桥更牢固。"她诡秘地一笑,转身跑了。

学生的说法有点出乎张老师的意料。不过,张老师很快就明白了,她指的不是有形的桥,而是用理解和信任架设的心灵之桥,这才是世界上最美丽、最牢固的桥。

这名女生成了班上的临时班长。

没有大刀阔斧地"拨乱反正",张老师负责三个班的语文教学,这使他没有更多时间去促膝谈心,"各个击破"。但有一点可以肯定,从第一次掌声响起,他就忘了自己是一个仅有两个多月任期的临时班主任。他让自己的课堂既有积极的思维,也充满轻松愉快的笑声。他把自己对社会、对人生的认识适时地讲给学生们听,却并不强迫他们完全接受。他让举起的教鞭常常悬在半空中,用严爱交织的眼神代替那责备的一击。他还经常利用双休日把学生带到户外,纵情于风轻云淡、秋高气爽的大自然……渐渐地,小凯、小旋不旷课了,小涛不再沉溺于游戏机房了,小义、小峰不再打架生事了,小珍、小芳也不再迟到早退了……

教师节,班长辛怡代表全班50名同学把一张精美的"祝您节日快乐"的卡片和一副木刻风铃送到张老师的面前。

自修课下课,张老师揉揉微感困倦的眼睑,刚准备起身走,几个学生敲门走进办公室。

"老师,听说我们班要撤,是真的吗?"班长盯着张老师的眼睛。

"谁说的,没这回事。"

"老师,您会教我们到毕业吗?"

"如果……如果没有特殊原因,我想我会的。"

"也不知谁说的,反正大家都在议论了。老师,您跟校长说说不要撤我们班吧,我们会赶上其他班的。"

学生们走了,张老师却坐下了。窗外,喧闹的校园开始沉寂下来。隐隐地,一种莫名的情绪涌上心头。

唉!这些学生……他知道,自己在编织谎言。

张老师不忍自揭谎言。但他知道,再过五六天,谎言便会被戳穿。那时,自己该如何解释?

这些天,张老师分明感到,每当他走进教室,教室是那么安静。张老师有点害怕正视那些盯着他的学生。

一张字条夹在作业本内,上面写着"老师,其实一开始您就不必向我们隐瞒。谎言,即便是最美丽的,终究是谎言。我们都知道了,您放心,我们正在长大……谢谢!(辛怡)"

张老师的眼睛湿润了,他也终于释然。这个谎言,看来是不必去解释了。

短短两个月时间,一个让教师们头痛的差班,面貌焕然一新。是张老师有什么魔法吗?显然不是。是张老师用理解和信任与同学们之间架构起了心灵的桥梁。纪律差、学习不好的班,就像是烫手的山芋,许多教师不愿意接。要是所有教师都能像张老师那样去理解和信任学生,去倾听学生的心声,尊重他们,与他们平等相处,那该多好啊!这就是班主任心理辅导的魅力。

三、班主任心理辅导旨在培养学生健康人格

帮助学生解决成长中的心理困惑、培养健康人格,是班主任心理辅导的主要任务。因此,班主任心理辅导应该紧紧围绕这条主线,具体可以包括以下几个方面:

1. 帮助学生探索自我

自我意识是人格系统的核心部分，班主任心理辅导的很大一部分任务是帮助青少年认识自我、悦纳自我，发展自尊和自信。一个人的精神面貌和行为方式，与其拥有一个什么样的自我意识密切相关。培养青少年积极的自我认同是班主任心理辅导的重要任务。在帮助学生探索自我方面，辅导的目标是帮助学生从朦胧的自我走向理性的自我和同一的自我，具体可以关注以下突出问题：自卑心理辅导、自负心理辅导、依赖型人格倾向辅导和完美主义心理辅导等。

自卑常常是学生学业挫折、社会适应不良、人际关系紧张的内在心理原因，是一种自我认同危机。分析学生自卑心理的由来，调整学生的自卑心理，是帮助学生自我探索、增长自助能力的重要一环。

自负是自卑的另一个极端。自负的学生往往对自己评价过高，对别人评价过低，使同学难以接近，因此也可能会被班级边缘化。

具有依赖性人格倾向的学生，常常会过分在乎别人的评价，无端增加了许多心理负担，抑制了其主观能动性的发挥。

而完美主义心理，常常使学生思维方式绝对化，导致行为方式刻板，处理问题缺少弹性，自己给自己制造挫折。它是青少年强迫倾向、抑郁倾向等情绪问题的外显。

2. 培养学生健康个性与情绪

学生的个性千差万别，健康的个性品质有助于学生学习、生活和人际交往。而少数学生的个性偏差，如孤独离群、好嫉妒、暴躁冲动等，常常会影响学生的待人处世。个性也往往与个体的情绪特点密切联系。如，孤僻的学生常常伴有抑郁情绪，好嫉妒的学生常常伴有焦虑情绪。情绪健康是心理健康的显著标志，积极的情绪可以促进青少年学习、交往，提高参加各种活动的效率。

学生常见的性格与情绪问题有孤独心理、嫉妒心理、焦虑情绪和抑郁情绪。性情孤僻的学生不大引人注意，往往容易被班主任所忽视。嫉妒是同学之间竞争和攀比时所产生的一种不良心理。学生面临学习、生活和交往的压力，会表现出不同程度的焦虑情绪。值得注意的是，近年来中学生抑郁症的发生率，随着其压力增大而逐年增多，抑郁症常常发生在教师心目中的优秀学生身上，班主任尤其要堵住这个辅导的死角。

3. 帮助学生突破学习困境

学生在学校的主要任务是学习，许多资料表明，学生心理问题大多与学习有关。一个称职的教师，不仅要把知识教授给学生，更重要的是培养学生的求知欲望、探究精神、创造力和积极的思维方式。教育工作者需要学习基本的学习理论，并运用理论解决教育教学过程中出现的问题，这对于教师和学生的成长都是有益的。在帮助学生突破学习困境方面，班主任心理辅导具体可以从厌学心理辅导、学习退避心理辅导和学习困难学生辅导等几方面进行。

导致学生厌学的原因有社会的、学校的，也有学生个体的。班主任能做的主要是教育教学行为改进、学生学习动机激发。

旷课、逃课、拒学实际上都属于学习退避行为,其深层次动机是习得性无能。班主任在相关心理学理论指导下进行学生辅导,就可以达到事半功倍的效果。

学习困难学生辅导是教育的永恒主题,帮助班级里学习落后的学生,"一个不能少",不让一个学生掉队,恰恰体现了教育的公平。运用心理辅导帮助学生走出学习困境,是班主任的一项颇具挑战性的任务。

4. 帮助学生破解青春期烦恼

在我国的许多学校,性教育、性心理辅导是一个"禁区",乏人问津。然而,随着现代社会的开放,大众传媒特别是互联网的普及,包罗万象的信息扑面而来。学校、家庭正面的性教育没能正常有效地开展,而社会上一些负面的信息却时时刻刻在影响和侵蚀着青少年一代。学校、家庭开展性教育和性心理辅导刻不容缓。当前,青春期体像烦恼、异性交往和性别角色等学生问题尤其需要班主任的辅导。

体像烦恼是青春期学生特有的"心病"。这一年龄段的学生很在乎自己的形象,表明学生人格的独立性与日俱增,教师应该理解他们的成长需求和烦恼。辅导的目的是让学生学会自我悦纳,克服对自我外在形象的非理性想法。

异性交往是青春期学生的必修课。这是青少年成长中必须经历的过程,而目前的学校教育和家庭教育往往把异性交往作为一个负面的议题,教师和家长更多的是用"管、卡、压"的教育方法,封杀学生的"早恋",而不是平等地跟学生探讨少男少女该如何健康地交往。在教育者沾沾自喜于所谓成功案例的同时,可能已悄悄地埋下了学生在处理两性情感问题上的隐患。

性别角色认同是青少年自我认同的一个重要部分。青少年的社会化过程要求赋予男孩和女孩不同的性别角色和气质——阳刚之气与阴柔之美。大众传媒的多元化使性别角色的界线变得模糊,我们如何看待"娘娘腔"和"假小子",如何看待性别双性化问题,这些都是学生关心的话题,在这些问题的讨论过程中,恰恰可以使班主任听到学生的心声。

5. 帮助学生建立积极的行为方式

现代社会每个人都会在日常生活、学习、工作中面临各种各样的压力与挑战。有关研究表明,青少年主要的压力源来自学习负担、同学关系、师生关系、家庭变故、亲子关系和异性交往等方面。由于青少年不能很好地应对面临的压力,常常会表现出心理紧张、迷茫和反抗。在帮助学生建立积极的行为方式方面,班主任心理辅导主要关注攻击性行为辅导、逆反心理辅导和创伤后应激辅导等。

学生攻击性行为是校园暴力事件的源头之一,也是班主任经常遇到的班级事件。过去对待学生攻击性行为的处理往往采用思想教育加纪律处分的方式,而忽视对学生内心动机的了解和心理辅导。许多成功的案例表明,辅导结合教育可以更加有效地避免学生的攻击性行为。

逆反心理体现了青少年内心对成人约束的反抗,或者是对自己尊严和独立性的维护。它具有双重意义:其积极意义在于体现学生的批判、质疑和民主精神,促进教育者的反思,破除两代人的沟通和理解障碍;其消极方面在于,容易激化师生之间、亲子之间的矛盾和冲突,学生容易被班级边缘化,影响正常的学习生活。

近年来,自然灾害、社会恶性事件、校园伤害事故频发,使得危机应对、创伤后应激辅导越来越受学校关注。面对突发的灾难性事件,如何帮助处于哀伤中的学生度过心理危机,恢复正常的社会功能和生活,这是一个全新的富有挑战性的辅导工作。

6. 帮助学生展现丰富的生活和精彩的生命

青少年是富有理想、富有生气的一代。他们有着生机勃勃的现在和美好的未来,他们有太多太多的问题要探索,诸如生活的意义、生命的价值等。同时,由于他们缺少生活经验与磨炼,常常表现出脆弱与动摇。其精神追求、思维方式和行为方式,通常以青少年独特的亚文化的形式表现出来。青少年亚文化有广义和狭义之分。从广义上说,青少年所表现出的一切文化特征,如青少年所特有的思想观念、思维方式、行为特征、语言风格、衣着打扮等,都属于青少年亚文化范畴。从狭义上说,它指的是青少年的价值观念及行为特征。青少年的生死观,以及他们崇拜偶像、热衷星座、迷恋网络等行为,有其合理性,但更有其非理性、局限性。教师只有了解青少年的亚文化,才能走进他们的心灵,帮助他们健康成长。目前青少年成长中比较突出的问题有:偶像崇拜,网络成瘾倾向,自伤、自杀等危机事件发生率逐年上升,等等。

偶像崇拜是青少年自我表达的心理投射,有其合理性。班主任不应打击、压制学生的内心需要,而要引导,化偶像崇拜为榜样学习。

网络成瘾倾向是近年来学生心理健康的一个突出问题,也是令老师、家长头痛的教育难题。网络成瘾倾向辅导重在预防,即帮助学生健康、合理地使用网络,降低网络成瘾的诱发因素,加强对高危学生的重点辅导等。

学生自伤、自杀等危机事件发生率逐年上升,也是当前学生心理健康的焦点问题。尽管比例很低,但负面影响很大。学校和班主任的任务是要对学生自伤、自杀行为进行适时预防,将这类危机事件消灭在萌芽状态。

我们面对的是一个个鲜活的生命体,是富有朝气与活力的学生,他们需要的是知识疆界的拓展、生活的历练,需要的是导师的启发和指引。在从童年走向成年的生命旅程中,我们的学生在不断地探索内心的自我,探索周围世界,询问"我是谁""我将走向何方"。班主任与学生的心灵对话和辅导,是学生成长的阶梯。

班级心理辅导中的若干问题初探*

班级心理辅导最终是班主任通过活动对全班学生进行心理辅导的,辅导活动的设计至关重要。但是有了一个很好的活动方案,只是心理辅导成功的一半,另一半是班主任如何实施活动方案。班主任要成功地开展辅导活动,还要处理好下列若干问题。

一、教师角色的转换

影响心理辅导活动效果的一个重要因素是教师的角色问题。教师在进行心理辅导活动时,常常会处于教育者和辅导者的角色冲突之中。教师的角色要求他不断地教导学生,多讲道理和规范;辅导者的角色要求他引导、启发学生,帮助学生解决自己的问题。因此,在辅导活动中,教师常常会有意无意进入教育者的角色。例如,总想代替学生作出决定,而不是让学生去探索;总显得比学生高一等,而不是平等地与学生讨论问题。我认为,教师的角色到位应该体现在理念、教育方法和关系三方面。

第一,对每个学生要有积极的信念。教师对学生的信念是通过教师的期望体现的。事实上,教师对班上每个学生的期望是不同的,这是因为构成教师对每个学生期望的信息源是千差万别的。关键在于教师要消除对低期望学生的偏见,在辅导活动中,要多多鼓励这些学生参与,多给他们表现的机会。大多数学习困难学生在心理辅导活动中表现得很活跃。有位初中学生写道:"心理课上那开心的游戏、滑稽的小品、生动的故事,可真是寓教于乐呀!在心理课上,你不必为出洋相而脸红,也不必为回答不出问题而着急,更不必为在游戏中的失败而烦恼,一切的一切都会在同学们的欢笑中结束。"

第二,教师的辅导方法要到位。如前文所述,教师要把注意力放在"导"字上,而不是"教"字上,要启发、引导学生自己解决问题,而不是代替学生解决问题。有位教师总结出一种"引导、鼓励—积极活动"的方法。在这里,"引导"就是指教师通过启发、暗示和创设情景,使学生发现问题,产生活动兴趣,寻找解决问题的途径和方法。"鼓励"就是教师表达自己对学生的欣赏和肯定,并以此来营造集体气氛,吸引学生积极参与活动。"积极活动"包括下列几种含义:学生主动投入活动;在活动中努力做到直率地表达自己的想法和情感;积极参与角色扮演和小品表演,努力理解、体验角色;认真倾听和观察别人的活动。这种辅导方法能促进全班同学相互交流、分享感受。同学们普遍反映:心理辅导活动课气氛宽松,没有心理

---

* 本文发表于《思想理论教育》2001 年第 1 期,收录时略有改动。

压力,可以毫无顾虑地吐露自己的心声,我们真正成了课堂的主人。这种方法值得教师在班级心理辅导中借鉴。

第三,要与学生建立平等和谐的关系。在课堂教学过程中,师生之间是教与学的关系。在心理辅导活动中,教师的角色从教育者转变为辅导者,师生之间应该是朋友关系,是大朋友和小朋友的关系。教师不是居高临下地与学生对话,而是朋友般的平等地讨论问题。有时,教师在参与讨论中做出自我表露,不会降低自己的威信,反而会让学生觉得老师更加真实可信。这样,才能在辅导活动中营造宽松、真诚、和谐的氛围。

二、激活学生的心理历程

鼓励学生参与心理辅导活动,最终要让他们的心智得到成长。学生的参与程度也是影响辅导活动效果的一项重要因素。而学生的参与度又与教师能在多大程度上激活学生的心理历程有关。

首先,要引起学生的参与动机。一般来说,心理辅导活动的主题是与学生学习、交往、生活密切相关的。但能否成为学生关注的焦点,还需要教师设置一些有吸引力的情景,引入主题。有位老师在"生日活动的喜和忧"中设计了这样一段开场白:"同学们,在一个人的生命历程中,每个人都有一个十分重要的纪念日——生日。老师十分想知道你们是怎样庆祝自己生日的,希望分享你们的欢乐。"这段话亲切自然,又提及学生最熟悉的事情,自然可以引发学生的参与动机。

对低年级学生可以设计游戏或小品表演,激发孩子的兴趣。如辅导活动"团结就是力量",就是通过游戏"找朋友"引入活动。对高年级学生则可以带有更理性的成分,从他们关心的社会事件或者生活事件开始。例如,有位高中教师在"天生我材必有用"的辅导活动中,先讲述一个高一女生适应不良的故事,然后问班上同学:"假如你是这个同学或者是这个同学的好朋友,你该怎么办?"这些都很好地引发了学生参与心理辅导活动的动机。

第二,创设宽松的心理环境,鼓励学生自我表露。心理辅导活动就是要让学生表达自己真实的情绪情感,说出自己真实的想法,而不是掩饰自己、伪装自己。这样,教师才能了解到学生真实的内心世界,与学生进行心灵间的对话。

有一个初级中学曾经发生这样一件事,初二(1)班是这个学校的"先进班",可偏偏在班主任外出的那天下午,发生了历史课测验集体作弊事件。班主任获知此事后,没有在全班批评训话,而是进行了一次心理辅导活动,主题是"作弊问题讨论"。其中设计了四个问题:什么叫作弊?为什么要作弊?作弊后的感受?怎样防止作弊?班主任一开场说道:"今天进行一次专题讨论,讨论有关班上作弊的事,希望大家敞开思想,说真话。"由于班主任一开始就注意营造宽松的气氛,不少参与作弊的学生如释重负,纷纷说出了作弊的真实想法。有的学生说:"作弊如同小偷第一次偷东西一样,很刺激,有一种莫名其妙的兴奋感。"有的学生说:"大家都作弊,我不作弊不是吃亏了吗?"还有的学生说:"反正不是我一个人作弊,那么多人作弊,要处分,大家一起受处分。"从中可知学生的作弊动机五花八门,有些是班主任根本想不到的。

在谈到作弊后的感受时,有的学生说:"作弊得来的好分数就好比偷来的东西,心里不踏实。"也有的学生说:"当东窗事发后,以后每次测验老师总是会用特别'关照'的眼光看着你,心里多不好受啊。"由于同学们都能畅所欲言,讨论很充分,辅导活动达到了预期的效果。

其三,调动学生的积极情绪。情绪是人的心理活动中最为敏感、最为活跃的心理成分,它对人的心理历程具有动力作用。在心理辅导活动中,教师能否调动学生的积极情绪,能否与学生产生强烈的情感共鸣,对于活动气氛的营造和学生参与的质量至关重要。这就要求教师自己在活动中情绪饱满和放松。有位班主任同时上两个班级的心理辅导活动课,在自己班级上得很沉闷,而在任课班级却上得很活跃。究其原因非常简单,就是教师的情绪,她在自己班级老是绷着脸,课堂气氛难以松弛、活跃,在任课的班级,大概不是班主任的缘故,情绪很放松,学生们也很宽松。另外,教师要充分运用语言的感染力调动学生的积极情绪。笔者当年听了上海市井冈中学袁胖芳老师的一堂心理辅导活动课,印象很深。课中有一个预设情节叫"有家难归":孩子请同学到家过生日,却把父母赶到了马路上。这时,袁老师请同学们想象一下孩子出生时的情景:

"亲爱的同学们,现在请你们随老师一起到你们的出生地——医院的妇产科。产房里临产的妈妈发出一声声阵痛的惨叫。产房外,爸爸、外公外婆、爷爷奶奶急得不停地踱来踱去,焦急地、默默地祈祷,祝母子平安。儿女的生日是妈妈的受难日,妈妈在生育你们时,不仅痛苦,甚至还冒着生命危险。世界上最能记住儿女生日的是妈妈。当儿女生日时,最希望分享儿女欢乐的也是妈妈。而这一天,她却被赶出了家门。大家想一想,如果你们是父母,儿女在生日时,把你们赶出家门,你们的心情怎样?"袁老师在这堂课上声情并茂的讲述,引发了学生强烈的情感共鸣。

三、小组发动和环境设计

班级心理辅导活动要求人人参与,若要每个学生都在全班同学面前表现一番,时间不够,更多的学生是在小组里表现。小组组织与发动得如何,同样是一个重要因素。

组成小组的第一步是决定小组成员。班级里的小组基本上是异质组,应该尽可能采取自愿结合的形式。自愿结合的小组中,小组成员的动机较强,参与程度也较高。但在必要的情况下,需要与同学充分协商,由辅导教师做出适当的调整,将学习好的同学和学习差的同学,性格外向的同学和性格内向的同学,爱说话的同学和不爱说话的同学,等等,组成异质组,发挥异质小组的互补性,保证小组活动顺利进行。

第二步是培训组长和组员。教师要向学生讲解怎样做一个称职的组长和组员。学当组长和组员本身也是一项辅导内容。组长虽然是班级辅导活动中的重要人物,但也不能对其要求过高,只要热心、负责,与同学关系融洽,有一定的活动能力就可担任。组长可以轮流担任,但要得到大多数小组成员的拥护。

环境设计也是一个不容忽视的环节,班级心理辅导活动要求每个学生行动起来,要求小组活跃起来。教室里的一排排课桌椅,有人把它称为"秧田式"座位,有时妨碍了学生的活动。目前很多学校在开展心理辅导活动时,已经打破了"秧田式"座位的格局,教室里没有课桌椅,只有干净的地板或地毯,上面放着一只只小坐垫,全班同学根据活动需要可分可合,可站可坐,方便自如。

四、加强行为实践

心理辅导最终要让学生的情感和行为发生变化,但并非一朝一夕能见效的,尤其是行为的变化。很多时候,一次班级辅导活动,仅仅是让学生有所触动和领悟。要使他们将体验、感悟化为行动,还需要课后的行为实践,并在实践中进行反馈和调整。在这方面,上海市静安区北京西路小学对学生进行学习行为训练的经验值得借鉴。他们在辅导实践中总结出"六步操作法",这六步是:提出问题、建立目标、设计方案、行为实践、分享感受、调整重组。其中后三步就是强调学生的实践。具体如下:

行为实践:每个成员制订行动计划图,将每天要做的事写在图上,进行分类,并对各项活动的成效进行评价,给自己奖惩。当自己的行为符合预定要求时,就往铅笔盒里投一枚硬币,进行自我强化。有的同学坚持一周都达标,就让父母给自己买一架飞机模型作为奖励。

分享感受:利用十分钟队会、午间俱乐部时间,在小队和中队里说出各人的感受,演示自己的实践过程,相互之间取长补短。

调整重建:经过分享,学生在团体中相互评估自己的行为,对于效果不佳的方案进行调整。例如,有一名学生在"课前准备"训练中,针对下午第一节课老爱打瞌睡的问题,制订了调整生活习惯的计划,早睡早起。但一周下来不见效,为此她很烦恼。小队成员对此十分关心,与她共同探讨,帮她想出了十条建议。最后,她结合自己的身体状况,设计了午饭后喝杯浓茶的方案,效果很好。

"六步操作法"的可贵之处在于,融体验、感悟和行动于一体,不断实践,不断调整,促进学生良好学习习惯的养成。

班级心理辅导：着眼于同辈群体资源的开发*

提高全体学生的心理素质，是学校心理健康教育的主要目标。这项任务光靠心理辅导教师的个别咨询服务难以完成，需要探索一种集体辅导活动的模式。班级心理辅导正是近年来，我国学校心理辅导工作者创造的一种范式，它对于推动我国现阶段中小学心理健康教育工作发挥了重要作用。

一、何谓班级心理辅导

在欧美国家，心理辅导工作大多由专业的学校心理咨询工作者担任，着眼于解决个别学生心理的矫治性目标。而我国中小学的心理健康教育，一开始就寻求与学校教育目标的融合，以发展为主、矫治为辅，主要任务是提高学生的心理素质，促进他们心理健康。

班级心理辅导是以团体辅导及相关理论与技术为指导，以解决学生成长中的问题为目标，以班级为单位，由班主任主导完成的集体心理辅导活动形式。以下概念需要加以区别：

第一，班级心理辅导不同于一般的班级主题活动。其一，班级主题活动的范围比较广泛，包括德、智、体和社会实践活动等，而班级心理辅导的范围比较集中，主要围绕学生的心理健康。其二，班级心理辅导活动设计需要有系统的心理辅导理论框架和专门的技术支持，而班级主题活动设计不一定有理论结构。如班主任或同学设计一次迎国庆活动，事先并不需要思考依据什么理论。其三，班级心理辅导往往以学生的成长作为活动主题，如学习困扰、人际交往、青春期问题。而班级主题活动则可以围绕学生个人，也可以围绕社会，作为学校德育的一种形式，更具社会取向。

第二，班级心理辅导也不同于团体辅导。团体辅导的规模比较小，一般在6至12人，成员的构成可以是同质的，也可是异质的。班级心理辅导以班级为单位，规模比较大，成员不可能是同质的。另外，从辅导目标来看，团体辅导可以是发展性的，也可以是矫治性的，一般需要专业人员承担。班级心理辅导主要是发展性的，可以由受过一定培训的教师承担。

第三，从内涵上讲，班级心理辅导同心理辅导课程更相近，不同的是心理辅导课程是以"课"的形式进行，而班级心理辅导可以在课堂上进行，也可以在课堂以外进行，在时间和空间上更为灵活。

---

* 本文发表于《思想理论教育》2000年第11期，收录时略有改动。

二、班级心理辅导的价值

第一,体现促进全体学生心理健康的发展性目标。

第二,落实心理辅导全员性策略。当然,这不是要求班主任承担专职辅导工作者的任务,诊断和矫治学生的心理障碍,而是关心学生心智的成熟。开展班级心理辅导活动,可以帮助班主任边实践边学习,逐步理解、掌握心理辅导的理念、方法和技术,提高班主任教育教学的能力与效果。

第三,体现"以人的发展为本"的教育理念。现行的学校教育存在许多压抑学生自主发展的弊端。德育工作过分依靠灌输和说教,难以将道德规范内化为学生的信念和行为。班级心理辅导以个体发展的取向为主,以个体的经验为载体,以活动为中介,通过学生参与、体验和感悟,开发潜能,获得自助能力。

三、班级心理辅导的特点

1. 学生进行自我探索

比较完善的学校教育体系应该教给学生三方面的知识:关于自然的、关于社会的和关于自己的知识。前两项在课程里都得到了落实,唯独第三项很少体现。心理辅导就是让学生进行调节自我、完善自我,解决成长中的各种问题,如学习、交往、情绪调适、理想抱负。第三种知识的获得,主要不是靠灌输和说教,学生只有经过自我探索,才会获得经验,得到真正意义上的成长。

2. 强调体验和感悟

心理辅导活动的目标是解决个体自身的问题,需要以个体的经验为载体。按照杜威的观点,儿童的成长就是个体的经验由坏变好的过程。我们认为,对学生有意义的自我体验应该包括情感体验、价值体验和行动体验,可以通过在心理辅导活动中创设一定的情境,营造一定的氛围来实现。学生从体验中获得有意义的东西,就是感悟。可见,班级心理辅导是一种自我教育活动,没有说教和灌输等显性教育的痕迹。

3. 着眼于同辈群体辅导资源的开发

保守的教育观念总是把学生看作教育的对象,心理辅导则认为学生是教育的主体。班级辅导活动是发生在学生同伴群体的一种积极的人际互动过程,这种互动就是辅导资源。

四、班级心理辅导的理论依据

班级心理辅导活动主要以团体动力学理论为依托:

第一,团体不是个体的简单相加。团体动力学的理论基础是勒温的场论,从场论的观点看,个体不是孤立的个别属性的机械相加,它是在一定空间的一个完整系统。由此推论,团体绝不是互不相干的个体集合,而是有着联系的个体间的一组关系,团体的特征取决于团体成员相互依存的内在关系,每个成员的状况与行动都同其他成员的状况与行动密切相关。

第二,团体具有改变个体行为的力量。勒温认为,虽然团体的行动要由各个成员来执行,但是团体具有较强的整体性,对个体具有很大的支配力。要改变个体应该先使所属团体发生变化,这远比直接改变个体来得容易。勒温在1943年关于"饮食习惯"的研究中,完全证实了这种观点。他发现通过组织家庭主妇集体讨论决定,远比靠讲演、说服她们来增加牛奶消耗更为有效。类似的结果见之于动员母亲喂婴儿鱼肝油和橘子汁。勒温指出,只要团体的价值观没有改变,就很难使个体放弃团体的标准来改变主见。一旦团体标准变化,个体依附于团体,从而使其对变化的抵抗也随之消失。

第三,团体具有决策的动力作用。勒温进一步思考,是什么力量促使团体的价值和行为发生变化,他认为这是团体决策的力量。一般来说,变化总是从"非变化"开始,并以"非变化"告终,从稳态动力论的基本观点出发,勒温把这种"非变化"称为"准稳定平衡"。有两种方式可以引起准稳定平衡的变化:一种是增加团体行为的促动力,另一种是减少团体行为的对抗力。此外,团体本身还具有一种"内在的对变化的抵制",勒温称之为"社会习惯",它隐藏于个体和团体标准的关系中,维系团体生活的固有水平。因而,仅有团体成员的变化动机不能引起团体行为的变化,必须有足以打破社会习惯和解冻团体原有标准的力。团体决策就可以起到这种力的作用。勒温把团体决策看作是动机与行为的中介,是团体促进个体变化的一种动力。

团体具有吸引各个成员的内聚力,这种凝聚来自成员对团体内部一定规范和价值的遵从,它强有力地把个体的动机与团体目标联结在一起,使得团体行为深深地影响个体的行为,这为调动同伴群体的教育资源,开展班级心理辅导活动提供了理论依据。

五、班级心理辅导的活动形式

班级心理辅导的活动形式主要有如下七种形式:

1. 游戏辅导

游戏辅导是从游戏治疗发展而来,它以游戏活动为中介,将被辅导者的内心世界投射出来,并进行辅导的一种方法,尤其适用于低年龄学生。儿童生性活泼好动,游戏辅导使他们在轻轻松松的嬉戏中,观察与学习良好的行为,增进各项技能的发展。

2. 角色扮演

角色扮演是运用戏剧表演的方法,通过学生对角色的模仿、想象、创造、感受、体验与讨论,达到辅导的目标。角色扮演有很多形式,如角色游戏、小品表演、心理剧、情景剧。

3. 行为训练

行为训练是根据行为主义学习理论,通过强化、惩罚等手段,增进学生的积极行为,减少并逐步克服不良行为。班级心理辅导中的行为训练,以集体为单位实施,一般适用于外显行为的训练,如人际交往技能、注意力、发散性思维。

4. 价值澄清法

价值澄清法是指让学生通过选择、评价和行动的过程,反省自己的生活、目标、感情、需求和过去的经验,最终发现他们价值观的一种方法。班级心理辅导活动需要组织专题讨论时,常常运用价值澄清方法。

5. 交互作用分析

交互作用分析理论,它是通过分析人们在交往中的心理状态,达到改进沟通,进而树立积极的人生处世态度的一种心理辅导方法。它可以运用于个别心理治疗和咨询,也可以运用于团体心理治疗和咨询。

6. 理性情绪法

理性情绪法是调节情绪的一种方法。决定人情绪反应的不是事件本身,而是对事件的态度和想法。不同的人对同一件事可能产生不同的想法,甚至同一个人在不同时间对同一件事也可能产生不同的想法,引起不同的情绪。因此,我们可以通过改变人的非理性想法,进而改变其情绪反应。

7. 音乐调适

音乐调适是指以音乐来调节改善人的心理状态,使之趋于和谐、平衡和宁静,从而促进其心理健康的一种辅导方法。音乐调适的理论与方法来源于音乐治疗,用于中小学生的发展性辅导是很有效的。

怎样做个案辅导*

个案辅导是学校心理辅导中一项非常重要的工作。它是指通过鉴别、诊断分析和干预，解决学生个别心理困惑的一种辅导形式。学生的心理问题有其共性，但更多地表现为个性化的一面。面向全体学生的心理健康教育和针对个别学生的个案辅导，是学校心理辅导的两个方面，缺一不可。相比之下，个案辅导所需要的专业知识和技能要求更高，它是衡量心理辅导教师专业水平高低的重要标准。因此，个案辅导的理论、方法和技能，应该是每一位从事学校心理辅导工作的教师必须掌握的。为此，上海市教育科学研究院普教所和上海市中小学心理辅导协会于2001年至2002年举办了为期10个月的个案辅导研修班，共有51名学员参加。让学员边学习，边做案例，然后一起讨论案例，学员收获很大，辅导技能和素养都有很大提高。通过选编案例，使我对如何做个案辅导有了不少心得。

一、明确个案辅导对象

学校心理辅导所解决的问题与医疗系统心理门诊有不同的分工，学校个案辅导一般不处理病理性心理障碍，这是由学校心理辅导的目标所决定的。因此，个案辅导对象应该包括以下几类学生：

① 学业不良学生。由于这些学生经常学业失败，自尊心受到打击，有时会一蹶不振，使得他们的精力向其他方面发展，成为问题学生。

② 行为问题学生。行为问题包括品行不良、攻击性行为、退避行为、多动行为和强迫行为等。

③ 身体有缺陷的学生。身体缺陷不仅影响学习效能，同时也影响其人格发展。一个生理有缺陷的学生，无形中在社会适应上会增加很多困难，他们往往会受到别人的歧视和嘲笑，以致加剧自卑、退缩、孤独等人格特征的出现。

④ 情绪困扰学生。情绪困扰是影响学生学习的重要因素。儿童若早期遇到过多的困难或挫折而无法克服，很容易产生焦虑和不安全感，影响学习的动机、热情和效率。有的学生由于情绪困扰，容易冲动、过度紧张、孤僻冷漠、喜怒无常，这严重影响他们人格的发展。

⑤ 家庭环境不利学生。急剧的社会变迁导致离异家庭、寄养家庭、贫困家庭逐渐增多，

---

* 本文原名《怎样进行个案辅导——选编心理辅导案例的心得》，发表于《上海教育科研》2003年第5期，收录时略有改动。

处于这些不利家庭环境的孩子，一方面缺乏情感上的关爱；另一方面面临经济上贫困的压力，这双重压力又会引起情绪和行为问题。

另外，人际适应不良的学生，以及有着各种成长烦恼的学生都应该是个案辅导的对象。

二、遵循个案辅导步骤

个案辅导步骤可以分为两大阶段、六个步骤：

第一阶段：评估问题。评估问题对于个案辅导是非常关键的阶段，这就如同我们到医院看病，如果诊断错误，将会耽误病情。评估问题包括收集和加工信息的各种程序，而信息则是从整个辅导过程中不断产生出来的。评估的目的有以下几项：获得相关信息，提供干预依据；鉴别与问题相关联的控制及影响因素；确定当事人对辅导的预期；确定基础数据与信息。

评估问题阶段具体分为三个步骤：

①确定对象的问题与症状。解决问题的第一步就是发现问题。因此评估问题阶段的首要工作是了解学生的问题与症状，初步分析学生的问题是属于学习困难问题、品行问题、情绪问题，还是人际适应不良问题，等等。

②收集资料。要详尽地了解个案辅导对象，需要三方面资料，即个人的历史资料、现状资料与背景资料，以便对当事人有比较全面、深入的了解。精神分析理论认为，过去的创伤性经历对人的心理和行为会有很大的影响。

③诊断分析。"诊断"一词是从临床医学上移植而来的，其含义是：通过对需要个案辅导学生的具体问题和有关个人资料的分析和综合，判断其心理或行为问题的特征、性质和原因。准确、科学地诊断是有效干预的前提。

第二阶段：进行干预。干预阶段具体也分为三个步骤：

①制订干预方案。干预方案包括干预目标和干预措施。干预目标要注意适切性、针对性和可操作性。干预措施要具体，并且要与当事人和其家长共同商议，形成契约。因为在干预过程中，当事人和他们的家长都是可以调动的辅导资源。

②实施干预。干预方案实施的过程中，需要运用多种干预技术。一般来说，学校个案辅导主要可以应用人本主义的当事人中心疗法、行为疗法、认知疗法、系统疗法等。这些干预技术都需要经过一定的专业培训才能掌握。

③效果评估和后续辅导。干预过程往往会几经反复，不会一次轻易成功，对于这一点，干预人员要有足够的思想准备。因此，要及时对干预效果进行评估，以便反馈调整，使干预更有针对性。

三、读懂学生心理历程

每个学生都是一本书，辅导教师在接受个案的时候，首先是要了解当事人的有关情况，不要急于做出判断，切忌先入为主。在案例"特别的爱与特别的您"中，马老师原先诊断当事

人是考试焦虑,但随着辅导过程的深入,马老师发现自己的判断是错误的,她在案例中这样写道:

"对症下药"是本次辅导成功的关键,因为当事人在第一次的交流中,一般都采取迂回的手段。像小敏,她第一次来访时述说的是考试紧张,无法参加高考,如果仅作为一个"考试焦虑症"案例来辅导的话,那辅导将走入死胡同。

由于辅导教师克服了先入为主的思维方式,她最终找到当事人问题的症结所在,正如她分析的那样:

虽然她的问题很多,有学业问题也有人际关系问题,同时也存在着青春期对异性的情感需求,但困扰她的真正问题是后者。小敏作为一个插班生,本来的内心问题相对多一些,而王老师那渊博的学识、儒雅的风度、风趣幽默的谈吐,以及耐心诚恳的教导关怀,常常使她内心十分感动。因为和同龄人比,王老师多一份成熟;和父母比,他又多一份威严。老师在少男少女心目中占有一个特殊的位置,少男少女也就会对他们产生一份特殊的感情。这种特殊的感情在她的心中潜滋暗长,就成为一种对王老师的恋情。师生恋或对教师的单相思,多数是"移情"现象作祟。这种"移情"现象,在小敏身上更为突出。初中时良好的师生关系,使她念念不忘,同时随着青春期生理和性心理的成熟,渴望与异性交往的心理,使她产生了对班主任王老师的"恋情"。在整个的情感里,她非常投入,对这份感情显得痴迷。王老师成为她朝思暮想的偶像,她内心特别想找各种机会接近王老师,但社会的道德准则又不允许她向王老师开口,内心的想法和冲突渐渐演变成强烈的单相思,使她无法自拔。

防止先入为主,要求辅导教师克服惯有的思维定式。对于青少年迷恋网络游戏,大多数成年人持反对态度。案例"一个准备退学的电玩高手"中的曹老师,为了深入了解孩子迷恋网吧的内在动机,她深入现场,细致观察,发现了学生真正的想法。如果不到现场,没有对学生的同感,就不可能了解到当事人的真实思想。

四、聚焦问题

我们面临的个案往往有许多问题,在这些众多的问题中,有些是表面问题,有些是深层问题,聚焦问题就是透过表面现象发现深层问题。案例"我得了强迫症吗",辅导教师原先认为是强迫症,后来才发现是人际适应不良。她写道:

从表现上看,小J的问题很容易被诊断为强迫意向的表现,因为她有遇到所见物品都有归类的念头,甚至一旦进入物品归类时,非得要做到被全部认可为止。即便是耗时过多或是身心疲惫,却还是表现出欲罢不能的感觉。但是当我们进入深层次,由表及里地去认识和了解小J的问题时,我们就会发现,其实在其强迫归类现象背后却隐藏着实质性的问题,那就是由于自我评价上的认知曲解(顺境中成长起来的小J,一直认为自己是最优秀的,同样也是一直要求自己做到最优秀。可进入重点中学后,一切发生的变化,使她产生了自我同一性混乱),反映在人际交往上的压力感和焦虑感(进入高中的人际适应期)的自我投射(以强迫归类的形式出现)。其问题的实质是受非理性认知支配,导致人际交往不适。

再如,在案例"迷失的花季"中,最初,辅导教师以为是学习压力问题,而后来发现是少女失恋的情感困惑。她认识到:

> 晓晓心理问题的症结在于青春期异性交往的情感困惑,这是引发她产生所有心理问题的关键所在,其次才是学业焦虑、人际交往焦虑和环境适应不良焦虑。因此,打开她心理问题症结的钥匙在于首先解决她的情感困惑,只有帮助她度过了情感危机,等她内心世界对情感冲击的敏感度降下来之后,才有可能解决她的其他心理问题。

聚焦问题就是要辅导人员透过现象看本质,找到当事人真正的问题所在。这需要辅导人员的洞察力及对相关资料的准确诊断和分析。

五、与当事人建立良好关系是实施干预方案的第一步

帮助学生解决心理问题的过程,是辅导教师与当事人双方互动的过程,如果这一过程中没有信任、真诚和尊重,辅导工作会寸步难行。我们选编的大多数案例在实施辅导方案时,首先是从建立关系开始的。在与当事人建立信任关系的过程中,需要辅导教师具有相当的亲和力和沟通技巧。在案例"我不在乎"中,李老师的一段叙述,对我们很有启发:

> 我到达大厅,脑中迅速闪过几种开场白的方案,不知怎样才能拉近我和男孩的距离。说实话,我一点把握也没有,因为我们没有良好的沟通基础,甚至可能比初次见面的咨询关系更糟。我为平时没有主动关注他而感到惭愧,同时我是那样的不自信。
>
> 思考还没有结果,我就看到他们已经站在大厅外了,有男孩、副班主任、德育主任和总务处主任。"怎么啦?"我笑着迎了出去,男孩没有什么反应,但也没有表露出对我的排斥。我不记得老师们是怎么离开的,我把男孩带到大厅旁的休息角坐下,那儿有几张小圆桌和几把椅子。我们选择了靠墙的位子坐下,我和他的椅子基本组成90度角。这儿环境幽雅,灯光柔和,除了空间大一些,我对这个咨询环境还是很满意的。
>
> 我开始观察他。只见他眉头紧锁,身子不停地颤抖,有时会忍不住用双手紧紧地抓着头发。我暗暗深呼吸了一下,故作轻松地问他:"怎么啦? 因为被批评了,就想回上海啦?"他没有回答,只是两手交叉紧紧地握着,放在圆桌上,身子依旧不停地颤抖。这时,我注意到他只穿了件衬衫。4月初的夜晚并不暖和,我伸出手去,握了握他放在圆桌上的手,笑着问:"你是冷得发抖,还是气得发抖啊?"他有点惊讶地看了我一眼,直起身,深深呼了口气,稍稍平静了一些,但依旧紧锁着眉头,开始不断重复"好烦"这个词。
>
> 我知道咨询中适当的身体接触有利于良好关系的建立,但在此之前,我从未直接握过来访者的手,因为握手相对于拍肩膀等行为更为亲密,我是个年轻的女咨询员,而对方是个大男孩,这多少有些不便。但我希望能通过握手拉近我与他的距离,并让他感到我对他的接纳,从而缓和他的情绪,同时也想由此判断一下他颤抖的原因。他的双手很温暖,看来他确实很激动,先从他的"好烦"开始吧。

李老师从气氛创设到关注当事人和体态语言的运用都恰到好处,表现出辅导人员良好的素养和技巧。

六、寻找错误认知是关键

学生许多心理问题的根由在于错误的认知。我们选编的不少案例都是从解决当事人的错误认知入手的。例如,案例"冰山下的心结",温老师在对女高中生的危机辅导中,就是层层深入,寻找到当事人的错误认知。她写道:

初看起来,我们要做的工作是对自杀未遂的女孩的心理辅导,女孩自杀的原因是学习成绩不理想。但实践证明,此路不通。因为女孩的"学习成绩不理想"如同冰山一角,只是表面的外显行为和结果,真正的原因正是那埋在水下的巨大的冰山根基,而这根基又是那么的复杂和环环相扣:

——青春初期接触到暴虐性描写(恐惧,压入潜意识)。

——高中时遇到有露阴癖行为的人(恐惧加深)。

——看到父亲的私处(联想到露阴癖的人)。

——怕父亲(对露阴癖的人的恐惧移情到父亲身上)。

——自我认知"我是一个坏女孩"。

——影响学习,成绩下降。

——自杀。

由此可见,女孩的关键问题是她的自我认知为"我是一个坏女孩"。应在引导她合理宣泄出"恐惧"的消极情绪的基础上,帮助她建立一个新的、对事物的合理看法和自我认知,最终使问题得以解决。

温老师正是抓住了当事人"我是一个坏女孩"这个错误认知进行辅导,最终取得了成功。

七、充分开发当事人自身积极的资源

每个人的内心深处都有一股积极向上的力量,辅导的目的就在于唤醒和开发当事人内在的积极力量。案例"心理失衡的男孩",讲的是一个攻击性极强,在学校里人见人怕的男孩。吴老师正是从挖掘当事人自身积极资源着手,他发现这个男孩非常希望得到别人的尊重,吴老师就告诉当事人:"你要别人尊重你,那么你首先要尊重别人。"以此作为辅导的契机。下面是吴老师和当事人的一段对话:

师:……你非常想要大家尊重你,这很正常,但你又不相信人家会尊重你,你最怕人家看不起你,可是你又没有找到让人家能尊重你的方法,结果方法用错了,得到的是自己的压力更大了,包袱更重了。

生:是的。

师:老师教你一个方法,你去试试看,好不好?

生:什么方法?

师:"礼尚往来"这句话你听说过吗?

生:我知道的。

师:那就好!老师要教你的就是这句话。要别人尊重你,你就要先学会尊重别人;要别人欣赏你,你就要先学会欣赏别人……

八、建立积极的社会支持系统

家庭、学校和同辈群体是学生成长的社会支持系统。有时问题表现在学生身上,但根由在学校、教师或者家长身上。社会支持系统良好与否,教师和家长的心理、行为健康与否,将直接影响学生心理、行为的健康。许多案例表明,学生的心理和行为问题与家庭环境不利密切相关,因此,开展家庭辅导,以建立积极的社会支持系统,也常常成为干预方案的一个组成部分。例如,案例"摆脱撒旦的天使"的女孩,就是因为在一个离婚重组家庭里,父亲与继母对女孩缺少关爱和情感沟通,致使她逐步沦为问题青少年。针对不良的家庭环境,靳老师的辅导对策之一,就是帮助父女重建支持性关系。在靳老师的努力下,父女俩终于重归于好,为女孩的转变创造了契机。

个案辅导是一项科学性、艺术性都很强的工作,它需要辅导人员具有相当的专业理论、方法和技术,高度的爱心、耐心和信心,对人心灵的洞察力与亲和力,不断反思和调整的能力。它不是高不可攀的,而是需要付出艰辛和努力来完善的。它在帮助学生成长的同时,也在丰富辅导人员自身的情感世界和人生经验,使我们的生命得到升华。

第六章 生命教育

2005年上海市教育委员会在全国率先颁布了《上海市中小学生生命教育指导纲要(试行)》*(简称《纲要》)。笔者全程参与了《纲要》的研制工作,研究团队在市教委的领导下,开展了中小学生生命教育调查研究、文献研究和理论研究,为期一年,形成了《纲要》,并出版了《上海市中小学生生命教育研究》。自此以后,我对生命教育给予了更多的关注,本章收集的几篇论文记录了笔者对生命教育的理解和观点。

一、生命教育的内涵和实施原则

当前中小学开展生命教育的意义主要基于两个方面:一是社会转型对学校的挑战,二是现代社会对未来公民的素质要求。如何让学生认识到生命的意义、感悟到生命的可贵,珍惜生命的每一天,走好人生的第一步,是教育的责任,也正是生命教育所要回答的问题。《生命教育解读》(2005)一文是为了配合《纲要》的实施而写的,由笔者和张声远老师合作。该文从生命教育的背景、内涵和实施原则作了比较系统的论述。

第一,生命教育旨在帮助学生建立生命历程中的三种和谐关系。人不是生存在真空或荒漠中,人是社会中的人、自然中的人和具有自我意识的人。一个健全的生命是在社会、自然、内心之中获得养料和力量,继而成长和发展的。生命向内探索构成了生命与自我的关系,生命向外探索构成了生命与社会的关系及生命与自然的关系。对生命的理解、珍爱、关怀、敬畏和欣赏,是在生命与自我、生命与社会、生命与自然这三种关系中得以体现的。因此,生命教育要致力于帮助学生建立生命历程中的这三种和谐关系。

第二,生命教育实施强调以下原则:①科学精神与人文精神相结合。生命教育倡导有科学精神的人文理想、赋予科学实践以人文关怀。所有与生命有关的科学内容,都应该有利于提高学生对生命意义的认识,避免纯理性知识的传授。②认知、体验与实践为一体。要培养身体、智慧、情感、意志整体平衡发展的人,不仅要进行认知学习,还要能学会体验学习。体验是对亲身经历的反思,是全身心融入对象后对意义的揭示,是对生命意义的感悟。③发

---

*《上海市中小学生生命教育指导纲要(试行)》研制是在时任中共上海市科技教育委员会副书记翁铁慧的领导下,由时任上海市教育委员会德育处副处长邹竑负责牵头。

展、预防和干预相结合。生命教育既有关注每一个学生健康成长的发展性目标,也有禁止吸食毒品、防止性传播疾病、防止自杀和各类事故等的预防性目标,同时对于已经发生的青少年学生危机问题进行科学的干预。这三者之间是紧密相连的,疏忽任何一项,都会影响学生的健康成长,预防是为了发展,发展是最好的预防,而干预最终也是为了发展。④学校、家庭、社会教育资源相结合。生命教育是一种开放式教育,应该将学校、家庭与社会的生命教育资源加以开发和整合,以提高生命教育的实效性。

二、生命教育的历史追寻及启示

生命教育作为一个现代教育的概念是近年来提出的,但是关注人的生命的教育思想源远流长。一部人类文明史就是人不断解放自己、追求自由、追寻生命意义的历史。《生命教育的历史追寻及启示》(2005)一文是从纵向历史的视野论述了中西方生命教育的思想,以及给我们的启示:

一是从历史的追寻中审视现实世界。综观古今,教育是否关注生命的存在、生命的成长和意义,是与其对人性的基本看法密切联系的。一般来说,人本的、民主的教育思想历来是关注生命的。所以当下提出的生命教育是有历史渊源的,而不是突发奇想。当今的生命教育有其紧迫的时代背景。

二是从生理、心理和道德伦理3个层面来把握生命教育的主题。把学生当作一个完整的生命体,而不要割裂他们的大脑和身体,不要割裂他们的思想、情感和行为。因此,我们应该从生理、心理和道德伦理3个层面来确立生命教育的内容和主题。据此,生命教育的内容有生命安全、生命成长、生命情感、生命意义。

三是生命教育的实施需要系统思维。生命教育不要另起炉灶,而要在现有工作基础上系统地、有机地整合……高明的校长不是做"加法",而是做"减法",这就需要用系统的思维方式来组织实施。高明的校长不是"单打独斗",而是发动更多的教师,建设学习型团队,来共同实践生命教育。

三、对中小学生命教育实践的再思考

2015年《上海市中小学生生命教育指导纲要(试行)》颁发10年之际,笔者应《思想理论教育》编辑部余玲华老师之邀,撰写了《上海中小学生命教育回顾与前瞻》一文。站在《纲要》起草参与者的立场对生命教育的目标、内涵界定到实施原则等方面进行重新审理和考量,笔者认为,《纲要》总体上凸显了以人为本、人文关怀的时代精神。生命教育围绕人的生活境遇与生命状态,可以有许多探讨的议题,笔者从自我内心和谐、与他人和谐相处、与环境和谐共处这一视角,提出青少年生命教育中需要深入实践探索的主题:①帮助青少年探索内心的和谐。②让青少年学会与人和谐相处。③提高青少年的抗逆力和压力应对能力。④让青少年接受必要的丧失与哀伤辅导。

对于生命教育的可持续发展,笔者提出了若干建议:①生命教育要从中小学延伸到大学。②融合式生命教育与专题式生命教育齐头并进。③生命教育与心理健康教育融合。

2020年9月10日,由于青少年危机事件逐年增多,又恰逢世界自杀预防日,笔者撰写了《敬畏生命:生命教育实践的再思考》一文。文中又强调生命教育的价值和意义,并对进一步推进中小学生命教育提出建议。生命教育对于青少年心理健康成长的意义是不言而喻的。生命教育的价值与意义在于:其一,生命教育唤起对人的存在价值的人文思考;其二,生命教育启迪对人的全面发展的教育宗旨的理性思考;其三,生命教育是心理健康教育的重要内容。将生命教育融入心理健康教育之中要关注以下要点:一是帮助学生建立科学的生命认知;二是让学生在生活实践中体悟生命的可贵;三是走进幸福心理学,让生命充盈蓬勃;四是重视高危学生的预防性辅导,做到早发现、早干预,防患于未然。每一个生命都是独一无二的,每一个生命都是需要关怀和呵护的。

青少年在探索自我的心路历程中,常常会探寻"为什么活着""怎样活着"。然而面对变化纷繁的社会环境,有的青少年变得迷茫,认识不到自己存在的意义,有的甚至轻待生命。生命教育既要让学生敬畏生命,使他们认识到生命的神圣与可贵,又要让学生在自己的生命历程中,在解决自己成长的困惑与烦恼中,体验和感悟生命的精彩。对逝去生命的悼念,对青少年轻生现象的心理干预等,其目的是让每个青少年都能够敬畏生命、活得幸福。

生命教育解读*

近年来,生命教育逐渐受到学校的关注,这是现代教育进一步深入人的精神世界的一个重要趋向。教育的价值在于促进人的健康成长,而健康的价值在于提升人的生命意义与境界。从这个意义上讲,关怀生命是现代教育的核心价值,尤其是在当前进一步加强未成年人思想道德建设中意义更为重要。

一、生命教育的提出

生命教育的兴起缘于人们对现代社会种种弊端的反思:科技高度发达、物质生活日趋丰富,然而人的精神生活却日趋贫乏,人生方向逐渐迷惘,人逐步异化成为追逐权力、金钱和物质的经济动物。正如有的学者所说:"伦理观念的模糊、暴力猖獗、家庭功能式微、社会不正义,乃至政经乱象丛生等。在这样的社会中,人们成为自私、贪婪的工作机器,充满效率与享乐的迷思,实则与自己、别人及自然的关系愈来愈疏离而不自觉。"

当前中小学开展生命教育的意义主要基于两个方面:一是社会转型对学校的挑战,二是现代社会对未来公民的素质要求。

急剧的社会变迁使中小学生面临的外部世界日益复杂。例如,多元文化的冲击,给学生价值观形成带来的负面影响;互联网使学生的视野远远超出校园,拓宽到世界的各个角落;市场经济的发展带来社会阶层的分化、家庭的不断瓦解、下岗人员的增多,使得处境不利的学生增加;再加上升学主义的压力和沉重的课业负担等,使得中小学生面临的心理压力越来越大,由此而产生的心理问题和危机事件(诸如离家出走、暴力倾向,甚至自残、自杀)也越来越多。从深层次分析这些危机现象,发现不少中小学生漠视生命的价值与意义。

从 21 世纪社会的发展趋势来看,学校教育应当具有更高的目标和要求,未来社会的公民不仅要聪明智慧、道德高尚,而且还要身心健康、人格和谐、自主发展和富有创造精神。学校教育要为他们的终身幸福、实现其生命的意义奠定基础。

目前学校也有不少有关生命科学教育的课程,但是多为传授生命科学的知识,很少从生命的人文意义上进行教育,从而使这些知识脱离了学生的生活实际,脱离了学生的生命历程。因此,如何让学生认识到生命的意义、感悟到生命的可贵,珍惜生命的每一天,走好人生的第一步,是教育的责任,也正是生命教育所要回答的问题。

---

* 本文作者为吴增强、张声远,发表于《思想理论教育》2005 年第 3 期,收录时略有改动。

二、生命教育的内涵

生命教育是帮助学生认识生命、珍惜生命、敬畏生命、欣赏生命,提高生存技能和生命质量的一种教育活动。

人不是生存在真空或荒漠中,人是社会中的人、自然中的人和具有自我意识的人。一个健全的生命是在社会、自然、内心之中获得养料和力量,继而成长和发展的。生命向内探索构成了生命与自我的关系,生命向外探索构成了生命与社会的关系及生命与自然的关系。对生命的理解、珍爱、关怀、敬畏与欣赏,是在生命与自我、生命与社会、生命与自然这三种关系中得以体现的。因此,生命教育要致力于帮助学生建立生命历程中的这三种和谐关系。

1. 生命与自我的和谐关系

身体是人的自然自我,心理是人的精神自我,传统的生命哲学比较强调精神的生命,而忽视自然的生命,是身心二元论;现代的生命哲学则强调身心统一论,即既要重视精神的生命,又要重视自然的生命。生命与自我的和谐,是指人的身心协调健康发展。

自我是个体生命不断发展的重要部分,它是生命历程的生理和心理基础。人因为有了自我,才会觉得自己是独特的、与众不同的生命体。而正因为每个人都是一个独特的自我,才会构成我们这个丰富多彩的生活世界。

个体的自我意识随着年龄的增长而不断趋于成熟,所以在不同的阶段,个体对于生命的认识和体验是不同的。1岁左右的婴儿就能够把自己和他人分开,产生初级的自我概念。在1~2岁时,婴幼儿已经开始学会说话,由把自己称为"宝宝",逐渐学会称自己为"我",这个自我命名的过程,也标志着自我意识已经形成[1]。这种初级的自我使得婴幼儿能够感觉到自己是自然生命的存在。

随着年龄的增长,儿童的自我意识不断发展,其自我评价不断趋于独立,自尊与日俱增,尤其是到了青少年时期,进入心理上的"第二次断乳"期,按照埃里克森的心理社会发展理论,这个阶段的青少年处于自我认同与角色混乱的危机冲突之中,顺利地度过危机,会使青少年变得更加成熟和社会化。可见,在儿童青少年时期,个体对于生命意义的认识和体验开始丰富和深化,他们不仅感受到自然的生命,而且感受着社会的生命和精神的生命。他们不断地在内心追问自己:人为什么活着?人的生命意义和价值何在?他们不断地根据自己的生活经验和思维方式对生命做出自己的价值判断和理解。

实践告诉我们,人对生命的态度往往取决于自己内心的自我信念,热爱生命、热爱生活的个体,往往拥有健康的身体,健全的、积极的自我意识与信念。而健康的身体与健康的生活方式密切相关,积极的自我意识和信念与健康的思维方式密切相关。因此,生命教育要着力帮助学生形成健康的生活方式和思维方式,培养学生生命安全的意识和技能、生命成长的自我反思能力、生命意义和价值的积极探索精神等,使其心智不断成熟,建立个体生命与自我的和谐关系。

2. 生命与社会的和谐关系

个体生命的发展离不开社会环境,自然人通过社会化的过程才能成为社会人。人的社会化是生命历程的社会性基础和伦理基础。个体脱离了社会,生命会变得孤寂,生活就像在茫茫荒漠中没有方向。个体生命融和于社会之中,生命才会有意义,生活才会更精彩。生命教育要帮助学生从以下几方面建立生命与社会的和谐关系:

一是学会与人相处。多元智能观把人际关系列为第六种智能。从更深的意义上看,学会与人相处是一种生命智慧和伦理规范。学会与人相处,首先要学会关心、学会爱,包括关心弱势群体,如伤残、孤寡老人。有了关心、有了爱,就会尊重他人的生命,更不会伤害他人的生命。目前不少校园暴力事件、伤害事故从反面给予我们以警示。其次要善于理解别人,设身处地地考虑别人的心情与感受。再次是学会人际交往的技能,在与人为善的同时学会自我保护。例如,帮助小学生学会识别可疑的陌生人,帮助中学生防止性骚扰、避免受到性侵害,学会应对敲诈、恐吓等应激事件的技能。

二是具有良好的社会适应。当今世界瞬息万变,我们要用与时俱进的眼光看待周围社会环境的变迁,不断学习、不断充实、不断更新,让生命不断顺应变革的社会。良好的社会适应并不只是被动地适应,而是个人发展与社会发展的协同,发挥主体的能动性和创造性,建设社会和改造社会,并且能够学会应对危机事件。

三是个性化与社会化的统一。人的个性应该得到充分发展,但个性发展不是以自我为中心的、无政府主义的,或者独来独往的,个性发展是与社会性发展联系在一起的。社会由个人组成,每个人的社会责任感是社会进步、安定、有序的基础。只有在安定、有序、公正的社会里,才能使个性获得自由和发展。在一个混乱、无序和充满恐怖的社会里,还有什么个性发展可谈?

3. 生命与自然的和谐关系

自然界养育着人类的生命,人的生命与自然共生,人与自然的和谐关系是科学发展观的重要内容。

现代科学技术是一把双刃剑,它一方面为我们创造了丰富的物质生活世界,另一方面也造成了地球的生态危机和环境恶化。法国哲学家阿尔贝特·史怀哲批评道:与人文精神背离的单向度的科学知识增长,不过是表明人类的"天真"从"幼稚"走向"深刻",使得人与自然的关系异常紧张。科学知识作为工具理性,极大地提高了人类征服自然、改造自然的能力。借助于科学知识,人"不仅支配着他身体内的物质力量,而且还支配着自然中的物质力量,并能利用这种力量"。当人过度地利用自然的物质力量,就会破坏自然,自然就不再是人类的"母亲",而是成了人的奴隶,人不再是自然的伙伴,而是自然的主人。"生存只有通过斗争并消灭其他生命才能持续下去。世界是美妙中的可怕,充满意义中的无意义,欢乐中的痛苦。"[2]如果我们赖以生存的地球环境不断恶化,最终也将导致人类的毁灭。因此,人与自然和谐共处,"天人合一",是为了让人的生命更加健康与美丽。

三、生命教育的实施

生命教育的实施,我们要在总体上把握以下几条原则:

1. 科学精神与人文精神相融合

科学与人文相结合是新世纪教育发展的时代精神。20 世纪 60 年代联合国教科文组织《学会生存》的报告中就已指出:"任何教育行动必须把重点放在两方面:一是人道主义;二是科技的合理利用。"

生命是生物性和精神性的统一,既需要作科学的研究,也需要作人文的解读。人生既应该是诗意的和美的,也应该是理智的和科学的。科学理性和人文关怀是人类精神的两个方面。科学精神是科学的精髓,人类面对自然界所表现的探索精神、求实精神、创新精神、独立精神等,都是科学精神的具体体现,是人类进入理性社会的标志和现代文明的象征。人文精神是一种为了人、关注人、理解人的思想情怀,是指向主体生命层面的终极关怀。包括对人的整体性认同,对生命独特价值的尊重,对优秀民族传统文化的关怀,对不同观念的宽容和对群体社会生活的真诚态度等。

生命教育倡导有科学精神的人文理想、赋予科学实践以人文关怀。所有与生命有关的科学内容,都应该有利于提高学生对生命意义的认识,避免纯理性知识的传授。所有与生命有关的人文内容,都应有科学和理性依据,不能传播伪科学。这样既能培养学生的科学理性,也使学生的人性境界得以提升。

2. 认知、体验与实践为一体

要培养身体、智慧、情感、意志整体平衡发展的人,不仅要进行认知学习,还要能学会体验学习。体验是对亲身经历的反思,是全身心融入对象后对意义的揭示,是对生命意义的感悟。通过体验能丰富自身的情感,提升人生境界。生命不仅需要学生去认识,更需要学生去体验。体验生命就是对生命意义的把握。生命意义并不是固定在生命之中的,而是需要每个人在自己的日常生活中不断去揭示和体验的。生命的意义也在不断体验中逐渐生成,成为生命自身的一种精神支柱。因此,学生只有通过体验才能进入自己生命的本质,从整体上把握生命。

生命教育不只是对学生进行有关知识的传授,更重要的是引导学生在生活实践中进行生命的体验,获得人生的经验与信念,从而走向光明的人生之路。只有认知和体验相结合才能对生命有整体把握,这是因为人是一个拥有知、情、意并且不可分割的生命体。学生没有关于生命的基本知识,无法认识生命,因而也就无法体验生命;脱离生命活动的实际,不去体验生命的价值与意义,也就无法感悟生命。而学生对于生命意义的认知和体验,最终还需通过生命实践加以实现。

3. 发展、预防与干预相结合

生命教育既有关注每一个学生健康成长的发展性目标,也有禁止吸食毒品、防止性传播疾病、防止自杀和各类事故等的预防性目标,同时对于已经发生的青少年学生危机问题进行科学的干预。这三者之间是紧密相连的,疏忽任何一项,都会影响学生的健康成长,预防是为了发展,发展是最好的预防,而干预最终也是为了发展。

生命教育的发展性目标是关注每个学生的健康成长,它应该是全体教师的职责与任务,这就需要教师结合自己的教育教学工作进行全员参与。预防性目标应该着重对于可能发生成长问题的高危学生群体予以关心。青少年危机干预是学校教育的一项新课题,需要受过专业训练的教师来参与,一般来说,主要可以由受过危机干预训练的学校心理辅导教师来担任,但是仍然需要班主任的配合。

4. 学校、家庭与社会教育资源相整合

生命教育是一种开放式教育,应该将学校、家庭与社会的生命教育资源加以开发和整合,以提高生命教育的实效性。

如前所说,目前学校已经开设了不少与生命教育相关的学科课程与专题教育,但是目标与内容缺少系统的构架。应把生命教育有关内容融合到学校的显性课程和隐性课程中去。

生命教育的显性课程有:小学的品德与社会、自然、体育与健身等学科,初中的思想品德、历史、科学、生命科学、体育与健身等学科,高中的思想政治、历史、生命科学、体育与健身等学科。另外,语文、音乐、美术等学科的教学内容也蕴涵了丰富的生命教育资源。要根据生命教育的目标与内容,挖掘各个学科的生命教育资源。

生命教育的隐性课程包括:专题教育,与生命教育密切相关的专题教育有健康教育、环境教育、安全教育、心理健康教育、毒品预防教育、艾滋病教育、青春期教育、人口教育等;班团队活动,主要有节日或纪念日活动、仪式教育(如十岁生日、十四岁青春营、十八岁成人仪式)、社会实践等。

家校合作是促进学生健康成长的重要途径,家庭教育资源是学校开展生命教育不可或缺的条件。学校在社区之中,社区的各种教育资源可以向学校开放,学校的教育资源也可以向社区开放,形成互补。城市里的其他公共资源,包括科技馆、博物馆、美术馆、青少年活动中心、媒体和网络都有生命教育的各种丰富信息,都可以作为生命教育的场所和教材。

参考文献

[1] 张文新. 儿童社会性发展 [M]. 北京:北京师范大学出版社,1999:379.

[2] 孙道进. 论科学知识的生态伦理向度——阿尔贝特·史怀泽《敬畏生命》的文本解读[J]. 重庆社会科学,2004(2):37-40.

生命教育的历史追寻及启示*

最近,上海市颁布了《上海市中小学生命教育指导纲要(试行)》,这是为贯彻实施中共中央、国务院和上海市委、市政府进一步加强和改进未成年人思想道德建设若干意见的一个重要指导性文件。作为参与《纲要》研制的课题组的成员,我与张声远先生发表了《生命教育解读》一文,对《纲要》制定的背景、内涵和实施原则等作了初步的阐述。本文从生命教育历史追寻的角度出发,再论生命教育,以期为广大教育工作者在学校开展生命教育提供参考。

一、生命教育的历史追寻

生命教育作为一个现代教育的概念是近年来提出的,但是关注人的生命的教育思想源远流长。一部人类文明史就是人不断解放自己、追求自由、追寻生命意义的历史。

1. 西方近现代生命教育思想

近代社会,尤其是 19 世纪以来,科学理性主义的迅速发展,遮蔽了人的精神价值和生存意义。人的完整性和主体性丧失,人成为"单向度的存在物",人的精神世界被疏离了。如何摆脱这种困境,走出人自身生命的异化? 19 世纪末 20 世纪初的哲学家们提出了种种哲学主张,其中根本的精神就是"找回失落的精神世界",归还生命的完整性,生命哲学应运而生。狄尔泰是从社会历史领域探讨生命哲学的。他认为,人文世界不同于自然世界。自然世界一切都是机械运作,服从于特定不变的秩序。而人文世界不是僵死的、机械的世界,是一个自由的和创造的世界,是一个意义世界。人文世界是由一种内在的力量——有意识的生命所驱动。因此,不能用自然科学的方法来研究人文科学。他提出用体验、表达和理解来探究人文科学,他说:"只有当体验、表达和理解的网络随处成为一种特有的方法时,我们面前的'人'才成为精神科学的对象。"生命在"体验、表达和理解"中存在着,只有精神科学才能解释生命。狄尔泰还一针见血地批判当时社会危机的基本症状是知识与生命根本脱节,理论与实践严重分离,产生了许多无思想的生命和无生命的思想。

以狄尔泰的生命哲学为基础,20 世纪初德国诞生了文化教育学,其代表人物是狄尔泰的学生斯普朗格。他从生命本身来理解教育,认为教育"是一个人心灵的'唤醒'"。他批判以往教育培养的人"有悟性,却没有灵魂;有知性,却没有精神;有活动,却没有道德欲望",是无生命之人。因此,教育要打破知性对人的钳制,把教育过程变为对文化的摄取和人生的体验

---

* 本文发表于《思想理论教育》2005 年第 9 期,收录时略有改动。

过程,通过文化理解,进而陶冶自己的人格和灵魂,唤醒人的精神和生命活力。

20世纪中叶,源于美国的人本主义教育在国际上产生了广泛的影响。人本主义教育思想以马斯洛和罗杰斯等人为代表。人本主义对于人的生命和本性持有积极的信念。罗杰斯曾经说过:"我的经验告诉我,人都具有一个基本上是积极的方向。从我的治疗中,从和我有最深刻接触的来访者,包括那些带有最多困扰的人,那些行为最反社会的人,那些最不正常感觉的人在内,我发现上述的信念都很正确……我相信最能描述这些方向的字眼就是积极性、建设性,或朝着自我实现而迈进,向成熟、向社会化成长,等等"。

马斯洛强调人都有一种趋于健康的积极倾向,一种趋于成长或者趋于人的潜能实现的本能,即自我实现的本能。他主张建立一种人本主义的教育,"这种教育将更强调人的潜力之发展,尤其是那种成为一个真正人的潜力;强调人要理解自己和他人,并与他人友好相处;强调满足人的基本需要;强调人向自我实现的发展。这种教育将帮助'人尽其所能成为最好的人'"。[1]

2. 中国近现代关注生命的教育思想

中国近代教育史上,蔡元培、陶行知、陈鹤琴等教育家都主张个体生命自由发展。蔡元培主张通过自由个性的教育,培养"完整的人格"。他说:"教育是帮助被教育的人,给他能发展自己的能力,完成他的人格,于人类文化上能尽一分子的责任;不是把被教育的人造成一个特别的器具,给抱有他种目的的人去应用。"陶行知批判中国教育脱离生活,提出了"生活即教育""社会即学校",在社会生活中,在自然中实施教育。他认为,人生不是为教育而生活,而是为生活而教育。他说:"生活教育是给生活以教育,用生活来教育,为生活向前向上的需要而教育""生活教育是生活所原有,生活所自营,生活所必需的教育"[2]。

1990年代国内教育研究领域开始关注生命教育。叶澜在《教育研究》1997年第7期发表了《让课堂焕发生命的活力》一文中提出,把丰富复杂、变动不居的课堂教学过程简括为"特殊的认识活动",把它从整体的生命活动中抽象、隔离出来,是传统课堂教学观的最根本缺陷。突破"特殊认识活动"的传统框架,必须从更高的层次——生命的层次,用动态生成的观念,重新全面地认识课堂教学,构建新的课堂教学观:

①使课堂教学成为师生人生中一段重要的生命经历,是他们生命的有意义的构成部分。

②课堂教学在目标上应该关注生命的全面发展,即认知和情感的协调发展。

③课堂教学蕴含着极大的生命活力,因此课堂教学的过程不应该机械地设计,而应具有生成性。

而后叶澜又在《教育理论与学校实践》一书中,阐述了生命对教育的基础性价值:生命的价值是教育的基础性价值;生命的精神能量是教育转换的基础性构成;生命体的积极投入是学校教育成效的基础性保证[3]。南京师范大学冯建军的《生命与教育》一书,比较系统地探讨了生命教育的缘起、哲学源流,以及他对生命教育的理解与构架。

二、几点启示

1. 从历史的追寻中审视现实世界

纵观古今,教育是否关注生命的存在、生命的成长和意义,是与其对人性的基本看法密切联系的。一般来说,人本的、民主的教育思想历来是关注生命的。所以当下提出的生命教育是有历史渊源的,而不是突发奇想。当然,"人不能两次踏入同一条河流",世界无时无刻不在发生着变化,当今的生命教育有其紧迫的时代背景。

(1) 社会转型期的青少年问题

生命教育的兴起,缘于社会环境变化对于青少年学生思想道德教育提出了新的课题,新的挑战。急剧的社会变迁使青少年学生面临的外部世界变得日益复杂。

近年来,改革开放的深化和上海建设国际大都市步伐的加快,为我们创造了一个更为开放的环境。经济全球化和文化多元化的发展,为广大学生学习知识、开阔视野、增长智慧提供了宽广的平台。但随之而来的消极因素也在一定程度上影响了青少年学生的健康成长。享乐主义、拜金主义、极端个人主义等不良思想,导致部分学生道德观念模糊、道德自律能力下降;市场经济的发展带来社会阶层的分化、贫富差距的扩大、离异家庭和弱势群体家庭不断出现,使得处境不利的学生也逐渐增加;再加上升学的压力和沉重的课业负担等,使得部分青少年学生厌学情绪日益增长。其中突出的问题有:

①价值观念模糊、生命意识肤浅。我们近期对 4000 多名中小学生的调查,发现中小学生的生命意识与价值观念的负面反映值得重视。49.8% 的初中生和 61.4% 的高中生相信"有人能够死而复生"的说法,而只有 4.9% 的四年级小学生和 7.0% 的五年级小学生相信此说法;40% 的初中生不相信"生死轮回、因果报应",而高中生只有 20% 不相信。随着年级的升高,学生的生命观反而越来越模糊,这值得我们深思。

②青少年自杀意念比例上升。2004 年我们对上海 2400 多名中小学生进行的危机问题调查,发现被调查人群总的自杀意念发生率为 24.39%,认真的自杀意念为 15.23%;自杀意念随年级上升而升高(小学五年级为 18.16%,初预年级为 19.77%,初一为 23.69%,初二为 23.44%,高一为 31.88%,高二为 37.93%),而 1997 年我们对上海市 4600 名中小学生进行的心理健康状况调查,自杀意念仅为 0.19%。时隔六年,自杀意念比例上升了 100 多倍。

③青少年性观念开放、性越轨行为增多。问及中学生"假如你喜欢的异性朋友、同学向你提出发生性关系,怎么办",32.7% 的初中生和 25.1% 的高中生选择无奈接受。此外,校园暴力、离家出走、网络沉迷等事件也频频发生。这些问题从深层次分析,就会发现不少青少年学生漠视生命的价值与意义。

我国台湾地区近年来开展生命教育,也是基于转型社会的青少年成长问题的思考:其一,青少年问题严重,包括自杀、药物滥用、中途辍学、暴力和野蛮行为、帮派、性泛滥和自虐等。其二,功利主义弥漫,随着经济繁荣、社会结构之改变,导致传统社会价值瓦解,加上西方个人主义、经济挂帅及科技理性的影响,使得社会充满着功利主义思想,人际关系表面化、精神生活世俗化业已成为现代人的心理特征。其三,脱序现象日益严重,社会风气低迷,不良场所到处充斥,大众传播内容缺乏有效监控,违法犯罪猖獗,俨然成为一种脱序的社会。[4]

由此可见,随着社会现代化程度和人们生活水平的不断提高,社会的风险性、安全隐患也大大地增加,这些负面社会因素不仅影响了青少年学生的思想和心理,而且也极大地影响了他们的生命健康和安全。

(2) 对现代教育的反思

开展生命教育紧迫性的另一个背景,源自对现代学校教育的深刻反思。早在19世纪末,德国哲学家狄尔泰就以生命哲学的视野,批判当时的教育学是"没有人的教育学理论",他在《什么是教育学》中写道:"以德国赫尔巴特、瓦茨、车勒和英国的斯宾塞等为代表的18世纪教育学,与当代教育观念、教育理论、教育目的发生了全面冲突,这一冲突表征在对教育目标、原则、课程价值进行评价的焦点上。今天,赫尔巴特教育学已经促成了极端的倾向,即不考虑民族的差异性,以及国家对现存学校制度的需求而树立一个死板的模式,这种教育哲学理论上的失误使学校的教育陷入危险境地。在当今学校教育这一狭窄而死寂的领域,令人惊讶地又重演了18世纪没有人的教育的悲剧。这种热衷于追求抽象的和普遍有效性的理论,肆意强行作用于充满生命意味社会的历史性秩序。对此,我们不能熟视无睹,而要以全新的教育观念展开对那种今天仍然钳制着我们的教育学的批判,这愈来愈有极其重大的现实意义。"[5]

历史往往具有惊人的相似之处。今天,我们反思20世纪的教育,同样感受到这种"没有人的教育"的状况没有得到根本的改变。学校依然是以大工业生产的模式运行着,划一的教育目标、划一的课程、划一的评价标准,把人制造成标准化的"教育商品"。学生在学校里经受着机械的训练,而自主精神与创造精神却在日益丧失。升学主义的阴影始终笼罩着学校,正如有的学者指出的:"我们的教育观念和教育政策,离全体学生的全面发展的要求还相距甚远。我们的教育侧重选拔精英,每一项教育内容和教育环节的设计,主要是为了一部分人升入更高一级的学校,考试分数成为衡量学生优劣的唯一标准。"[6]这使得教育的根本目的——促进人的全面发展,受到极大的制约。联合国教科文的《儿童权利公约》强调,儿童有休闲的权利。事实上学生在努力成为考试机器、解题能手的过程中,他们自己自由支配的时间和空间遭到剥夺,生命的健康受到损害,生命的权利受到侵犯。

正如有的学者所说,功利主义的教育只教学生如何活下去,却不与学生一起探讨生命的权利,生命的意义和目的,使得教育脱离了生命的本源。

2. 从生理、心理和道德伦理3个层面来把握生命教育的主题

生命教育是一个非常广阔而有丰富的终极性的人类命题,因为人的一生所有的活动,都在寻求生命存在的意义和价值。中小学生命教育应该有一定的适当的边界,它致力于帮助学生建立在生命历程中的三种和谐关系:生命与自我、生命与社会、生命与自然。而和谐的关系需要从生命的整体意义上来建构。也就是说,我们不仅要关注学生的生命,而且要尊重学生完整的生命。在台湾,这叫"全人教育",即把学生当作一个完整的生命体,而不要割裂

他们的大脑和身体,不要割裂他们的思想、情感和行为。因此,我们应该从生理、心理和道德伦理 3 个层面来确立生命教育的内容和主题。

第一,生命安全与健康。生命安全与健康是生命教育的基础,它包括身体安全与健康、心理安全与健康、安全意识和安全技能。生命是人的一种生存、活着的状态,没有生命的存在,就谈不上生命的意义。对于中小学生来说,既要让他们树立生命安全的意识,又要学会生命安全的技能。既要让学生有日常生活情境中的安全意识与技能,如交通安全、水安全、家庭用电安全、食品安全,谨慎与陌生人打交道等,还要有突发情境下的安全保护意识,如遇到坏人坏事,应该教育学生在保护自己生命安全的前提下机智应对,而不应该一味要求学生敢于斗争,其实善于应对可能更为重要;又如,遇到火灾、水灾等危急事件如何逃生与自救;再如,遇到性骚扰、性侵犯如何应对。目前学校很少有这类安全教育的活动,迫切需要补上。

其实生命安全意识与对生命的认识密切相关。前面的调查资料可见,居然有半数以上的中学生认为人能够"死而复生",实在应该引起教育者的深思。

第二,生命成长。生命与生活密不可分。生活是人的一种生存状态,是生命存在状态的体验。陶行知说:"什么叫生活?一个有生命的东西在一个环境里生生不已就叫生活。人生就是要'活'——要'生活'。"生活的根本内涵是生生不息的生命,生命是生活的体现。

生命教育关注学生的生活世界和心灵世界。事实上传统教育把学生当作考试机器来训练,当作理性的工具来训练,忽视了学生生命的意义和生活的意义,缺乏对学生完满生活的构建,缺乏对学生生命的人文关怀,正如哈贝马斯所说,是"生活世界的殖民化"。它是单向度的科技理性对人的生活的干预和破坏,表现为生活的理性化和生活的体制化。生活的理性化预设了学生的心路历程,科技理性几乎成为课堂生活唯一的文化源泉。生活的体制化机械地把教育过程看成是"文化复制"过程。生活世界被简单地视为文化资料的储备库。其实,教育作为一种人类的生存方式,是属于生活世界的,它的功能不仅仅在于文化复制,而在于确立社会秩序和个人价值观念,并通过交往帮助学生建构社会角色,从而体现出强烈的生活意义,推动人的生命价值的实现[7]。

在青少年学生生活世界和心灵世界中,常常会遇到许多成长的困惑与烦恼,有身体的、心理的和精神的,生命教育就应该以青少年的成长为主线,帮助他们解决问题,例如学习压力、社会交往、青春期困惑、情绪问题。以性健康为例,在小学阶段帮助学生建立性别意识和初步的性别认同感;初中阶段,让学生了解分娩过程,认识青春期的生理现象,学习健康的异性交往,控制性冲动,初步了解避孕的方法;高中阶段,认识和遵循异性交往中的道德规范,认识到人工流产对身心的伤害等。

第三,生命情感与态度。人在对生命意义的探索过程中,离不开对生命的情感与态度,它是人的生命发展历程的内在动力。生命的活力、生命的生生不息离不开对生命的热爱和激情,学生只有热爱生命才会珍惜生命、尊重生命。因此,热爱生命是最为重要的生命情感与态度。

根据中小学生的身心发展阶段特点,在培养学生积极的生命情感和态度方面可以提出以下具体要求:小学低年级,让学生喜欢自己,乐于与同学交往;懂得关心家人,尊敬老人;亲近大自然,爱护人类赖以生存的自然环境。小学中高年级,让学生了解友谊的意义;懂得同情、关心和力所能及地帮助弱者。初中阶段,帮助学生学会自我悦纳,与人为善;学会理解、尊重父母、老师和同学;理解地球是人类共同的家园。高中阶段,帮助学生掌握尊重、理解和关爱他人的技能,关心人类危机和全球伦理等。

人对生命的敬畏感是另一个重要的生命情感与态度,要让学生感受到生命的来之不易,生命的尊严和神圣,敬畏生命。每个人都拥有生命,但并不是每个人都关注生命。在这个躁动不安的世界里,有些人为了追逐名利、财富、权力,而淡忘了对生命的敬畏,甚至随意轻待生命。史怀哲说:"我是一个希望生存的生命,存在于一个希望生存的大生命体中……一个活着的世界——一幅生命景象,传达所有生的信息,生机不断涌现,犹如来自永恒之泉。生存与道德息息相关,而且这个关系不断成长……我感觉到必须敬重所有即将出现的生命,犹如敬重自己,这就是道德的基本原理。维持并珍惜生命是善,而破坏或阻止生命是恶。真正有道德的人会遵守这个规矩,帮助所有亟待救援的人,他会避免伤害任何活着的物体。他不问这个生命的价值是否值得同情,或是它是否有感觉能力,对他而言,生命是神圣的……伦理本身就是要无限伸展对所有生命的责任"。[8]

第四,生命价值与意义。生命教育最终要引导学生建立积极的生命价值观和对生命意义的追寻。个体对生命意义的认识与个体的人生态度是紧密联系的,积极的生命意义理解引导积极的人生态度。因此,积极的生命价值是推动和鼓舞学生走向光明人生的信念。

人的生命有自然生命和精神生命(也有学者把它们称为身生命和心生命),自然生命来自自然物质世界,精神生命来自人类历史文化的精神世界。钱穆先生在《生命的认识》一文中写道:"精神世界固必依存于物质世界,但两者究有别。如音乐歌唱,必依存于喉舌丝竹,喉舌丝竹属于物质世界,必待人类心生命渗入,其出声乃成为音乐。风声水声,只是物质世界中之自然音,伯牙鼓琴,高山流水,虽说是模仿自然音,而注入了伯牙一己之心生命,乃成为人类文化精神世界中之产物。物质世界之自然音,可以时时消失,时时变;但注入了人类之心生命,则不易消失,不易变,而可以永久常存。"

3. 生命教育的实施需要系统思维

生命教育不要另起炉灶,而要在现有工作基础上系统地、有机地整合。多年来,上海中小学在实施生命教育方面,通过不断尝试和探索,积累了一定的经验。其实许多课程和专题教育中体现了生命教育的思想和内容。关键在于如何利用现有的渠道与现有的经验整合资源,根据《纲要》的精神来认真扎实地实施,在实践中探索和总结。高明的校长不是做"加法",而是做"减法",这就需要用系统的思维方式来组织实施。高明的校长不是"单打独斗",而是发动更多的教师,建设学习型团队,来共同实践生命教育。

参考文献

[1] 戈布尔. 第三思潮:马斯洛心理学[M]. 吕明,陈红雯,译. 上海:上海译文出版社,1987:76.

[2] 冯建军. 生命与教育[M]. 北京:教育科学出版社,2004:114-116.

[3] 叶澜. 教育理论与学校实践[M]. 北京:高等教育出版社,2000:137-140.

[4] 张振成. 生命教育的本质与实施[J]. 上海教育科研,2002(10):4-6.

[5] 邹进. 现代德国文化教育学[M]. 太原:山西教育出版社,1992:45.

[6] 袁责仁. 素质教育:21世纪教育教学改革的旗帜[J]. 中国教育学刊,2001(5):1-3.

[7] 郭元祥,胡修根. 论教育的生活意义和生活的教育意义[J]. 西北师范大学学报(社会科学版),2000(6):22-28.

[8] 史怀哲. 敬畏生命[M]. 陈泽环,译. 上海:上海社会科学出版社,1996:127.

上海中小学生命教育的回望与前瞻*

《上海市中小学生生命教育指导纲要(试行)》颁布至今已有10年,上海的生命教育无论是区县推进,还是学校实践探索都取得了一定的进展,积累了相当丰富的经验。这10年,随着社会经济的迅速发展,国家对教育、未来公民素质和人才培养提出了新的要求,如在国家和上海的中长期教育改革与发展规划纲要都提出要把"为了学生终身发展"作为改革的出发点和落脚点。在这样的教育背景下对上海中小学10年生命教育实践历程进行回顾,提炼经验,反思问题,探索今后的发展方向,具有重大的理论价值和实践意义。

一、对中小学开展生命教育理念的再审视

站在《纲要》起草参与者的立场对生命教育的目标、内涵界定与实施原则等方面进行重新审视和考量,笔者认为,《纲要》总体上凸显了以人为本、人文关怀的时代精神。

其一,着眼于人的和谐发展。人是一个完整的生命体,其身体、心理、精神是融为一体、不可分割的。生命教育从生理、心理和伦理3个层面来关注学生的生命历程,关怀学生的生命成长。中小学生作为未成年人,对其开展生命教育应该落实在以健康为基础(健康的身体、健康的心理和健康的人格)、以情感为纽带(珍惜、热爱、尊重生命)、以价值为导向(让学生认识到生命的意义,感悟到生命的可贵,走好人生的每一步,促进他们健康成长、和谐发展),体现"全人教育"的理念。

其二,关注生命全程。生命教育是在学生生命的历程中进行的,一个健全的生命是在社会、自然、内心自我之中获得养料和力量,继而成长和发展。生命向内探索构成了生命与自我的关系,生命向外探索构成了生命与社会的关系及生命与自然的关系。

其三,遵循学生身心发展特点,提出各学段内容序列。根据生命教育的概念与内涵,《纲要》从生命安全、生命成长、生命态度与情感、生命价值4个主题,提出各学段由低到高、由浅入深不断递进的目标和要求,为学校生命教育的实施提供指导,具有操作性。

其四,强调学生的体验和积极经验的积累。《纲要》提出了科学性与人文性相结合、认知与体验相结合、发展与预防相结合的生命教育实施原则,强调要让学生入心入脑,内化为自己的信念,外化为自己的行动,形成积极的生活态度和热爱生命的情感。杜威曾说:"儿童个体积极经验获得的过程就是成长的过程。"这就需要学生在生活实践中去体验。

* 本文发表于《思想理论教育》2015年第6期,收录时略有改动。

二、对生命教育若干主题的再思考

生命教育围绕人的生活境遇与生命状态,可以有许多探讨的议题。笔者从自我内心和谐、与他人和谐相处、与环境和谐共处这一视角,提出青少年生命教育中需要深入实践探索的主题。

1. 帮助青少年探索内心的和谐

我是谁？我从哪里来？到哪里去？青少年时期的学生常常会问自己这样的问题。这也是古往今来许多哲学家思考的问题,这个问题看似简单,其实非常深奥。精神分析创始人弗洛伊德用冰山模型表述了人所认识的自我只是冰山一角,隐藏在水面之下有一个巨大的"我"的世界,可能需要我们终其一生不断探究、不断修炼,趋向人性完美的境界。青少年时期是探索自我最重要的时期。按照埃里克森的人格发展理论,青少年时期最主要的心理冲突是自我认同与角色迷离,而这个阶段是培养青少年以积极的态度认识自我、完善自我、规划自我的最佳时期,帮助青少年探索自我内心的和谐,有利于促进他们的健康成长,为青少年未来的幸福生活打下坚实的心理基础。

2. 让青少年学会与人和谐相处

学会与人和谐相处是一种生命智慧和伦理规范,良好的人际关系是一个人"安身立命之本"。在青少年社会化的过程中,学会与人相处是一个核心发展任务,青少年只有通过人际交往,才能体验到归属感、自尊感、自我效能感与存在感,才能学会爱、关心、宽容和理解。另外,从青少年心理健康的角度看,青少年的抑郁和焦虑往往源于人际关系紧张,人际关系压力成为仅次于学习压力的第二大压力源。

同伴关系、亲子关系与师生关系是青少年需要面对的最重要的三对人际关系。这些人际关系一方面构成青少年最重要的情感支持系统,另一方面也使得青少年从中体验到自尊感、信任感与自豪感,学会友爱、关心与合作等。简而言之,青少年就是在与人和谐相处之中增进自己内心的和谐。在人际交往中,青少年必然会遭遇冲突与挫折,生命教育就是要帮助青少年学会谦让、协商和宽容,积累积极的人生经验,这些都将成为他们终身受用的精神财富。

3. 提高青少年的抗逆力与压力应对的能力

在现代社会,随着生活节奏的加快、竞争的加剧,人们所面临的精神压力越来越大,如何应对这些压力,保持个体的情绪健康,从而更好地面对生活、学习和工作的挑战,成为现代人人生道路上的重大问题。

生活中充满着不确定的因素,这对于涉世不深的青少年来说,具有一定的积极意义。人的品性需要风雨的历练,尤其对于在百般呵护中长大的独生子女一代,更需要进行意志品质的锻炼与培养。从这个意义上讲,挫折与磨难也是人生的一笔财富,它们能唤起人们内心深处的积极力量。精神分析大师阿德勒对于自卑有另外一种积极的解释,他说:"人格的发展,大多基于基本自卑和补偿的动机力量。对自卑的基本补偿是力求获得承认和优越感。"培养青少年的抗逆力,让他们学会积极应对负性生活事件,其目的就在于帮助青少年以积极的信念、行为方式处理自己生活中的困难与挫折,并在这一过程中不断成长与成熟。

4. 重视对青少年的丧失与哀伤辅导

生活中充满了各种丧失,如失去亲近的人、失去未来各种可能性、遭遇身体的某种损害,可以说,丧失与成长共存,它们会带来生活的改变。在过去,教师一般不太关注这些问题,他们既缺乏处理青少年丧失与悲伤的意识,也缺乏适当地处理相关问题的方法与技能。而自从 2008 年汶川大地震以后,人们对丧失与悲伤辅导、灾后心理干预等给予了前所未有的重视,并把它作为生命教育的重要主题。

三、对上海中小学生命教育持续发展的展望

同任何一项教育改革一样,上海中小学生命教育历时 10 年的探索与实践,也存在瓶颈和局限。例如,从生命教育推进的进程看,生命教育的推进时续时断,前一程轰轰烈烈,后一程冷冷清清,而一项有生命力的教育改革需要自上而下和自下而上动力的汇聚方能持久深入,因此,如何调动各方关注生命教育的积极性成为一个需要破解的难题。再如,从生命教育推进的实践看,生活化、常态化的生命教育具有强大的渗透力,更能够让人入心入脑,更能够有效地转化为学生积极的生命态度和行为方式,但目前能融合于日常学校教育工作、融合于学生生活实践的生命教育经验还不多见。笔者就生命教育如何健康、持续地发展,提出以下建议:

1. 生命教育要从中小学向大学延伸

目前,上海的生命教育主要是在中小学开展,其实大学生的生命教育任务更为紧迫。有学者指出:"大多数大学生人生目标坚定,学习积极性高,生活有序,正在茁壮成长,为美好未来做着坚定的准备。但也有相当部分的大学生,进入大学之后,在人生道路上迷失了方向,不知未来也不想未来,生命价值失落,生活处于迷惘之中,曾经的'天之骄子'们,顶着学业、就业、生活'三座大山',被称为中国社会压力最大的族群之一,出现了程度不同的生命困顿的现象。"云南省实施的"三生教育"就是一个一体化的生命教育设计思路,从幼儿园、中小学到大学都有系列的教育目标与内容。近年来国内许多高校也开设了生命教育课程。例如:广州大学早在 2000 年就开设了"生死学"课程;长春医学高等专科学校自 2007 年尝试开设了生命教育课,到 2011 年将生命教育课定为全校必修课;广东商学院 2009 年将"生死学与生命教育"定为学校重点选修课程。此外,还有浙江、云南等地不少高校均开设了生命教育课程。因此,上海可以在原有《纲要》的基础上,制定大学生生命教育指导纲要,研究大学生生命教育的目标、内容和实施要求。

2. 融合式生命教育与专题式生命教育齐头并进

学界对生命教育的教学组织是学科渗透还是独立设置持有不同意见。有学者认为,生

命教育的相关内容在中小学一些学科中都有,如自然、体育与健身、品德与社会、生命科学,教师可以借助这些内容,强化学生生命教育的意识,运用学科渗透的方式进行。也有学者认为,渗透式生命教育破坏了原有学科自身的独特性,也不利于生命教育的系统实施。如南京师范大学冯建军教授认为:"生命教育最终在于对生命意义的追问、反思与获得。这些深刻的人生反思都不是其他学科附带的渗透所能够完成的,它必须通过专门学科系统地学习和思考,才能够帮助学生在掌握生存技能之时,具有积极的人生观、价值观、生活观,获得'安身立命'之意义。"

《纲要》明确提出学科渗透和专题教育整合齐头并进的融合式生命教育。之所以提出"融合式生命教育",其深层意义在于破解课堂教学与德育工作"两张皮"的困境,重在提高全体教师的育德意识与能力。当然,这是一个理想目标,具体实施是一个需要长期努力的渐进过程。另外,学校的各项专题教育,如心理健康教育、安全教育、青春期教育、禁毒教育、预防艾滋病教育等都含有生命教育的内容,整合这些专题教育资源,形成专题式生命教育,并打造校本特色,是学校实施生命教育的另一个重要载体。

3. 生命教育与心理健康教育融合

如前文所述,生命教育是"全人教育",它不仅要解决学生的情绪和行为层面的问题,而且也应该促进学生健全人格和精神境界的提升。虽然生命教育与心理辅导在内涵上各有侧重,但最终目标是一致的,即让每个学生身心健康、社会适应良好、充满生命活力、生活幸福。《纲要》里设计的中小学各学段的生命教育内容,许多也是心理健康教育的内容,从某种意义上说,生命教育是心理健康教育发展的新阶段。从推进策略考虑,心理健康教育历经 30 余年,其学科体系、组织系统相对比较成熟,将生命教育与心理健康教育融合,有利于学校生命教育的推进。

青少年在探索自我的心路历程中,常常会探寻"为什么活着""怎样活着",然而面对变化纷繁的社会环境,有的青少年变得迷茫,认识不到自己存在的意义,有的甚至轻待生命。生命教育既要让学生敬畏生命,使他们认识到生命的神圣与可贵,又要让学生在自己的生命历程中,在解决自己成长的困惑与烦恼中,体验和感悟生命的精彩。对逝去生命的悼念,对青少年轻生现象的心理干预等,目的是要让每个青少年都能够敬畏生命,活得幸福。

敬畏生命:生命教育实践的再思考*

随着社会的进步和发展,广大人民群众的生活水平不断提高,但是社会矛盾与冲突,社会不稳定的风险与隐患也在增加。尤其是数字化时代的多元文化与价值观念对于人们的冲击,使得学校教育面临前所未有的挑战:诸如学生学业压力持续增大,拒学现象时有发生,危机事件不断增多,学生身心健康问题及家庭教育问题突出。2005 年,上海市教委颁布了全国首部中小学生生命教育指导纲要,时隔 15 年,我们重新审视生命教育的价值与意义,进一步推进生命教育实践,对于促进青少年健康成长至关重要。

一、生命教育的价值与意义

1. 生命教育唤起对人的存在价值的人文思考

当代社会功利主义、享乐主义、物质化倾向弱化了人对自身存在价值与意义的思考,弱化了人对有意义生活的向往,弱化了人对精神世界的追求。功利主义的教育无视孩子的天性,无视孩子的需求,在"分数第一""一切都是为了孩子好"的成人意志下,孩子的生活世界被挤压,孩子的自主性、独立性和创造性在日益丧失。与此同时,成人与孩子的和谐关系受到了损害。孩子也是有主体人格的大写的人,不要把孩子当成考试的机器,不要把孩子当成功利主义教育的工具。生命教育唤起对人的存在价值的人文思考,强调人的完整性和主体性。

2. 生命教育启迪对人的全面发展的教育宗旨的理性思考

促进人的全面发展是现代教育的基本宗旨。联合国教科文组织国际 21 世纪教育委员会指出:"教育应当促进每个人的全面发展,即身心、智力、敏感性、审美意识、个人责任感、精神价值等方面的发展,尤其要使每个人能够借助青年时代所受的教育,形成一种独立自主的、富有批判精神的思想意识,以及培养自己的判断能力,以便由他自己确定在人生的各种不同的情况下应该做的事情。"可见,人的全面发展是身体、心智、精神的和谐发展。生命教育的目的,是引导学生正确认识生命,培养学生珍惜生命、敬畏生命、热爱生命的态度,增强生活的信心和社会责任感,树立积极的生命观,使学生善待生命,完善人格,实现生命的意义和价值。可以说,生命教育既是人的全面发展的内在要求,也是促进人的全面发展的重要手段。

---

* 本文发表于《中小学心理健康教育》2020 年第 31 期,收录时略有改动。

3. 生命教育是心理健康教育的重要内容

生命教育和心理健康教育在学理上有不同的范畴。而从学生健康发展的视角看，两者之间是密切联系，相互交融的。因为人是一个完整的生命体，如前所说，人的全面发展是身体、心理、精神的和谐发展，它也是学生健康心理的发展目标。在学生的心理与精神层面的融合之处，有更多生命教育的议题。如，青少年自我同一性，探索"我是谁"实质上也是对自己生命意义与人生价值的探讨；又如，面临生命的丧失而对学生开展的哀伤辅导，其意义在于引导学生从对人的死亡的讨论中感悟生命的可贵；再如，对抑郁、有自杀行为的学生的辅导，关键是如何让其从自我贬低、生命无意义感中走出来。因此，在心理健康教育内容框架里，生命教育是其中的一个重要议题，可以说生命教育是心理健康教育的一个重要组成部分。

二、对生命教育实践的若干思考

从上述理性分析和近年来国内中小学生命教育推进的实践来看，将生命教育融入心理健康教育之中是一条切实可行的路径。

1. 建立科学的生命认知

应该让每个学生认识到生命的唯一性，人的生命只有一次，生命有时是很脆弱的，要珍惜生命。事实上，现在不少学生生命意识模糊。究其原因，网络的虚拟世界中对生命展现，往往脱离了真实的现实世界，在有的网络游戏里人有多条命，是可以死而复生的。而有些青少年往往分不清虚拟和现实之间的界限，这就颠覆了青少年对生命唯一性的科学认知。正如有的学者所说："在游戏中，角色动作的模仿、击杀对手的感觉也会在一定程度上使青少年对于生命产生麻木或其他感受；在动画片中，不死的主角身体也会对青少年的生命认知产生有错误的引导。"[1]尤为严重的是，网上还有不少死亡游戏的网站，诱导少数在学习、生活中遇到挫折的孩子迷恋死亡游戏，深陷其中不能自拔，甚至引发自杀的悲剧发生。"蓝鲸游戏"是一个通过社交网络进行的游戏，游戏的参与者多为青少年，组织者会要求他们每天完成一个规定的残酷的任务，最后的一个任务就是自杀。我们关心的是这个游戏为什么会在青少年群体中流行。有学者认为："该游戏之所以流行，根本在于青少年感到生命意义的缺失，当生命趋于虚无，自杀就有了意义，诱导自杀的蓝鲸游戏就有了存在的市场。"[2]因此，只有帮助青少年建立积极向上的生命意义感，拒绝生命的虚无，才能让他们远离这些死亡游戏。

生命意义感，是指个体领会、理解或看到他们生活意义的程度，并伴随他们觉察到自己生命或人生目的、使命、首要目标的程度。已有研究发现，生命意义感对个体幸福和健康具有重要预测作用，对生活满意度、积极情感和身体健康的预测作用显著；缺乏生命意义感则是焦虑、抑郁、空虚、无聊等心理问题产生及自杀意念（或行为）出现的重要原因。孟四清、刘金明[3]对全国5246名中学生进行调查，结果表明，31.7%的中学生生命意义感缺失。可见，积极的生命意义感的培养是青少年生命教育的重要内容。同时，帮助学生健康上网，培养学生网络安全和网络道德意识是更为积极的教育策略。

2. 在生活实践中体悟生命的可贵

生命与生活密不可分。生活是人的一种生存状态,是生命存在状态的体验。要让学生敬畏生命,不仅要进行认知学习,还要能学会体验学习。生命不仅需要学生去认识,更需要学生在生活实践中去体验,体验生命的过程是对生命意义逐步把握的过程。在青少年的生活世界里,生命体验的方式是多种多样的。

如,在丧失与哀伤辅导中学会对生命的珍爱。面对亲人、同学的生命丧失,会有悲伤,在悲伤之中我们常常怀念与逝者生前一起相处的难忘时光,从而更加珍爱生命。又如,在人类重大灾难事件之中对生命的感悟。2019年底新冠肺炎疫情的暴发是一场席卷全球的公共卫生危机事件,我国在这场人类与病毒搏斗的过程中,展现出许多动人的画卷,广大医护人员奋战在抗疫第一线抢救病人,医学科研人员夜以继日研制疫苗,建筑工人争分夺秒建方舱医院,志愿者深入社区防控,解放军指战员为抗疫工作提供各种支持保障,所有这些都是一场场活生生的生命教育。它可以让青少年感受到在大灾大难面前的人间真情,体会到对他人生命的关怀是一种敬畏生命、尊重生命的大爱情怀。

此外,在课堂教学和课外活动中(班团队活动、节日纪念日教育、仪式教育、学生社团活动、社会实践活动)有丰富的生命教育议题,可以让学生参与、体验和感悟到生命的意义。

3. 走进幸福心理学让生命充盈蓬勃

积极心理学倡导者塞利格曼说:"我以前一直认为积极心理学的主题是幸福,它的测量标准是生活满意度,而今幸福的含义变得更加丰富,它的目标是让生命变得更加丰盈、蓬勃。"他提出幸福心理学的若干要素,对于生命教育富有启示。其中乐观、心理韧性和积极关系等对于青少年生命成长更为重要。

乐观不仅是一种人生态度,也是一种积极心理品质,塞利格曼说:"乐观在你的某些生命领域中占有很重要的地位,它虽不是万灵药,但它可以保护你不受抑郁的侵害,它可以提升你的成就水平,它可以使你的身体更强健,它是一种令人愉悦的精神状态。"[4]乐观者与悲观者对于世界的解释风格是不同的。同样面对困境,乐观的人会认为现在的失败是暂时性的,每个失败都有它的原因,不是自己的错,乐观的人不会被失败击倒。面对困境,他们会把它看成是一种挑战,更努力去克服它。悲观的人相信坏事都是因为自己的错,会持续很久。悲观的人会认为自己无能为力,就此一蹶不振。因此,我们要培养学生乐观的解释风格,克服悲观的解释风格,这是让学生一生受用的幸福宝典。

在生命成长中提高心理韧性。人生的道路很少有一帆风顺的,往往充满了各种各样的坎坷与风浪,一个成熟的人就是在困难与挫折环境的磨炼中,锤炼心理韧性和生命意志。同样,青少年在日常学习、生活、交往和社会适应中也会遇到各种挑战。我们要帮助学生积极地面对困难和挫折,提高学生的心理韧性。

和谐的亲子关系、师生关系和同伴关系是学生强大的社会支持系统和成长环境。青少年的人格发展正在走向成熟,尚未定型,具有很强的可塑性。父母和教师对孩子成长的重要性不言而喻,教师和家长只有走进学生的内心世界,倾听学生的心声,才能与学生建立温暖、和谐的关系,才能真正成为学生的人生导师,才能为促进学生健康成长与发展营造良好的教育生态环境。

4. 重视高危学生的预防性辅导

预防性目标应该着重对于可能发生成长问题的高危学生群体予以关心。例如,家庭处境不利学生、学习困难学生、行为问题学生、人际关系不良学生、青春期困扰学生、情绪抑郁学生、体弱多病学生、伤残学生。做好高危学生预防性辅导,关键在于学校危机预防和干预系统的建设,不是等到出了问题"亡羊补牢",而是要切实做好预防和预警工作。每一个生命都是独一无二的,每一个生命都是需要关怀和呵护的。

简言之,生命教育就是帮助青少年思考人为什么活着,人的存在价值和意义是什么。生命教育是从生理、心理和伦理三个层面关怀学生的生命历程。因此,要将生命教育融入心理健康教育之中。青少年是未成年人,生命教育应该落实在以科学的生命认知为基础,以情感为纽带即珍惜、热爱、敬畏生命,以积极的生命意义与价值为导向上。将生命教育融入学生日常学习、交往和生活之中,潜移默化、滴水穿石,让学生认识到生命的意义、感悟到生命的可贵,走好人生的每一步,让每一个学生的生命充盈蓬勃。

参考文献

[1] 朱李文. 网络环境中青少年生命价值观的分析与建议[J]. 南方论坛,2017(7):50-52.
[2] 汪亚芳. 青少年生命意义的虚无与重建:透析蓝鲸游戏[J]. 教育观察,2019(30):68-69.
[3] 孟四清,刘金明. 中学生生命意义感及相关问题的调查[J]. 天津市教科院学报,2020(4):45-52.
[4] 马丁•塞利格曼. 活出最乐观的自己[M]. 洪兰,译. 沈阳:万卷出版公司,2010:17.

第七章 医教协同心理服务

2012年,上海学生心理健康教育发展中心成立,这标志着上海学校心理健康教育进入一个新的发展阶段。承蒙市领导和市教委领导的信任,我担任了首任中心主任。中心的一个重点项目就是探索学生心理健康服务医教协同的机制。2014年,我们在松江大学城进行高校学生心理健康服务医教协同机制的尝试,同年在浦东新区、杨浦区、黄浦区和静安区(原闸北区)四个区进行第一轮中小学生心理健康服务医教协同机制的实践。本章介绍中小学生心理健康服务医教协同模式的探索历程。早在2002年,我就和上海市精神卫生中心儿童青少年科主任杜亚松教授开始了注意缺陷多动障碍(ADHD)儿童综合干预的研究。直到2010年,我们开展了三轮综合干预的实践,取得了明显成效。

一、ADHD 儿童综合干预

目前,对 ADHD 儿童的干预和处理,儿童心理门诊最常用的方法是药物治疗。大多数 ADHD 儿童经过药物治疗后能够改善注意力,但要改善其他行为问题和学业,就比较困难。正如许多专家所说,单一的药物治疗能够控制儿童 ADHD,但是不能提升学业成就和技能、增长知识,也不能更好地帮助他们提高应对问题的能力。因此,为了更有效、更持久地改变 ADHD 儿童的这些问题,可以将行为治疗、情绪咨询和实践支持相结合。对于 ADHD 儿童的综合干预已然成为儿童心理健康医教协同的前沿课题。

综合干预,是指通过心理医生、学校心理学家、教师和家长共同参与干预,以社会心理干预为主、药物干预为辅,对 ADHD 儿童进行有效辅导的模式,它基于学校的医教协同儿童心理服务模式。

第一轮干预为初步尝试,从 2002 年 2 月至 2003 年 6 月,为期一年半,采用单组前后测实验设计,有 4 所小学参与,干预对象为 41 名 ADHD 儿童。干预结果表明综合干预能够达到预期效果,改善儿童的注意缺陷和多动行为。

《注意缺陷多动障碍儿童综合干预的研究》(2005)一文是第二轮综合干预实验的研究报告。针对第一轮实验设计的不足,第二轮干预实验有 7 所学校参加,将 128 名 ADHD 儿童分为综合干预组、药物干预组和对照组,并对综合干预的方法进行了改进。干预时间从 2003 年 9 月至 2004 年 6 月。实验结果表明:综合干预的效果明显优于单一的药物治疗。经过综合干预的大多数 ADHD 儿童的注意状态、行为和学习成绩都得到了比较明显的改善。

《基于学校的儿童注意缺陷多动障碍综合干预》(2011)一文是第三轮综合干预的研究报告。课题中加了"基于学校的"是因为国内的 ADHD 综合干预研究多以医院为主,而以学校为主的比较少。把"儿童"放在"注意缺陷多动障碍"前面,是为了把问题和儿童分开,防止标签化。第三轮干预实验于 2009 年 1 月至 2010 年 6 月进行,针对前两轮的不足,对干预方案做进一步结构化:10 所学校参与,对 117 名 ADHD 儿童进行为期 8 周的综合干预,探讨短期及长期的干预效果。综合干预以儿童行为干预和父母训练为主,药物治疗为辅,半年后随访长期效果。研究发现综合干预组只在短期效果上显著好于药物组与对照组,但长期效果不显著。综合干预组家长对综合干预的依从性显著高于其他两组,并能保持较长时间。不同类型 ADHD 儿童的长、短期效果不同。

通过三轮干预实验,得到的结论是:以心理医生、学校心理学家、教师和家长共同参与干预,以社会心理干预为主、药物干预为辅的综合干预模式,可以比单一药物治疗更有效地改善 ADHD 儿童的注意和多动问题、适应行为问题、自尊水平和学习成绩。综合干预模式不仅是有效的,而且也是可行的。

二、美国波士顿学校心理服务模式的借鉴

2011 年 9 月至 10 月,在时任上海精神卫生中心院长肖泽萍教授的支持和联系下,哈佛大学医学院资深教授贝尔弗邀请我赴美,对美国波士顿学校心理服务工作进行了为期一个月的学习考察。贝尔弗教授是国际儿童精神病学知名专家,曾经在世界卫生组织工作多年。他精心为我安排了学习考察日程,并且每次都会陪同我到学校、医院,与社会心理服务机构和有关教授、学者进行学术交流。《医教结合:波士顿地区学校心理服务系统考察》(2013)一文是笔者考察后的体会。该文分析了波士顿地区以儿童医院为主导的学校心理服务网络的鲜明特色,并指出医学、教育、社会和家庭(包括家长和孩子)的共同体形成了一种专业力量的同盟,这个共同体在项目开展、研究成果的应用、推广与科学知识的普及宣传等方面发挥了各自的积极作用,这种医教协同的学校心理服务模式为我国学校心理健康教育的发展提供了启示。

2012 年,上海学生心理健康教育发展中心成立以后,我们就将所获启示付诸实施,开展第一轮医教协同学校心理健康服务模式的实践探索。

三、上海医教协同学校心理服务模式的探索

心理健康服务应基于学生成长发展的需求,为不同需求的学生提供相应的心理健康服

务。然而,学校现有的心理健康教育专业力量难以满足不同层次学生的心理服务需求,引进医学界心理服务专业力量,进行医教协同心理服务模式的实践探索,在理论和实践上都具有重要意义和价值。

第一轮医教协同项目从 2014 年至 2017 年,经过三年的实践探索取得初步的经验。2017 年至今我们又继续第二轮医教协同项目的实践。《上海学生心理健康服务医教协同之路:经验、挑战及展望》(2020)一文是我和王婷婷、马珍珍老师合作撰写的文章。该文对上海构建中小学心理健康服务医教协同模式的基本经验进行总结,对医教协同推进过程中所遇到的瓶颈与问题进行反思,并对医教协同模式的后续完善与推进加以展望。针对现有的体制壁垒、心理服务资源不足和社会支持系统整合不够等问题,提出了以下建议:①从政府部门层面完善管理保障机制。②提高心理服务人员专业化水平。③加强心理服务资源和平台建设。④继续深化医教协同心理服务合作项目研究与成果推广。

医教协同学校心理健康服务机制的建立是一个需要长期实践探索的课题,我们的工作还仅仅是一个开始。从系统生态观的视角,为学生的心理健康服务还需要学校、家庭、社会和医疗机构的共同参与和协同,有许多问题有待进一步深入研究。

注意缺陷多动障碍儿童综合干预的研究*

综合干预是 20 世纪 90 年代美国国家精神卫生研究所针对 ADHD 儿童药物治疗的不足,提出的一种干预策略,但在国内这方面的系统干预比较少见。上海市教育科学研究院普教所与上海市精神卫生中心、实验学校合作,在两年半的时间内进行了两轮综合干预的实验研究,结果表明,综合干预组比药物组、对照组,在注意与多动问题、适应行为问题、自尊水平和数学学习成绩方面有显著的改善与提高。本报告是第二轮实验的总结。

一、问题提出

目前,对 ADHD 儿童的干预和处理,儿童心理门诊最常用的方法是药物治疗(又称为兴奋剂疗法)。大多数 ADHD 儿童经过药物治疗后能改善注意力,但要改善其他行为问题和学业,就比较困难。正如许多专家所说,单一的药物治疗能够控制儿童 ADHD,但是不能提升学业成就和技能、增长知识,也不能更好地帮助他们提高应对问题的能力。因此,为了更有效、更持久地改变儿童的这些问题,可以将行为治疗、情绪咨询和实践支持相结合。[1-4]

单一的药物治疗有一定的局限性,它无法解决不同程度、不同类型的 ADHD 儿童的问题,更难以解决这些儿童的行为和心理健康问题。因此,必须探索一种综合性的系统干预方法。这种综合干预,需要有心理医生、学校教师和家长共同参与。这不论对于儿童 ADHD 的矫治,还是他们的健康成长都是有价值的。

为此,上海市教育科学研究院普教所和上海精神卫生中心儿童行为研究室合作,进行了为期两年半的综合干预初步研究。第一轮实验采用单组设计,从 2002 年 2 月至 2003 年 6 月,有 4 所小学参与,干预对象为 41 名 ADHD 儿童。初步显示了综合干预能够达到预期的效果。

第二轮实验针对第一轮实验设计的不足,采用实验组、对照组前后测设计。并对综合干预的方法进行了改进。本报告汇报第二轮实验结果。

本课题研究目的是:通过学校心理学家、临床心理学家、教师和家长共同参与干预,以行为辅导为主、药物干预为辅的综合干预模式,解决 ADHD 儿童注意缺陷和多动行为问题,并探讨这种模式的可行性和有效性。

---

* 本文作者为吴增强、杜亚松、夏黎明,发表于《上海教育科研》2005 第 5 期,收录时略有改动。

二、研究方法

1. 样本

从本市 7 所小学中,通过筛查、鉴别,选取 ADHD 儿童 128 名。具体做法是:请班主任提供平时注意力不集中问题较为突出的同学名单;由学校心理辅导教师为这些学生做注意力问题的心理测查(本研究采用康氏儿童行为量表),将高于临界值的学生列入干预对象;最后由上海市精神卫生中心儿童行为室的心理医生根据《精神障碍诊断与统计手册》(第 4 版)(DSM-IV)中 ADHD 的诊断标准进行鉴别,确定 ADHD 的类型和程度。其中,注意障碍型为 35.2%,多动-冲动型为 14.8%,混合型为 49.2%(1 人未统计);重度为 37.5%,中度为 34.4%,轻度为 24.2%(5 人未统计)。

2. 实验设计

采取实验组与对照组前后测设计。将 128 名儿童随机分为三组,其中综合干预组 65 名、药物组 33 名、控制组 30 名。

3. 实验处理

(1) 综合干预组处理

综合干预采用行为辅导、家庭辅导、药物治疗 3 种方法相结合:

①行为辅导。通过个别辅导和团体辅导,提高 ADHD 儿童自我控制、自我调节和问题解决技能。具体做法为:根据每个被干预儿童的实际情况,制订个别辅导计划,将当事人比较突出的行为问题列为目标行为进行干预,以增强他们的自我控制能力。每周进行三次团体辅导,每次 45 分钟,通过游戏活动,增强儿童的注意力和自我控制能力。

②家庭辅导。为了保证干预的连续性,除了在学校里采取干预措施,家庭辅导是综合干预的重要组成部分。具体做法为:向家长布置一定的游戏活动,要求家长与孩子共同参与,并对孩子良好的行为进行一定的强化。

③药物治疗。对于重度 ADHD 儿童,建议去上海心理咨询中心进行药物治疗,并记录服药情况。

(2) 药物组处理

班主任建议家长带儿童去上海心理咨询中心进行药物治疗,并记录服药情况。

(3) 控制组处理

让 ADHD 儿童跟随正常儿童一起学习,不采取其他辅导措施。

4. 评估工具

注意与多动问题采用康氏(Conners)儿童行为量表(简明版);适应行为问题采用拉特(Rutter)儿童行为量表[父母版(P)、教师版(T)];自尊问卷(学生版、父母版、教师版,根据罗森伯格的自尊量表改编);语文、数学统测成绩(中期、后期两次,采用统一命题,统一阅卷评价,难度中等)。

三、研究结果

1. 各组前后测比较

表 7-1 显示了综合干预组的 Conners、Rutter(T)、Rutter(P)、自尊(自评)、自尊(他评)5 项指标均有非常显著差异,而药物组和对照组的 5 项指标均没有显著差异。说明综合干预组比药物组和对照组能够明显改进 ADHD 儿童的注意与多动问题、行为问题和自尊水平。

表 7-1 各组前后测比较

	Conners	Rutter(T)	Rutter(P)	自尊(自评)	自尊(他评)
综合干预组					
前测	15.68±0.79	18.82±0.84	13.02±0.75	25.35±0.57	23.83±0.52
后测	11.74±0.70	15.83±0.84	11.04±0.80	27.51±0.63	26.89±0.63
T 检验	−5.53***	−5.43***	−2.71**	3.83***	5.65***
药物组					
前测	18.59±1.09	20.55±1.24	12.93±1.07	26.65±1.10	21.87±0.95
后测	16.5±1.16	20.39±1.44	14.26±1.90	25.35±1.16	22.81±0.97
T 检验	−1.94	−0.16	0.79	−0.30	1.74
对照组					
前测	17.40±0.98	19.43±1.36	15.12±1.53	25.23±0.82	23.60±0.86
后测	16.83±0.81	18.87±1.44	16.50±1.32	25.27±0.96	24.53±0.84
T 检验	−0.50	−0.58	0.90	0.04	1.07

由表 7-2 可见,数学前测成绩组间差异不显著,各组比较接近;后测数学成绩组间差异虽未达到显著水平,而从组内前后测的数据看,综合干预组数学后测成绩非常显著地高于前测成绩,而药物组和控制组均未达到显著水平的提高,说明综合干预的确能够改善 ADHD 儿童的数学学习成绩。综合干预组后测语文成绩虽然高于其他两组,但其组内前后测未达到显著提高水平。

表 7-2 学习成绩比较

	语文		数学	
	前测	后测	前测	后测
综合干预组	70.78±1.80	73.02±1.70	76.56±1.83	84.24±1.54
T 检验	1.05		3.66**	
药物组	63.03±3.34	63.74±2.72	72.33±2.70	80.33±3.48
T 检验	0.22		1.90	
对照组	63.95±3.75	71.78±3.56	74.89±3.74	74.74±4.73
T 检验	3.15**		−0.04	
组间 F 检验	2.91	4.16*	1.16	1.55

2. 多因素方差分析

为了考察多因素对综合干预成效的影响,我们以康氏儿童行为量表(简明版)后测成绩作为因变量,对学校、组别、类型、程度四个因素进行方差分析。由表 7-3 可见,除了组别有非常显著的差异外,类型和学校因素也呈现显著差异,而程度因素没有显著差异。

表 7-3 多因素方差分析

	学校	组别	程度	类型
F 检验	2.60*	11.31***	0.96	3.24*

进一步分析类型因素的影响。由表 7-4 可见,不同类型 ADHD 儿童接受干预前后效果是不同的。相对来说,注意障碍型儿童的注意与多动问题、适应行为问题明显要比多动-冲动型和混合型轻,而且干预以后在注意与多动问题、适应行为问题和自尊水平方面均有显著改善;多动-冲动型儿童的适应行为问题改进非常显著,注意与多动问题也有所改善,但自尊水平提高不明显;混合型儿童的注意与多动问题改善非常显著,而适应行为问题和自尊水平的改进和提高不明显。这为今后根据不同类型 ADHD 儿童采取有针对性的干预措施提供了科学依据。

表 7-4 各类 ADHD 前后测比较

	Conners	Rutter(T)	自尊(自评)
注意障碍型			
前测	15.35±0.95	18.10±1.01	26.24±0.73
后测	12.58±0.88	16.22±1.18	27.84±0.70
T 检验	3.29***	2.64*	2.20*
多动-冲动型			
前测	18.15±1.24	21.60±1.72	25.55±1.16
后测	16.40±1.15	18.40±1.66	27.35±1.50
T 检验	2.24*	5.29***	1.83
混合型			
前测	17.83±0.75	19.83±0.86	24.56±0.62
后测	14.78±0.82	18.83±0.91	24.85±0.73
T 检验	3.29**	1.25	0.48

四、讨论

通过两年半的实践,我们可以看到综合干预不仅是有效的,也是可行的。这项实验之所以能取得成功,我们认为主要原因有两点:①综合干预的基本假设是符合儿童心理和行为发展规律的;②医学界、学校和家庭辅导资源的整合对 ADHD 儿童干预很重要。

ADHD 本身就是一种综合征,具有很大的异质性,究其形成原因有生理的、心理的和社会行为的。单一的治疗只能解决其某一方面的问题,治标不治本。ADHD 儿童平时处于学校的学习环境中,会因注意缺陷多动症状,而引发许多其他的问题,诸如人际交往问题、学习困难问题,以及自尊自信问题、情绪困扰问题。因此,需要采取综合干预的思路,整体地改变 ADHD 儿童的行为模式和心态,才能够达到治标又治本的效果。实验结果证明了我们的基本假设。我们的干预不仅可以改善 ADHD 儿童的注意力状况和多动行为,而且也可以帮助学生提高社会技能和自我控制能力,乃至学习成绩。通过两轮综合干预,我们取得了以下的初步经验:

①临床心理医生、学校心理学家和教育实践工作者三方协同,发挥各自优势。在综合干预中,临床心理医生承担 ADHD 儿童的鉴别、诊断和药物治疗工作;学校心理学家负责整个干预方案的设计和实施,重点是对学校干预和家庭干预的指导;校长和教师(包括学校心理辅导教师和班主任)具体实施。其中,处理好专家指导与教师具体实践的关系是关键。

②学校积极组织实施,措施具体,行动有力。7 个实验学校都成立了以校长为组长的研究小组,统筹综合干预工作,并由专职心理辅导教师担任项目联系人。各校根据课题组要求,制订了学校的实施方案,实行学校课题组例会制,定期交流实验情况,加强对综合干预过程的效果评估。总课题组实行每月的例会制,及时了解学校的实验进展和问题,给予指导。

③认真组织个别干预。由于我们对教师如何进行个别干预做了全程指导,教师在实践中少走了不少弯路。例如,我们要求教师进行行为干预时,强调目标行为的单一性、可操作性和典型性。在行为干预实践中,不少干预取得了明显的效果。

大场镇小学的小郑被诊断为重度 ADHD,她上课注意力不太集中,常常心不在焉、目光无神,被提问时立刻变成"闷葫芦"。经过半年干预以后,她的行为有了很大变化:当她注意力分散时,教师及时用目光暗示或用言语提醒,她基本能够回过神来,认真听课。又经过半年的干预,她的症状完全消失,学习成绩也有了很大进步,现在小郑的目标是考吴淞中学。

汇师小学的小杨是中度 ADHD 儿童,经过半年干预,多动行为得到明显改善,学习成绩也有了很大提高,在区监控测试中,语文考出了 90 多分的高分,令全班同学刮目相看,这大大激励了小杨的学习积极性。

④是积极开展团体辅导。团体辅导的目的是通过同质群体的游戏活动,提高 ADHD 儿童的自我控制能力和集中注意能力。七所实验校分别根据本校对象的特点,设计了系列的游戏活动,并在实践中通过效果评估筛选了有效的团体辅导活动。以大场镇小学的团体辅导为例,在第一轮的基础上,第二轮筛选的团体辅导活动有较强的针对性,也取得了较好的效果。事实表明,团体辅导活动对于行为改变有一定的迁移作用,不仅提高了他们的注意力状况,还改善了他们的动作协调、语言表达和学习成绩等。承担团体辅导活动的教师这样写道:"学生对于参加每周一、三、五 20 分钟的团体辅导积极性很高,每次当我到达活动室门口时,总有许多学生已经早早地等在那儿了。因为,他们不仅能在这 20 分钟里享受到游戏带来的乐趣,同时也能锻炼、提升自己。以前我在每次活动前提出要求时,总有些学生东张西

望,没听清楚我的要求,而如今每次我只需要说一遍,他们就能马上理解,而且活动开展的质量也很高。"

⑤积极培训家长,做好家庭干预。由于综合干预中家长是重要的资源,学校特别注重对家长的宣传。如大场镇小学十分注意前期向家长的宣传和发动。考虑到很多家长对"多动症"这个字眼十分忌讳,学校就在给家长的信中说这项工作是为了促进学生的发展,并请班主任进行家访,了解家长思想动向,动员家长主动参加综合干预。由于前期工作细致,最后确诊的 12 位 ADHD 儿童的家长都积极参与了这项工作。

大场镇小学课题组成立后,每月召开一次形式多样的 ADHD 儿童家庭讲座,并请家长每天陪同孩子做半小时的家庭游戏,游戏内容以孩子自己喜欢做的事为主,家长在旁观察孩子做事时的专注情况,适当提醒。一开始做简单的游戏,如数青蛙、拍拍六、拼板等,而后做画画、复述故事等综合性游戏。每次游戏后请家长填好表格。此外该校还制定了班主任随访制度,每月一次家访,并做随访记录。总课题组对大场镇小学家庭辅导的经验进行了及时总结,并向其他六所学校推广。

五、结论

通过对研究结果的分析与讨论,得到以下结论:

①综合干预组比药物组和对照组更为显著地改善 ADHD 儿童的注意与多动问题、行为适应问题,更为显著地提高 ADHD 儿童的自尊水平,明显提高数学学习成绩,而语文成绩提高不明显。

②ADHD 类型因素对于综合干预改进对象注意缺陷多动行为和行为问题有显著影响。不同类型 ADHD 儿童的注意与多动问题、适应行为问题有不同的特点,接受干预以后的效果有所不同。

③学校因素对于综合干预改进注意与多动问题有显著影响,说明各学校的干预工作不平衡。

当然,我们也有许多不足可以总结:

①在研究中可以采用 ADHD 这样的术语,但不能对家长、孩子说,这将会引起一种"标签效应"。所以在第二轮实验时,我们采用了"彩童计划"(意思是彩色的童年)作为实验项目的名称,家长比较欢迎。

②由于家长普遍对药物治疗有疑虑,故药物干预做得不够系统,在一定程度上也影响了药物组与综合干预组的结果比较。

③家长干预做得比学校干预差,不少家长没有按照学校提出的要求去做。

④有些班主任要承担 2~3 名个案的干预,任务太重,应接不暇。

⑤由于经费、人力的局限,对实验学校的指导不够深入、细致。

这些问题将在今后的研究中加以改进。

参考文献

[1] NIMH. Attention Deficit Hyperactivity Disorder [M]. Bethesda: NIMH Pub-lication,1996.

[2] BATSHAW M L. Children with disabilities [M]. 4th ed. Baltimore:Paul H. Brookes Publishing Co.1997,449-470.

[3] MERCUGLIANO M. What is attention-deficit/hyperactivity disorder? [J]. *Pediatric Clinics of North America*,1999,46(5): 831-843.

[4] BARKLEY R A. Attention-Deficit/Hyperactivity Disorder [M]//MASH E J,TERDAL L G. Assessment of Childhood Disorders [M]. New York: The Guilford Press,1997: 110-114.

基于学校的儿童注意缺陷多动障碍综合干预*

一、引言

根据我国几项流行病学调查,儿童 ADHD 的发生率为 4.31%~5.83%,居于学龄儿童精神障碍发病率首位[1]。有关文献指出,单一的药物治疗能够控制儿童的 ADHD,但是不能改善学业成就和技能,也不能帮助他们提高应对问题的能力。因此,20 世纪 90 年代,美国国家精神卫生研究所提出应整合医学、教育、社会和家庭各方面的力量,将行为治疗、情绪咨询和实践支持相结合,对儿童 ADHD 进行综合干预[2]。

近年来,我国以医院为主的 ADHD 综合干预研究为多。如林玉霖等人[3](2007)在对 38 名 ADHD 儿童采用中枢兴奋剂哌醋甲酯或情绪稳定剂托吡酯进行药物治疗的同时,配合行为矫正、认知训练、心理疏导及运动宣泄疗法等措施进行综合干预。刘军等人[4](2009)在对 15 名 ADHD 儿童在使用"专注达"进行药物治疗的同时,开展父母教养方式培训。这些以医院为主的综合干预都收到了较好的疗效,但限于医生数量、就医时间等客观条件制约,能参与的儿童数量非常有限,目前儿童心理门诊最常用的方法仍为单一的药物治疗。

基于学校的综合干预研究报告很少。吴增强等人[5](2005)对 7 所学校的 128 名儿童进行了综合干预的研究,采用行为辅导、家庭干预、药物治疗三者相结合的方法,结果表明综合干预组比药物组、对照组,在注意与多动问题、适应行为问题、自尊水平和学习成绩方面都有显著的改善与提高。但存在父母训练做得比学校干预差,多个学校同时开展干预质量参差不齐等问题,且没有对综合干预的长期效果进行随访。

我们认为,基于学校的儿童 ADHD 的综合干预,就是围绕学生在学校情境中真实表现出来的问题,心理医生、心理教师、班主任及家长利用各自所长,联合起来进行多角度的综合性干预,包括:①在教师、家长的协助下,医生到学校对儿童进行更准确的评估和诊断,确定儿童是否患有 ADHD,以及是否需要服药。②在学校内,有机利用兴趣活动等时间由心理教师、班主任实施团体辅导和个别辅导,心理医生巡回指导。③在团体辅导和个别辅导的实施中紧密结合儿童当前在校的表现,在真实的问题情境中做注意力、自控力等方面的辅导。④发挥学校在家庭教育指导中的优势,利用家长沙龙的形式,心理教师综合采用案例剖析、情境练习等生动的方式将医生提供的家庭干预方法传授给家长。

本研究在设计时还注意针对以往研究所存在的不足进行改进:①设计了格式化的操作

---

* 本文作者为吴增强、马珍珍、杜亚松,发表于《心理科学》2011 年第 4 期,收录时略有改动。

手册,缩小各学校在实施上的差异。②采取心理沙龙形式培训父母,提高父母培训的实效。③在半年后对干预的长期效果进行随访,以期更全面地探讨这种医教结合的综合干预的长、短期效果。

二、方法

1. 被试

(1) 全员筛查

我们使用长处和困难问卷(SDQ)对 10 所小学 2~4 年级的全体学生(4500 名)进行全员筛查,由教育统计学专业人员进行具体的数据分析统计,初步筛选出疑似 ADHD 儿童 263 人。

(2) 临床确诊

班主任根据初步入选名单,在征求家长意见后,确定供医生临床诊断的名单。专业心理医生及教育心理专家到各所学校,应用情感障碍与精神分裂症量表(K-SDAS-PL)和 DSM-Ⅳ的诊断标准,确诊 ADHD 儿童 117 人。其中,注意力缺陷型 53 人、多动-冲动型 18 人、混合型 46 人、单纯型 ADHD 儿童 89 人、伴学习困难型 ADHD 儿童 28 人。

(3) 样本确定及分组

由于已有研究表明,综合干预比纯药物干预效果好,本研究在知情同意的原则下,根据家长及儿童的自身意愿进行分组,并尽量保持各组之间在年级分布上的均衡。最终 117 名 ADHD 儿童,73 人编入综合干预组(二年级 23 人、三年级 25 人、四年级 25 人),10 人编入药物组(二年级 2 人、三年级 4 人、四年级 4 人),34 人编入对照组(二年级 14 人、三年级 11 人、四年级 9 人)。

经统计分析,三组被试在父母文化、家庭收入、症状严重程度及几个主要效果评估指标上不存在显著性差异(父亲文化 $x^2=2.36$,$p=0.31$,母亲文化 $x^2=1.05$,$p=0.98$,家庭收入 $x^2=2.50$,$p=0.29$,K-SDAS 症状分值 $F=0.23$,$p=0.80$,SDQ 行为问题 $F=0.03$,$p=0.97$,SDQ 情绪症状 $F=0.70$,$p=0.50$,SDQ 多动问题 $F=0.97$,$p=0.38$,SDQ 同伴交往问题 $F=1.29$,$p=0.28$,SDQ 亲社会行为 $F=3.06$,$p=0.06$,自尊 $F=0.44$,$p=0.64$)。

2. 干预方案

综合干预组采用行为干预、父母训练与药物治疗三种方法相结合,其中行为干预通过团体辅导和个别辅导两个途径来实施。药物组根据医嘱服药。对照组不采取任何措施。

(1) 团体辅导

团体辅导一周一次,每次 45 分钟,共 8 次。对 ADHD 儿童进行注意力和自控力方面的训练。主题游戏难度逐次递升,每次辅导主题游戏进行两遍,借游戏攻略讨论的形式渗透自控策略的辅导。

(2) 个别辅导

个别辅导着眼于提高 ADHD 儿童的自我控制、自我调节和问题解决技能。主要包括两个方面：一是运用行为干预技术对儿童最突出的行为问题进行矫治，二是进行日常生活规划能力的辅导。

这两个方面的工作由学校心理教师与班主任共同承担。干预开始前对所有参与教师进行了系统的培训，并提供每次团体辅导的详细教案，以及每周个别辅导的分解任务单、记录表、谈话要点和具体操作方法。干预期间，课题组成员每两周走访一次学校，实地观察、交流，解决教师遇到的问题，尽量减少学校之间的差异。

(3) 父母训练

父母训练是沙龙式培训，每周一次，每次 1 小时，共 8 次。每次培训围绕一个主题，在介绍专业知识的同时，采用模拟练习、经验分享等互动学习方式，让家长掌握一种科学的家庭教育方法，如正确使用奖惩法。其中，理论讲解部分采用播放专家讲座录像的形式实现。互动、操作环节由各校的心理教师根据提供的教案承担父母指导任务。

(4) 药物治疗

对于重度 ADHD 儿童，建议到上海心理咨询中心进行药物治疗，并记录服药情况。

3. 评估工具

长处与困难量表(SDQ)等共有 25 个条目，5 个因子，即行为问题、情绪症状、多动问题、同伴交往问题和亲社会行为。根据寇建华等人[6]2005 年对该问卷信度和效度的检验，各条目与问卷总分的 α 为 0.59，各因子与问卷总分的 α 为 0.78，重测信度 r 在 0.43~0.79，具有较高的平行效度和内容效度。在干预前、后及干预停止半年后，由家长对孩子的情况进行 3 次评估。

自尊问卷：根据罗森伯格的自尊量表(SES)改编，全表共有 10 题，根据对自我的相似度采用 5 级评分。本次研究前、后测学生自评的自尊情况与教师他评的自尊情况均达到显著性相关(p<0.01)，r 在 0.55~0.75。可见量表具有较好的信度和效度，能反映儿童的自尊水平。

全天候生活困难量表：该量表根据韦迈尔等人[7]在 2004 年编制的全天候生活困难量表翻译、改编而成。在本次干预的八周内，学生自评的困难情况与教师他评的困难情况均达到显著性相关(p<0.01)r 在 0.53-0.85。可见数据具有较好的信度和效度，能反映儿童在日常生活中所遇到的困难情况。

ADHD 综合知识问卷：自编调查问卷，评估家长对 ADHD 综合干预的科学认识水平。全表 10 题，前 4 题涉及症状识别，后 6 题涉及干预方法。整表的 α 为 0.82，具有较好的信效度。

4. 实验设计与数据统计

本研究采用实验组与对照组前后测对照设计。使用 spss11.5 软件对数据进行录入与处理。

三、结果与分析

1. 不同组别长、短期干预效果比较

由表 7-5 可知,综合干预组在行为问题、情绪症状、多动问题、亲社会行为和自尊水平方面,前后测之间有显著性的差异,而药物组与对照组在上述指标上均无明显性变化。表明综合干预与其他处理方式相比较有更好的短期效果。

半年后对这些指标进行随访。发现综合干预组、药物组、对照组的随访数据与前测数据之间均无显著性差异。药物组与对照组的数据变化没有特定规律,而综合干预组的结果均介于前后测结果之间。

表 7-5 不同组别长、短期干预效果比较

	SDQ					自尊
	行为问题	情绪症状	多动问题	同伴交往问题	亲社会行为	
综合干预组						
前测	4.06±2.22	3.06±2.16	7.78±2.12	4.32±2.09	4.86±2.12	24.62±5.00
后测	2.71±2.13	2.31±2.05	6.81±2.16	3.98±2.18	5.66±2.25	26.25±5.01
随访	3.40±2.27	2.52±1.99	7.63±2.26	4.12±1.88	5.64±2.67	25.68±6.40
t(前-后)	3.54*	2.04*	2.58*	0.90	-2.09*	-1.70*
t(前-随)	1.68	1.48	0.40	0.57	-1.86	-1.06
药物组						
前测	4.09±2.55	3.09±2.88	8.64±1.96	3.27±2.61	6.55±2.50	26.18±5.00
后测	3.00±1.79	2.55±3.01	8.90±1.57	2.64±1.86	6.09±2.34	26.36±5.00
随访	2.36±1.75	3.09±3.02	8.00±1.84	3.27±1.85	7.09±1.81	24.45±7.31
t(前-后)	1.16	0.43	0.36	0.66	0.44	-0.09
t(前-随)	1.85	0.00	0.78	0.00	-0.59	0.65
对照组						
前测	4.34±2.65	3.38±2.16	7.79±2.38	4.24±2.21	4.66±2.36	24.24±5.72
后测	3.41±2.24	2.26±1.99	7.28±2.07	4.14±2.43	5.21±2.23	24.10±5.81
随访	3.58±2.24	3.24±2.17	7.45±1.94	3.93±2.03	4.90±2.23	25.83±5.74
t(前-后)	1.44	1.39	0.88	0.17	-0.92	0.09
t(前-随)	1.18	0.24	0.61	0.56	-0.40	-1.05

如下页图 7-1 所示,在全天候生活困难量表的评定中,综合干预组在干预的八周中困难程度逐步减轻,第八周的困难程度显著低于第一周的水平($t_{1,8}$=0.86,$p<0.05$)。半年后的随访数据介于前后测之间,但与前测无显著性差异($t_{1,9}$=1.04,$p>0.05$)。这两个结果相互印证,说明本次综合干预停止后长期效果没有短期效果显著。

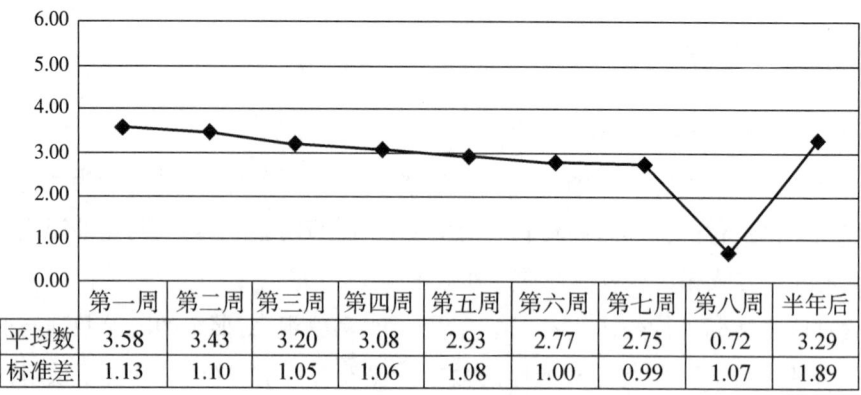

图 7-1 综合干预组生活困难程度评定情况

2. 不同 ADHD 亚型的长、短期干预效果比较

由表 7-6 可知,不同亚型 ADHD 儿童接受综合干预后的短期、长期效果有所不同。注意障碍型儿童接收综合干预后,行为问题的长、短期干预效果均显著,生活困难程度的短期效果($t=0.74, p<0.05$)显著,但长期($t=0.41, p>0.05$)不显著。混合型儿童在行为问题、多动问题的改善上有显著的短期效果,但长期效果有所减弱。多动-冲动型在各指标上长、短期干预效果均不显著($t_{1,8}=.41, p>0.05; t_{1,9}=1.28, p>0.05$)。

药物组和对照组内不同亚型的 ADHD 儿童,在各指标上的得分变化均不显著(详见下页表 7-7),没有表现出这些特点。

表 7-6 不同 ADHD 亚型干预效果比较

	SDQ					自尊
	行为问题	情绪症状	多动问题	同伴交往问题	亲社会行为	
注意障碍型						
前测	3.52±2.26	2.87±1.88	7.23±2.45	3.71±1.94	5.55±2.06	23.90±4.33
后测	2.16±2.18	2.26±1.86	6.71±1.81	3.29±1.90	5.97±2.12	26.06±5.78
随访	2.42±1.77	2.39±1.65	7.10±2.26	3.52±1.67	6.35±2.33	24.35±5.51
t(前-后)	2.40*	1.29	0.94	0.86	-0.79	-1.67
t(前-随)	2.13*	1.08	0.22	0.42	-1.44	-0.36
多动-冲动型						
前测	4.80±1.92	3.00±2.00	9.40±0.89	4.40±2.41	5.00±0.71	23.00±5.15
后测	4.40±1.82	2.00±1.41	8.40±1.52	4.60±1.82	6.00±1.22	24.80±8.70
随访	4.20±3.11	2.40±2.19	9.00±1.41	4.00±0.71	4.80±3.11	25.60±6.84
t(前-后)	0.34	0.91	1.27	-0.15	-1.58	-0.40
t(前-随)	0.37	0.45	0.54	0.36	0.14	-0.68
混合型						
前测	4.60±2.27	3.44±2.57	8.04±1.67	4.96±1.95	3.68±1.84	25.32±5.33
后测	3.08±2.04	2.60±2.42	6.48±2.60	4.88±2.28	4.84±2.40	26.76±5.41
随访	4.48±2.06	2.92±2.37	7.88±2.40	4.84±2.03	4.64±2.83	27.36±6.36
t(前-后)	2.49*	1.19	2.52*	0.13	-1.91	-0.95
t(前-随)	0.20	0.74	0.27	0.21	-1.42	-1.23

表 7-7 药物组、对照组内不同 ADHD 亚型三次评估结果的 F 检验

	SDQ					自尊
	行为问题	情绪症状	多动问题	同伴交往问题	亲社会行为	
药物组						
注意力缺陷型 t(前-后)	1.51	-0.68	-0.46	3.32	0.13	-0.16
注意力缺陷型 t(前-随)	1.73	-0.19	0.21	0.23	-0.25	-1.07
混合型 t(前-后)	0.00	0.55	-0.45	0.42	0.15	-0.28
混合型 t(前-随)	0.52	0.42	0.17	0.00	-0.15	0.46
对照组						
注意力缺陷型 t(前-后)	0.85	0.37	0.30	0.09	-0.66	0.58
注意力缺陷型 t(前-随)	1.19	0.67	0.47	0.47	-0.23	-0.33
多动-冲动型 t(前-后)	-0.35	0.71	0.00	-0.89	1.06	-0.06
混合型 t(前-随)	0.54	0.59	0.28	-0.46	1.41	0.00
混合型 t(前-后)	1.61	0.66	1.63	0.24	-1.57	-0.22
混合型 t(前-随)	1.01	-0.37	0.81	0.98	-1.19	-1.09

注：本次研究中，药物组内没有多动-冲动型的 ADHD 儿童，无相关数据。

3. ADHD 伴有学习困难与单纯 ADHD 的干预效果比较

根据前一次期末考试的成绩，将语、数、英三门主课中有一门以上不及格，且总成绩位于年级后 15% 的儿童视为伴有学习困难的 ADHD 儿童。由表 7-8 可见，ADHD 伴有学习困

表 7-8 ADHD 伴有学习困难与单纯 ADHD 干预效果比较

	SDQ					自尊
	行为问题	情绪症状	多动问题	同伴交往问题	亲社会行为	
伴学习困难型						
前测	5.11±0.93	3.67±1.94	8.22±1.56	4.78±2.05	3.56±2.40	2.44±5.87
后测	3.11±2.52	3.33±2.00	7.44±2.46	4.78±2.22	5.00±2.34	23.44±5.57
随访	2.89±1.76	2.89±1.90	6.56±3.36	4.00±2.55	6.11±2.42	25.00±6.00
t(前-后)	2.23*	0.36	0.80	0.00	-1.29	-1.11
t(前-随)	3.35*	0.86	1.35	0.71	-2.25*	-1.63
单纯型						
前测	3.89±2.33	2.96±2.19	7.71±2.20	4.25±2.11	5.07±2.02	25.29±4.46
后测	2.64±2.08	2.14±2.03	6.71±2.12	3.86±2.17	5.77±2.24	26.70±5.92
随访	3.48±2.34	2.46±2.00	7.80±2.02	4.14±1.78	5.57±2.72	25.79±6.50
t(前-后)	2.99*	2.06*	2.45*	0.97	-1.73	-1.42
t(前-随)	0.93	1.26	-0.22	0.29	-1.10	-0.47

难与单纯 ADHD 接受综合干预后的短期、长期效果有所不同。在短期起效的全面性上，单纯 ADHD 儿童优于伴有学习困难的儿童。他们在行为、情绪、多动问题，以及生活困难程度（$t=0.80, p<0.05$）的后测数据均与前测有显著性差异，而伴有学习困难的儿童只在行为问题和生活困难程度（$t=1.15, p<0.05$）上有显著性差异。

就长期效果而言，单纯 ADHD 儿童效果均有所减弱（生活困难程度 $t_{1,9}=0.18, p>0.05$），而伴有学习困难的儿童在各项指标上却都出现了持续向好发展的趋势，其中行为问题的改善、亲社会行为的发展和生活困难的减轻（$t_{1,9}=2.99, p<0.01$）还保持了显著的长期效果。可见相对而言，综合干预对伴学习困难儿童起效慢但效果较稳固。

4. 家长对 ADHD 的科学认知

由表 7-9 可知，综合干预组家长对 ADHD 的科学认知水平有显著提高，且半年后仍能保持。而药物组和对照组家长对 ADHD 的科学认知水平没有显著性的变化。

表 7-9　各组家长在 ADHD 综合知识问卷上的得分比较

	综合干预组	药物组	对照组
前测	7.58±1.80	7.80±1.87	7.39±2.14
后测	8.16±1.70	7.70±1.77	7.06±2.21
随访	8.22±1.81	7.91±1.45	7.21±2.01
t（前-后）	−2.018*	0.123	0.624
t（前-随）	−2.07*	−0.15	0.36

由图 7-2 可见，干预结束后答对率提升最快的三题为：第五题，ADHD 长大可自愈，不需要治疗；第六题，ADHD 不需要吃药；第九题，ADHD 采综合干预效果最好。半年后，答对率有较大提升的两题为：第一题，儿童一直眨眼，不是眼睛有病就是 ADHD；第四题，儿童虽然不能集中精力写作业，但对感兴趣的动画片可以看很长时间就不算 ADHD。可见，本次父母训练主要帮助家长澄清了 ADHD 可以不经干预自行康复的错误观念和在生活中识别 ADHD 的科学

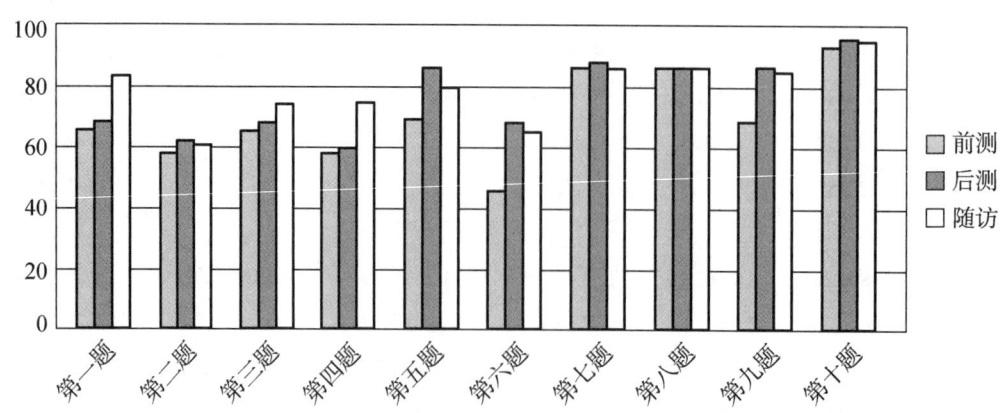

图 7-2　家长在 ADHD 综合知识问卷上的答对率

方法。使他们对治疗 ADHD 的精神类药品的恐惧心理普遍降低,对在心理行为干预的同时结合药物进行综合干预的效果最好的认同度大幅上升。由上可见,家长对 ADHD 治疗的依从性明显提高。

四、分析与讨论

1. 本次综合干预取得了明显的短期效果,但长期干预效果不显著

干预八周后,综合干预组儿童在行为问题、情绪症状、多动问题、亲社会行为和自尊水平,以及生活困难程度方面均有显著改善。盖笑松等人[8](2008)通过对国内 ADHD 儿童干预效果进行元分析研究,指出综合干预措施具有最大的干预效果,单独药物干预的效果次之,单独采用行为疗法或认知行为疗法的干预效果更低。这与本研究的结果相一致。

李晶莹[9](2010)对综合干预的远期疗效进行研究。在儿童多动症状控制后停止治疗,半年后进行随访评估。发现在多动症状重现率、冲动-多动、焦虑、多动指数等方面,综合干预组(药物治疗联合生物反馈、感觉统合训练)与对照组(单用药物)之间存在有显著性差异。这与本研究结论不完全一致。这可能与两次研究采用的结束干预的时间不同有关。为方便比较组间差异,本研究统一设定干预时间为八周,而不是每个儿童的症状得到控制后再停止干预。这种实验处理方法的不同可能会影响长期效果的稳定性。本次研究还发现细分到各亚型及共病类型时,有部分指标的长期干预效果显著。两次研究所使用的被试构成也可能影响到长期的干预效果。

另外,实验数据提示我们,在使用以儿童行为干预和父母训练为主、药物治疗为辅的综合干预时,为取得较稳定的长期效果,宜采用不断延长干预间隔时间的方法,逐渐停止干预。同时,盖笑松的研究发现,各种干预措施在不同指标上的效果是不同的。可见,为了进一步确定和提升综合干预的长期效果,除了要不断改善实验方案,还要根据实际需求选择适宜的效果评价指标。

2. 沙龙式父母训练能提升家长对 ADHD 的科学认识

提高家长的依从性一直是 ADHD 儿童矫治中遇到的一个棘手问题。本次研究中,我们在筛选、诊断、分类阶段,组织了力量轮流到每一所学校,一对一地与家长面谈,既充分保障家长对儿童 ADHD 基本常识和干预方法的知情权,又极大地激发了他们参与综合干预的愿望,并明确了家长在综合干预中的职责。同时,在父母训练环节,我们设计了沙龙式的父母培训方式,采取各种措施搭建起具有专业支持性的 ADHD 儿童父母的团队。如每次活动都安排了大量的相互交流的时间,并突出了家长间相互模拟练习。从自然的交谈中获知团队中有人的孩子用药后行为发生了显著变化,这是消除家长对用药疑虑的最有效方式。而无助失望时,得到熟悉的且同为 ADHD 儿童家长的鼓励,能更持久地激励家长对儿童进行行为干预。这些基于家长内心需求的人性化的运作方式,不仅使家长切实更新了教育 ADHD 儿童的理念,具备了家庭干预的基本方法,而且极大地提升了家长对综合干预的依从性。

3. 综合干预效果的差异分析

本次综合干预对注意障碍型和混合型产生了一定的短期及长期效果,但未对多动-冲动型儿童产生明显的效果。这可能有两方面的原因:①本研究是基于学校内自然分布的情况,根据家长、儿童自身的意愿进行分组。在最终确诊的儿童中只有 18 人是多动-冲动型,致使样本数较小,可能影响最终的效果比较。②不同亚型 ADHD 儿童有各自不同的特点,多动-冲动型儿童比另两类儿童行为控制能力差的问题更为突出,而对身体控制能力的训练相对难度较高。

本次研究采用统一的干预方案,可能对这部分儿童的针对性训练不足。本次研究对单纯和伴有学习困难的 ADHD 儿童都达到了较好的干预效果,但两者仍有差异。在短期起效的全面性上,单纯型 ADHD 儿童优于伴学习困难型 ADHD 儿童。这可能是因为共病学习困难的 ADHD 儿童在自身学习功能或学习环境上有更多的不利,从而影响了他们从短期综合干预中的获益程度。但伴学习困难型 ADHD 儿童有持续向好发展的趋势,长期效果比单纯型 ADHD 儿童显著。这可能和他们的学习能力有所发展,学业支持环境大为改善,成绩稳步提高有关。家长通过综合干预掌握了有效帮助这类儿童学习的实用方法,并乐于在生活中长期使用。班主任通过个别辅导,加强了对这些儿童的关注与帮助。在干预前、后及停止半年后,我们让任课老师对 ADHD 儿童的语文、数学、英语成绩进行 4 级评价,发现伴学习困难型 ADHD 儿童的成绩呈逐步提升趋势($M_{语文前} = 1.38, M_{语文后} = 1.69, M_{语文随} = 2.60; M_{数学前} = 1.46, M_{数学后} = 2.00, M_{数学随} = 2.80; M_{英语前} = 1.23, M_{英语随} = 2.60$)。而单纯型 ADHD 儿童的学习成绩在综合干预后得到提升,但半年后有所回落,未表现出持续向好的发展趋势。

4. 不足与展望

本次研究也存在一些不足:①完全根据家长与儿童的意愿进行分组,造成各组间被试数量的不完全均衡,药物组样本偏小,对本次研究的一些结论可能会有影响。②针对同伴关系的干预措施不足,未能有效改善 ADHD 儿童这方面的问题。在今后的综合干预中应加强与班内同学良性互动的指导。③后续研究可根据本次研究所发现的不同亚型及共病情况儿童接受干预后的特点,增加设计更有针对性的辅导内容。

五、结论

①综合干预在行为问题、情绪症状、多动问题的改善、亲社会行为发展、自尊水平提升,以及生活困难程度的减轻上,有较好的短期效果,但长期效果不理想。

②通过沙龙式父母训练能显著且长久地提升家长对于 ADHD 的科学认识。

③不同亚型及共病情况的 ADHD 儿童接受干预以后的短期及长期效果有所不同。注意障碍型和混合型能取得更好的效果。单纯型 ADHD 儿童的起效快但不稳固,伴学习困难型 ADHD 儿童起效慢,但有不断向好的发展趋势。

参考文献

[1] 何侃. 多动症儿童学龄期心理问题的预防与干预[J]. 现代预防医学, 2008(24):4818-4820.

[2] MERCUGLIANO M. What is attention-deficit/hyperactivity disorder?[J]. *Pediatric Clinics of North America*, 1999,46(5): 831-843.

[3] 林玉霖,黄国华,徐淑冰,等. 注意缺陷多动障碍的综合干预研究[J]. 河北医学,2007(12): 1219-1222.

[4] 刘军,苏程,龚梅恩. 注意缺陷多动障碍儿童的综合干预研究[J]. 中国妇幼健康研究,2009(1): 93-95.

[5] 吴增强,夏黎明,杜亚松. 注意缺陷多动障碍儿童综合干预的研究[J]. 上海教育科研,2005(5): 6-9.

[6] 寇建华,杜亚松,夏黎明. 儿童长处和困难问卷(父母版)上海常模的信度和效度[J]. 上海精神医学,2005(1):25-28.

[7] WEHMEIER P M, SCHACHT A, DITTMANN R W, DÖPFNER M.Global impression of perceived difficulties in children and adolescents with attention-deficit/hyperactivity disorder: Reliability and validity of a new instrument assessing perceived difficulties from a patient, parent and physician perspective over the day, *Child and Adolescent Psychiatry and Mental Health*, 2008(2): 10-22.

[8] 盖笑松,兰公瑞,刘希平. 国内注意缺陷/多动障碍儿童干预效果的元分析[J]. 心理学报,2008(11):1190-1196.

[9] 李晶莹. 综合干预对注意缺陷多动障碍患儿的远期疗效分析[J]. 四川精神卫生,2010(2):88-90.

医教结合:美国波士顿地区学校心理服务系统考察*

应美国哈佛大学儿童发展中心、波士顿儿童医院(哈佛大学医学院附属医院)贝尔弗教授的邀请,本人于2011年9月22日至10月24日赴美国波士顿进行为期一个月的访问考察。此行目的为考察波士顿地区学校心理健康服务系统和机构的运作、医学界介入学生心理健康教育所做的工作、儿童青少年心理障碍诊断与干预,并就以上问题进行学术交流。

贝尔弗教授是哈佛大学医学院资深教授、原精神病学系主任、世界卫生组织高级顾问、前国际儿童精神病学学会主席,是国际知名的儿童精神病学家。在贝尔弗教授的精心安排下,我走访了社区与学校心理健康项目机构、7所学校和1个辅导中心,参加了3次学术讨论会,进行了两个半天的临床治疗观察。其间与波士顿儿童医院精神卫生部主任、神经心理科主任、哈佛大学儿童发展中心主任、哈佛大学教育学院教务长等10多名教授和医生进行了学术交流。访问日程安排内容丰富、时间紧凑,收获颇丰。

一、波士顿地区学校心理健康服务系统特点

1. 以儿童医院为主导的学校心理服务网络

凡笔者走访的学校或者辅导机构,不论是心理学家还是社工,都佩戴波士顿儿童医院的胸卡。一般来说,他们都经过医院一至两年的训练,对医院有归属感。波士顿儿童医院通过各种儿童心理健康项目,为这些服务儿童健康的专业人员提供了平台,并且形成了一个从职前到职后完整的心理专业人员培训体系,以及联结医院、学校、家庭和社区的心理服务体系。政府在其中扮演的是政策支持和财政支持的角色。波士顿儿童医院之所以能够承担如此重要的角色,是因为:一、拥有强有力的临床与科研力量;二、有服务于儿童的社会理念。

波士顿儿童医院是全美排名第一的儿童医院,临床和科研力量雄厚。该医院精神医学部除了有精神科医生,还有心理学家。这些专家兼有临床、教学和科研任务,在医学院带博士生。精神医学部在儿童青少年心理健康领域做了大量富有成效的工作。我获得资助的访学项目全称是:波士顿儿童医院全球精神医学合作观察员项目。这是面向世界各国的儿童青少年心理健康工作者培训交流项目,和我同期参加的还有一位泰国医院的女博士。

(1)神经心理科:儿童神经心理评估

神经心理科有一批心理学家,每周三上午9:00到10:00是科里的学术研讨会时间。我

---

* 本文发表于《上海教育科研》2013年第1期,收录时略有改动。

参加的第一次研讨会,是原神经心理科主任伯恩斯坦教授作报告,内容是如何运用儿科神经心理学帮助学校进行学生心理问题评估。儿科神经心理学是探讨儿童的大脑与其认知、学习和行为关系的学科,儿科神经心理学家一般都具有心理学博士学位和执照,对儿童心理和行为问题进行评估,主要对儿童的认知能力、注意、记忆、言语、空间知觉、视-动等能力、行为和情绪功能进行评估,发现其中的缺陷,并提出相应的辅导建议。一般来说,神经心理评估主要是针对高危心理或行为问题的个体,如情绪障碍、注意缺陷多动障碍、学习障碍、孤独症等等。伯恩斯坦教授是这个领域的资深专家,她的报告既有系统理论框架,同时又帮助学校、教师和家长清晰地了解应该为孩子做些什么。

(2) 对发育障碍儿童的临床门诊观察

医院为我们安排了两个半天在发育障碍儿童临床门诊现场观察。门诊医生是富有经验的穆尼尔博士,我们共观察了七个个案,大多是孤独症,也有同时伴有智力障碍的,病情程度不一、年龄不一,最小的 9 岁,最大的 22 岁。他们一般每三到四个月会来一次,医生主要是与监护人(多为母亲)沟通当事人近况,也会与当事人交谈。这些孩子在学校或者社区都会得到专业的帮助。其中穆尼尔博士处理的一个罕见的病例是,已经 22 岁的女孩身体基本不生长,智力相当于 2 岁的婴幼儿。医生坚持对她进行多年的治疗和训练,尽管成效不大,但体现了对患儿的心理关怀。

(3) 访问住院部

精神科住院部主任戈瑟兰博士介绍,住院部床位不多,只有 16 个,目前收治的患儿里,8 个是有抑郁、自杀倾向的。患儿一般住院两周到一个月,病情稳定就要出院,以便周转床位。由于床位不够,只能采取预约登记的办法。医院与学校、社区心理服务人员合作,为每一位患儿建立了一个系统的安全机制,患儿出院时会召开一个专门会议,由医生、家长、社工、学校心理辅导人员共同参加。访问住院部当天,我们有幸参加了会诊会,发现虽是每日例会也是多方参与,有精神科医生、住院医生、护士、临床心理博士生和社会工作者。

2. 更加关注有辅导需求的目标群体

尽管波士顿地区的儿童心理服务专业力量雄厚,但更加关注辅导需求迫切的人群,如弱势群体家庭的儿童,有情绪困惑、行为偏差、发展性障碍的儿童。

(1) 社区与学校心理健康项目

社区与学校心理健康项目主要针对的人群为处境不利的西班牙裔和黑人裔等有色种族家庭的孩子,以及难民家庭孩子(如专门针对索马里难民家庭孩子的辅导项目),对父母的训练和孩子的辅导并举,对有辅导需求的学生投入更多的专业资源。

据项目负责人德内里博士介绍,该项目已经开展了 10 年,有 14 所学校参加,项目机构有 20 个工作人员、11 个社工,参与项目的临床心理医生是医院在职医生,专业力量强,项目经费来自儿童保险基金。项目的两大任务是:为儿童和家长服务,为学校教师、心理辅导人员服务。建立三级心理服务网络:预防、早期干预和临床干预。目前该项目已经完成了 104

个临床干预案例。社区、学校心理健康项目坚持了10年,取得的成效不单单是孩子和家长的收益,而且培训了一批心理健康服务专业力量。

例如,李学院试点学校的贫困家庭父母辅导沙龙。李学院试点学校地处波士顿市区南部的西班牙裔和黑人居住区,招生范围从幼儿园到五年级,大部分学生来自低收入家庭,母亲无职业的居多,而且一般是多子女家庭(3至6个孩子)。项目部派遣多名社会工作者、心理学家和精神科医生为这些家长提供心理服务,父母训练沙龙是经常开展的活动之一。我们参加了一次父母训练沙龙,有6位母亲参加,围绕孩子上学和学业问题(如上学、放学途中孩子的安全问题,孩子睡眠不足,孩子缺少学习兴趣,孩子行为问题等),讨论解决方案。有时校长也会出席父母训练沙龙,现场解决某些具体问题。

(2) 关注情绪困惑、行为问题学生

曼维尔学校是一所特殊儿童辅导学校,附属于贝克辅导中心,有96个学生,这些学生主要是有情绪、行为问题,或者有创伤后应激障碍,需要心理辅导。学校有40多位教师,3~5名学生配2~3位教师,师生几乎是一对一地教学与辅导,以帮助这些孩子完成学业,提高社会适应能力。每个学生每年的学费为6000美元。由于学校辅导专业力量强,教育成效好,受到家长欢迎。

3. 医学、社会专业人员成为学校心理健康服务的重要力量

我走访的学校,无论是小学还是名牌高中,都没有配备设备齐全的心理辅导室,但学校的心理健康服务工作都开展得有声有色。学校教师的主要任务是本职教学岗位的工作。学校通过学生导师制度,让每位教师关注学生的心理健康水平和学业状况。心理学家、社工和医生不仅负责解决学生的心理问题,还承担了对教师和家长的培训工作。

(1) 波士顿艺术高中:学生支持项目

这是一所培养美术、音乐、舞蹈、话剧后备人才的艺术高中。接待我们的是该校学生支持办公室主任杰克曼博士,她是一名学校的心理学家,也是波士顿儿童医院的合作项目组成员。她认为"支持"比"辅导或者咨询"更容易让学生和家长接受。我们参加了该校每周一次的学生辅导工作例会,会议由校长主持,学生支持办公室主任、教务处负责考勤的教师、校医和护士,以及社工等出席,根据学生情况表,讨论需要帮助学生的问题,提出解决办法。学校开展的学生支持项目还承担对有辅导需求学生的个别辅导和团体辅导工作。

(2) 波士顿拉丁学校:引进校外心理专业力量

波士顿拉丁学校是一所有着100多年历史的名校,历年考进哈佛大学、麻省理工学院的毕业生人数排名位居马萨诸塞州首位。该校既注重学生科学素养,也重视学生人文素养的培养,学校设有专门的学生辅导处,有9名学生顾问,这些教师主要帮助学生解决学业、人际交往问题和进行升学指导等(一般不做专门的心理辅导)。学校辅导处主任吉姆先生说:"由于学生心理服务的需求不断增加,校内资源有限,寻找学校外部专业力量非常必要,这时我校加入了社区与学校心理健康项目,得到了很大的专业支持。"项目部下派心理学家埃尔南

德斯到学校,每周三次,根据学生需求进行个别辅导和团体辅导,以及教师培训工作。该校承担学生心理服务的三个部门——学生辅导处、医务室和项目部(下派的心理学家代表),每周有例会。

(3) 多尔切斯特学院:简陋而充满爱心的微型学校

这所学校是由原来社区护士站改建的,非常简陋。校长跟我介绍,这所学校非公立学校,现有学生 118 名(4~6 年级),教师 8 名。经费部分来自教育行政部门,另一部分来自私人基金。学校办学有相当的自主权,可以自己设计课程,但必须达到国家的教育标准。这类学校在美国有一批,已有 50 多年的历史,旨在对美国公立学校进行改革。该校作为社区与学校心理健康项目学校,有一名学校心理学家梅利莎常驻学校。梅利莎博士负责对教师、家长的培训,和学校心理服务工作的规划,8 名教师全员参与,一名教师辅导 7~8 名学生,并且开设专题心理辅导课程。在梅利莎博士的指导下,学校开发了社会性和情绪发展课程,旨在培养孩子健康的心理品质。课程内容包括:自我意识、人际关系和冲突解决、社会意识与反欺负、团队合作和未来学校生活相适应。

4. 建立儿童青少年心理健康专业共同体

波士顿的儿童心理健康服务网络是医教协同的一个范例,从更宽广的视角,这不仅是一种专业力量的同盟,而是医学、教育、社会和家庭(包括家长和孩子)的共同体。这个共同体在项目开展、研究成果的应用和推广、科学知识的宣传普及等方面发挥着各自的作用。这里简单介绍网络中的两个重要机构:哈佛大学儿童发展中心和贝克辅导中心。

(1) 哈佛大学儿童发展中心

哈佛大学儿童发展中心的研究取向是理论与实践相结合,实践取向的特色鲜明。儿童心理健康是一个应用性研究领域,研究成果要立足于儿童心理健康重大问题、紧迫问题的解决。同时应该借助各种渠道广为宣传,尤其是让心理服务专业人员、医生、教师和家长知晓最新的研究成果。

访问哈佛大学儿童发展中心是我这次考察学习的重点之一。中心主任雄科夫教授是在哈佛颇有名望的学者,待人非常和蔼可亲,他非常关心中心与上海儿童心理健康合作的项目,询问了项目进展情况。该中心成立于 2006 年,集聚了哈佛大学从事儿童青少年医学、教育、心理各领域的专家学者。贝尔弗教授也是这个中心的兼职研究人员。儿童发展中心提出的四大研究目标是:①建立统整的健康、学习和行为科学,解释早期儿童的损伤;②设计行动与评估的创新项目和实践模式,增强心理健康的预防;③通过研究成果的转化,促进制订有效的行动方案和科学的公共政策;④以科学知识的传播促进儿童和家庭的健康发展,推动社会进步。由此可见,儿童发展中心在研究的深度与广度两方面作了很好的协调。项目主任詹姆斯博士介绍说:"我们把最新的研究成果用最通俗的语言告诉教师、家长该怎么做,告诉政府官员研究结论对于公共政策的意义。"

例如,中心每月有一份研究简报,篇幅不长,言简意赅。如《抑郁母亲对婴幼儿发展的影响》,该报告提供了脑科学依据和研究结论,告诉读者应该澄清哪些错误概念,同时提出对早期教育的建议及对政府的政策建议,指导政府如何对于处境不利的母亲给予更多的支持与关心。

(2) 贝克辅导中心

贝克辅导中心是由基金会支持的儿童心理辅导社会机构。这个中心专职人员不多,有十几位,但是许多精神科医生、心理学家、社会工作者是中心的兼职人员。中心设有临床咨询部、热线咨询部、研究部和一所特殊学校,即前文提到的曼维尔学校。2010年中心经费总收入为1540万美元,其中联邦政府资助为523万美元,占比34%,可见政府资助力度很大。中心的服务范围为马萨诸塞州。

5. 为儿童健康成长营造良好的教育生态环境

我临回国前,贝尔弗教授给了我一叠厚厚的文件,内容是马萨诸塞州教育行政部门出面制订的2012年学校心理健康教育规划。大标题是:创设安全、健康和支持的学习环境——让每个学生获得成功。这个年度规划,从9个方面提出了详细的目标和要求:①州政府的领导力;②全州范围的执行网络;③建立地区性的学生行为健康服务机构;④建立符合法律的网络和评估工具;⑤初等与中等教育的技术帮助;⑥运用主动、支持的合作网络;⑦专业力量发展;⑧执行阶段;⑨学校和学区水平的安全执行。整个规划内容使我们认识到政府在儿童心理健康服务事业推进中发挥了积极作用。

规划里指出:为了促进学生的心理健康,需要学校成为在促进、预防和干预3个水平上提供关怀和指导的支持性环境。具体来说包括:

① 要在全校范围内培养全体学生的良好情绪状态,促进学生的心理健康。

② 要提供对学生心理问题的早期干预,通过有目的的协作和支持,预防学生特定心理问题症状的发生和恶化。

③ 为一小部分表现出特殊心理健康需求的学生提供特别关怀和干预。

需要指出的是,以上3个水平并不是宝塔式的渐进关系。学校必须以全校、班级、小组或学生家庭的形式,就这3个水平同步开展工作。

由此可见,美国的学校心理健康教育也主张发展性、预防性,旨在为儿童心理健康成长营造良好的教育生态环境。

二、体会与启示

一个月的考察学习使我对美国波士顿地区的儿童青少年心理服务体系有了比较清晰的了解,波士顿的经验对于我们如何进一步把国内学校心理健康服务工作做得更好有一定的启示。中美学校心理服务体系比较,可以用"殊途同归"来表述。

就学校心理健康服务的目标来说,中美两国之间是基本一致的,都是着眼于预防和发展。社区与学校心理健康项目的评估部主任卢巴博士也强调三级预防的概念,他提到:"在学校心理健康服务方面,我们认为积极主动的学校更能意识到当心理健康问题可能出现时,如何应用系统机制对问题快速作出反应,并采取措施防止问题的发生,或当问题发生时减少其对学校产生的影响。这些工作与美国医学研究所的报告所提出的预防级别(一级预防、二级预防、三级预防)相似。这些不同级别的预防和卡普兰(1964)提出的三级水平预防体系反映了人们从被动的问题处理方式向积极主动的问题处理方式转变的观念……积极主动的学校也致力于提早预防问题,而不是等问题发生后实施选择性的干预。"

就学校心理健康服务实施系统而言,存在很大差异:

①在政策制度方面,美国学校心理服务强调立法,政府部门不多做行政干预。以上提及的马萨诸塞州2012年学校心理健康教育规划,它是根据该州2008年的立法而制定的。该计划指出:"与各服务部门协作共同创建安全、健康、支持的学校环境,是促进全体学生的教学效果,特别是促进那些有心理健康威胁学生教学效果的必要基础。在2008年通过的马萨诸塞州州立法案第321章第19节《有关儿童心理健康的法案》要求下,马萨诸塞州公立学校心理健康专项工作组应运而生……"这份题为"为促进全体学生成功成才创造健康、安全、支持的学习环境"的报告总结了工作组的工作成果。

相比之下,国内学校心理健康教育,目前主要是依靠政府部门,行政推动力度大,而法规制度建设非常薄弱,希望即将施行的全国首部精神卫生法能够推进这方面的工作。

②在学校心理服务系统运作方面,美国注重医学、社会工作与学校教育力量的整合,一般学校不承担过多的学生心理服务工作。在马萨诸塞州2012年学校心理健康教育规划中强调:"在呼吁学校探讨如何处理学生学习障碍背后的心理和行为问题时,我们认为既不能运用强制手段给学校教职员工增添额外的工作负担,也不能简单地将处理这些问题的任务推到教师身上,而应当把协助学校建立一个支持性的问题解决系统作为目标,有计划地、公开地组织、动员社会的各种资源,使区县、社区、街道和整个地区都能够为学校的学生心理健康工作提供支持,共同促进学生成功成才。"

在我国中小学心理健康服务专业力量非常薄弱的条件下,依靠班主任队伍,并建设专、兼职队伍,可能是目前乃至今后很长一段时间内的本土特色。如果从预防和发展的视角来看,学校心理健康教育所做的工作更多是普及性的,目的是创造一个学生身心健康成长的环境。当然,有条件的学校引进一些校外的心理健康服务专业力量,也是一个可以尝试的选择。

③在专业队伍建设方面,中美之间差距甚远。美国的大学和医院为学校心理人员提供了规范的、严格的专业培训,设置了准入和认证制度。国内在这方面要加强专业化的建设。学校心理辅导教师的专业化是当前我国学校心理健康教育的一个迫切需要解决的问题。一方面,我们可以参照国际学校心理专业人员规范,制定本土学校心理辅导教师专业标准和专业规范,不能随意降低标准;另一方面,我们在从业人员专业化过程中应该稳步推进,不能操之过急,要考虑到国情、各地的情况和学校的情况。上海的学校心理咨询师认证制度,浙江、福建、广东等地的学校心理健康教育教师A、B、C证制度仍有许多不完善的地方,可以在今

后的实践中不断地改进、完善。

④在建设学校心理健康服务专业共同体方面,美国的医教协同模式是国内可以学习借鉴的,至少是北京、上海等发达城市可以参考的。就上海而言,最大的问题是专业力量不足,专业力量积聚、整合不充分。目前,各个区县心理健康教育中心相继建立,如果没有足够的专业力量支持和规范的服务,很可能只是昙花一现。为此,在医学和教育专业力量的整合上,我有如下建议:

一是医院要参与对学校心理健康教育的专业指导。上海精神卫生中心、儿童医学中心等医学机构承担对学校心理服务人员的培训与进修,积极开展与学校心理健康项目的合作;积极发挥上海心理卫生学会、上海心理学会等学术团体作用,加强与市高校心理咨询学会、市中小学心理辅导协会教育界学术团体的合作。

二是鼓励医生、社会工作者进学校,设计相关政策与制度。目前,上海有些高校已经和相关医院合作,精神科医生进校园对有心理障碍或高危学生进行转介与治疗。但也有许多行业规则需要改进。例如:按照目前卫生系统的规定,医生在医院以外的场所是不能进行诊断和治疗的。这就需要有关制度作出改进,确保有需求的学生受到良好的心理服务。

三是通过积极开展国际项目合作、大型项目协作攻关等,搭建医学与教育专业力量整合的平台。目前上海精神卫生中心与哈佛大学儿童发展中心合作的儿童青少年心理需求调查项目是一个良好的开端,这个项目之后,还可以继续开展心理干预项目的合作,波士顿儿童医院有多年成功的经验值得我们借鉴。此外还可在孤独症、注意缺陷多动障碍、学习障碍、高危儿童青少年心理健康预防,以及儿童青少年危机干预网络、危机预警等方面协同攻关。

上海学生心理健康服务医教协同之路:经验、挑战及展望*

2014年初上海市启动学校心理重点攻关项目"基于学生发展需求的心理健康服务协同系统研究"项目至今,中小学生心理健康服务医教协同的相关研究与工作一直在持续进行。本文将对上海市构建中小学生心理健康服务医教协同模式的基本经验进行总结,对医教协同推进过程中所遇到的瓶颈与问题进行反思,并对医教协同模式的后续完善与推进加以展望。

一、上海市中小学生心理健康服务医教协同实践的基本经验

1. 基于顶层设计的课题研究是医教协同推进的抓手

医教协同是一种理念,更是一种行动,它渗透于心理健康教育工作的方方面面,落实到各项具体工作之中,涉及市、区、学校多个层面和教育、卫生相关的多个部门。加强顶层设计、以课题研究为引领是不同层面上实施医教协同的有效抓手。在推进医教协同工作的过程中,通过一系列精心设计的项目,勾画出医教协同工作实施与开展的前进方向和路线图,使每一位参与者都能够找到自己在此项工作中的位置,对自己的工作职责有明确的认识,这既保证了医教协同工作的有效开展,同时对医教协同项目的目标、内容、实施路径与方法、组织管理机制等进行了系统探索。

2. 学生心理危机预防与干预是医教协同的核心切入点

学校心理健康服务的重要任务是学生心理疾病的预防与心理危机干预,但是由于相关政策的限制与知识水平的局限,学校心理辅导教师难以独立完成此项任务,这恰恰成为医教协同工作展开的核心切入点。医教协同工作主要从以下几个方面开展:医生帮助心理辅导教师或家长识别与筛查学生心理问题;医生帮助心理辅导教师设计辅导方案,指导他们对高风险学生进行科学干预;开通绿色服务通道,快速转介心理失调学生;医生通过督导,帮助心理辅导教师对有严重精神疾病问题的学生进行个别辅导。在第一轮的医教协同项目中,上海学生心理健康教育发展中心与上海市精神卫生中心联合四区心理中心及相关学校,对中学生焦虑和抑郁障碍、小学生注意缺陷多动障碍进行筛选、诊断与干预研究。各区教育局德育室与本区精神卫生中心签订了合作协议,成立了协同服务工作团队,在转介治疗与合作辅导、教师培训与案例督导、家长指导方面形成了长效合作机制。

---

* 本文选自《医教协同:构建中小学生心理健康服务体系》(上海科技教育出版社,2020),收录时略有改动。

3. 区心理中心是医教协同具体实施的枢纽

区心理中心的成立,填补了之前我国中小学心理健康教育服务体系中间环节的缺失[1]。区心理中心在医教协同服务系统中是对上连接市心理中心、精神卫生中心与对下连接学校的中间枢纽,组织协调本区域内学校、医院、教师、医生、家长之间的工作,为本区域内医教协同的具体实施与开展提供平台。区心理中心的核心工作是区域层面医教协同项目的顶层设计、具体实施与组织管理,具体包括问题学生的筛查与干预、医校对接与合作、相关的教师培训、区域特色心理课程开发、本区域医教协同的组织保障等。

黄浦区未成年人心理健康辅导中心——"蜻蜓心天地"一直以来都秉持着"政府支撑、机制保障、资源整合、校际联动"的组织管理模式,不断推进医教协同工作的深入开展并不断完善。

(1) 政府支持

自 2014 年以来,黄浦区卫健委与"蜻蜓心天地"和黄浦区教育学院合作,为区域学生家长提供名为"沟通之道"的青春期健康知识家长培训,内容涉及青春期生理变化、心理发展等各个方面,为区域几十所学校上千名家长提供培训服务。区卫健委为所有培训提供了经费保障、人员保障与专业支持,如培训师资由卫健委与"蜻蜓心天地"、黄浦区教育学院共同组织招募,以社工与心理辅导教师为主,卫健委每年还提供专业的培训,并对培训教材进行了两轮更新,保证了该系列培训的品质。除此之外,培训形式一改惯常的讲座形式,而是以团体辅导的形式进行,新一轮更新增加了亲子互动培训模块,培训效果得到显著提升,深受家长好评。

(2) 机制完善

"蜻蜓心天地"成立之初,"医教联动"机制就是中心的两大运作机制之一。当时的联动机制主要是与区精神卫生中心建立的,对于突发或危机情况急需专业医疗介入时进行辅导与干预。2014 年以来,考虑到区域学生的具体状况与需求,将联动机制升级为协同机制,将医、教双方的合作推向更深、更广。

医教协同不仅仅是针对突发或危机情况进行预防和处理,而是将服务人群从危机学生延伸到所有学生,再到教师与家长;医教协同的工作内容从突发或危机情况的处置,扩展、深化到发展性辅导、教师与家长的辅导与培训;医教协同机制的参与方从"蜻蜓心天地"、区精神卫生中心,扩展到市精神卫生中心、卫健委及下属协会等。医教协同工作的范围、形式、内容都得到了丰富与深化。

2017 年,"蜻蜓心天地"为进一步完善医教协同工作机制,规范相应的工作,与市、区两级精神卫生中心拟订了合作协议,使医教协同工作向着常态化、规范化、高效化的方向发展。

(3) 资源整合

从项目研究之初到现在,各方资源的整合与运用日渐深入。一开始,市、区精神卫生中心医生仅仅为项目组教师提供指导,并参与一些专业量表的访谈工作;随着研究的推进,精神卫生中心的专家资源渗透到区域心理辅导教师的专业培训、个案督导等活动。这些举措受到区域心理辅导教师的欢迎,"蜻蜓心天地"于是每月安排一位市精神卫生中心专家为中小学心理辅导教师提供个案督导,且每次只安排一个,以保证督导的质量。

学生的健康成长不仅仅是教师的责任,更是学校、家庭、社区共同合力的结果。除了整合资源加强教师培训之外,"蜻蜓心天地"整合市、区精神卫生中心和卫健委专家资源,为区域家庭提供培训、指导等各项服务,内容涉及青春期教育、注意缺陷多动障碍学生的家庭教育、亲子沟通等。

(4) 校际联动

除了整合专业机构资源,黄浦区还不断加强校际联动,运用优质学校资源以及区心理中心、家庭教育指导中心的专业力量,使医教协同相关工作得到更精细化、高效化的推进与落实。通过有效运作区域内的校际优质资源,医教结合协同服务的理念通过中心—分中心—学校的路径得以贯彻与落实,各校开始接受医教协同服务学生的理念,重视转介等专业工作的开展,并意识到对家长开展相关医学教育的重要性。在项目研究之初,"蜻蜓心天地"就开展了高风险学生的家长沙龙活动。之后,"蜻蜓心天地"与各个分中心每学期定期开展家长讲座与现场咨询,宣传相关理念,指导家庭教育。

4. 心理教研员是医教协同有效落实的组织桥梁

教研员作为中国特有的教学质量保障人员,起着促进"教育政策到教育实践""教育理念与教学实践"转化的重要桥梁作用[2]。在医教协同工作中,心理教研员是组织与落实各项具体工作的桥梁。在执行层面上,心理教研员是落实市、区医教协同项目的中间联络员,根据市级层面的顶层设计,结合本区实际情况设计研究方案,落实本区医教协同工作。在组织层面上,心理教研员要组织协调教育和卫生系统相关人员,具体包括区、校层面上医教协同工作的展开,医生与教师、学生、家长的沟通,教师培训与案例督导的组织等。在指导层面上,心理教研员是管辖区域学校医教协同工作开展情况的最直接顾问,对本区心理教师在医教协同工作中的成长与发展具有专业引领作用,同时是医疗部门相关人员了解学校心理健康教育具体状况以及医教协同工作开展情况的教育实践专家。

5. 各部门密切合作是保障医教协同管理运行的关键

长期以来,教育、卫生等行政管理部门根据各自的职责范围已经形成了相对稳定的管理体制,在各自的专业领域实施有效管理[3]27。同时,学校与专业医疗机构在服务对象、服务内容、服务方式等方面也存在着很大差异。但是,医教协同具有显著的跨领域、跨部门特点,需要各个部门的共同参与。因此,在医教协同工作中,教育行政部门作为主要的牵头单位要主动协调卫生部门研究医教协同工作推进执行的对策与方略,保证财政经费投入,共同制定相关政策并积极组织落实。卫生部门作为主要合作单位,则需要利用专业优势调动医疗资源,为学校医教协同工作的开展提供医疗服务。

在市、区、校层面,市教委和市心理中心根据医教协同的总体要求,加强对区相关工作的指导。各区根据全市的统一部署,由行政部门牵头,协调卫生部门,根据本区实际情况组织本区相关学校采取相应措施落实各项政策并做好项目执行。

6. 区域心理课程与种子教师是医教协同推广的抓手

上海市第一轮医教协同项目在杨浦、黄浦、静安、浦东四个区展开，各区都积累了区域推进医教协同工作的经验与成果，形成了具有自己特色的区域心理课程，其中包括各类学生的预防性辅导课程、治疗性辅导课程、班主任培训课程、家长培训课程等，也培养了一批具有医教协同工作经验的"种子"教师。区域心理健康课程的开发与实施使得区域医教协同工作的开展更具系统性，"种子"教师则是课程开发与实施的主要执行者。

一般来说，实践经验的推广大体分为两种，复制与创新。因此，医教协同工作的推广可以课程为抓手，其余各区可以直接使用四个试点区所开发的心理课程，并请"种子"教师培训本区心理辅导教师；也可以借鉴试点区课程开发与实施的理念与方法和心理辅导教师执行项目的工作经验，结合本区特点开发本区域心理课程，培养本区域心理辅导骨干教师，构建具有本区特色的医教协同服务体系。

二、上海市中小学生心理健康服务医教协同工作的瓶颈问题

1. 医教协同实践对现行的管理体制提出了挑战

第一，我国现行管理体制的特点是部门负责制，教育与卫生相关行政管理部门各自独立、各司其职。但是，医教协同需要跨部门合作，在实际的推进过程中难免出现真空地带，影响了管理效率的提高。第二，从工作职责与界限的角度来讲，教育与卫生各部门在医教协同各个环节中承担的主要任务、参与人员的基本要求与工作职责、协同过程中的细节问题（如危机程度评估的标准、医疗介入与撤出的时机等）没有明确的制度与操作规范。医生和教师也更习惯于分头工作的传统模式，将医教协同简单地等同于教师评估出有问题的学生后及时送诊，由医生接手后续工作。第三，各参与主体发展不平衡。医教协同工作推进涉及多个参与主体，既有市、区各有关教育与卫生行政管理部门和业务管理部门，也有基层学校与医疗单位。各参与主体的重视程度、对医教协同的认识与理解程度、具体单位的工作基础等存在较大的差异，使得医教协同工作推进的深度与广度存在差异，由此导致医教协同的整体推进需要一个长期的过程。

2. 医教协同工作队伍的数量与水平无法满足实际工作需要

第一，从专业人员数量上来看，学校的专职心理辅导教师数量过少。有关调查研究发现，上海市中小学专职心理辅导教师的比例为 30.1%，尤其是小学的比例仅为 7.6%，兼职教师占 69.9%，且兼职教师中 48.1% 要承担学科教学，23.4% 是班主任，13.2% 承担行政工作。兼职化举措导致绝大多数教师在心理健康教育工作上的时间和地位得不到保障，无法专心有效地开展医教协同工作及相应的学习研究提高活动。另外，不管市级还是区级医疗机构中，精神科医生数量过少，上海精神卫生中心儿童青少年精神科医生更是严重不足。第二，从专业化发展的角度来讲，学校心理辅导教师存在明显的医学知识局限，缺乏对心理问题学

生进行实践鉴别的训练,因此最常用的手段是心理健康教育与辅导;医生则少有进入校园参与健康促进和预防性干预的机会,精神科医生存在着明显的重诊断轻辅导的倾向,在治疗过程中多借助于精神药物和医疗设备,"缺乏心理辅导的相关实践经验,在心理辅导相关技术的使用上出现简化的倾向"[3]96。此外,由于理念的差异,心理辅导教师与精神科医生之间存在部分理念不合,学校心理辅导教师认为精神科医生只看重药物治疗,精神科医生认为学校心理辅导教师过于强调辅导的"万能感",这使得两方难以相互协作、有效融合。

3. 区心理中心的平台作用需进一步完善

区心理中心是近几年刚刚产生的新生事物,尚处在发展的起步阶段,其本身的运作与功能没有统一的模式和成熟的经验可以借鉴,在医教协同工作推进与实施过程中,区心理中心平台与枢纽功能的发挥还不够完善与系统。具体而言,在医教协同的课题研究方面尤其是高风险学生的干预研究不够独立,需依靠医学院相关研究人员的大力支持;在指导方面,没有形成系统的体系,指导范围仅限于本区域试点学校;在培训方面,对心理辅导教师的培训与案例督导较多,班主任与家长的培训开展较少;在辅导与转介方面,没有完全做到本区域教师资源与医生资源的有效整合,提供的现场医教结合服务较少;在管理方面,仅初步思考与探索了如何在区心理中心层面搭建服务平台、如何促进教育与卫生部门的制度化合作及合作途径与方法等问题。

4. 医教协同工作对社会支持系统的资源利用不足

学生的心理健康教育是一个系统工程,需要学校、家庭和社会的通力合作,三者缺一不可。在美国,教育—医疗—社会的协同工作机制建设受到高度重视,形成了集学校、家庭、社会所有力量于一体的心理服务体系[3]45。医教协同工作在推进与实施过程中,充分整理与利用了教育与卫生系统的资源,开展具体深入的合作,同时尝试开发和利用家庭支持系统中的资源。但是,医教协同对于社会支持方面的探索和实践比较欠缺,社会系统资源利用不足,没有将社区、第三方企业、公益机构、心理辅导协会等社会团体的力量整合进来。

三、上海市中小学生心理健康服务医教协同工作的未来展望

1. 完善管理保障机制

完善的管理保障机制是医教协同工作的重要保证,可以从以下几个方面落实。第一,建议市教委和市卫生健康委联合出台上海市学生心理健康服务医教协同工作的相关文件。切实搭建起市级医教协同工作的平台,为落实市—区—校三级心理健康服务医教协同机制提供政策保障。第二,要加强对教育与卫生行政部门、心理中心、精神卫生中心、学校等部门原有工作职责以及医教协同有关的各项政策和具体工作的梳理,对各自在医教协同中的地位、作用、工作职责与流程作出说明,尽力实现无缝衔接。第三,探索不同层面上医教协同的工作途径、模式与方法,建立和完善医教协同联席会议制度、学习制度、合作制度、管理制度,建

立医教协同的长效工作机制。第四,加强督导与评价,包括各级教育、卫生行政部门对医教协同工作的行政督导和市、区、校层面医教协同工作开展与落实的评价,确保医教协同工作的科学性与有效性。

2. 提高工作队伍的专业化水平

医教协同的推行,对医生与教师的数量与专业能力都提出了新的要求。对于医生而言,除加强、稳定并不断扩大儿童青少年精神科专职医生队伍,还要进一步加强对指导医生管理、培养机制的研究,明确入职条件、培养要求,以及日常工作量的考核方法。对于学校心理辅导教师来讲,要在专业标准、资格审查与认定中加入医教协同工作相关内容,包括加强日常心理健康教育工作中的临床训练与督导、完善心理辅导教师的职后培训体系、提供临床实践的机会、举办相关业务培训班等,提高学校心理辅导教师的专业水平。

3. 加强平台与资源建设

第一,在操作层面,要加强区心理中心的平台功能建设,研究各区如何结合本区实际情况整体设计本区推进医教协同工作的目标、实施路径与方法,创造性地落实各项方针政策,充分发挥区心理中心医教协同服务平台的枢纽作用。第二,利用信息技术优势,建立学生心理健康网络筛选评估系统及相应的数据库,在数据挖掘与分析的基础上,为政府提供基于证据的政策咨询服务,为学校教育与家庭教育提供科学的指导依据。第三,整合卫生、教育及相关社会系统资源共同开发面向教育、医疗相关人员开放的医教协同资源库,包括专家资源库、危机干预核心团队、心理健康促进宣传相关内容与知识、典型案例辅导与督导、典型心理问题干预与辅导方案及流程、学校危机事件处理案例等,使有限的资源发挥更大的作用。

4. 深化与推广医教协同项目研究

第一,进一步深化与推广医教协同项目研究,拓展医教协同工作的试点区,特别是探索心理教育与医疗资源相对薄弱地区落实协同工作要求的具体策略与方法。第二,进一步拓展心理健康促进与预防性干预项目,以满足当下中小学生心理发展多样化的需求。第三,进一步优化本次研究产出的学生辅导方案和教师培训方案,形成系列培训教材,并在更大的范围内宣传推广、落实教师培训与带教,切实将心理健康促进与预防性辅导项目在全市各区可持续地滚动开展起来,让更多学生获益。

参考文献

[1] 郑云飞. 区域心理健康辅导中心建设研究[M]. 上海:上海教育出版社,2017:10.

[2] 沈伟. 教研员作为边界工作者:意涵与能力建构[J]. 教育发展研究,2013(10):64-68.

[3] 国家教育体制改革试点"推进医教结合,提高特殊教育水平"项目组. 医教结合,为生命添彩——上海特殊教育的新追求[M]. 上海:上海教育出版社,2014:27,45,96.

第八章 教师心理健康和专业成长

教师对于学生成长的重要性是不言而喻的。"师者,所以传道受业解惑也。"俄国大教育家乌申斯基说过:"在教育工作中,一切都应该建立在教师人格的基础上。因为只有在教师人格的活的源泉中才能涌现出教育的力量。没有教师对学生的直接的人格方面的影响,就不可能有深入性格的真正教育工作。只有人格能够影响人格的发展和形成。"苏联教育家马卡连柯也曾经说过:"不要以为只有在你和儿童谈话的时候,或教导儿童的时候,吩咐儿童的时候,才是在执行教育儿童的工作。在你们生活的每一瞬间,都教育着儿童……你们怎样穿衣,怎样跟别人讲话,怎样谈论其他人,你们怎样表示欢欣和不快,怎样对待朋友和仇敌,怎样笑,怎样读报……所有这些对儿童都有很大意义。你们态度、神色上的少许变化,儿童都能看到或感受到。你们思想上的一切转变无形中都会影响到儿童。"可见教师的师德修养和人格健全不仅对自身成长至关重要,而且深深影响学生的健康成长。本章汇集了笔者几篇教师心理发展和心理教师专业发展的文章,尤其后者是笔者近 10 年的重点工作领域。

一、理性关注教师心理健康

教师心理健康是近 20 年来人们关注的一个热点。《理性关注教师心理健康》(2004)一文针对社会上对教师心理健康的误解做了澄清。一是理性分析教师的压力源,防止把教师心理健康问题绝对化。"教师是人不是神。人有七情六欲,有喜怒哀乐。心理困惑和情绪失调是每一个正常人都可能会产生的,不能绝对化地认为教师有心理困惑就是不正常。"二是客观认识教师的心理发展特点,防止把教师心理健康问题扩大化。心理健康量表可以反映人的心理健康状况的总体趋势,但是对于测试结果的判断要客观、科学。"某些指标偏常并不等于心理不健康,更不能说是心理异常。"三是整体思考教师的个人成长,防止把教师的心理健康问题孤立化。

二、教师心理素养与生涯发展

成功的职业生涯离不开良好的心理素质。《论教师生涯中的心理发展》(2008)一文在论述了教师专业发展困境的基础上,探讨了促进其生涯发展的积极心理因素,主要包括动力系统、调节系统和社会支持系统。动力系统包括职业角色认同、成就动机、自我效能、主观幸福感等,调节系统包括心理健康、职业倦怠、压力管理,支持系统主要讨论教师的社会支持因素。这些因素构成了教师职业生涯发展中心理历程的主要方面。

三、关注班主任心理健康和压力管理

班主任开展学生心理辅导的一个重要前提是,面临各种压力之下,如何使自己保持良好的心理健康状态,以阳光的心态促进学生的阳光心态培育。因此,班主任心理健康和压力管理就显得格外重要。《班主任压力分析和心理调适》(2009)一文是从笔者的《班主任心理辅导实务》一书中辑选,具体分析了班主任的压力源,包括教育教学双重任务,工作责任大、任务复杂,来自家长的压力,工作中限制多、支持少等,从优化班主任社会支持和班主任心理自我调适两个方面提出若干建议。

四、探寻心理教师专业成长之路

如何加速学校心理教师专业成熟和成长,是笔者近 20 年来一直探寻的议题。《优秀心理辅导教师专业发展的若干思考》(2017)一文中,笔者指出专业发展的胜任力是优秀心理辅导教师的专业基础,专业发展的动力是优秀心理辅导教师可持续发展的保障,专业发展的境界是优秀心理辅导教师不断追求的目标。

2013 年至今,笔者先后带了一个成长小组、四个名师工作室,带教了 50 多名优秀心理教师。其间积累了很多优秀心理教师成长的素材,包括他们的学习心得体会、成长故事、个案报告、心理课例等,也亲眼见证了他们各自的专业发展。我静下心来,细读他们在工作和家庭生活中吐露的心声和感悟,深受感动。怀着对这些教师的欣赏和敬意,我写成了《探寻优秀与卓越——心理老师成长之路》一书。这本书通过生动鲜活的故事、案例展现优秀心理教师如何做好学校心理健康教育工作的方方面面,并还原了他们长期学习、实践和探究的成长历程。《道术兼修:促进心理教师走向成熟》(2013)一文简要介绍了这本书的宗旨:一个优秀的心理教师应该追求"道术兼修"。运用叙事的方式,能够生动、细致地探究心理健康教师的成长轨迹为更多心理教师的专业成长提供范例和启示;创设温馨、和谐和开放的团队学习氛围,让心理教师精心研修,能够加速他们的专业成长。

当然,在心理教师专业化建设的道路上,还面临许多挑战。其一,从全国范围来看,突出的问题是专业资源分布不均衡。东部发达地区、大城市,专家资源和专业资源比较充实,对心理教师的培训、指导有保证。而中西部地区,专家资源和专业资源比较薄弱,对心理教师的培训、指导难以保证。其二,对心理教师的继续教育、督导制度尚不健全。中国心理卫生协会临床心理咨询专业委员会推行注册心理师、督导师认证,旨在加强心理咨询人员的继续教育和督导制度的建设。由于国情不同,专业学术团体制定的规则在没有得到国家相关行政部门的认可、委托的前提下,对于学校系统缺乏行政推动力。其三,缺少心理服务人员职业标准。尽管相关学术团体制定了心理咨询伦理规范,为心理服务人员专业化发展提供了专业支持,但是光有伦理规范是不够的,还必须制定心理服务人员的职业标准。美国学校心理学家的职业标准,对于我们制定学校心理教师的职业标准有一定的参考和启发。其四,高校临床心理专业的学科建设和职前训练体系有待完善。目前国内不少高校设置了心理咨询、心理健康等专业的硕士学位、博士学位,这些学科的建设决定今后心理服务人员的专业质量和水平。就目前而言,我们与发达国家高校的相关专业的学科力量与培训质量还有很大的差距。

因此,我国中小学心理教师专业化发展还有许多工作要做,需要我们不断学习和实践探索,"路漫漫其修远兮,吾将上下而求索"。

理性关注教师心理健康*

前不久,某报刊登了一则令人吃惊的报道,文中指出:"据调查,48%的教师心理不健康,12%有严重的心理问题等。"仔细一想,这个调查不就是好几年前一场争论的焦点吗?为什么时隔数年,又被重新提起?我想,这件事说明,人们对于教师心理健康的关注可能超过对其他人群的关注。因为,一般来说每个家庭里的孩子都在学校里生活和学习,都要与教师朝夕相处。如果教师心理不健康,家长岂能放心让自己的孩子待在学校里?

一、理性分析教师的压力源,防止把教师的心理健康问题绝对化

教师的职业使命固然神圣,但是教师是人不是神。人有七情六欲,有喜怒哀乐。心理困惑是每一个正常人都可能会产生的,不能绝对化地认为教师有心理困惑就是不正常。

心理学研究表明,人的心理问题与其所受压力有关。如果人所面临的压力越来越大,以致无法承受,就会产生应激障碍,焦虑、抑郁等情绪也就随之而来。所以,了解人的压力源是十分必要的。

在人的一生中会经历无数次的成功或失败,带来喜悦或悲伤。这些情绪体验是由不同的心理社会压力源所导致的。在众多的压力源中,与人更密切相关的是应激性生活事件(或称为生活压力源)。公认的应激性生活事件包括生活变故,例如亲人亡故、患重病、失业、子女离家出走,或者恐怖事件和公共危机事件等;生活琐事包括家用支出、工作职业、身心健康、时间分配、生活环境和生活保障等方面;心理因素主要包括挫折感和动机冲突。

教师的压力源与教师工作的特点密切相关。有关调查表明,教师的压力源主要有3个方面:

其一,工作压力。具体表现在许多教师工作量大、负荷满、工作节奏快,而且工作见效慢。教师的工作对象是人,"十年树木,百年树人",教师的劳动成果要五年、十年以后才能真正体现。因此,教师的成就感难以得到及时满足,教师劳动的付出与回报在短时间内是不平衡的,这样就比较容易形成教师对职业的怠惰情绪。特别是目前进行的新课程改革,对教师提出了更高的要求,不少教师感到无所适从,对教师职业的自我认同感和自信心逐渐降低。

其二,家庭压力。教师家庭与其他家庭相比,在对子女教育和婚姻方面可能有更高的期望。有些教师在面对家庭生活期望无法达到时,会产生更多的挫折感。

---

* 本文发表于《思想理论教育》2004年第4期,收录时略有改动。

其三,社会比较压力。由于社会转型期,贫富差距拉大,分配不公现象严重,有些教师在与别人进行社会比较过程中容易出现心态失衡。

二、客观认识教师的心理发展特点,防止把教师的心理健康问题扩大化

目前对于教师心理健康问题的认识,存在一种扩大化的倾向。本文开始提到的某报道就是一个例证。据我所知,上述调查是在1995年发表的,采用症状自评量表,共有10项指标,即躯体化、强迫症状、人际关系敏感、抑郁、焦虑、敌对、恐怖、偏执、精神病性和其他(主要反映睡眠及饮食情况)。事实上,调查结果是48%的教师在某些指标上呈现偏常。对于正常人来说,完全可能在一段时间内因为外部压力造成某些指标偏常。例如,当教师自己的孩子即将参加中考或高考时,难免会出现焦虑情绪。某些指标偏常并不等于心理不健康,更不能说是心理异常,这项报道实属偷换概念,误导公众。有关资料表明,上述10项指标中,教师心理健康问题居前四位的分别是:

强迫症状(23.53%):指那些明知没有必要,但又无法摆脱的无意义的思想、冲动和行为。

人际敏感(15.15%):指在人际交往中的不自在和自卑感,常常容易与别人作比较。

躯体化(13.73%):指身体不适感,包括心血管、消化道、呼吸系统的主诉不适和头痛、背痛、肌肉酸痛,以及焦虑等其他躯体反应。

抑郁(13.73%):指苦闷、失望,对生活兴趣减退,动力缺乏和活力丧失,严重的有厌世、自杀意念。

针对这四方面问题,我们应该仔细分析,并思考相应的对策。这些问题不仅是心理失调的症兆,而且是亚健康的心理基础,直接影响教师的身体健康。其中,抑郁尤为值得重视,因为抑郁症是世界公认的人类头号心理杀手。

三、整体思考教师的个人成长,防止把教师的心理健康问题孤立化

研究人的心理健康要有整体思维,从完整的人的发展角度来探讨。情绪低落会影响身体健康,所谓"积忧成疾"就是这个道理。气量狭小,整天怨天尤人、悲悲戚戚,同样会影响人的道德境界和精神境界,可谓"君子坦荡荡,小人长戚戚"。我们强调师德建设必须以健康为前提,没有健康的心理,就不可能有高尚的师德。

为教师的心理健康营造一个良好的社会环境和工作环境,也是促进教师心理健康的重要手段。为此,学校领导要重视教师的心理健康,了解心理健康常识,学习心理辅导的理念与方法,关心教师的成就感和幸福感,把学校建设成为师生共同成长的精神家园。

论教师生涯中的心理发展[*]

教师在职业生涯中难免会遭遇困境,探讨促进教师生涯发展的积极心理因素,可以为更多的教师获得职业生涯成功提供启示。

一、教师心理与职业生涯发展

个体心理历程是其职业生涯发展的内在动力源。根据教师职业生涯发展的模型,职业适应是一个重点问题。职业适应既包括人与工作的关系,也包括工作环境之中的人际关系,以及面临工作压力的心理调节问题。职业适应既包括调动教师自身的积极因素,包括职业认同、成就动机、自我效能和自我实现等,也包括克服在教师职业生涯中产生的消极因素,如职业压力过大而产生的工作倦怠(又称心理枯竭),以及其他心理健康问题。

教师职业生涯发展中常见的心理困境有以下三种:

①良好愿望与客观现实之间的冲突。一般在接受教师职前教育中,教师都对未来的职业生涯有一个良好的愿望。但是理想与现实有时毕竟不同,有的新教师缺少教学经验教学方法单调,课堂管理无序。一旦遇到挫折,就会出现心理困惑。这就需要新教师正确面对现实,克服受挫心理,增强自信心,提高自我效能。

②工作考核遭到不公平对待。考核是对教师工作绩效的检查和评定,也是激励教师努力工作的重要手段。进行工作考核,常常会引起教师心理波动,甚至出现教师抵制考核的情况。有时是由于教师对于自己的工作缺少客观评价,认为考核不公正,从而产生各种情绪问题;有时是因为学校考核制度不完善,有自相矛盾之处,使被考核教师无所适从。例如,有的学校只注重班级的平均分排名,而不看班级原有基础,就造成教师工作考核中的不公平现象。这时需要教师主动与校长沟通,而不是采取非理性方法。

③任务要求与个人应对资源的失衡。在当前的信息时代,学生获取信息的渠道日益增多,教师必须不断与时俱进,否则很有可能在某些知识信息方面落后于学生,导致与学生之间产生隔阂。另外,新课程改革对教师提出了越来越高的要求,许多教师有一种力不从心的焦虑感,再加之升学竞争的压力、分数排位的压力等,容易使教师产生职业倦怠。这就需要帮助教师学会压力管理和心理调适,从而走出职业生涯发展的低谷期。[1]

教师面临的心理困境还有很多,我们对这些问题关注得不够,导致心理困境成为越来越

---

[*] 本文选自《教师生涯中的心理成长》(上海科技教育出版社,2008),收录时略有改动。

多教师职业生涯发展的瓶颈。

职业生涯发展是人的生命历程的重要组成部分。叶澜教授强调教师职业的使命不仅要"育人"还要"育己"。她说:"没有教师的生命质量的提升,就很难有高的教育质量;没有教师的精神解放,就很难有学生精神的解放;没有教师的主动发展,就很难有学生的主动发展;没有教师的教育创造,就很难有学生的创造精神。"[2]教师生命质量的提升,关键在于其内在素养和品性的修炼,包括身心健康、人格健全、创造潜能的发挥等。可以说,培养教师积极的职业心理素质,不仅能促进其职业生涯发展,而且能促进其在生命历程中实现自己生命的意义和价值。

本文探讨的教师心理,主要是指教师职业生涯中的心理历程。教师职业生涯中的心理活动有很多,大致可以分为专业知识结构与教学技能、自我信念、情感、动机和价值取向、心理健康与自我调节等。长期以来,由于教育的功利主义,我们往往比较强调教师职业的社会性因素(如责任感、教师的职业道德修养、教师的基本知识与技能),忽视教师职业的个人心理因素。前者固然重要,但是缺少对教师的人文关怀、缺少对教师成长的心理历程的研究。我们仍旧"以物为本",没有做到"以人为本"。把人的心理与精神生命割裂,把人的心理与生活割裂,就难以激发教师在职业生涯的主动性和创造性。因此,从对教师的人文关怀出发,本文主要探讨教师心理的动力系统、调节系统,以及相关的支持系统。动力系统包括职业角色认同、成就动机、自我效能、主观幸福感等,调节系统包括心理健康、职业倦怠、压力管理,支持系统主要讨论教师的社会支持因素。这些因素构成了教师职业生涯发展中的心理历程的主要方面。

二、教师心理的动力系统

动机、自我效能和职业角色认同是个体的职业生涯发展的内在动力源泉。长期以来,教师在职业生涯发展中容易忽视发掘内在动力源。

成就动机是一个优秀教师非常重要的心理素质。有这样一位教师,20世纪70年代在农村当了三年民办教师,1977年通过高考走进大学殿堂,毕业以后努力工作,成为一名出色的英语教研员。她经常说的话是:"我喜欢接受挑战,因为它意味着进步。""每当我达到了一个目标之后,我都会追求更高的目标。"这就是一个优秀教师的成就动机——不断进取、追求卓越。

有学者认为,动机方面存在文化差异:西方文化是个人主义模式,东方文化是集体主义模式。在个人主义文化中,个人的最大动机是实现自我,使自我成为不同于他人的独立个体。因此,个人主义倾向的人的行为动力往往与其内部的需要和意愿有关,如受到尊重、获得成就、提高声望和自我实现等。在集体主义文化中,个人的动机性质更多的是社会取向的,如为他人接受、实现群体的目标、建立和谐的人际关系。跨文化心理学家特里安第斯说:"集体主义者的动机结构反映了一种对他人的可接受性、适应他人的要求和限制自我的需求和欲望,而个人主义者的基本动机结构则反映了他们的内部需要、个人权利和才能,包括承受社会压力的能力。"[3] 随着中国社会的转型,我们认为东西方的文化差异正在缩小,同时也在相互渗透。追求自尊、自信和自我实现也正在成为越来越多中国教师的动机取向。

自我效能是现代人重要的心理素质。它是指个体对自己能否在一定水平上完成某一活动所具有的能力判断、信念或主体自我把握与感受(班杜拉,1986)。也有人把它界定为个体在面临某一活动任务时的胜任感,及自信、自珍、自尊等方面的感受(舒尔茨,1990)。在许多有关的文献中,又用自我效能感、自我信念、自我效能期待来表述这个概念。自我效能对于激发人的成就行为和心理健康都具有积极的促进作用。

班杜拉认为,人的行为是由环境、个人的认知和其他内部因素、行为三者交互作用所决定的,其中人的思想和信念对行为起着关键性的作用。而在这些信念中,他又强调自我效能的影响。班杜拉认为,自我效能是个体对自己在组织、执行行动,达到目标的过程中的能力的判断和信念。为什么具有同样智力和技能的人在同一任务环境中,会有不同的行为表现?其原因就在于他们具有不同的自我效能。

现代社会中,人们的许多心理困扰往往与所承受的压力有关。班杜拉在《自我效能:控制的实施》中专章论述了自我效能的健康功能,其中在谈到自我效能对人应对压力的作用时,他指出压力是由个人对自己生活的控制能力来调节的。班杜拉进行了广泛的生化实验,发现自我效能不仅影响自主神经系统的唤醒水平,而且还影响到儿茶酚胺的分泌水平和内源性类鸦片物的释放水平。这些生化物质作为神经递质,均参与免疫系统的功能调节活动。自我效能不足,则会引起这些物质生化水平的明显提高,而降低免疫功能。保持较高的自我效能可以促进身心健康。可见,自我效能与教师成就动机、成就行为和压力调适等都有密切联系。

职业角色认同是对一定的社会角色的认知状态,是一种社会认知。一个人只有对自己的社会角色有一定的认同,才能在社会上安身立命。按照海德的平衡理论,人具有保持心理平衡的需要,而认知冲突往往会打破心理的平衡,随即产生压力、焦虑、困惑,甚至痛苦。现代教师的角色比之过去大大地丰富了,社会对教师提出了更高的要求和期望。如果教师不能很好地认同自己的职业角色,就难以安于教学工作;而优秀教师的基本特征就是爱岗敬业,爱岗敬业就是职业角色认同的表现。

三、教师心理的调节系统

本文将职业倦怠、主观幸福感和职业压力与调节作为教师心理调节系统的基本内容,是因为这些涉及人的情感、情绪与反应层面的活动,是人的心理活动中最活跃、最敏感、最容易变化的部分。在教师的生涯中,会遇到许许多多的成功与失败,喜悦和悲伤,因此需要个体善于调节,才能保持积极的心态投入工作。

职业倦怠是近年来人们关注的一个热点话题。职业倦怠是指个体在长期的工作压力之下身心疲惫、厌弃工作的感受,是一种身心能量被工作耗尽的感觉,也称之为心理枯竭。教师职业倦怠是指教师不能顺利应对工作压力时的一种极端反应,是教师伴随于长期压力体验下而产生的情感、态度和行为的衰竭状态。主要表现为三个方面:①情绪衰竭,是个体对压力的评估,表现为个体情绪和情感处于极端疲劳状态,工作热情完全丧失。②非人性化,涉及个体对他人的评估,表现为个体以消极否定、麻木不仁的态度对待服务对象。③低个人成就感,涉及个体对自我的评估,表现为个体对自己工作的意义与价值的评价降低。[4]

教师的工作倦怠问题不容忽视。教师职业倦怠对本人、学生和学校都有很大的危害:对教师而言,它会导致生理、认知、情绪和行为的极度疲劳,并很容易诱发其他心理问题;对学校而言,它会导致工作质量下降、职业道德缺乏、人员大量流失等不良后果;对学生而言,他们将难以获得高质量的教育。

主观幸福的研究也是新近的一个热点话题。幸福感是 21 世纪的人类追求的一个重要主题。主观幸福是指个体对其生活的满意度、愉悦情感的感知、体验和评价。主观幸福感对个人生活的评价是以认知的形式发生的,当一个人对其生活的满意度作出有意识的评价时,或者对其生活的具体方面(例如工作和娱乐)作出有意识的评价时,认知活动便发生了。当一个人体验到令人愉悦或令人不悦的心境或情绪时,这种评价也会在情感系统内发生。因此,主观幸福的认知成分和情感成分是交互运作的。

主观幸福与心理健康有着密切的联系。尽管主观幸福不是心理健康的充分条件(例如,一个患有妄想症的病人可能会对其生活感到幸福和满足),但是一个心理健康的人,应该是有较高程度的幸福感,幸福感是心理健康的一个重要方面。关注教师的主观幸福感的意义是多方面的,不仅可以关心教师心理健康状况,还可以关心教师的生活满意度、职业生涯的满意度等。主观幸福感是一种情感资源,它既可以调节和缓解教师面临的繁重任务与压力,也可以激发教师的工作热情,促进其成长。当然影响教师主观幸福感的因素是复杂的,社会环境的支持、组织环境、个人的认知水平、人格特征、气质等都会影响到个人的主观幸福感。

四、教师的社会支持系统

社会支持是一种多维的建构,是指那些能够促进心理健康和身体健康的社会关系的特征和功能,以及个体通过社会网络所能获得的心理上和物质上的有用资源[5]。早期的研究报告证实了社会上的孤独者或未婚者更有可能出现自杀行为,更有可能伴随年龄增长而死于各种各样的原因,而且比社会关系较多的人或已婚的人群有着较高的肺结核发病率、意外事故率和精神病发生率。当然,不良的社会关系也可能会对身心健康产生负面影响(例如,夫妻吵架、同事冲突)。

许多研究表明,提高教师可以利用的社会支持是防止教师职业倦怠的有效措施。教师社会支持的来源主要是三方面:学校方面,校长、同事、学生和家长;家庭方面,亲人和亲友;社会方面,同学、朋友等。不同的社会支持来源对教师的影响是极不相同的。西方的不少研究发现,来源于学校领导的支持的重要性远远大于同事和其他人的支持。也有研究发现,来自同事的高社会支持与教师的低倦怠有关，来源于同事的支持在教师压力和倦怠之间所起的缓冲作用，比来源于家庭和朋友的社会支持作用更大。从支持类型上来讲，萨罗斯等人（1992）发现，实际支持（如提供反馈、建议）比情感支持（如倾听、表现出关怀）对于减轻教师的职业倦怠更有效。不过基思和伊丽莎白（1996）却得到了相反的结果。王芳等人（2004）的研究表明，来源于学生和校长的支持对降低教师职业倦怠作用最大，情感支持对于降低教师的情绪衰竭、非人性化和提高个人成就感有显著的积极作用。[6]

当然，良好的社会支持不仅可以提高教师心理健康水平、防止职业倦怠，而且对于提高教师的成就动机、自我效能和职业认同，促进教师职业生涯发展都有积极的意义。

参考文献

[1] 林文瑞. 教师职业生涯发展中的心理困境之调适[J]. 教育评论，2004(5):50-53.

[2] 叶澜，白益民，王枬，等. 教师角色与教师发展新探[M]. 北京：教育科学出版社，2001:3-4.

[3] 叶浩生. 文化模式及其对心理与行为的影响[J]. 心理科学 2004,27(5):1032-1036.

[4] 伍新春，曾玲娟，秦宪刚，等. 中小学教师职业倦怠的现状及相关因素研究[J]. 心理与行为研究，2004(3):262-267.

[5] Friedman H S. 心理健康百科全书：调适治疗卷[M]. 李维，等译. 上海：上海教育出版社，2005:360.

[6] 王芳，许燕. 中小学教师职业枯竭状况及其与社会支持的关系[J]. 心理学报，2004,36(5):568-574.

班主任压力分析与心理调适*

压力是和人的生活世界密切联系的,人之所以感觉到紧张和压力,那是因为有外部事件刺激。因此,压力源就是可能构成个人应激状态的各种生活事件。对于班主任来说,这些生活事件包括家庭生活、职业生活的方方面面。在学校里有教学工作压力、同事关系压力、师生关系压力,在家里有子女教育压力、家务琐事压力。学会积极应对各种压力源,处理好教育工作与家庭生活的各种事务与挑战,是班主任做好学生心理辅导的根本保证。

一、压力源与生活事件

在人的一生中会体验无数种情绪,它们是由不同的心理社会压力源所导致,最为常见的是应激性生活事件,包括以下三方面:

1. 生活变故

生活变故是指个人日常生活秩序发生了重要改变,一般是指那些给人带来紧张甚至痛苦的负面情绪经历。霍姆斯和黎黑从各方面收集一般人在生活中最关心的事,列出100个项目,然后再让400个不同年龄、不同职业的人,判断其可能使人产生的心理压力大小,分数越高表示压力感越大。最后选定43个项目,按其压力感的大小排列,编成了生活事件压力量表(表8-1)。由下表可知,配偶死亡(100分)排位最高,其次是离婚(73分)、夫妻分居(65分)等。霍姆斯等人后又对5000人进行调查,发现压力感得分与未来疾病发生密切相关。若一年内经历的各种事件得分不足150分的,预示下一年基本健康;若得分在150~300分,次年有50%的可能性患病;若得分在300分以上的,次年有70%的可能性患病。

表 8-1 生活事件压力量表

事件	得分	事件	得分
配偶死亡	100	职业改变	29
离婚	73	子女离家	29
夫妻分居	65	司法纠纷	29
拘禁	63	个人突出成就	28

* 本文选自《班主任心理辅导实务(中学版)》(华东师范大学出版社,2009),收录时略有改动。

(续表)

事件	得分	事件	得分
家庭成员死亡	63	妻子开始工作或离职	26
外伤或生病	53	上学或转业	26
结婚	50	生活条件变化	25
解雇	47	个人习惯改变	24
复婚	45	与上级矛盾	23
退休	45	工作时间或条件改变	20
家庭成员患病	44	搬家	20
怀孕	40	转学	20
性生活问题	39	娱乐改变	19
家庭添员	39	宗教活动改变	18
调换工作岗位	39	小量借贷	17
经济状况改变	38	睡眠习惯改变	16
好友死亡	37	家庭成员数量改变	15
工作性质改变	36	饮食习惯改变	15
夫妻不睦	35	休假	13
中量借贷	31	过圣诞节	12
归还借贷	30	轻微的违法行为	11

2. 生活琐事

西谚道："最后一棵草会压垮骆驼背。"同样的道理，烦心的生活琐事，日积月累之后也会给人造成压力。研究压力与情绪的心理学家拉扎鲁斯等人(1985)把生活琐事归为六个方面：

家用支出方面：家庭生活中的一切费用支出，诸如衣、食、住、行、娱乐、纳税，以及学费、医药费、保险费，多数家庭都会感到负担沉重。

工作职业方面：家庭的经济收入依靠工作职业，而工作与职业的性质、兴趣、待遇，以及发展机会等，对一般人来说，失意者多、满意者少。因此，工作职业也会给人带来心理压力。

身心健康方面：家庭成员中，难免有人生病，而且家人相处有时也会发生冲突。因此，疾病的痛苦和人际相处的困难，将增加人的心理压力。

时间分配方面：生活在现代都市里的人，由于无法支配和把握自己的时间，已经形成一种极大的心理压力。对现代人而言，时间问题发生在两方面：一方面是因事务多、时间少，而造成顾此失彼的焦虑；另一方面是因交通拥挤，而造成等待与浪费时间的痛苦。

生活环境方面：近年来，居住在现代都市的人频繁遭受环境污染的困扰。构成环境污染的因素中，除空气、噪声等污染之外，文化层面的污染也随社会变迁而益形恶化。对终日处于污染中而无法逃避的人来说，其心理压力自然沉重。

生活保障方面：人的生活是有目的、有方向的，除了现实生活之外，每个人都会为未来的安全保障打算，诸如学业进修、工作保障、职位晋升、经济储蓄、退休安排，都是为安全保障考虑而带来的心理压力。

3. 心理因素

在生活压力的心理因素方面，挫折和冲突是其中最重要的两项。

挫折在心理学上有两种含义：一是指对个体动机性行为造成障碍或干扰的外在刺激情境。这种对个体行为发生阻碍作用的刺激情境，可能是人、可能是物，也可能是社会环境和自然环境。二是个体在挫折情境下所产生的烦恼、困惑、焦虑、愤怒等各种负面情绪所交织而成的心理感受。心理学关注的是后者，即个体在挫折情境下的挫折感。人在生活、学习、工作和社会交往中，都有可能遇到挫折。这些挫折都有可能形成压力。

冲突是一种心理困境，它是指因个人同时怀有两种动机而无法都获得满足所致。最常见的心理冲突有三种：

①双趋式冲突，是指鱼和熊掌不可兼得的心理状态。当个体有两个需要追求的目标无法同时兼得，必须两者取一时，就会产生双趋式冲突。例如，家里财力有限，又想买房，又想送子女出国留学，两者只能取一，就会有冲突。

②双避式冲突，是一种进退两难的心理困境。当个体发现两个目标可能同时具有威胁性，就会产生两者都要逃避的动机。但迫于情形，只能避开一件，而必须接受另一件。如"前有悬崖，后有追兵"的处境，在做出选择时，就会产生双避式冲突。

③趋避式冲突，是一种左右为难的心理困境。当同一目标对于个体来说可能满足某种需要，但也可能构成威胁，在这种情境下，就会产生趋避式冲突。趋避式冲突在日常生活中较为普遍。如，某位女士既爱吃巧克力，又担心发胖；某学生既爱上网聊天，又担心学习时间不够；男女大学生相互爱慕，既想谈恋爱，又怕影响学习。

上述三种都是比较简单的冲突，在现实生活中，个体面临的动机冲突要复杂得多，而且常常不能轻易获得解决。因此，冲突容易给人造成心理压力，影响人的情绪和心理健康。[1]

二、班主任压力源分析

许多学者的研究认为，教师的心理健康水平低于其他一般人群，其原因是来自社会及家长的期望高、要求高，学校工作责任大、难度高、工作时间长、工作量大、工作竞争激烈，以及家庭生活中面临诸多问题等。很显然，班主任同样受到了上述因素的影响。与其他教师相比，班主任心理健康水平低的原因主要是班主任工作中的心理压力更大。班主任的压力源主要有以下几方面：

1. 教育教学双重任务

一般说来，中小学班主任往往由主科教师兼任。一方面，他们必须在教学领域辛勤耕耘；另一方面，他们还要教育、组织、管理班级学生。就教师评价而言，更加看重的是教学工作情况；就教师自身而言，他们的成就感也主要来源于教学成果。如果一个教师只是班主任工作出色，教学工作一般的话，他会感到不满足、委屈甚至自卑。班主任不是超人，没有三头六臂，他们不得不超负荷地工作，以便使自己的双重角色都扮演得比较成功。

2. 工作责任大、任务复杂

有人说班主任是世界上"最小的主任"，可这"最小的主任"管的事却特别多、特别杂、特别细。从关心引导学生完成学习任务、形成良好的思想品德、保证身心健康，到班级的日常管理事务；从组织开展班级的各种活动，到对学生进行德智体等方面的评定；从协调各科任教师对学生的要求，到与家长、社会的沟通；等等。虽然不需要班主任事必躬亲，但是一旦出了差错，承担主要责任的无疑是班主任。不仅学校要追究班主任的责任，学生家长乃至社会大众也会不分缘由地对班主任兴师问罪。高度的责任心使得班主任不得不小心谨慎、兢兢业业地工作。班主任的心理问题列首位的是强迫症状。强迫症状俗称"认真过头"，这与班主任的工作不得不认真，甚至认真过头有着必然的联系。

3. 来自家长的压力

在所有教师中，班主任是与家长联系最多的人。这是由班主任的职责和教育、教学工作的需要所决定的。家长对班主任的期望、要求比较高。他们希望自己的孩子能遇到一位称职的班主任，能够对自己的孩子多加关照。同时，家长对其他科任教师的牢骚、不满意等，也总是向班主任宣泄，甚至希望班主任能向教师本人或者学校领导反映。班主任处在其中常常左右为难。一位走上工作岗位不久的教师感慨地说："家长的不满极多，他们常常利用学校网站、市长信箱等媒体来发泄自己的不满。作业布置多了，家长不满；放学晚了，家长不满；学校工作需要调换老师，家长还有不满。孩子考100分，家长抱怨卷子出容易了；孩子在及格线徘徊，家长抱怨老师复习不到位。我们说一句话、做一件事都得在脑中掂量半天。"

4. 工作中限制多、支持少

教师工作总体上来说具有很大的局限性，教什么、怎么教、为什么教，由课程标准、课程计划和教科书来规定，工作时间、地点、对象固定，班级活动的组织等要受学校乃至上级主管部门的约束……总之，班主任的独立性不能发挥，个性得不到施展。如果学校领导比较专制，只知道下指示，不懂得和教师沟通的话，必然导致班主任的抵触情绪[2]。

三、班主任心理调适

促进班主任心理健康可以从两方面来考虑：一是教育行政部门和学校要为教师心理健康提供良好的社会支持和心理服务；二是教师要学会自我心理调适。

1. 优化班主任社会支持的建议

维护和增进班主任的心理健康是一项系统工程,需要依靠社会、学校和班主任自己的共同努力,采取各种措施减轻班主任的心理压力,为班主任提供社会支持,提高他们的压力应对能力。

(1) 家长理解和支持

获得别人的尊重、得到别人的理解是人基本的社会性需要之一。班主任的工作对象主要就是学生和家长,他们背负着社会和家庭的重托,任劳任怨、兢兢业业地工作,非常希望能得到家长的理解和认可。某一位班主任写道:"每天一到学校就开始忙碌,一直忙到下班。休息的时间仍在处理工作上的事,这并不稀奇。说实在的,忙一点没关系,我们也没有怨言。怕就怕,你忙了半天,别人还不理解你。"教师不是圣人,我们不能一味苛刻地要求他们做"人梯""春蚕",更不能把教育孩子的责任完全推给他们。当教师在努力履行自己的责任和义务时,如果家长只是作为旁观者在一边说三道四、指手画脚,或者不分青红皂白地指责教师的话,教师只有寒心的份了。理解、支持和尊重班主任工作,也就意味着给了他们一个宽松的环境,这不仅可以提高班主任工作的效率,而且有助于增进他们的心理健康。

(2) 学校工作环境改进

学校组织环境与教师心理健康关系密切,校长如果能从制度、管理等方面给班主任以有力的支持,对于提升班主任的成就感、幸福感和心理健康意义重大。具体有以下几方面:

对班主任实行轮换制。许多班主任有这样的体会,工作日的每一天,神经总是绷得紧紧的,唯恐班上学生出事。实行班主任轮换制可以让教师得到暂时的放松,在一定时间内减轻他们的负担。

减轻班主任的教学工作量。班主任工作不仅头绪多,而且琐碎、量大,班主任的津贴也很少。做好班主任工作不仅要有奉献精神,而且要耗费大量的时间和精力。许多教师宁愿多承担教学任务,也不愿做班主任。为维护班主任的身心健康,学校应该减少班主任的教学工作量。

帮助班主任专业成长。长期以来,班主任工作被看作是"人人能为"的,不具有专门学问的工作。这种看法显然是肤浅的。班主任工作是一项专门性的工作,我国已经初步建立起了自己的班主任学科理论体系。加强对班主任的理论培训,一方面有助于班主任科学、规范地从事工作;另一方面可以提高班主任工作的效率,使班主任能热爱工作并从中获得乐趣和成功。

调动班主任参与学校民主管理的积极性。校长在学校重大问题决策中,要充分听取教师意见,鼓励教师献计献策。在布置工作时,不要简单地发文件、下命令,必须征求班主任的意见或向班主任充分阐明缘由,让班主任在理解的基础上去贯彻执行。班主任体会到被领导尊重和重视,就会产生对学校的认同感[2]。

2. 班主任心理自我调适的建议

心理咨询有句名言:问题不是问题,如何面对才是问题。其实,从某种意义上,每个人就是自己的"心理医生"。维护班主任的心理健康，必须依靠班主任自己的力量，通过心理健康知识的普及和心理辅导技能的学习，提升自我调适能力和自助能力。以下笔者结合具体案例，提出建议供参考：

(1) 要有自知之明

人贵有自知之明，教师的烦恼往往来源于各种评比，倘若我们能够把自己的姿态放得低一点，不要把自己看得过高，把别人估计得过低，可能会减少许多不必要的烦恼。以下案例中的班主任面对同事对自己工作评价的不同意见，她是怎么调整的呢？

> **面对不同意见……**[3]294-295
>
> 一年一度的班主任工作评议考核又开始了，我像往常一样把一年班级的工作学习活动情况、小干部培养和学生的成长情况在年级组做了汇报。我的发言一完，就很自信地扫视了一下年级组的老师和学生代表，听他们对我一年工作的评议和打分。谁知，老师的发言和学生的评议对我的意见还不少呢。我自觉得眼花、耳鸣、心悸、胸口堵得慌。这天夜里，我失眠了。一年的工作，就像放电影似的在眼前一幕幕展现，好事多，喜事多，活动也多。我觉得自己干得不错，成绩也不小。可能因为要求比较高，有些争强好胜，因而对学生过分严厉了些，在年级组里也得罪了不少老师吧。
>
> 我平躺在床上，两眼直瞪瞪地望着天花板，耳旁只闻嘀嗒嘀嗒的钟摆声，我百思不得其解，心中又气又急，不时地问自己：这难道是我错了吗？我到底错在哪里？这些老师和学生怎么这么看待我的努力和付出呢？……
>
> 第二天正好是双休日，我懒洋洋地躺在床上，无精打采。时针指向八时，女儿见我还没起床，好奇地走到我面前问："妈妈，太阳已经照被窝了，你怎么还没起来？"我两眼朝她一瞪，没好气地说："去，去，去，不要你管。"女儿吓得一溜烟地走了。爱人听到了走进来一看，见我满脸不高兴，问我怎么了？我满腹委屈倾吐而出，顿时感到了一身轻松。
>
> 早餐后，爱人提议出去走走，顺便去买些菜回家，我欣然同意了。一路上，我们谈论了伟人毛泽东、人民的好总理周恩来……我顿时感到人的一生不总是一马平川，伟人如此，更何况我呢。走着，谈着，我只觉得心情舒畅，脚步轻盈。
>
> 当我俩买好菜回到家，只听女儿房里传来阵阵音乐声。女儿看到我，就拉着我的手说："妈妈，来，我给你听段音乐。"这音乐高昂、激烈，扣人心弦。啊！贝多芬的《第五交响曲》。它是一首歌颂英雄意志的壮丽凯歌，它是一部颂扬光明战胜黑暗，顽强斗争夺取胜利的交响曲。听着听着，我的心胸豁然开朗，感到眼前遇到的问题是那么的渺小。
>
> 此时，我心情虽然是平静了，但焦虑还没有解除，我试着进行自我心理调适：

①回顾自己的工作,寻找问题所在。我急于想把工作做好,但忽视了学生的实际情况和心理需求,对他们的要求提得过高,活动开展的频率过高,急于求成,这是不切实际的。另外,在忙忙碌碌的日常工作中,我只顾自己出成绩,争第一,缺乏和年级组教师之间的心灵沟通,因此大家对我有意见、有看法是必然的。

②试用"角色互换法"进行心理体验。随着教育改革的深入发展,对教师的要求越来越高,学生的压力在加大,教师的压力也在加重。我没有站在他们的角度思考问题,而是一味地指责他人的不是,唯我独"好",他们的心里怎么会不产生怨恨情绪呢?

我想明白了,心里就舒坦了,对他人的不同意见也能认同了。

班主任工作的年终评议考核给案例中的班主任心中带来了不小的震动。面对一张张意见颇多的评议表,她百思不得其解,心悸、胸闷、失眠……面对来自师生的不同意见和沉重的心理压力,案例中的班主任采取了以下措施进行自我调适:①合理宣泄。通过找人倾吐、宣泄内心的压抑情绪,减轻心理焦虑。②注意力转移。采用散步、聊天、交流等方式,转移注意力,改善不良情绪。③自我松弛。通过看电视、听音乐等娱乐活动,使自己心情开朗、胸襟豁达。④认知改变法。通过自我反思,找出头脑中的不合理、不合逻辑之处,克服非理性思维方式,代之以理性思维方式。

(2) 在反思中找回自信

对于班主任来说,教育成功经验、获得成就感是最有力的激励,同时也是积极的心理自我调适方法。但是,班主任在教育实践中常常会遇到困难和挫折。怎么应对困难的挑战,找回自信、走向成功,我们可以从以下案例中寻找启发。

我终于摆脱了工作的阴影[3]296-297

我是一个中年班主任,平时因为工作量较大,既要完成两个班级的教学任务,又要抓好学生的德育工作。多年以来在工作岗位上一贯兢兢业业,勤勤恳恳,因而多次被评为先进工作者,所带的班级也是年级中的佼佼者。

然而近年来,我所带的班级的生源越来越差,大多数学生没有养成良好的行为习惯,学习成绩始终提不高。作为班主任的我,终日忙忙碌碌,搞得疲惫不堪。我总觉得领导对我不够关心与支持,因此工作提不起劲,该及时完成的任务也开始拖拉了,与其他教师形成了较大的矛盾与分歧。

我这样的现状和心态,引起了学校专职心理辅导老师的关注,在她的指导下,我学会了自我心理调适。我具体分析了自己的现状:生活在一个身心负担极重的环境中,过去工作的成功并没有给自己带来成功的自信,反倒成了巨大的负担和压力,并引发了人际关系问题。我正处于极为典型的心理疲劳之中。

> 于是，我对自己进行了以下的调整：首先，找出自己最想要解决的问题，努力地去尝试改变和解决。我觉得先要解决工作中的人际关系问题。要调整自己的情绪，以友善的态度面对工作中的人际关系，主动与他人沟通和交流，理解他人，尊重他人。其次，要走出自卑的思维和行为模式，逐渐适应新的环境。对目前的工作困难要有充分的认识，不无端逃避责任，但也不完全归罪于自己，重要的是寻找困难所在，寻求弥补的方法。现在所带的班级基础差是一个事实，但要看到自己的工作成绩。班级在我的带领下已经有了很大的进步，我的工作被学校领导重视和认可，也被全年级教师所认可，并不是不关心。
>
> 想法变了，看问题的角度也变了，它给我带来了工作的生机和活力，与同事相处也主动开放、积极乐观了，我已经重新找回了以往的自信。工作中的阴影也消失了。

步入中年，人们都希望在事业上有新的发展和腾飞。然而现实却常常不尽如人意。案例中的中年班主任过去曾多次被评为先进教师，所带班级也是年级中的佼佼者。但近年来，他终日忙忙碌碌，常常疲惫不堪，工作成绩却欠佳。为此，这位教师陷入了深深的痛苦和烦恼之中。在心理辅导教师的帮助下，他学会自我调适：合理宣泄，找出问题的症结所在；运用理性情绪疗法，改变非理性观念，建立理性的、合乎逻辑的观念，打破自我贬损的思维模式；面对现实，感受成功，重建自信；理顺人际关系，为建立良好的工作关系打下情感基础。自我的探索和调适使他重新振奋了精神。教师在面对困境的时候，寻求专职心理辅导教师的帮助也是一个很不错的途径和渠道。

(3) 在挑战性任务中提高胜任感

教育工作岗位变动对于教师是经常要面临的事，如果对于这种变动不适应，也会产生情绪问题。下面的这位教师是怎么面对工作的变动调整心态的呢？

> **我的烦恼**[3]292-293
>
> 有段时间我会平白无故地感到不愉快，连看书、看电视也会突然之间感到没劲，睡在床上总是想着不愉快的事情。遇到天气不好的时候，心情更加糟糕。
>
> 我是一个性格外向的人，平时爱闹、爱讲笑话。怎会一下子反差这么大？因为我遇到了一件令人心烦的事。我自幼爱好数学，讨厌文科。踏上工作岗位后，一直任教小学高年级数学。现在教育局要求各校班主任开设心理辅导课，倒霉的是我参加过心理辅导培训班，并拿到了证书，学校领导就把这个试点任务强压到了我身上。领导只是一句话，但苦了我。
>
> 我原本是一名小学数学教师，现在要去任教七年级的心理辅导课，没有教材，又要自己设定上课的内容，而且开课的是七年级。我的心理压力极大，我担心七年级的

学生看不起我这名小学教师,而影响课堂纪律;我担心上不好课,影响自己的声誉;我担心……为了少出些洋相,我向学校领导提出上六年级的课,谁知又碰了壁。校长规定我第五周一定要把心理辅导课开出来,而我心里一点底也没有,只有一个"怕"字,我的心情坏透了。

由于情绪不好,身体也感到不适,头晕、心悸、四肢无力。此时我意识到,我的心情、我的身体不佳都是因为焦虑过度造成的。我不能再这样下去,我应该放松自己,从好的地方去着想。于是我就宽慰自己,学校让我上七年级的心理辅导课,这是对我的信任,相信我能胜任这个工作。既来之,则安之,不必再庸人自扰了。没有教材,可以多跑几家书店,多向其他学校的老师讨教,多收集些资料,根据学生的心理特点,寻找适合他们的素材作为自己上课的内容。

有了责任心就有了动力,我从书店买来了《成功之路》《成长岁月——园心热情咨询手记》《现代学校心理辅导》《我是一块料》《情感教学心理学》等书籍。每天看书到深夜,从这些书中我不但掌握了心理辅导方面的有关内容,而且也学会了自我调节。随着对教材的不断熟悉,"怕"字也从我的心底渐渐消失了。这时,我只有一个心愿,那就是要尽自己最大的努力,把这门课上好。

给学生上的第一节课的内容主题是"身体无病与健康",上课之前我认真寻找有关学生的素材,设计适合学生的活动,从同学们的眼神里,从同学们参与活动的积极性中,我感到我成功了。下课的铃声响了,许多同学围在我的身边问这问那,不肯离去。此时,一切烦恼与顾虑都从我的身边溜走了。

案例中教师的"烦"是由工作要求的变动引起的,由原来自己擅长的工作而改做自己不熟悉的工作,造成了心里的烦躁,并导致了身体的不适,头晕、心悸、四肢无力。烦恼人人都会有,而她很好地进行了自我调节,从而解脱了精神烦恼。

自我调节方法一是改变想法:理性情绪理论告诉我们,各种不同的想法会产生不同的情绪。决定我们情绪的不是他人,正是我们自己。如何改变自己的情绪状态,关键是要改变想法。该教师改变了想法,不再自找烦恼,不再庸人自扰了。自我调节方法二是积极的自我暗示:积极的内在语言,使人增强自信,产生动力,使人豁然开朗。自我调节方法三是学习自我松弛:通过放松,缓解自身的焦虑情绪,改变身体的不适状况。

(4) 学会情绪调控

学会情绪调控是自我心理调适的重要一环。可以从培养积极的情绪和克服消极的情绪两方面进行。培养积极的情绪,关键在于提高情绪管理能力。按照情绪智力理论,情绪管理首先是能够准确、真实地表达自己的情绪,然后是以开放的心情接受各种情绪,进而再调节自己的情绪。消极情绪可以通过合理宣泄、松弛训练、目标转移和认知调整等方法来调节。

当误解发生时[3]289-290

学校为培养青年教师,安排了一些教师在完成本职工作的同时也兼任一些其他的管理工作。当时,我一方面担任班主任,另一方面,又让我监管教导处的课务安排工作。在此过程中,我曾遇到一个小小的误会,我是这样处理的……

一天,教英语的 D 老师神秘地告诉我:"四年级 F 老师对你调课很有意见,你要注意哦。"本学期开始,学校的教学比武轰轰烈烈地开展着,学校规定比武课一律安排在上午第一节及下午第二节进行,分管课务的我为此没少换过课。每次换课我都发出调课通知单。难道是因为最近换课比较多,我的工作出现了失误?我想,如果的确如此,我应该向 F 老师打一声招呼。于是我询问 F 老师,我是否换错了课?谁知,事情与我想象的大相径庭。原来是 D 老师为了要听比武课,未经教导处同意,自行与 F 老师换课,而且还拿教导处作为挡箭牌。我在明了事情的真相后,心里很生气。D 老师的私自调课不仅造成了学校教学秩序的混乱,还造成了 F 老师对我的误会呢!我突然冒出了将 D 老师请到 F 老师跟前三个人相互对质的念头,但这个念头转瞬即逝。因为我意识到这毕竟不是一个大是大非的问题,何必非要弄个水落石出呢,我应该有一颗宽容大度之心,得饶人处且饶人。如果我真的将 D 老师请来对质,除了给 D 老师造成难堪之外,又会给今后的工作带来什么好处呢?冷静思考后,我委屈的心情渐渐平静。同时,我又设身处地地为 D 老师想了想,他为听课而换课,想多学习一些,这本身是一件好事。我以后就尽量创造机会,让 D 老师尽可能多地听到每周的比武课。在 D 老师高兴之余,我不失时机地提醒他,以后换课别忘了请教导处帮忙,D 老师连连点头。

在与人交往、相处的过程中难免会产生一些误会,不论哪种情况形成的思想疙瘩或误会或积怨,都要用容人的雅量去化解、消除,心底无私天地宽!我要努力以一颗坦诚之心,以一颗宽容之心,去营造一片理解万岁的天地。

由于工作经验不足,交流沟通不充分,和同事产生误会是难免的,如不及时解决会影响人际关系,当然也会给工作带来不便。上述案例中的教师能从调整自己的心态着手,进行了冷静处理,化误解为理解,化消极为积极。本个案的过程真实、可信,不失为一个较成功的心理调节个案。

该教师的自我调节过程表现在以下几方面:第一,认识和把握自己的情绪。当误会发生时,她虽然生气、委屈、冲动,但很快她就控制住了自己的情绪,她知道冲动是一个人头脑简单的表现,冲动更会给工作带来负面影响。第二,自我暗示。在一个人情绪波动的时候,有效的方法是自我暗示,使自己冷静下来。案例中该教师不断地命令自己冷静,三思而后行,这就是有效的自我暗示。第三,角色转换。要达到与他人的协调与融洽,就必须理解他人,尊重他人,尤其是在双方发生误解时。她运用了心理辅导中的角色互换技术,设身处地为他人考虑和着想,做到了理解和为他人提供帮助。

(5) 增进人际沟通

学会宽容和理解，增进人际沟通，既可以加强教师的社会支持，也可以使人产生愉悦感。人际沟通的两个要点是学会欣赏他人、学会倾听。欣赏他人并不是出于功利的一味迎合，而是对优秀品质的赞赏，对他人的尊重；倾听是理解他人、了解自己的捷径，倾听不能带有个人主观色彩，而要设身处地了解别人，这样才能达成良好的沟通。如果能够做到两个"学会"，你就会有更多的朋友，同时也会增强个人魅力。

心灵的沟通[3]291-292

班主任不仅要带好班，还常常有带教新教师的任务。

学校组织公开课教学，而且指定要正班主任带教副班主任执教。我的副班主任 C 老师是一位刚进校不久的新教师，我想我有责任帮助她上好她人生的第一节公开课。

接受任务后，C 老师很快调整了自己的角色，对班级工作进行了全方位布置。我与她确定了上公开课的内容，并一起分析了教案的思路，要求她三天后说课，并拿出具体教案。三天后，C 老师拿出的教案让我很不满意，我要求她按我的建议重新修改教案，并于两天后借班级进行试教。星期一上午，她早早地来到了学校，我想今天的试教应该是没问题的。但她试教的结果让我大失所望。很明显，她的准备工作不充分，我对她进行了火辣辣的批评，指出她不努力、不认真、不珍惜"唱主角"的机会，并要求她明天拿出修改后的教案，继续说课。C 老师不吭声，但看得出她很委屈。

晚上，我为白天发生的事情心情久久不能平静。我总在想，为什么以前帮助的其他几位老师一点就通，而帮助这位教师就这样难？这当中会不会有其他原因？我为上午出现的急躁情绪懊恼起来，之后我试着进行自我心理调适。

①分析自己的目标定位是否准确。我想，我之所以焦虑，是由于对新教师要求比较高，而 C 老师担任教师工作，胆子小，没有经验，我应该根据她的实际情况来确定目标，不能急于求成，更不能责怪她。

②试以"角色互换法"进行心理体验。C 老师是一位非常年轻的新教师，假如我是她，连续两次修改都未通过，肯定会产生一种恐惧和紧张心理，影响继续试教的效果。我应该关心她，主动为她的心理减负，多与她进行沟通。

于是我主动找她表明自己由于急于求成，态度急躁，希望得到她的谅解。同时也表达对她的期望，为她鼓气，增强信心。我不厌其烦地手把手教她，她也认真好学，反复琢磨重点、难点和各个细小环节，在她的努力下，顺利上好了她的第一节公开课，受到了好评。C 老师尝到了成功的喜悦，对自己的前景充满了信心。

作为老班主任带教新教师，因种种原因该教师任务完成得不理想时，是一味责怪他人还是从自身找原因，本案例给我们做了很好的示范。

案例中的主角因为在帮助新教师共同备课的过程中出现了一些问题,而产生了急躁情绪。事后,她不是去责备该教师,而是首先从自身找原因,进行自我心态的调整。她首先合理调整自己对教师的目标定位,不急于求成,不提不切实际的高要求;其次,她通过"角色转换"的方法,去体验新教师的内心,以真心换真心,改变了新教师紧张恐惧的心态,取得了新教师的配合和谅解;最后,她给新教师提供了实实在在的帮助,手把手地教她。结果该新教师尝到了成功的喜悦,更重要的是增强了该教师的自信心,激发了工作的动力。

参考文献

[1] 吴增强. 当代青少年心理辅导:向成熟发展的科学[M]. 上海:上海科学技术文献出版社,2003:172-175.

[2] 张涛. 中学班主任心理健康的维护[J]. 扬州教育学院学报. 2004,22(4):60-63.

[3] 蒋薇美. 班主任心理辅导技巧[M]. 上海:上海教育出版社,2007:289-297.

优秀心理辅导教师专业成长的若干问题*

当前,推进学校心理健康教育的一项重要任务是加强心理健康教育专业化队伍的建设。近10年,我非常关注一线心理辅导教师的专业成长,倾心投入骨干心理辅导教师的带教培养工作中。通过这些年的实践,我对优秀心理辅导教师的成长与培养有了一些心得体会,在这里与大家分享:专业发展的胜任力是优秀心理辅导教师的专业基础,专业发展的动力是优秀心理辅导教师可持续发展的保障,专业发展的境界是优秀心理辅导教师不断追求的目标。

一、坚持专业标准,提升专业发展胜任力

1989年,美国国家专业教学标准委员会公布研究报告——《教师应该知道和能够做到的》,指出3~8岁儿童教育的优秀教师专业标准的基础是五项"核心建议":①教师应该对学生及学生的学习负责;②教师必须对自己所教的科目有深入的了解,并懂得怎样传授学科知识;③教师应该负责管理和指导学生的学习;④教师应当系统地思考自己的教学实践并从经验中学习;⑤教师应当是学习化社会的成员。2002年,美国国家专业教学标准委员会以五项"核心建议"为依据,公布《学校心理咨询标准》,规定了学校心理学家专业标准的具体内容:

①制定学校心理咨询规划:学校心理学家撰写并提交一份不断完善的并且能促进学校事业发展的综合学校心理咨询规划。

②发展学生学业、职业和个性/社会性能力:学校心理学家致力于发展学生的学业、职业和个人/社会性等方面的能力,帮助学生顺利成长。

③促进人的成长和发展:学校心理学家具备渊博而深厚的关于人的成长和发展的综合性、专业性知识,通过应用这方面的知识来促进学生学习,增进学生福祉。

④精通心理咨询理论和技术:优秀学校心理学家会表现出对新旧心理咨询理论的综合理解,全面理解心理咨询技巧和咨询过程,能针对不同人群进行有效的心理咨询。

⑤推动公平、公正与多元化:优秀学校心理学家通过尊重和重视社会上的所有成员来塑造和推行可以适用于全球不同社会中的行为。他们给每个学生示范公平、平等和关注,并且提倡公平的教育计划和教育行动。

⑥改善学校环境:优秀学校心理学家致力于为学生、教师和家长建立和营造一种学校氛围,使他们在情感、社交、身体等方面感到安全和适宜。

---

* 本文发表于《中小学心理健康教育》2017年第13期,收录时略有改动。

⑦与家庭和社会紧密合作：优秀学校心理学家与家庭和社会成员为了共同的教育目标通力合作。他们熟知社会和社会拥有的资源，同时合理利用现有资源满足学生的需要。

⑧擅长运用信息资源和技术：优秀学校心理学家善于选择和使用信息资源和技术，并且利用它们推动学校心理咨询项目的实施，满足学生的需求。

⑨对学生进行评估：优秀学校心理学家理解评估、收集和使用数据的原则和宗旨，定期监测学生的进步，与若干不同的受众就评估的目的、设计、结果进行讨论。

⑩发挥领导、支持作用，推动专业认同进程：优秀学校心理学家在推动学生学习和成功方面是领导者和支持者。他们遵守职业伦理规范，积极投身于专业成长与发展。

⑪进行反思性实践：优秀学校心理学家将其知识、技能和生活经验融会贯通，以有效地应对新的或意外的危机事件和情景，时刻进行深刻的自我反省，以检测和优化自己的工作。

上述 11 条标准涵盖了学校心理工作的方方面面，如果心理辅导教师不具备一定的专业素养，将难以胜任这些工作。心理辅导教师应该以此 11 条标准为标杆，努力向其靠拢。

二、学以致用，提升专业发展动力

优秀的学校心理教师不是学出来的，而是实践出来的。目前，市场上的心理专业培训内容非常丰富，各种流派的理论和技术的培训令人眼花缭乱，但光学不用等于白学。我们不仅要有选择地学，还要学以致用，加之专业督导，才能对所学习的东西有所体会。面对种种流派，身处一线的心理辅导教师应该如何选择？我觉得先要把 4 个基本流派的脉络了解清楚，即人本主义、行为治疗、认知治疗和精神分析。前三个流派需要同时掌握理论和技术，并且要专精一门。现在一般把行为治疗与认知治疗合二为一，称为认知行为疗法（CBT），CBT 理论与技术的结构性、程序性、实操性强，便于训练和督导。CBT 的疗效得到许多循证研究的支持，在国外比较流行，用于中小学生心理辅导尤其适合。我希望青年心理辅导教师把 CBT 作为一门基本功。当然人本主义的咨询理念和原则对于咨访关系的建立很有帮助，也得到了业内人士的广泛认同。若有时间和精力，还可以学习精神分析的基本思想、发展脉络和主要观点，这对于深度分析和理解当事人的内心世界有帮助，但要掌握精神分析的理论与技术难度很大。国内也有精神分析方面的专家，但就整体培训体系来说，与欧美国家还有较大差距。上海精神卫生中心多年来举办的中德精神分析班之所以受到国内专业工作者的欢迎，是因为有一批训练有素的德国精神分析师进行教学与督导。除了上述 4 个基本流派之外，焦点解决短期治疗、叙事治疗、家庭治疗和游戏治疗等，都需要心理工作者在掌握扎实基本功的前提下，不断深入学习。

如何做到学以致用？实践表明，在目前国内缺乏系统的职前培训体系的情况下，成长小组是一个比较有效的做法。2013—2015 年，我带教了上海市级骨干心理辅导教师认知行为疗法成长小组整整两年，其基本活动形式是：中美资深专家担纲 CBT 高端课程（注重操作）、专家主持团体督导和开展个人成长专题探讨等。通过活动，成长小组的 14 位心理辅导教师颇有收获。

1. 学习型团队逐步形成

两年的成长小组活动,使小组成员的关系进一步密切,小组微信群成了大家交流、分享学习体会和成果的平台,也成了大家相互鼓励的心灵港湾。两年的培训共有24次,每次都是周四18:00开始,20:30结束。小组成员完成一天的工作后,从全市的各个地方赶到位于中山公园的华东政法大学校区,最远的需要两个多小时的车程。这种积极性不仅出于对学习的热情,还因为这里能够感受到小组成员相聚的温暖和支持。此外,小组的同伴督导、讨论分享虽然是利用周六下午的时间,但大家都非常珍惜这样的机会,出勤率很高。这样,一个学习型成长小组就逐渐形成了。

2. 咨询理论与技术水平得到进一步提升

尽管小组成员对于CBT理论与技术都有接触,但是真正规范地运用于辅导实践之中的不多。相比高校心理辅导教师,中小学心理辅导教师处理个案咨询的机会并不多,规范、系统的辅导就更少。通过近两年的培训、观摩、督导,小组成员对CBT理论和技术的理解和运用有了很大提高。以下节选几位学员的体会。

李霞老师:"在学习认知行为疗法期间,我接手的来访案例主要有抑郁情绪、人际恐惧、考试焦虑、离家出走等。在征得学生同意的情况下,我尝试运用结构化的认知行为疗法对来访案例进行辅导,其中,在人际恐惧、考试焦虑、离家出走的几个案例中起到较为明显的效果。认知行为疗法中很重要的一个部分就是通过对功能失调的自动想法的识别、收集、检验和矫正,改变其负性核心信念。"

小学生的认知能力还不成熟,如何将CBT运用于小学生心理辅导中,成长小组的两位小学心理辅导教师也有尝试探索的心得。

蔡素文老师说:"小学生的问题往往没有那么严重,困扰他们的大多数是一些生活事件和生活问题。辅导老师通过CBT,鼓励他们自己去找到问题的解决办法,但是对于小学生来说,他们的洞察力、表述能力都还有所欠缺,这个时候辅导老师需要借助外在的媒介帮助小学生发现问题、厘清问题,便于后续更好地探讨、分享、成长。"蔡老师将"结绳记事"游戏和"饼图"游戏与CBT结合,使个案辅导取得了比较好的效果。

蒋翌韵老师写道:"尽管运用认知行为疗法治疗儿童焦虑症的治疗方案与成人相似,但我也发现,在运用中必须注意这几个重要因素,它们是儿童治疗中独有的:

"第一,儿童的治疗应着重发展性,因此倾向于采用促进学习的活动和游戏。

"第二,在治疗过程中,需要邀请父母参与治疗进程。有时候治疗大多是对儿童实施的,只有个别情况让父母参与,也有时候治疗需要联合父母和儿童一同进行。

"第三,应急管理和奖励是儿童治疗的重要环节。儿童的行为需要受到大量的鼓励才会不断进行练习,因此许多治疗方案指导父母奖励孩子的勇敢行为,而不是强化孩子的回避行为。无论怎样的方案,如果对负性自动想法进行了合理替代,也就是做好了与治疗相关的认知重建,就会使得治疗成功,但是如果相反,替代不成功,就会导致治疗失败。"

3. 促进了骨干心理辅导教师的个人成长

心理辅导教师的个人成长是其专业化过程的重要议题。一个优秀的心理辅导教师不仅要有扎实的专业理论素养和技能,还要有积极的生活态度、良好的自我觉察、开放的心态,更要有亲和力和感召力,这些个性品质的修炼就是个人成长。其实,心理辅导过程也是咨询师与来访者共同成长的过程。

以下是几位心理辅导教师对于个人成长的体会。常梅老师说:"又一轮的 CBT 督导活动结束了,和我们组的小伙伴每周四晚上的相聚学习成了一种习惯。在聆听陈福国教授的个案督导和关键点分析过程中,我巩固并拓宽了认知行为疗法的专业知识与技能,记录下一个个有所感悟的片段,反思颇多,受益匪浅,这些都将成为我今后心理咨询道路上的法宝,让我更轻松地助人自助。"

汪清华老师说:"两年的观摩、学习、实践与反思让我在不知不觉中把认知行为疗法的理论做了再次梳理,头脑中的思路愈加清晰。听课过程中,我最感兴趣的是老师如何在他们的咨询与治疗中运用 CBT 的策略和技术,我恨不能把老师在实践中的每一个细节、每一句话都记录下来,细细品味。这些对我来说太有用了!一开始,自己的认识非常肤浅,随着学习的不断深入,以及自己坚持不懈、稳扎稳打的实际操作,现在我对负性自动想法、病例概念化、箭头向下的技术等有了更深刻的领会,知道了如何去支持来访者,如何去跟来访者共同工作,以帮助他们获得领悟,动摇他们功能不良的自动想法,如何挖掘他们积极的力量以巩固合理的核心信念,从而更好地帮到他们,也更加明晰了 CBT 在焦虑症、抑郁症、强迫症、恐惧症、偷窃癖等不同精神障碍中的具体操作。"

三、道术兼修,提升专业发展境界

我多年在各地培训讲学,印象里教师们最关心的是怎么用技术解决问题,一般不太关心咨询的理论背景及发展脉络,也不太关心对人性的哲学思考。可能教师们觉得这些东西太虚幻,难以捉摸。然而,心理辅导就是精神层面的助人工作,理解人性其实是非常重要的。我国台湾心理咨询专家吴熙琄在她的《熙琄叙语》一书中写道:"当咨询师内在对个案的信念、思维、精神、态度能持续不断通过个案工作的实践、落实与反思来厘清与联结时,此时咨询师对自己做个案的思维和哲学观念可以有所整合,总结出自己的核心想法和体悟,那么做咨询就进入另一个境界了……所以咨询师如何陪伴自己去整理属于自己的哲学观也是一件非常值得去努力的事情。"

我做了近 30 年的学校心理学理论与实践探索,时代发生了很大的变化,人的心灵健康成长越来越受到大家关注。长江后浪推前浪,我希望有更多优秀的心理辅导教师服务于学校第一线,为广大儿童和青少年的健康成长提供良好而规范的专业服务。

道术兼修:促进心理教师走向成熟*

心理教师在 30 年前还是一个陌生的名称,如今已经成为学校的一个新兴岗位。2017 年 7 月,教育部教师工作司正式发文,在中小学教师资格考试中增加了"心理健康教育"学科。与发达国家相比,我们学校心理专业力量还比较薄弱,尤其是我国高校的学校心理学、临床心理学学科建设与职前培训体系尚在建立过程中,目前存在明显的短板。这与广大中小学心理健康教育与辅导的需求日益增长形成突出的矛盾。因此,加强心理教师专业成长,探索本土化的有效培养路径,变得紧迫而有意义。

一、叙事:探寻成长的轨迹

从某种意义上说,教师和医生都是临床实践工作者。一个成熟的心理教师就像一个成熟的医生一样,只有通过不断总结、反思和实践,才能提高自己的专业能力与水平。叙事是表达自己的经验和反思的方法。方凌雁(2013)指出,教育叙事不仅仅是讲故事,更是教育工作者在对教育生活实践中获得的经验、体验、知识和意义的故事表达。通过教育叙事,教师可以反思教学行为,发掘蕴含其中的教育思想与教育理念,进而发现和揭示教育规律与教育本质[1]。

每位心理教师的成长历程都是独特的,所以单纯使用量化研究的方法难以反映个体成长的差异性和个性化的特点。因此,通过叙事的方式,可以更好地探寻优秀心理教师成长轨迹,为更多心理教师的专业成长提供范例和启示。

二、道术兼修:工作室的培育宗旨

多年来,在工作室的带教工作中,我对优秀心理教师的培养有了更加清晰的目标。一个优秀的心理教师要着力提升三个方面:一要提升专业发展的胜任力,二要提升专业发展的动力,三要提升专业发展的境界。尤其是第三方面,即专业发展的境界,值得特别强调。

目前存在一种急功近利的浮躁心态,导致新入行的心理辅导专业人员更注重解决问题的技术,而忽视心理辅导的理论背景、发展脉络和对人性的哲学思考。因此,道术兼修是优秀心理教师的必备素养。

---

* 本文发表于《江苏教育》2022 年第 1 期,收录时略有改动。

在心理辅导领域,道有三层含义:

一是对各个理论流派的思想渊源和来龙去脉要有基本认识。如:传统的精神分析理论为什么强调童年的创伤经验?为什么强调本我、自我、超我之间的冲突?为什么潜意识的精神分析学说中有如此重要的地位?如果我们在学习的时候,常常有这样的思考,就会对技术有更为准确的理解和把握。

二是经常从哲学层面对人性有深入的思考。杰出的心理治疗大师都有深厚的哲学思想,并对人性有深刻的思考与理解。当然理论流派不同,思想观点也不同,需要读者自己去选择与吸收。如:弗洛伊德的人性观基本上是决定论的,即我们的行为是由人的无意识动机、非理性力量,以及生物本能的驱力所决定,而这些都是在人出生后 6 年性心理发展的关键阶段中发展起来的[2]。

三是自身品行修炼和个人成长。心理教师是人不是神,凡人都要面对生活的酸甜苦辣,都有喜怒哀乐。只有先解决自身的困扰,才能有效地帮助他人解决心理困扰。美国家庭治疗专家沃尔什认为,咨询师如果只做个案,学技巧,没机会去面对自己生命的议题,那么那些未面对的东西一定会干扰他们的咨询工作,而且会毫无觉察。吴熙琄也曾指出,面对自我困境的过程就是一种学习,可以迫使自己开拓更多的资源来应对[3]。

三、精心研修:走向专业成熟

围绕上述三个方面的提升,工作室的三年计划包含以下研修任务:

1. 专业理论学习

三年来我们工作室认真研读了两本书:第一年重点研读《学校心理辅导实用规划》。该书由我于 2011 年撰写,旨在从学校教育整体的角度来思考心理健康教育工作的开展。很多心理教师忙于上心理课、做个案辅导、组织心理健康教育活动,往往忽略了整体规划,导致在学校中变成"孤独的牧羊人"。希望通过这本书,让工作室学员对学校心理健康教育工作有一个全面的了解和把握。

第二本书是科里的《心理咨询与治疗的理论与实践》(第八版)。这本书系统论述了心理咨询的十几个理论流派,是美国高校心理咨询专业的必读教材。由于工作室学员没有接受过系统培训,研读这样一本书有难度,但大家都坚持了下来。我希望借这本书让工作室成员对各派咨询理论有一个基本的了解,拓宽专业视野,为以后根据各自的专长兴趣继续学习打下基础。

2. 发展性心理辅导专题研究

工作室研修需要确立主题,没有主题就没有方向和特色。我们工作室的主题是发展性心理辅导,因为中小学心理健康教育的主体是儿童青少年,他们的人格尚未定型,正处于持续的发展之中。发展性心理辅导必须关注全体学生健康心理品质培养,兼顾高危学生的预防和心理障碍及危机学生的转介服务。我们工作室通过对发展性心理辅导框架和内容的研讨和撰写,形成一本专著《发展性心理辅导:理论与实务》。这本书编写的过程本身就是一个研究的过程、理论素养提高的过程、实践经验提炼的过程,我们把它称之为"做中学"。这本书是我们工作室集体的智慧结晶。

3. 辅导技能训练

(1) 认知行为疗法技术训练

许多心理教师对认知行为疗法的理论和技术并不陌生,在辅导实践中也会应用其中的技术,但对认知行为疗法规范的操作流程缺乏系统训练。我有带教认知行为疗法成长小组的经验,且在上海师范大学心理系为研究生开设认知行为治疗技术课程,因此,在工作室里,我对认知行为疗法的主要技术进行了系统介绍,并结合学员的个案工作,进行演练和个案督导,使得工作室的伙伴们能够有所收获。

(2) 个案督导

与高校心理教师相比,中小学心理教师在个别辅导方面的经验与能力相对不足。其中的原因有很多方面。比如,中小学主动来求助的学生较少,心理教师接个案的机会也较少,再如,中小学心理教师接受个别辅导技术训练和个案督导的机会比高校心理教师少。因此,我们工作室要强化学员的个案能力,让每个学员接受案例督导。

4. 心理课教学研讨

心理辅导课程是一种面向全体学生发展性心理辅导的体验式课程,是学校心理健康教育的主渠道。心理教师常常遇到以下挑战:

①如何从学生成长的需求中寻找心理课主题。心理课的主题一般来自教材,但由于地域、学校和学生的差异,想要真正落实心理课以学生成长发展为宗旨,心理教师就应该根据实际情况创造性地设计满足学生需求的生成性主题。

②如何从积极心理学视角与学生探讨成长的课题。传统心理学的观点往往是从消极意义上来讨论焦虑、抑郁、压力等心理状态,而积极心理学倡导要从积极意义上认识这些问题。如"考试压力调节"的课例,其目标在于引导学生与压力共存,增强学生应对考试压力的正能量。

③如何面对动态课堂的挑战。生动的课堂应该是心理教师与同学们心与心的交流、碰撞。这样的课堂需要调动同学们的思维和情感。课堂气氛活跃了,同学们的观点也会趋于丰富多元,有些观点会出乎教师的意外。应该如何回应同学们在课堂上的提问,这对心理教师既是挑战又是契机。

④如何拓展多样化技术手段。心理课的理论基础是团体辅导理论,许多咨询技术可以用于心理课。近年来,除了传统的认知行为疗法、人本主义疗法、精神分析疗法之外,叙事治疗技术、表达性艺术治疗技术、校园心理剧技术开始运用于心理课堂。这对于活跃课堂、深化活动非常有帮助。然而,技术应该为实效服务,不要为展示技术而使用技术,更不要让技术喧宾夺主。另外,媒材是活动内容设计不可或缺的部分,想要让媒材引起学生的兴趣和共鸣,就要充分了解学生在这个问题上的知识水平。在移动互联网时代,学生拥有的信息量远

远超出了课堂所学。心理教师与学生在相关问题上的信息不匹配,常常是心理课失败的原因。与活动内容相关的媒材收集,虽说是个教学细节,但细节决定成败。

工作室对心理课的教学研讨活动,促进了伙伴们对心理课的教学设计、教学方法和教研形式的更深入思考。

5. 医院跟岗实习

学校心理教师除了要承担面向全体学生的心理健康教育,还要负责高危学生的预防性干预和符合心理诊断症状学生的转介。这就要求心理教师能够鉴别儿童青少年的异常心理,然而这项技能往往是心理教师的短板。虽然,我们在学校心理咨询岗位培训中有异常心理学课程,但是从理论到实践,中间存在不小的差距。实践表明,心理教师到医院儿童精神科跟岗实习,可以提高其对异常心理的鉴别能力。

6. 个人成长与修炼

如前所述,个人成长是心理教师"道"的修炼。工作室不仅要让伙伴们的理论素养、专业能力得到提高,也要让个人的境界得到提升。依靠讲大道理收效甚微,只有通过学员结合自己的生活与工作,在工作室这样一个温暖、安全的团队里倾诉表达、获得支持与感悟,才能达到个人境界的提升。例如,上海华东师大一附中心理教师沈闻佳这样写道:

"咨询师自身是工具,需要自我照顾。我们的身份虽然是教师,但是和其他学科的任课教师有一些区别。在做咨询的时候,我们自己是工具,如果我们状态不好,甚至精神耗竭的话,对工作将有直接影响。因此,我们要好好照顾自己这个工具,特别要注重精神层面的照顾。

"工作带来学习和刺激,业余生活带来休息、自我照顾和滋养。好好安排生活,就是对自己的照顾。很多时候,我们可能将更多精力投入工作,忘记照顾自己。练习打坐、冥想、定期锻炼、做自己喜欢做的事、走进大自然、安排一些社交活动,努力地照顾自己的生活,努力地照顾自己的身体,让自己变得更好,工作也会更好。好好照顾自己,是对咨询师工作的尊重,也是对来访者的负责。

"自我成长让咨询师更好地与来访者同在。我们有机会接触到很多的事情和经验,我们可能会感到开心,也可能会遇到挫败、矛盾、冲突。我们在这些挫败、矛盾和冲突里接受冲击,开始思考怎么办,自我成长也就不知不觉发生了。但是,成长是需要力量的,如果没有自我照顾的滋养,没有力量,成长也会变得很艰难。

"在与学生、家长做咨询的时候,经常会遇到与自己生活中相似的问题。对于咨询师来说,自我修炼和成长是永远的功课。督导、自我体验在咨询师的自我成长过程中就尤为重要,这些会帮助咨询师看到个案处理过程中的投射、认同、移情等等,也会看到咨询师自己的情绪,以及自己需要处理的部分。

"经历痛苦,进而在痛苦中成长是需要面对的力量的。面对本身是一种力量,它让我们渐渐从自己的角度去看待事件、理解事件。用学到的一些心理学知识或找其他资深的咨询师来做咨询,去面对这些痛苦,就会越来越清楚自己的心境,成长也就发生了。

"咨询师的修炼和咨询的过程有时有相似的地方,咨询的过程是咨询师带着好奇、陪伴和促进来访者自我成长的过程,咨询师的自我修炼也包含着对自己生命经历的好奇、陪伴、照顾自己和自我成长的部分。总之,一个咨询师的成长历程会经历很多,越来越贴近自己,也许就越来越能承接更多的来访者,帮到更多的人。"[4]

工作室主要就是围绕以上研修任务而展开。三年来,在温馨、和谐和开放的团队氛围里,伙伴们的倾情投入得到了回报,他们在专业上日益成熟。

参考文献

[1] 方凌雁. 教育叙事:教师实践智慧的自我生成之路[J]. 教学月刊(中文版),2013(16):50-52.

[2] Corey G. 心理咨询与治疗的理论及实践(第八版)[M]. 谭晨,译. 北京:中国轻工出版社,2010:44.

[3] 吴熙琄:熙琄叙语:一个咨询师的成长历程[M]. 北京:中国轻工出版社,2013:103-104.

[4] 吴增强. 探寻优秀与卓越:心理老师成长之路[M]. 上海:华东师范大学出版社,2021:29-30.

附 录

心理健康教育发展方向点滴谈
——访上海市教育科学研究院研究员吴增强[*]

编者按：经过 20 余年的发展，我国中小学心理健康教育取得了可喜进步。在社会急剧转型的新形势下，学生心理特点出现了新变化。为提高中小学心理健康教育的实效性和针对性，我们必须在科学发展观的指导下，深入了解学生心理特点的变化，与时俱进，推动中小学心理健康教育发展。2010 年 6 月，《中小学心理健康教育》杂志社记者就目前广大中小学教师关心的问题，专访了上海市教育科学研究院研究员吴增强。

记者：吴教授，您好。您多次提出要构建"中小学心理健康教育培训专家库"，请问培训专家的选择标准是什么？您强调这支培训专家队伍应该是一支高质量的队伍，如何理解"高质量"？

吴增强：我国开展心理健康教育已经 20 多年，越来越多的省市开展了心理健康教育，所以，我认为心理健康教育教师的培训是当前心理健康教育工作中一项重要任务。心理健康教育教师培训应强调实务，即理论和实践相结合。从这个角度来讲，心理健康教育教师培训专家的标准最好从两个方面来界定：

第一，是心理健康教育的理论研究专家。我们可以从高校的学者中选择。近 10 年，不少高校学者加入到了心理健康教育的理论研究中来，有些高校设置了学校心理辅导或心理健康教育本科专业，还有的高校设置了心理健康教育的硕士专业。从事这些专业培养的教师在心理健康教育理论方面有一定的研究，他们的专业性、理论性都很强，这部分专家非常重要。

第二，是在一线工作过的、有丰富实践经验的专家。在心理健康教育的宣传、普及、实践过程中，成长起了一批长期从事中小学心理健康教育的专家。这一批专家有很多的临床经验，而且长期从事中小学心理教师的培训工作，在各地区心理健康教育课程开发过程中发挥了积极的作用，这部分专家是我们必须依靠的。

谈到高质量的培训专家，我有两点体会：

第一，从理论角度看，专家要对学校心理学有深入的研究。心理健康教育是一门应用性学科，应用性学科的特点是与国内外研究前沿紧密结合，这就要求专家不仅要有敏锐的思想

---

[*] 本文作者为陈虹、吴九君、李益倩，发表于《中小学心理健康教育》2010 第 7 期，收录时略有改动。

和独到的见解,而且还要能深入基层进行实证研究,对心理健康教育的发展和教师培训有一个总体把握。

第二,从实践经验看,专家要有丰富的临床个案经验,并从事心理健康教育活动课程的研发,或参与心理健康教育教材的编写。

所以我认为,高质量培训专家的标准应该是既有精深的理论背景,又有丰富的实践经验,并且理论和实践结合得比较好。

记者:许多学者认为,心理健康教育要在课程建设上下功夫。您认为,从全国角度看,课程建设应该分几步走,各阶段重点如何? 如何解决省际关于课程建设的差异问题?

吴增强:心理健康教育进入课堂是自20世纪80年代起的。1986年,班华教授第一次提出"心育"概念;1989年,林崇德教授出版《品德发展心理学》,强调把心理健康教育与品德培养结合起来研究;1991年,班华教授发表了论文《心育刍议》,系统阐述了与心育有关的问题,并于1994年出版了心理健康教育方面的专著《心育论》。这些论著的发表,为我国中小学心理健康教育的开展奠定了理论基础。此后,越来越多的学校将心理健康教育引入课堂,开设了心理健康教育活动课。现在全国各省市都在编写中小学心理健康教育教材,百花齐放,这个进展是可喜的。

但是,我们也发现,在这些心理健康教育教材开发过程中有一些偏向,如有些教材单纯传授心理健康教育知识,有些教材单纯设计一些心理辅导活动,对心理健康教育课程的属性没有进行深入研究。要推广心理健康教育课程,首先要对课程的属性进行定位。心理健康教育课程是一门促进个人成长的课程,是使学生获得心理体验的课程,是一门学生本位的课程。我认为教材应该抓住学生本位和心理体验进行设计。1995—1996年,上海开发了心理辅导活动课程的系列教材《学校心理辅导活动指南》(包括小学版、初中版、高中版)。心理辅导活动课程是针对儿童青少年成长的课程,基本属于经验课程——以经验为主,不排斥社会本位的需要。社会本位,即依据社会的要求来确定教育内容。因此,上海的心理辅导活动课程的设计理念是:以经验性的心理体验为主,以学科知识的教学和社会本位的需要为辅。这个理念是比较合理的。

从全国范围看,我们可以分地区、分阶段地推广心理健康教育课程。沿海发达地区的心理健康教育课程建设已有多年经验,下一步应该在提高课程质量上下功夫,着力提升课程的有效性、针对性,根据学生实际,建设心理健康教育地方课程,甚至校本课程。我不赞成开发心理健康教育课程统编教材,因为这个课程本身是围绕解决学生成长中的困惑的,其特点体现在:

第一,随着时间的推移,学生成长中的困惑会发生改变。

第二,不同地区的情况不一样。

如果形成自己的地方课程,甚至是校本课程,那么该课程会更具有开放性和创造性。沿海发达地区的心理健康教育课程比较成熟,可以提出自行开发教材的要求。中西部地区心理健康教育刚开始发展,可以试着开发自己的课程,也可以引进其他地区开发的课程,从模仿做起,摸清心理健康教育的课程理念和工作思路。

从经验而论,心理教师在上课方面的成长分三个阶段,第一阶段是模仿他人,第二阶段是自己设计,第三阶段是发展、创新。由于中西部地区心理健康教育发展还处于起步阶段,所以心理教师可以先参照其他省份已有的心理健康教育课程模式,了解和掌握心理健康教育的框架和理念。同时不妨开发一些地区性的教参,给心理教师提供一些指导和帮助。

记者:《中小学心理健康教育指导纲要》作为一个全国性的心理健康教育指导性文件,您认为修订后要重点解决哪些问题?修订的专家队伍应如何组成,才能保证修订后的《纲要》能更好地发挥科学性、指导性和实用性?

吴增强:《纲要》的修订是非常有价值的,从20世纪80年代到20世纪90年代,我国中小学心理健康教育自发地在开展。20世纪90年代末到21世纪初,教育部连续颁发了两个文件,表明政府正式介入中小学心理健康教育的政策指导。应该说《纲要》在当时还是比较全面、比较有弹性的,这在心理健康教育开展的初期是必要的。现在过去了10年。这10年里,社会变化快,出现了很多新情况,学生也出现了很多新问题。10年后的今天,我们重新审视《纲要》,是非常有意义、有价值的,这体现了与时俱进的思想和中央反复强调的科学发展观。

《纲要》的修订,一要体现人文关怀,二要体现可持续发展。从战略构架来说,我有一个深切的感受,即我们不能把中小学心理健康教育看成仅仅是学校内部的事情、教育部门内部的事情。

第一,一定要站在社会大背景下来看待学生心理健康教育问题,要站在中华民族素质的高度来认识未来公民健全人格的培养。我非常赞同学校心理健康教育应该是政府、社会(包括社区)、家庭、学校,甚至是社会各界(包括医学界)共同参与的系统工程。所以我说要从整个大的战略角度来考虑。

第二,要从心理健康教育目标的定位、内容来考虑,要密切关注社会转型期儿童青少年突出的问题,要关注社会变迁中处于弱势群体的孩子,比如在我国城市化进程中有亿万的流动人口及其子女,他们的生存状态怎样,我们是否给予了必要的心理关怀。

第三,在我国社会发展过程中还有一些不和谐现象,比如突发事件增多了。2010年3月23日发生了福建南平市延平区的医生郑民生对小学生的砍杀事件;2010年5月12日,陕西省汉中市南郑县(现为南郑区)圣水镇林场村幼儿园发生凶杀案,致9名师生死亡;等等。这种校园恐怖事件如何预防和事件发生后如何对师生进行心理疏导等问题凸显出来。《纲要》的修订要体现现阶段出现的新问题,提出新的应对策略。

第四,是怎么做的问题。2002年《纲要》中关于"怎么做"这样写道:"大中城市和经济发达地区,要普遍开展心理健康教育工作。教师要在具有较全面的心理学理论知识和进行心理辅导的专门技能,以及提高自身良好的个性心理品质上有显著提高。有条件的城镇中小学和农村中小学,要从实际出发,有计划、有步骤地开展心理健康教育工作。要抓好心理健康教育骨干教师队伍建设,同时在总结经验的基础上加强区域性心理健康教育的整体推进工作。"其中"有条件的城镇中小学和农村中小学"在当时的背景下提出是很有意义的,但现在看来比较含糊,究竟怎样才是有条件,怎样才是无条件,在修订后的《纲要》中都需要做具体的规定。比如,学校是否要建立危机预警及干预系统,大众传媒、社会机构应该如何参与学校心理健康教育,这些新增的心理健康教育的服务内容应得到补充和完善。再如,心理健康教育教师队伍的专业性需要有保障,心理健康教育组织的构架还需要重新进行梳理。目前,突出的矛盾是中小学生广大的心理需求与心理健康教育教师队伍的专业能力不足之间的矛盾。这个问题在上海也很突出,学生的心理需求很多,但心理健康教育教师的专业水平无法满足学生的需求。医学系统的心理干预资源也有限,学校筛查评估出的心理障碍高风险学生需要转介到医院,医院是否能提供相应的服务,这也是问题。学生转介到医院后,医院怎样跟学校对接,这个转介机制也需要解决。媒体在学生成长过程中应该为教育起到积极的作用,而不是只顾发表吸引眼球的新闻,不顾学生心灵成长。这些对学校心理健康教育服务机构、社会心理服务机构提出了新的要求。此外,打造专家队伍,加速师资队伍专业化建设进程,在《纲要》的修订里应该重点考虑。心理健康教育师资队伍培训后还需要进行继续教育和成长督导,就像其他学科教师的继续教育一样,心理健康教育教师的继续教育也需要形成制度。

第五,心理健康教育条件保障问题也应该在下一步政策调整中重点体现出来。现在的情况是,哪所学校的校长重视就投入些人力物力,不重视就不投入;哪个地方政府重视就拨点儿经费,不重视就没有经费,暂时没有形成合理的制度。学校心理健康教育应该有政府支持、政策保障。上海市即将出台的《上海市学校心理健康教育三年行动计划(2011—2013年)》中规定,搭建危机干预快速通道;推动建立专业精神卫生机构与学校的合作机制,积极搭建从学校心理健康教育机构到校医院、专业精神卫生机构的危机干预快速通道。此外,还特别强调从政府的政策、财政上保障心理健康教育。

对于需要哪些专家参与《纲要》的修订,思路要打开。首先,要有长期从事心理健康教育的专家,因为他们最了解现状。此外,还应有方方面面的专家,如社会学专家、教育学专家、从事教育政策研究的专家、法律专家、少年犯管教专家、特殊教育专家。因为心理健康教育的服务对象是所有的孩子,包括工读学校学生、智障儿童等边缘群体或弱势群体。专家队伍中,还应包括分管心理健康教育的官员。因为《纲要》是政府指导的纲领性文件,主管心理健康教育的官员、专家队伍、一线的校长和教师,可以代表方方面面的意见,达到一种理想的平衡和整合。只有这样才能体现社会公平,让每个孩子都能得到心理服务。

记者:您刚才提到要关注弱势群体儿童的心理健康,那么,您认为"我国流动儿童积极心理品质发展与教育研究"课题应该重点研究哪些内容?

吴增强:关于流动儿童的生存状态和心理健康调查是非常有意义的课题。教育部副部长陈小娅多次提到要关注留守儿童和青少年的生存状况、教育问题和心理健康状况。心理健康教育规划不但要从政策导向的角度来思考,还应该从法律的角度来进行。《纲要》修订中还应从法制角度上进行规定,如《中华人民共和国未成年人保护法》保障未成年孩子生存权、发展权、受保护权、参与权等,实际上就是保护未成年人的身心健康。从立法的角度,《纲要》中要做一些指导,可以请一些法律专家参与修订。

记者:请您对《中小学心理健康教育》杂志提一些期望。

吴增强:贵刊从创办到现在已经经历了 10 年,专业性越来越强。我看到,杂志栏目有专访类、学术研究类、咨询辅导类、活动设计类、一线教师经验总结类,还有国外前沿理论和先进技术的介绍,以及国内各地动态的介绍,应该说包含了心理健康教育的方方面面,对广大教师有很大的启发和借鉴作用。我希望,贵刊坚持一步一个脚印地做下去,继续走贴近读者的路子,进一步提高可读性和针对性。

记者:感谢您接受我们的采访。